AF889598

प्राचीन जैन संस्कृतिः
विचार और सातत्य

प्राचीन जैन संस्कृति: विचार और सातत्य

डॉ. जिनेन्द्र कुमार जैन
सहायक प्रोफेसर
प्राचीन भारतीय इतिहास, संस्कृति एवं पुरातत्व
इंदिरा गाँधी राष्ट्रीय जनजातीय विश्वविद्यालय, अमरकंटक, म.प्र.

AAYU PUBLICATIONS
New Delhi

Cataloging in Publication Data--DK
Courtesy: D.K. Agencies (P) Ltd. <docinfo@dkagencies.com>

Jaina, Jinendra Kumāra, 1972- **author.**
Prācīna Jaina saṃskṛti: vicāra aur saataty / Ḍô. Jinendra Kumāra Jaina.
pages cm
In Hindi.
Social, cultural and contemporary study of ancient Digambar Jain literature.
Includes bibliographical references.
ISBN 9789389381122

1. Jaina civilization. 2. Jaina philosophy. 3. Jaina literature--History and criticism. I. Title.

LCC BL1350.J35 2020 | DDC 294.4 23

Published by:

AAYU PUBLICATIONS
D-134, Agar Nagar, Prem Nagar-III
New Delhi-110086
Tel: 09910728725, 09654504227
Email: aayupublication@gmail.com
www.aayupublications.com

प्राचीन जैन संस्कृतिः विचार और सातत्य

© लेखक

संस्करण 2021

ISBN: 978-93-89381-12-2

PRINTED IN INDIA

Printed at: Unitech Graphic Point, Delhi

आमुख

मानवीय विचार, मानव समाज के समग्र इतिहास एवं उसकी विवेचना के मुख्य आधार होते हैं। विचारों का विनिमय एवं उनका अगली पीढ़ी में हस्तांतरण ही संस्कृति का नैरन्तर्य है। विचार ही संस्कृति के वाहक व संरक्षक होते हैं, वह मनुष्य में उत्प्रेरक का कार्य करते हुए विकास में सहायक भी होते हैं। इतिहास की अधिकाँश घटनाएँ विचारों के गर्भ से घटित हुई एवं दीर्घ या अल्पकालिक प्रभावों में परिणित हुईं। प्राचीन भारतीय मनीषियों ने सामाजिक, राजनीतिक, धार्मिक, दार्शनिक, आर्थिक एवं सांस्कृतिक आदि क्षेत्रों में अपने विचार प्रस्तुत किए जिससे इन क्षेत्रों में विभिन्न संस्थाओं, प्रवृतियों एवं परम्पराओं का प्रादुर्भाव हुआ और मानव समाज शनैः शनैः विकास करता गया। प्राचीन भारतीय साहित्य वेद, उपनिषद, सूत्र साहित्य एवं स्मृतियाँ भारतीय वैचारिकी पर ही आधारित हैं। भारतीय संस्कृति के ही अन्तर्गत जैन धर्म मूलतः निवृतिमूलक विचारों पर आधारित है लेकिन चरित व पुराण साहित्य में प्रसंगतः प्रवृतिमूलक विचारों को भी प्रतिपादित किया गया है उन्हीं विविध विचारों को डॉ. जिनेन्द्र जैन ने इस ग्रंथ में प्रस्तुत करने का प्रयास किया है। इन्होंने जैन धर्म के संक्षिप्त इतिहास, जैन धर्म के दार्शनिक विचारों के साथ ही जैन संस्कृति के सामाजिक विचारों के अन्तर्गत वर्ण–जाति, पुरूषार्थ, परिवार, आश्रम, विवाह, संस्कार (क्रियाएँ) आदि विषयक जैन विचारों का विश्लेषण प्रस्तुत किया है। वैश्विक समस्याओं एवं समसामयिक महत्व के विषयों जैसे पर्यावरण संरक्षण व संबर्द्धन में जैन विचारों की उपयोगिता, स्वास्थ्य की दृष्टि से योग व खान–पान, विज्ञान, विश्वबन्धुत्व के लिए उपयोगी नैतिक नियम, समता व समन्वयवाद

आदि विचारों की मूल्य सम्पृक्त व्याख्या की गई है। अंतिम अध्याय में जैन संस्कृति के सांस्कृतिक विचारों को प्रस्तुत किया गया है जिसमें प्रतिमाशास्त्रीय विचार, ललित कला एवं आर्थिक विचारों पर विवेचन है। मानसिक, पारिवारिक, सामाजिक, वैश्विक, पर्यावरणीय समस्याओं से ग्रसित मानव समाज को दिशा–निर्देशित करने में जैन धर्म के विचार सक्षम हैं। प्रस्तुत पुस्तक में समन्वित विचार निश्चय ही प्रस्तुत पाठकों के लिए उपादेय सिद्ध होंगे।

प्रो. आलोक श्रोत्रिय
विभागाध्यक्ष
प्राचीन भारतीय इतिहास, संस्कृति एवं पुरातत्व
एवं निदेशक (अकादमिक)
इंदिरा गॉधी राष्ट्रीय जनजातीय विश्वविद्यालय,
अमरकंटक, मध्यप्रदेश

प्रस्तावना

प्रस्तुत पुस्तक **'प्राचीन जैन संस्कृतिः विचार और सातत्य'** में प्राचीन दिगम्बर जैन साहित्य का सामाजिक, सांस्कृतिक एवं समसामयिक उपयोगी अध्ययन प्रस्तुत किया गया है। दिगम्बर जैन साहित्य अथाह सागर है जिसमें अनन्त मोती बिखरे हुए हैं। जैन धर्म की इन विविध और विपुल उपलब्धियों को जाने समझे बिना भारतीय संस्कृति का ज्ञान अपूर्ण है। इसमें धर्म एवं दर्शन ही नहीं बल्कि समाज एवं मानव जीवन से सम्बद्ध प्रत्येक पहलू को स्पष्ट किया गया है। दिगम्बर जैन साहित्य दो प्रकार से है– दार्शनिक या सैद्धांतिक ग्रंथ एवं पुराण या चरित साहित्य। उक्त साहित्य के आधार पर समाज से जुड़े विभिन्न पहलुओं की मूल्य सम्पृक्त व्याख्या की गई है। प्रस्तुत पुस्तक को पाँच अध्यायों में विभाजित किया गया है। प्रथम अध्याय में जैन धर्म के संक्षिप्त इतिहास की यथातथ्य रूपरेखा प्रस्तुत की गई है, साथ ही संस्कृत, कन्नड, अपभ्रंस, तमिल आदि भाषाओं में सृजित प्राचीन दिगम्बर जैन साहित्य का संक्षिप्त विवेचन है जिसके आधार पर विविध विचारों को प्रस्तुत किया गया है। द्वितीय अध्याय जैन धर्म के दार्शनिक विचारों के लिए समर्पित है जिसमें तर्कसंगत एवं वैज्ञानिक धर्म के अन्तर्गत षडद्रव्य; सृष्टि व संसार की व्यवस्था का दर्शन, सप्ततत्व; दुखों के कारण एवं उससे मुक्ति का दर्शन, कर्म की व्यापक व्याख्या, अनेकान्तवाद व स्याद्वाद, आत्मिक विकास के धर्माचार, गृहस्थों के लिए जैनाचार, अहिंसा व अपरिग्रह आदि का विवेचन है। तृतीय अध्याय जैन संस्कृति के सामाजिक विचारों पर आधारित है इसके अंतर्गत एक आदर्श सामाजिक व्यवस्था को प्रस्तुत किया गया है। इस अध्याय में वर्ण–जाति, पुरूषार्थ, परिवार, आश्रम, विवाह, संस्कार (क्रियाएँ)

आदि विषयक जैन विचारों की विवेचना की गई है। चतुर्थ अध्याय में जैन साहित्य में वर्णित वर्तमान में प्रासंगिक व महत्व के विषयों जैसे पर्यावरण संरक्षण व संवर्द्धन, योग, स्वास्थ्य, विज्ञान, नैतिकता व विश्वबन्धुत्व एवं संस्कृति व समाज में समता व समन्वयवाद आदि की मूल्य सम्पृक्त व्याख्या की गई है। पंचम अध्याय में जैन संस्कृति के सांस्कृतिक विचारों को प्रस्तुत किया गया है जिसमें प्रतिमाशास्त्रीय विचार, ललित कला एवं आर्थिक विचारों का विवेचन है। उक्त पाँचों अध्यायों में जैन ग्रंथों में वर्णित तथ्यों की समसामयिक आवश्यकता अनुसार व्याख्या की गई है जिन्हे आदर्श रूप में आत्मसात किया जा सकता है। प्रत्येक युग के समाज के अपने स्वीकृत मूल्य होते हैं, उन्ही के अनुसार वह अपने आदर्श निर्धारित करता है। ऐतिहासिक आदर्श सार्वकालिक व सार्वभौमिक नहीं हो सकते और न ही उनको वैसा ही यथार्थ में अनुप्रयुक्त कर सकते हैं, लेकिन आदर्श समयानुसार प्रेरित व निर्देशित अवश्य कर सकते हैं क्योंकि अतीत की आधारशिला पर ही वर्तमान का निर्माण होता है व भविष्य का निर्देशन। मानसिक, पारिवारिक, सामाजिक, वैश्विक, पर्यावरण ीय समस्याओं से ग्रसित मानव समाज को दिशा–निर्देशित करने में जैन धर्म के विचार सक्षम हैं। प्रस्तुत पुस्तक में ऐसे ही जैन विचार प्रस्तुत किए गए हैं जो पाठकों को निश्चित रूप से लाभान्वित करेगें। प्राचीन भारतीय संस्कृति के सर्वांगीण अध्ययन के उद्देश्य में भी यह कृति उपयोगी सिद्ध होगी।

डॉ. जिनेन्द्र कुमार जैन

अनुक्रमणिका

अध्याय–1

जैन धर्म का संक्षिप्त इतिहास एवं साहित्य

जैन धर्म का भारतीय ही नहीं विश्व के धर्म एवं दर्शनों में एक विशिष्ट स्थान है। बौद्ध धर्म की तरह जैन धर्म ईसा पूर्व छठी शती में हुए धार्मिक क्रान्ति के परिणामस्वरूप अस्तित्व में नहीं आया बल्कि यह वैदिक धर्म के समान ही प्राचीन है। इस संदर्भ में जर्मन विद्वान हर्मन याकोबी ने लिखा है कि बौद्ध ग्रन्थों में प्राप्त होने वाले उल्लेख हमारे इस विचार को दृढ करते हैं कि नातपुत्त से पहले भी निग्रन्थों का धर्म जो आज जैन अथवा आर्हत के नाम से अधिक प्रसिद्ध है, का अस्तित्व था। बौद्ध धर्म का जब उदय हुआ तब निग्रन्थों को एक बडे सम्प्रदाय के रूप में गिना जाता था। जैन परम्परा, प्रथम तीर्थंकर ऋषभदेव को जैन धर्म का संस्थापक मानने में एकमत हैं। इस मान्यता में ऐतिहासिक सत्य की संम्भावना है।[1] सर्वपल्ली राधाकृष्णनन के शब्दों में जैन धर्म वर्द्धमान और पार्श्वनाथ से भी पहले प्रचलित था। यजुर्वेद में ऋषभदेव, अजितनाथ और अरिष्टनेमि इन तीन तीर्थंकरों के नामों का उल्लेख है। भागवत पुराण भी इस बात का समर्थन करता है कि ऋषभदेव जैन धर्म के संस्थापक थे।[2] वाचस्पति गैरोला के अनुसार भारत में हमें विचारधारा दो रूपों में विभक्त हुई मिलती है। पहली ब्राह्मण या ब्रह्मवादी, जिसका विकास वैदिक साहित्य के वृहद् स्वरूप में प्रकट हुआ और दूसरी श्रामण्य या श्रमण प्रधान, जिसमें आचरण को प्रमुखता दी गई। ये दोनों चिंतन धाराएँ एक–दूसरे की पूरक भी रहीं और पारस्परिक विरूद्धगामी भी। श्रामण्य विचारधारा के जन्मदाता जैन थे।[3] जैन शब्द का उल्लेख चूँकि वैदिक व बौद्ध साहित्य में प्राप्त नहीं होता अतः इतिहास अनुसंधान की प्राविधियों के अन्तर्गत कतिपय इतिहासविदों ने जैन धर्म को वैदिक धर्म के समकालीन मान्यता प्रदान नहीं की। जैन

संत वैदिक काल से उत्तर वैदिक काल तक वातरसना मुनि के रूप में अभिहित थे। ऋग्वेद में वातरसना मुनियों का निम्न उल्लेख हैः–

मुनयों वातरशना पिशंगा वषते मला।
वात स्थानु ध्राजिं यान्ति यद्देवासो अविक्षत।।
उन्मादिता मौनेयेन वातां आतस्थिमा वयम।
शरीरेहस्माकं यूयं मर्ता सो अभिपश्यथ।।[4]

तैत्तरीय आरण्यक में वातरसना मुनियों को सम्मान दिया गया है–

केतवो अरूणासश्च ऋषभो वातरसनाः प्रतिष्ठां। शतधा हि समाहिता सो सहस्त्र धाय समं

प्रथम तीर्थंकर ऋषभदेव को ही वातरसना मुनि कहा गया है इस तथ्य की पुष्टि महापुराण के रचयिता जिनसेन द्वारा ऋषभदेव को वातरसना व दिगम्बर कहे जाने से होती है–

दिग्वासा वातरसनो निग्रन्थेषो निरम्बरः (महा.पु. 25/2–4)

उत्तर वैदिक काल के पश्चात वातरसन मुनि को श्रमण भी कहा जाने लगा। भागवत पुराण में वातरसन मुनि, श्रमण व ऋषभदेव का उल्लेख एक ही श्लोक में हुआ हैः–

श्रमणा वातरशना आत्मविद्या विषारदः।
वातरशनाय ऋषयः श्रमणाऊर्ध्वमन्थितः।
ब्रह्माख्यं धाम ते यान्ति शान्ताः सन्यासिनोमलाः।।[5]

ऋग्वेद में वातरसना मुनियों के सात भेद बताये गए हैं, उनमें ऋषभ प्रधान थे। ऋग्वेद में ऋषभ की स्तुति केशी नाम से भी की गई है।

जटाजूटधारी व केशी शब्द एक ही अर्थ को व्यक्त करते हैं। केशी व ऋषभ दोनों का उल्लेख एक ऋचा (10,102,6) में किया गया है। जैन ग्रन्थों में जैन संतों का उल्लेख श्रमण शब्द से ही है। प्राचीनतम जैन आगम साहित्य के स्थानांग सूत्र (5) में श्रमणों के स्वरूप का विवेचन किया गया है। विष्णु एवं भागवत पुराण में उल्लेख है कि श्रमण संस्कृति

के आद्य प्रतिष्ठापक आदि ब्रह्मा ऋषभदेव हैं जो नाभिराय और मरूदेवी के पुत्र थे, और जिनके पुत्रों में से ज्येष्ठ पुत्र भरत के नाम से इस देश का नाम भारत पड़ा है।[6] –

नाभेः पुनश्च ऋषभः ऋषभद् भरतोऽभवत्। तस्य नाम्नः त्विदं वर्ष भारतं चेति कीर्त्यते।।

अग्निध्रंसूनो नाभेस्तु ऋषभोऽभूतसुतो द्विजः। ऋषभाद् भरतो जज्ञे वीरः पुत्र शताद्वरः।।

ऋग्वेद कालीन संस्कृति के पश्चात् भी जैन मुनियों की संस्कृति निरंतर प्रवाहमान रही। यजुर्वेद के अध्याय 26 में "ॐ नमोऽर्हतो ऋषभो" एवं "ॐ रक्ष–रक्ष अरिष्टनेमि स्वाहा" सूक्त में प्रथम तीर्थंकर ऋषभदेव एवं तेईसवें तीर्थंकर नेमिनाथ को नमन किया गया है। भागवत पुराण (5,3,20), (5,6,12) मार्कण्डेय पुराण (अ.50,90), कूर्मपुराण (अ. 41,37–38), अग्नि पुराण (10,10–11), वायु महापुराण पूर्वार्द्ध (33/50,41,42), वराहपुराण (अ.74), लिंगपुराण (47,19–22) गरूड पुराण (अ.1) आदि मे भरत एवं ऋषभ का उल्लेख हुआ है। बौद्ध साहित्य में (मज्झिमनिकाय, 40) जैन मुनियों की विशेषताओं का वर्णन किया गया है। महावीर के युग तक अन्य जैनेत्तर साहित्यिक स्रोतों से भी जैन धर्म की जानकारी प्राप्त होती है। जैन धर्म चौबीस तीर्थंकरों द्वारा प्रवर्तित होता रहा है। संस्थापक प्रथम तीर्थंकर ऋषभदेव वैदिक युग में हुए, उनके बाद तेईस तीर्थंकरों का उल्लेख जैन ग्रंथों में प्राप्त होता है जिन्होने जैन धर्म का प्रवर्तन किया। सर्वप्रथम समवायांग सूत्र में चौबीस तीर्थंकरों की सूची प्राप्त होती है। यथा– ऋषभदेव, अजितनाथ, संभवनाथ, अभिनंदननाथ, सुमतिनाथ, पद्मप्रभु, सुपार्श्वनाथ, चन्द्रप्रभु, पुष्पदन्त, शीतलनाथ, श्रेयांशनाथ, वासुपूज्य, विमलनाथ, अनन्तनाथ, धर्मनाथ, शाँतिनाथ, कुन्थुनाथ, अरनाथ, मल्लिनाथ, मुनिसुव्रतनाथ, नमिनाथ, नेमिनाथ, पार्श्वनाथ एवं महावीर। ग्रन्थों के अनुसार सभी तीर्थंकरों ने क्षत्रिय कुल में जन्म लिया। तीसरे से इक्कीसवें तीर्थंकरों की ऐतिहासिकता सिद्ध नहीं है। उपरोक्त वर्णन अनुसार ऋषभदेव का उल्लेख ऋग्वेद की परवर्ती रचना एवं पुराणों में है, दूसरे एवं बाईसवें तीर्थंकर नेमिनाथ का उल्लेख यजुर्वेद में स्पष्ट रूप में है। नेमिनाथ

महाभारत कालीन महापुरूष थे, वह महाभारत के महानायक कृष्ण के चचेरे भाई थे। शौरीपुर नरेश अन्धक वृष्णि के दस पुत्र हुए। सबसे बड़े पुत्र का नाम समुद्रविजय और सबसे छोटे पुत्र का नाम वसुदेव था। सुमुद्रविजय के पुत्र के रूप में नेमिनाथ ने जन्म लिया एवं वसुदेव के यहाँ श्रीकृष्ण ने जन्म लिया। शौरीपुर को छोड़कर यह परिवार द्वारिका चला गया था। शौरीपुर की स्पष्ट पहचान नहीं की जा सकी है, कुछ विद्वान इसे मध्यप्रदेश में स्थित बताते हैं। कृष्ण व नेमिनाथ की संयुक्त प्रतिमाएँ भी प्राप्त हुई हैं। समुद्रविजय महाभारत से संबंधित किसी भी घटना या प्रकरण में शामिल नहीं थे, साथ ही विचारधारागत भी वह अलग थे संभवतः इस कारण ब्राह्मण साहित्य में उनका उल्लेख प्राप्त नहीं होता है, इनका काल 1000 ई. पू. ठहरता है।[7] यहाँ प्रसंगवश यह भी ध्यान देने योग्य है कि महाभारत के शांतिपर्व में जो भगवान तीर्थवित और उनके द्वारा दिये गये उपदेश का वृत्तांत मिलता है, वह जैन तीर्थंकर द्वारा उपदिष्ट धर्म के समरूप है। कर्नल टाड, प्राणनाथ विद्यालंकार, राधाकृष्णनन, वारनेट आदि विद्वानों ने नेमिनाथ की ऐतिहासिकता स्वीकार की है।

पुराणों एवं महाभारत में नेमिनाथ का उल्लेख अरिष्टनेमि ऋषि के नाम से हुआ है। तेईसवें तीर्थंकर पार्श्वनाथ का जन्म बनारस के राजा अश्वसेन और उनकी पत्नी वामादेवी से हुआ था। जैन पुराणानुसार पार्श्वनाथ का निर्वाण, भगवान महावीर के निर्वाण से 250 वर्ष पूर्व अर्थात 527+250=777 ईसापूर्व में हुआ था। अंतिम जैन तीर्थंकर महावीर के माता–पिता तेईसवें तीर्थंकर पार्श्वनाथ के संप्रदाय के अनुयायी थे, ऐसा जैन आगम (आचारांग 3, भाव चूलिका 3, सूत्र 401) में स्पष्ट उल्लेख मिलता है, साथ ही बौद्ध ग्रंथ मज्झिम निकाय में पार्श्वनाथ के शिष्यों का उल्लेख प्राप्त होता।[8] पार्श्वनाथ ने तपश्चरण द्वारा आत्मसिद्धि प्राप्त की और विहार तथा कलिंगादि देशों में उपदेशों द्वारा श्रमण संस्कृति का प्रसार किया और जनसामान्य को सन्मार्ग दिखाया।

अंतिम एवं चौबीसवें तीर्थंकर महावीर का जन्म चैत्र शुक्ल त्रयोदशी ईसापूर्व 598 के दिन कुंडग्राम में हुआ था। कुंडग्राम प्राचीन भारत के व्रात्य क्षत्रियों के प्रसिद्ध बज्जि संघ के वैशाली गणतंत्र के अंतर्गत था। वज्जी

संघ में वर्तमान बिहार का चम्पारन, मुजफ्फरपुर, दरभंगा व छपरा आदि जिलों का क्षेत्र सम्मिलित था। वज्जि संघ में नौ गणतंत्र सम्मिलित थे, जिनमें वृजि, लिच्छवी, ज्ञातृक, विदेह, उग्र, भोग, और कौरवादि जातियाँ सम्मिलित थीं। महावीर के पिता सिद्धार्थ वैशाली के ज्ञातृक क्षत्रियों के प्रधान थे। वैशाली गणतंत्र के अधिकाँश निवासी व्रात्य कहलाते थे। ये अर्हन्त के उपासक थे व पार्श्वनाथ के अनुयायी थे। सिद्धार्थ का विवाह वैशाली गणतंत्र के अध्यक्ष एवं लिच्छवी कुल के प्रमुख राजा चेतक की पुत्री त्रिशला से हुआ (श्वेताम्बर ग्रंथों के अनुसार चेतक की बहिन से हुआ)। चेतक की सात पुत्रियों में से एक अन्य पुत्री चेलना का विवाह बिम्बिसार से हुआ था। इस तरह महावीर के मातृ पक्ष से मगध शासक बिम्बिसार निकट संबंधी थे। कलिंग के राजा जितशत्रु जो सिद्धार्थ के बहनोई थे, अपनी पुत्री यशोदा का विवाह वर्द्धमान (महावीर) से करना चाहते थे परन्तु वर्द्धमान (महावीर) ने विवाह से इन्कार कर दिया एवं उनने 28 वर्ष 7 माह एवं 12 दिन (जय धवला भा.1) की अवस्था में वैराग्य धारण कर लिया अर्थात मुनि दीक्षा ले ली। कुछ इतिहासकारों ने श्वेताम्बर अम्नाय के कुछ ग्रंथों के आधार पर महावीर को यशोदा के साथ विवाहित घोषित किया है एवं उनकी प्रियदर्शना नामक पुत्री का अस्तित्व स्वीकार करते हुए पुत्री का विवाह जामालि नामक व्यक्ति से होना बताया है। श्वेताम्बर सम्प्रदाय में ही महावीर के विवाह संबंध में दो मान्यताएँ पाई जाती है– विवाहित और अविवाहित। कल्पसूत्र और आवश्यक भाष्य की विवाहित मान्यता है और समवायांग सूत्र (19), ठागांगसूत्र, पउमचरियं तथा आवश्यक नियुक्तिकार (136) व भद्रवाहु की अविवाहित मान्यता है। समवायांग सूत्र में वर्णित है कि 19 तीर्थंकरों नें भोग भोगकर दीक्षा ली। आवश्यक निर्युक्ति में वीर, अरिष्टनेमि, पार्श्वनाथ, वासुपूज्य और मल्लिनाथ को कुमारावस्था में दीक्षित बताया, अर्थात इन पाँच तीर्थंकरों ने विवाह नहीं किया था।[9] वर्द्धमान (महावीर) ने अविवाहित अवस्था में गृहत्याग कर दिगम्बरत्व को धारण किया एवं लम्बी कठिन तपस्या व साधना के पश्चात जृम्भिक ग्राम के समीप ऋजुपालिका नदी के तट पर एक शाल के वृक्ष के नीचे उन्हे कैवल्य या पूर्ण ज्ञान प्राप्त हुआ। 72 वर्ष की अवस्था में कार्तिक कृष्ण अमावस्या (15 अक्टूबर मंगलवार, ई.पू. 527)

के दिन पावानगर में इन्हें निर्वाण प्राप्त हुआ।[10] केवलज्ञान प्राप्त होने पर उन्हे संसार के सभी पदार्थ युगपत (एक साथ) प्रतिभासित होने लगे वह सर्वदर्शी एवं सर्वज्ञ हो गए।

जैन धर्म का नाम तेईसवें तीर्थंकर पार्श्वनाथ के काल तक आर्हत धर्म था, महावीर के काल में जैन धर्म का नाम निग्रंथ प्राप्त होता है। मौर्य काल में अशोक के अभिलेखों में जैन साधुओं का उल्लेख निग्रंथ नाम से हुआ है।

महावीर के ग्यारह गणधरों का उल्लेख मिलता है– इन्द्रभूति गौतम, अग्निभूति, वायुभूति, शुचिदत्त, सुधर्मस्वामी, माण्डव्य, मौर्यपुत्र, अकम्पित, अचलभ्राता, मेतार्य, एवं प्रभास।[11] उक्त गणधरों में दो राजसी एवं शेष ब्राह्मण परिवार से थे, इन्होनें महावीर से दीक्षा लेकर जैन धर्म व संघ को अंगीकार किया। अधिकाँश गणधरों को महावीर के निर्वाण के पूर्व ही मुक्ति प्राप्त हो गयी थी। महावीर के पश्चात् गौतम गणधर ने जैन धर्म का प्रतिनिधित्व किया। गौतम गणधर के पश्चात् सुधर्माचार्य फिर जम्बूस्वामी संघ के आचार्य बने। जम्बूस्वामी, महावीर परम्परा के अंतिम आचार्य थे जिन्हे निर्वाण या मोक्ष प्राप्त हुआ। इनके पश्चात् जैन धर्म के आचार्यों की सूची अलग–अलग प्राप्त होती है जिन्होने जैन संघ का संचालन किया, इन आचार्यों के देवलोक गमन का उल्लेख प्राप्त होता, निर्वाण का नहीं। दिगम्बर परंपरानुसार जैनसंघ का प्रतिनिधित्व जम्बूस्वामी के पश्चात् विष्णुनन्दि, नंदीमित्र, अपराजित, गोवद्देन और भद्रबाहु ने किया जबकि श्वेताम्बर परंपरानुसार जम्बूस्वामी के पश्चात् प्रभवस्वामी, शय्यंभवसूरि, यशोभद्र सूरि, संभूतविजय सूरि और भद्रबाहु ने जैन धर्म का प्रतिनिधित्व किया। अंतिम नंद राजा के समय में भद्रबाहु संघ के अध्यक्ष थे।[12] भद्रबाहु दोनों सम्प्रदायों के मान्य आचार्य थे। भद्रबाहु के पश्चात् ही जैन धर्म में औपचारिक रूप से विभाजन हुआ। श्वेताम्बर मत के प्रादुर्भाव के संदर्भ में दिगम्बर ग्रंथों एवं इतिहासकारों का मत है कि चन्द्रगुप्त मौर्य के शासन काल में मगध में दुर्भिक्ष की स्थिति उत्पन्न हुई, जिससे भद्रबाहु संघ के अधिकांश सदस्यों के साथ दक्षिण चले गये। स्थूलभद्र के नेतृत्व में मुनियों का एक संघ उत्तर भारत में ही रूक गया था। दुर्भिक्ष के दिनों में वे अपनी कठोर चर्या/नियम, संयम, आचार–विचार को आगमानुकूल सुरक्षित नहीं

रख सके। परिणामतः वस्त्र, पात्र आवरण, दण्ड आदि भी उनसे जुड़ गये। इसी समय से जैन संघ दो भागों में बँटना प्रारम्भ हो गया। पहला संघ मूल आगम के अनुसार आचरण करने वाला था वह दिगम्बर आम्नाय कहलाया तथा दूसरा संघ वस्त्र, पात्र आदि धारण करने वाले साधुओं का था, जो आगे चलकर श्वेताम्बर मत का जनक बना। भद्रबाहु के संघ के मुनि दिगम्बर या नग्न रहते थे एवं स्थूलभद्र व उनके समर्थक श्वेत वस्त्र धारण करने लगे थे। वस्त्र ही दिगम्बर–श्वेताम्बर रूप संघ भेद का सबसे बड़ा कारण बना। इतिहासकारों एवं संस्कृत के विद्वानों का मत है कि दुष्काल समाप्त होने पर भद्रबाहु की अनुपस्थिति में स्थूलभद्र ने पाटलिपुत्र में साधुओं की एक वृहद सभा का आयोजन किया जिसमें जैन धर्म के अंग साहित्य का संग्रह करने के लिए योजनाएँ पारित की गई। वस्त्र, पात्र आदि आचारिक परिवर्तनों को वैचारिक क्षेत्र में परिवर्तित कर दिया गया। आगमों में समयानुकूल आचार–विचारों को नए सिद्धांतों के रूप में आगमों में सम्मिलित कर दिया गया। भद्रबाहु की अनुपस्थिति में स्थूलभद्र की आज्ञा से जैन साधुओं के आचार–विचार में परिवर्तन आ गया। इस प्रकार परम्परागत आगम ग्रंथों में भी आम्नाय आचार्यों (भद्रबाहु) की अनुपस्थिति में आमूलचूल परिवर्तन कर दिया गया। अंत में भद्रबाहु अपनी शिष्य मंडली के साथ अन्यत्र चले गये और अपनी पुरानी परम्परा को ही उन्होने बनाए रखा। इस प्रकार जैन साधुओं के दो दल हो गए, एक श्वेताम्बर और दूसरा दिगम्बर जैनियों के। इस तरह दोनों का आविर्भाव 300 ईसा पूर्व में हो चुका था।[13]

ईसवी सन् की प्रथम शताब्दी के मथुरा में जो जैन शिलालेख मिले हैं, उससे ज्ञात होता है कि जैन धर्म में तब तक दिगम्बर–श्वेताम्बर जैसा कोई औपचारिक विभाजन नहीं हुआ था। इसके अलावा दोनों सम्प्रदायों के उपलब्ध साहित्य में प्राचीन परम्परागत विषय और गाथाओं आदि की समानता पाई जाती है। उदाहरण के लिए भगवती आराधना और मूलाचार का प्रतिपाद्य विषय और गाथाऐं संथारगभत्त परिण्णा, मरणसमाही, पिंडनिर्युक्ति और वृहत कल्पभाष्य आदि के विषय और गाथाओं के साथ सूत्र भी अक्षरशः मिलते है। इससे भी यही सिद्ध होता है कि विभाजित जैन धर्म का सामान्य स्रोत्र एक ही था। ईसवी सन की प्रथम शताब्दी में

ही आगे चलकर जैन धर्म में औपचारिक विभाजन हो गया। जैन साहित्य में इस सन्दर्भ में उल्लेख प्राप्त होते हैं। श्वेताम्बर मान्यता के अनुसार महावीर निर्वाण के 609 वर्ष पश्चात् (82 ईसवी) शिवभूति ने रथवीरपुर नगर में बोटिक निन्हव अर्थात् दिगम्बर मत की स्थापना की। बोटिक निन्हव सातवाँ निन्हव था। ऐसा आवश्यक चूर्णी एवं आवश्यक भाष्य में उल्लेख है।[14] दिगम्बर परम्परा में सात निन्हव का तो कोई उल्लेख नहीं है किन्तु वि.स. के 136 वर्ष उपरांत (79 ईसवी) श्वेताम्बर संघ की उत्पत्ति होने का स्पष्ट उल्लेख दर्शन सार (गाथा 11) में पाया गया है। इस प्रकार श्वेताम्बर परम्परा में दिगम्बर सम्प्रदाय की उत्पत्ति के काल में व दिगम्बर परम्परा में श्वेताम्बर सम्प्रदाय के उत्पत्ति काल निर्देश में तीन वर्ष का अंतर पाया जाता है।

महावीर निर्वाण के लगभग 827 या 840 वर्ष बाद (ईस्वी सन् 300–313) मे आगमों को सुव्यवस्थित रूप देने के लिए आर्य–स्कंदिल के नेतृत्व में मथुरा में एक दूसरा सम्मेलन हुआ। इसी समय नागार्जुन सूरि के नेतृत्व मे वलभी में एक और सम्मेलन हुआ। ज्योतिष्करंडक टीका के कर्ता आचार्य मलयागिरि के अनुसार अनुयोगद्वार आदि सूत्र माधुरी वाचना और ज्योतिष्करंडक वलभी वाचना के आधार से संकलित किये गये। उक्त दोनों वाचनाओं के पश्चात आर्यस्कंदिल और नागार्जुन सूरि नहीं मिल सके और इसलिए सूत्रों में वाचना–भेद स्थायी बना रह गया।[15] 454 ईस्वी में भावनगर (गुजरात) के समीप बलभी नामक स्थान में देवार्द्धिगण क्षमाश्रमण की अध्यक्षता मे जैन मुनि समाज ने एक अन्य परिषद् का आयोजन किया। इस सभा का उद्देश्य आगमों को अंतिम रूप देकर उनके द्वारा वस्त्र व पात्र को पुष्ट करना था। इसी कारण दिगम्बर आम्नाय इन आगमों को मान्यता प्रदान नहीं करता है। आगम जो अभी वर्तमान में है, उसमें अभी भी कुछ मूल स्वरूप विद्यमान है, लेकिन निरंतर हुई वाचनाओं में काफी अतिरिक्त अशों को जोड़ दिया गया है। जबकि दिगम्बर सम्प्रदाय इन बदले हुए स्वरूप को स्वीकार नहीं करता है। इस तरह बलभी वाचना के बाद श्वेताम्बर साहित्य व दिगम्बर में कुछ विषयों को लेकर स्थायी मतभेद हो गए। मुनि प्रमाण सागर ने विभाजित दिगम्बर–श्वेताम्बर सम्प्रदाय में आचार व सैद्धांतिक रूप से निम्न मतभेदों का उल्लेख किया है।[16]

	श्वेताम्बर	दिगम्बर
1.	केवली भोजन करते हैं।	नहीं करते हैं।
2.	केवली को निहार होता है।	नहीं होता है।
3.	सवस्त्र मुक्ति हो सकती है।	दिगम्बर होना अनिवार्य है।
4.	स्त्री मुक्ति प्राप्त कर सकती है।	नहीं कर सकती है।
5.	गृहस्थ भेष मे मुक्ति संभव है।	साधू होना अनिवार्य है।
6.	मरुदेवी को हाथी पर चढे ही गमन हुई।	इस तरह मुक्ति असंभव है।
7.	भरत चक्रवर्ती को भवन में ही केवलज्ञान प्राप्त हुआ।	असंभव है।
8.	वस्त्राभूषणों से सुसज्जित प्रतिमा की पूजा की जाती है।	पूर्णतः दिगम्बर और वीतराग प्रतिमा ही पूजा योग्य है।
9.	मुनियों के पात्रादि चौदह उपकरण होते हैं।	मुनि पूर्णतः अपरिग्रही होते हैं। (संयम पालन व शुद्धि हेतु पीछी–कमण्डलु तथा ज्ञानाराधना हेतु शास्त्र रखते हैं।)
10.	तीर्थंकर मल्लिनाथ को स्त्री होना कहा है।	स्त्री तीर्थंकर नहीं हो सकती।
11.	भगवान महावीर का गर्भ परिवर्तन हुआ।	यह असंभव कल्पना है।
12.	भगवान महावीर का विवाह हुआ एवं कन्या का जन्म हुआ।	महावीर का विवाह नहीं हुआ था।
13.	मुनि अनेक ग्रहों से भिक्षा ग्रहण करते हैं।	एक दिन में एक ही घर से आहार लेते हैं।
14.	मुनिगण अनेक बार भोजन करते हैं।	एक बार भोजन ग्रहण करते हैं।

15.	महावीर भगवान को तेजो लेश्या हुई थी।	नहीं थी।
16.	ग्यारह अंगों की मौजूदगी है।	अंग ज्ञान लोप हो चुका है।

उपर्युक्त मतभेद होने के कारण जैन संघ में विभाजन हुआ । इन्हीं मतभेदों के कारण श्वेताम्बर एवं दिगम्बर सम्प्रदाय की अलग–अलग परम्पराएँ एवं सिद्धांत हैं। अन्य मूल सिद्धांत दोनों परम्पराओं में समान रूप से मान्य है। कालान्तर में दिगम्बर–श्वेताम्बर संघ अन्य अनेक संघों में विभक्त होकर चर्या करते रहे जिनका विवेचन प्राचीन जैन साहित्य में प्राप्त होता है। महावीर का संघ, जो उनके समय और उनके बाद निर्ग्रन्थ महाश्रमण संघ के रूप में प्रसिद्ध था, भद्रबाहु श्रुतकेवली के समय दक्षिण भारत में गया था। वह निर्ग्रन्थ महासंघ ही था। वह निग्रंथ संघ ही बाद में मूलसंघ के नाम से लोक में प्रसिद्ध हुआ। महाश्रमण संघ का दूसरा भेद श्वेताम्बर महाश्रमण संघ के नाम से ख्यात हुआ। अनेक अंतर्भेदों के कारण दिगम्बर एवं श्वेताम्बर दोनों ही संघ विभक्त होते गए यथा– मूलसंघ, यापनीय, कूर्चकसंघ, द्राविड़ संघ, काष्ठासंघ, और माथुर संघ। निग्रन्थ परम्परा में ईसा पूर्व प्रथम शती के विद्वान आचार्य गुणधर (कषाय पाहुड के रचियता), आचार्य धरसेन एवं आचार्य अर्हद्बली के समय तक निग्रंथ संघ विभाजित नहीं हुआ था। इन्ही आचार्यों के समय ईसा पूर्व 66 में आन्ध्र देश के वेण्णानगर में एक सम्मेलन आयाजित किया गया जिसमें अर्हदबली आचार्य ने नन्दि, वीर, अपराजित, देव, पंचस्तूप, सेन, भद्र, गुणधर, गुप्त, सिंह, और चन्द्र आदि नामों से आचार्यों के संघ स्थापित किए। इसी सम्मेलन में आचार्य पुष्पदन्त व भूतवली भी थे जिन्होने षटखंडागम नामक ग्रंथ की रचना की। यह ग्रंथ मूल बारह अंग साहित्य से सीधा संबंधित है, जिसे दिगम्बर परम्परा में अंग साहित्य के रूप में ही मान्यता प्राप्त है। मूलसंघ, दिगम्बर निग्रन्थ परम्परा का आधारभूत संघ था जो बिना किसी संरक्षण के अपने अस्तित्व को बनाये रखने में समर्थ रहा। मूल संघ के अन्तर्गत सिंह, नंन्दि, संन और देव आदि संघ भी थे। मूल संघ के शिरोमणी आचार्य कुन्दकुन्द थे जिनका मुनि नाम पद्मनन्दि था। वह ईसा की प्रथम

शताब्दी में दक्षिण भारत के गुण्टकल रेल्वे स्टेशन के नजदीक कौण्डकुन्द स्थान से सम्बद्ध थे। उनका संघ ही मूलसंघ के रूप में विख्यात हुआ। वर्तमान दिगम्बर आम्नाय आचार्य कुन्दकुन्द के ग्रंथों को ही अपना आदर्श मानती है। आचार्य कुन्दकुन्द के बाद उमास्वामी, समन्तभद्र, देवनन्दि, पात्रकेशरी, सुमतिदेव, श्रीदत्त, अकलंक देव, और विद्यानंद आदि आचार्य मूल संघ में हुए। संघ भी अनेक गणों में विभक्त होते गए। मूलसंघ के अन्तर्गत देवगण, संनगण, देशीगण, सूरस्थगण, बलात्कारगण, क्राणूरगण और निगमान्वय गणों का उल्लेख मिलता है। दक्षिण भारतीय राजवंशों द्वारा सम्मानित यापनीय संघ दिगम्बर एवं श्वेताम्बर आम्नाय के बीच कड़ी था। इस संघ की चर्या दिगम्बर साधुओं जैसी ही थी, लेकिन श्वेताम्बरों की तरह स्त्री मुक्ति व सवस्त्र मुक्ति के सिद्धाँत को भी मानते थे। इस संघ में शिवार्य, अपराजित, शाकटायन, विमलसूरि और स्वयंभू आदि विद्वान आचार्य हुए।

कूर्चकसंघ, द्राविड़ संघ, एवं काष्ठासंघ भी दक्षिण भारत से संबंधित है। माथुर संघ ऐतिहासिक नगर मथुरा से संबंधित है। वैचारिक, आचारगत एवं क्षेत्रगत आधार पर जैन धर्म विभिन्न धाराओं में प्रवाहमान रहा लेकिन आध्यात्मिक सिद्धाँतों में कोई भेद नहीं हैं।

प्राचीन जैन साहित्य

जैन परम्परा में यह तथ्य अत्यंत श्रद्धा से प्रचलित है कि महावीर के उपदेशों से जो अंग साहित्य का प्रणयन हुआ इसके पहले भी जैन साहित्य उपलब्ध था। प्राचीन जैन साहित्य में भी इसका उल्लेख प्राप्त होता है। यह साहित्य श्रुति परम्परा से अस्तित्व में था। यह शास्त्र ज्ञान तेईसवें तीर्थंकर पार्श्वनाथ के अनुयायी एवं चौबीसवें तीर्थंकर महावीर की संघ परम्परा में आचार्य भद्रबाहु तक श्रौत साहित्य के रूप उपलब्ध रहा। आचार्य भद्रबाहु अर्थात मौर्यकाल के पश्चात इस साहित्य का कोई का ज्ञाता शेष नहीं रहा अतः यह साहित्य अनुपलब्ध माना जाता है। महावीर पूर्व साहित्य का उल्लेख प्रथम शताब्दी की रचना षटखंडागम में हुआ है। इसके अतिरिक्त आवश्यक अंग की चूर्णी में इनका उल्लेख है। प्राचीन जैन बारह आगम के बारहवें अंग दृष्टिवाद के अंतर्गत ऐसे चौदह पूर्वों का उल्लेख किया

गया है, जिनमें महावीर से पूर्व की अनेक विचार–धाराओं, मत–मतांतरों तथा ज्ञान–विज्ञान का वर्णन है। इन विभिन्न ज्ञान धाराओं का संकलन उनके शिष्य गौतम द्वारा किया गया था। महावीर के पूर्व प्रचलित होने के कारण इस साहित्य को पूर्व साहित्य कहा जाता है। इन चौदह पूर्वों के नाम इस प्रकार हैं– उत्पाद पूर्व, अग्रायणी, वीर्यप्रवाद, अस्तिनास्ति प्रवाद, ज्ञानप्रवाद, सत्यप्रवाद, आत्मप्रवाद, समयप्रवाद, प्रात्याख्यान प्रवाद, विद्यानुवाद, मबनध्य, प्राणावाय, क्रियाविशाल और बिन्दुसार।[17] इन पूर्व नामक रचनाओं के अंतर्गत तात्कालीन न केवल धार्मिक, दार्शनिक व नैतिक विचारों का संकलन किया गया था, अपितु उनके भीतर नाना कलाओं व ज्योतिष, आयुर्वेद आदि विज्ञानों तथा फलित ज्योतिष, शकुन शास्त्र व मंत्र–तंत्र आदि विषयों का भी समावेश किया गया था। इस प्रकार ये रचनाऐं प्राचीन काल का भारतीय ज्ञानकोश कहा जाए तो अनुचित न होगा। डॉ. हीरालाल जैन ने इनके विलुप्त होने के कारण में लिखा है कि कुछ पूर्व साहित्य मुनियों की संयम रक्षा की दृष्टि से अधिक उपयुक्त नहीं था, जितना विषय जैन मुनियों के लिये उपयुक्त व आवश्यक था, उतना द्वादशांग के अन्य भागों में समाविष्ट कर लिया गया, शेष विलुप्त हो गया। इसी बात की पुष्टि दिगम्बर साहित्य की इस परम्परा से होती है कि वीर निर्वाण के लगभग सात शताब्दियों के पश्चात् हुए गिरिनार की चन्द्रगुफा के निवासी आचार्य धरसेन को द्वितीय पूर्व के कुछ अधिकारों का विशेष ज्ञान था। उन्होंने वही ज्ञान पुष्पदंत और भूतबलि आचार्यों को प्रदान किया और जिसके आधार पर दोनों आचार्यों ने षटखंडागम की सूत्र रूप रचना की।[18] वर्तमान में पृथक रूप से पूर्व साहित्य का पृथक से कोई साहित्य उपलब्ध नहीं है।

अंग साहित्यः– द्वादशांग आगम साहित्य जैन धर्म का प्राचीन साहित्य है जिनका प्रणयन ईसा पूर्व पाचँवी शती से ई. पू. द्वितीय शती तक किया गया। बारह अंग इस प्रकार हैं–

आचारंग, सूत्रकृतांग, ठाणांग (स्थानांग), समवायांग, वियाहपण्णत्ति (भगवती व्याख्या प्रज्ञप्ति), नायाधम्मकहाओं (ज्ञातृधर्मकथा), उवासगदसाओ (उपासकाध्ययन), अंतगडददसाओ (अंतकृद्दशा), अणुत्तरोववाइयदसाओ

(अनुत्तरोपपातिकदषा), प्रश्न–व्याकरण, विपाक सूत्र, दिद्विवाय (दृष्टिवाद), बारहवाँ अंग अनुपलब्ध है।

ईसा पूर्व की कुछ शताब्दियों में ब्राह्मी लिपि का प्रचलन था लेकिन उस लिपि में वैदिक साहित्य की तरह मूल जैन साहित्य भी उपलब्ध नहीं है, यह साहित्य श्रुति परम्परा में आचार्यों की स्मृति में था। तीसरी शती ईसा पूर्व में जैन धर्म में सैद्धांतिक विभाजन हो गया, अतः साहित्य संकलन पुनः किया गया। इस सन्दर्भ में पूर्व पृष्ठों में वर्णित तीन वाचनाएँ आयोजित की गयीं जिनमें श्वेताम्बर आम्नाय द्वारा अपने नवीन विचारों के अनुसार अंग साहित्य का सम्पादन किया गया। दिगम्बर अम्नाय ने नवीन विचारों का विरोध करते हुए उक्त वाचनाओं का बहिष्कार किया। वर्तमान में उपलब्ध अंग साहित्य वलभी में श्वेताम्बर आचार्य देवार्द्धिगण क्षमाश्रमण की अध्यक्षता में पाँचवी शती ईसवी में आयोजित सभा में संकलित, सम्पादित एवं लिपिवद्ध किए गए थे। प्राचीन अंग साहित्य को वलभी में श्वेताम्बर आम्नाय के अनुसार सम्पादित एवं लिपिवद्ध कर दिया गया अतः उपलब्ध अंग साहित्य दिगम्बर आम्नाय में मान्य नहीं हैं। इस सभा में अन्य ग्रन्थों को भी अंतिम रूप दिया गया, जो निम्नानुसार हैंः–

बारह उपांगः– औपपातिक, राजप्रश्नीय, जीवाभिगम, प्रज्ञापना, सूर्यप्रज्ञप्ति, जम्बूद्वीप प्रज्ञप्ति, चन्द्रप्रज्ञप्ति, पुष्पिका, पुष्पचूला, निरयावलियाओं, कप्पवंडसियाओं, कल्पावंतसीका, वण्हिदशाओ।

दस प्रकीर्णकः– चतुःसरण, आतुरप्रव्याख्यान, महा–प्रत्याख्यान, भक्त परिज्ञा, तंदुलवैचारिक, संस्तारक, गच्छायार, गणिविया, दैविदंव्यय (दैविन्द्रय), मरणसमाही (मरणसमाधि)।

छह छेद सूत्रः– निषीथ, महानिषीथ, दयासुयक्खंध (आयारदसाओ), आचारदशा, कप्प (कल्प), ववहार (व्यवहार), पंचकल्प अथवा जीयकप्प (पंचकल्प) या जीतकल्प।

चार मूल सूत्रः– उत्तरज्झायण (उत्तराध्ययन), दसवैयालिय (दषवैकालिक), आवस्सय (आवश्यक), पिंडनिज्जुत्ति अथवा (ओहनिज्जुत्ति), पिंडनिर्युक्ति।

दो चूलिका सूत्रः नंदी और अनुयोग द्वार।

बारह उपांग आदि को दिगम्बर परम्परा में आगमों में नहीं गिना गया है। श्वेताम्बरीय नंदीसूत्र में भी आगमों की गणना मे बारह उपांगों का उल्लेख नहीं है। दिगम्बर परम्परा में श्वेताम्बर परम्परा द्वारा सम्पादित व स्वीकृत पैंतालीस आगमों को अमान्य करते हुए अंग साहित्य को विच्छिन्न मान लिया गया।

दिगम्बर जैन साहित्यः अंग साहित्य को दिगम्बर आम्नाय स्वीकार तो करता है और उनमें अपनी आस्था भी व्यक्त करता है, लेकिन उन अंग साहित्य में जो तीसरी शताब्दी ई.पू. में प्रचलित थे, जो पाँचवी शती ईसवी में संकलित किया गए, वह दिगम्बर परम्परा को स्वीकार नहीं है। कालान्तर में दिगम्बर आचार्यों ने श्रुति परम्परा से अर्जित ज्ञान के आधार पर जैन दर्शन पर पृथक अनेक ग्रंथों की रचनाएँ की, जिनको विषय वस्तु के आधार पर चार भागों में बाँटा गया है– प्रथमानुयोग, करणानुयोग, चरणानुयोग, और द्रव्यानुयोग।

प्रथमानुयोगः प्रथमानुयोग में पुराणों, चरितों व कथाओं अर्थात् आख्यानात्मक ग्रंथों का समावेश किया जाता है जिन ग्रंथों मे तिरेसठ श्लाका महापुरुषों का वर्णन किया जाता है वह प्रथमानुयोग के अंतर्गत शास्त्र है। ऋषियों, पुण्यशाली, मोक्षमार्गी महान पुरुषों का जीवन चरित्र इसमें सम्मिलित है। इन तिरेसठ श्लाका पुरुषों में चौबीस तीर्थंकर, बारह चक्रवर्ती, नौ नारायण, नौ बलभद्र और नौ प्रतिनारायण सम्मिलित हैं। उनके नाम इस प्रकार हैं–

चौबीस तीर्थंकर– ऋषभदेव, अजितनाथ, संभवनाथ, अभिनंदननाथ, सुमतिनाथ, पद्मप्रभु, सुपार्श्वनाथ, चंद्रप्रभु, पुष्पदंत, शीतलनाथ, श्रेयांसनाथ, वासुपूज्य, विमलनाथ, अनंतनाथ, धर्मनाथ, शांतिनाथ, कुंथुनाथ, अरहनाथ, मल्लिनाथ, मुनिसुव्रतनाथ, नमिनाथ, नेमिनाथ, पार्श्वनाथ एवं महावीर। बारह चक्रवर्ती– भरत, सगर, मधवा, सनत कुमार, शाँति, कुन्थु, अरह, सुषौम, पद्म, हरिसेन, जयसेन एवं ब्रह्मदत्त। नौ नारायण– त्रिपृष्ठ, द्विपृष्ठ, स्वयंभू, पुरुषोत्तम, पुरुषसिंह, पुरुष्पुण्डरीक, दत्त, लक्ष्मण एवं कृष्ण। नौ

प्रतिनारायण– अश्वग्रीव, तारक, मेरक, मधु, निषंभ, बलि, प्रह्लाद, रावण एवं जरासंघ। नौ बलभद्र– अचल, विजय, भद्र, सप्रभ, सुदर्शन, आनंद, नंदन, राम और बलराम।

प्रथमानुयोग के ग्रंथों में पुराण व चरित साहित्य का अध्ययन किया जाता है इनमें यथा अवसर व प्रसंगतः धर्म, राजनीति, सामाजिक व्यवस्था, आर्थिक विचार, कलाएँ, पर्यावरण, दर्शन एवं अन्य सांस्कृतिक आदि तत्व विद्यमान हैं। जिसमें एक श्लाका पुरुष के चरित्र का वर्णन हो उसे पुराण कहते हैं, और जिसमें 63 श्लाका पुरुषों के चरित्र का वर्णन हो उसे महापुराण कहते हैं।

पुराणों एवं चरित साहित्य में किसी एक पक्ष या विषय क्षेत्र का वर्णन नहीं बल्कि विविध पक्षों का विशद विवेचन होता है। पुराणों में तत्कालीन सामाजिक, सांस्कृतिक, धार्मिक, आर्थिक, प्राकृतिक स्थिति की भी जानकारी प्राप्त हो जाती है। पुराणकार पहले एक धर्मोपदेशक व व्यवस्थाकार था, तत्पश्चात एक कवि या साहित्यकार। इस तरह के साहित्य में सार्वजनिक एवं वैयक्तिक जीवन की उत्कृष्ट व्यवस्था का दिग्दर्शन करने के लिए प्रत्येक विषय क्षेत्र को सम्मिलित किया गया है। प्राकृत, संस्कृत एवं अपभ्रंश भाषा में इस तरह के साहित्य की रचना हुई। मनुष्य के जीवन–निर्माण में पुराण का बडा ही महत्वपूर्ण स्थान है। प्रथमानुयोग ग्रंथों में पउमचरियं, जिनसेनकृत महापुराण, हरिवंश पुराण, पद्मपुराण, यशस्तिलक चम्पूमहाकाव्य, पुष्पदंतकृत महापुराण, स्वयंभूकृत पउम चरियं, वरांग चरित, कथाकोश, आदि मुख्य हैं।

करणानुयोगः करण का अर्थ गणित, लोक काल का विवरण आदि से लिया गया है, तदनुसार जिन ग्रंथों में त्रिलोक, काल, परिवर्तन तथा गणित सूत्रों का अववरण हो, वे करणानुयोग के ग्रंथ है। करण शब्द का दूसरा अर्थ जीव के परिणमन से लिया गया है। तदनुसार जिन ग्रंथों में जीवों के परिणामों का गुणस्थान आदि विषय हो वे करणानुयोग के ग्रंथ हैं। करूणानुयोग के ग्रंथों में लोक विभाग, तिलोयपण्णत्ति (त्रिलोक प्रज्ञप्ति) तिलोकसार, त्रिलोकसार एवं जम्बूद्वीप प्रज्ञप्ति मुख्य हैं

चरणानुयोगः इस अनुयोग के अन्तर्गत मुनियों व ग्रहस्थों के आत्मोत्थान एवं चरित्र निर्माण का मार्गदर्शक विशिष्ट साहित्य शामिल है। इस कोटि का साहित्य स्वस्थ समाज एवं राष्ट्र निर्माण हेतु अत्यंत आवश्यक है। यह साहित्य व्यक्तिगत आचरण की शुद्धि के लिए पंचाणुव्रत पालन, मन, वचन और काय की शुद्धि हेतु क्रोध, मान माया और लोभ का संयमन तथा इन्द्रिय निग्रह पर विशेष बल देता है। इस अनुयोग के ग्रंथो में मुनियों के आचार से संबंधित मूलाचार, भगवती आराधना, रत्नकरंड श्रावकाचार, कार्तिकेयानुप्रेक्षा आदि एवं श्रावक धर्म का प्रतिपादन पाहुड साहित्य, श्रावक प्रज्ञप्ति, रत्नकरंड श्रावकाचार, वसुनंदी श्रावकाचार, अमितगति श्रावकाचार, पुरुषार्थसिद्धियुपाय आदि ग्रंथों में किया है।

द्रव्यानुयोगः द्रव्यानुयोग के अंतर्गत ज्ञान, तत्व, पुण्य, पाप और 6 द्रव्यों आदि का प्रतिपादन करने वाले आध्यात्मिक, दार्शनिक एवं तत्व ज्ञान संबधित ग्रथों का समावेश है। कषायपाहुड, षटखंडागम, पंचास्तिकाय, प्रवचनसार, नियमसार, समयसार, अष्टपाहुड, वारस अणुवेक्खा और भत्तिसंगहो आदि आचार्य कुन्दकुन्द के प्रमुख ग्रन्थ, तत्वार्थ सूत्र, परमात्म प्रकाश, योगसार, गोम्मटसार जीवकाण्ड व कर्मकाण्ड आदि ग्रंथ इस अनुयोग के महत्वपूर्ण ग्रंथ हैं।

दिगम्बर आम्नाय से संबंधित चारों अनुयोगों के महत्वपूर्ण ग्रंथों का संक्षिप्त विवरण प्रस्तुत है[19]:–

गुणधरकृत कषायपाहुडः– दिगम्बर आचार्य परम्परा के अन्तर्गत ईसा पूर्व द्वितीय शती में आचार्य गुणधर एवं प्रथम शती ईसवी में आचार्य अर्हदबली, आचार्य धरसेन तथा उनके शिष्य भूतवली व पुष्पदन्त एवं आचार्य कुन्दकुन्द आदि महान व विद्वान आचार्य हुए। इन आचार्यों की रचनाएँ दिगम्बर मत का प्रतिनिधित्व करती हैं। आचार्य गुणधर ने पेज्जदोस पाहुड या कषायपाहुड की रचना की। ग्रंथ सोलह अधिकारों में विभक्त है, जिसमें 233 गाथाएँ हैं। इस ग्रन्थ पर पाँचवी शती ईसवी में यतिवृषभाचार्य ने 6000 श्लोक में टीका की। इसी गंथ पर वीरसेन व जिनसेन ने भी नवी शती ईसवी में जयधवला टीका की रचना की। यह ग्रंथ कषायों एवं कर्मबन्धन का विवेचन करता है।

षटखंडागमः– पूर्वों के एक देश ज्ञाता आचार्य धरसेन माने गए हैं जिन्होने अपना वह ज्ञान अपने पुष्पदंत और भूतबलि नामक शिष्यों को प्रदान किया और उन्होने उस ज्ञान के आधार से षटखंडागम की सूत्र ग्रंथ की रचना की जो उपलब्ध है। आचार्य धरसेन का समय ईसवी की पहली शती माना जाता है। इसकी रचना ज्येष्ठ शुक्ल पंचमी को पूर्ण हुई थी और उस दिन जैन संघ ने श्रुत पूजा का महान उत्सव मनाया था जिसकी परम्परानुसार श्रुत पंचमी की मान्यता दिगम्बर सम्प्रदाय में आज भी प्रचलित है। मुनि भूतवली की पहचान शक क्षत्रप नहपान से की गई है। नहपान को सातवाहन शासक गौतमीपुत्र शातकर्णी ने 125 ईसवी के लगभग पराजित किया था। नहपान ने राजपाट अपने दामाद ऋषभदात को सौपकर मुनि दीक्षा ली थी। षटखंडागम ग्रंथ मूल बारह अंग साहित्य से सीधा संबंधित है, जिसे दिगम्बर परम्परा में अंग साहित्य जैसा ही स्थान प्राप्त है। यह महत्वपूर्ण आगम ग्रंथ है अनेक सैद्धान्तिक ग्रंथों में इसका अनुकरण किया गया है। इस विशाल ग्रंथ में जैन कर्म सिद्धाँत का बहुत सूक्ष्म और गहन विवेचन है।

कुन्दकुन्दाचार्य कृत ग्रंथः– दिगम्बर जैन मूल संघ के शिरोमणी आचार्य कुन्दकुन्द थे जिनका मुनि नाम पद्मनन्दि था। वह दक्षिण भारत के गुण्टकल रेल्वे स्टेशन के नजदीक कौण्डकुन्द स्थान से सम्बद्ध थे। उनका संघ ही मूलसंघ के रूप में विख्यात हुआ। वर्तमान दिगम्बर आम्नाय आचार्य कुन्दकुन्द के ग्रंथों को अपना आदर्श मानती है। जैन ग्रंथों के अनुसार आचार्य कुन्दकुन्द को चारण सिद्धि प्राप्त थी जिससे वह पृथ्वी से चार अँगुल ऊपर अंतरिक्ष में चला करते थे। आचार्य कुन्दकुन्द के ग्रंथों में आत्मा का सूक्ष्म विवेचन किया गया है जिसे परवर्ती विद्वानों ने अनुकरण किया। पंचास्तिकाय, प्रवचनसार, नियमसार, समयसार, अष्टपाहुड, वारस अणुवेक्खा और भत्तिसंगहो आाचार्य कुन्दकुन्द के प्रमुख ग्रन्थ हैं। प्रो. हार्नले द्वारा सम्पादित प्रवचनसार की प्रस्तावना में प्रो. चक्रवर्ती ने इनका समय ईसा की प्रथम शताब्दी माना है।

कार्तिकेयानुप्रेक्षाः– इनका समय निश्चित नहीं है। कुछ विद्वान कुंदकुंद से समकालीन कुछ पहले का बताते है। आचार्य परम्परा में

कार्तिकेय का महत्वपूर्ण स्थान है। इन्होंने श्रावक धर्म का सविस्तार वर्णन किया है।

उमास्वामीकृत तत्वार्थ सूत्रः— उमास्वामि या उमास्वाति, आचार्य कुन्दकुन्द के अन्वय में हुए, उन्होने दस अध्यायों में तत्वार्थ सूत्र या मोक्षमार्ग की रचना की। इसमें जीवादि सात तत्वों का विवेचन है। इनका समय ईसा की प्रथम शती माना जाता है। श्रवणबेलगोला व मैसूर से प्राप्त अनेक अभिलेखों में उमास्वामि का उल्लेख है। कुन्दकुन्द की तरह वह दक्षिण भारत से थे।

श्रावक प्रज्ञप्तिः— श्रावक प्रज्ञप्ति उमास्वाति की रचना कही जाती है लेकिन कुछ विद्वान इसे हरिभद्र कृत मानते हैं। इसमें 401 गाथाओं में श्रावक धर्म का विवेचन है।

समन्तभद्राचार्य कृत ग्रंथः— विद्वानों ने आचार्य समन्तभद्र का समय उमास्वामी के बाद लेकिन ईसा की प्रथम शती ही निश्चित किया है। समन्तभद्र की पाँच कृतियाँ उपलब्ध हैंः— देवागम (आप्तमीमांसा), स्वयंभूस्त्रोत, युक्त्यानुशासन, जिनशतक, और रत्नकरण्ड श्रावकाचार। रत्नकरण्ड श्रावकाचार चरणानुयोग का उत्कृष्ट ग्रंथ हैं।

शिवकोटीकृत आराधनाः— श्रवणबेलगोला में वि.स. 1050 के शिलालेख क्र. 105 में आचार्य शिवकोटी को समन्तभद्र का शिष्य बताया गया है। आचार्य शिवकोटी ने अपने ग्रंथ आराधना में कुन्दकुन्द व समन्तभद्र को उद्धृत किया है एवं छठी शती के आचार्य पूज्यपाद ने शिवकोटी को उद्धृत किया है। इस ग्रंथ में 2170 गाथाएँ हैं जिसमें सम्यक दर्शन, ज्ञान, चारित्र एवं तप इन चार आराधनाओं को स्पष्ट किया गया है।

वट्टकेर कृत मूलाचारः— इसकी विषय वस्तु भगवती आराधना जैसी ही है। ग्रंथ की रचना शैली के आधार पर यह आराधना के समय का ग्रंथ है। मूलाचार का उल्लेख अपराजित सूरि ने किया है। यतिवृषभाचार्य कृत तिलोयपण्णत्ति मे मूलाचार का उल्लेख है।

विमलसूरि कृत पउमचरियंः— जैनसाहित्य में महापुरुषों के चरित्र को नवीन काव्य शैली में लिखने का प्रारंभ विमल सूरि ने किया। उनका

ग्रंथ पउमचरियं प्राकृत का आदि काव्य माना जाता है जो रामकथा से संबंधित है। जैन पुराणों में राम का नाम पद्म ग्रहण किया गया है। विमलसूरि जैन धर्म की दोनों विचारधाराओं से प्रभावित थे। विमलसूरि ने अपनी कृति की समाप्ति का जो काल वि.सं. 60 सूचित किया है उसे विट्टरनिट्ज ने तो स्वीकार किया है किंतु जर्मन विद्वान डॉ. हर्मन जैकोबी, जिन्होने इस ग्रंथ का सर्वप्रथम सम्पादन किया, ने प्राकृत भाषा शैली के आधार पर इसे तीसरी–चौथी शताब्दी का माना है।

सिद्धसेन कृत सन्मति सूत्रः— यह ग्रंथ तर्कप्रधान दार्शनिक ग्रंथ है इसमें अनेकान्वाद, नय, ज्ञान व दर्शन की व्याख्या है। पूज्यपाद ने अपने व्याकरण ग्रंथ में इनका भी उल्लेख किया है।

पूज्यपाद कृत ग्रंथः— उत्कृष्ट ग्रंथकार आचार्यों में देवनंन्दि (पूज्यपाद) का नाम उल्लेखनीय है। इनकी रचनाओं में तत्वार्थ वृत्ति (सर्वाथसिद्धि), समाधितंत्र, इष्टोपदेश, दश भक्ति, जैनेन्द्र व्याकरण, वैद्यक, छंद ग्रंथ, शान्त्यष्टक, सारसंग्रह, और जैनाभिषेक आदि प्रमुख हैं। सातवी शती के आचार्य जिनभद्रगणि क्षमाश्रमण ने पूज्यपाद के वाक्यों का अनुकरण किया हैं जिससे स्पष्ट है कि वह उनसे पूर्व हुए थे। दर्शनसार के अनुसार पूज्यपाद के शिष्य वज्रनंदि ने 469 ईसवी में द्रविड संघ की स्थापना की थी, अतः स्पष्ट है कि पूज्यपाद पाँचवी शती के साधु थे।

यतिवृषभाचार्य कृत तिलोयपण्पात्ति आदिः— यतिवृषभाचार्य पाँचवी शती के आचार्य हैं, जो देवनंन्दि (पूज्यपाद) के पूर्ववर्ती थे। इन्होंने गुणधरकृत कषाय पाहुड पर छह हजार चूर्णी सूत्रों (टीका) की रचना की। दूसरी रचना तिलोयपण्पात्ति है जो आठ हजार श्लोक की रचना है, इसमें प्रतिमा विज्ञान, त्रैलोक्य सबंधी विषयों को परिपूर्णता से प्रतिपादित किया गया है।

योगीन्द्रदेव कृत ग्रंथः— आचार्य योगीन्द्रदेव का समय ए. एन उपाध्याय ने छठी शती ईसवी माना है। परमात्म प्रकाश, योगसार, निजात्माष्टक और अमृताषीति इनकी अध्यात्मवाद के गूढ रहस्य पर प्रमुख रचनाएँ हैं।

जटासिंहनंदीकृत वरांगचरितः— यह इक्कतीस अध्यायों में रचित काव्य ग्रंथ है जिसमें नेमिनाथ के समकालिक वरांग नामक पुरूष की कथा एवं दक्षिण भारत की सामाजिक स्थिति का चित्रण किया गया है। यह सातवी शती के अंत की रचना है। शक संवत 705 में हरिवंश पुराण के कर्ता जिनसेन ने इनका उल्लेख किया है।

अकलंकदेव कृत ग्रंथः— अकलंकदेव ने तत्वार्थवार्तिक सभाष्य, अष्टशती, लघीयस्त्रय, न्यायविनिश्चय, सवृत्ति, सिद्धिविनिश्चय, प्रमाण संग्रह आदि दार्शनिक ग्रंथों की रचना की। इन्होने बौद्ध विदानों को शस्त्रार्थ में पराजित किया। अकलंक ने सिद्धसेन, पूज्यपाद व यतिवृषभ के विचारों को निबद्ध किया है।

रविषेणाचार्यकृत पद्मचरितः— सस्कृत में सर्वप्रथम पद्मपुराण या पद्मचरित की रचना हुई इसके रचयिता रविषेण हैं। इसका कथानक पउम चरियं से सर्वथा मिलता—जुलता है बल्कि एक सा है। यही नहीं, दोनों को परस्पर मिलाकर देखने से इसमें किसी को कोई संदेह नहीं रहता कि वे एक—दूसरे के भाषात्मक रूपांतर मात्र है। पउम चरियं पहले की रचना है। रविषेण ने अपनी रचना वि.सं. 733 में समाप्त की। इसका ग्रंथ में ही उल्लेख है। इस तिथि के संदर्भ मे किसी विद्वान को कोई संदेह नहीं है।

वादीभसिंह कृत ग्रंथः— आदिपुराणकार जिनसेन (838 ई.) व वादिराजसूरि द्वारा वादिभसिंह की प्रशंसा से स्पष्ट है कि वह उच्चकोटि के दार्शनिक व तार्किक विद्वान थे। स्यादवादसिद्धि, क्षत्रचूडामणी (उच्चस्तरीय नीति काव्य ग्रंथ), गद्यचिन्तामणी इनकी महत्वपूर्ण रचनाएँ हैं।

जिनसेन कृत महापुराणः—त्रिषष्टि शलाका विषयक पुराणों में सबसे महत्वपूर्ण पुराण जिनसेन कृत महापुराण है। यह संस्कृत भाषा में रचा गया है। महापुराण के दो खंड हैं। आदिपुराण तथा उत्तर पुराण। आदिपुराण 47 पर्वों में पूर्ण हुआ है, जिसके 42 पर्व पूर्ण तथा 43वें पर्व के तीन श्लोक जिनसेन के द्वारा निर्मित है और अवशिष्ट 5 पर्व तथा उत्तरपुराणकार श्री जिनसेनाचार्य के प्रमुख शिष्य श्री गुणभद्राचार्य के द्वारा विरचित है। हरिवंश पुराण के जिनसेन ने आदिपुराणकार जिनसेन को नमन किया है।

उनके उल्लेख के आधार पर आदिपुराण 705 शक संवत से पूर्व की रचना है। इसके अतिरिक्त जयधवला टीका की प्रशस्ति से यह विदित होता है कि जिनसेन ने अपने गुरुदेव श्री वीरसेन स्वामी के द्वारा प्रारंभ वीरसेनिया टीका शक् संवत् 759 फाल्गुन सुदी के 10 के पूर्वार्ध में जब अष्टाह्निका महोत्सव की पूजा हो रही थी, पूर्ण की थी इससे यह मानने में कोई संदेह नहीं रह जाता है कि जिनसेन स्वामी 759 शक् संवत् तक विद्यमान थे।

जिनसेनकृत हरिवंश पुराणः—महाभारत विषयक पुराणों मे महाभारत की कथा पर आधारित जिनसेनाचार्य द्वारा विरचित संस्कृत का हरिवंश पुराण इस प्रकार का सर्वप्रथम पुराण है। हरिवंश के रचयिता जिनसेन आदिपुराण के जिनसेन से सर्वथा भिन्न आचार्य थे, लेकिन प्रायः दोनों समकालीन थे। हरिवंश पुराण के जिनसेन के गुरु कीर्तिषेण थे और आदिपुराण के जिनसेन के गरु वीरसेन थे। हरिवंश पुराणकार पुन्नाट संघ के आचार्य थे और दूसरे पंचास्तुपान्वय के आचार्य थे। हरिवंश पुराणकार जिनसेन ने अपने पुराण के प्रथम अध्याय में 39–40 वे श्लोक मे पार्श्वाभ्युदय के कर्ता जिनसेन और उनके गुरु वीरसेन की स्तुति की है। पुराण में उन्होने रचना समाप्ति तिथि का समय शक संवत् 705 अर्थात 840 वि.सं. दी है। हरिवंश पुराण में मुख्यतः 22वें तीर्थंकर नेमिनाथ का चरित्र–लेखन अभीष्ट है परंतु प्रसंगोपान्त अन्य कथानक भी उसमें उल्लेखित है। नेमिनाथ के समय नारायण और बलभद्र पद के धारक श्रीकृष्ण और बलराम का भी चरित्र वर्णित है।

वीरसेन कृत धवलाः— उत्कृष्ट विद्वान वीरसेन ने अमोघवर्ष प्रथम के राज्य शासन में अपनी रचना पूर्ण की। धवला ग्रंथ षटखंडागम की टीका के साथ ही स्वतंत्र रचना भी है। इसमें गणित, लोक स्वरूप, दर्शन, ज्योतिष आदि का विशद विवेचन है।

जिनसेन कृत जयधवलाटीकाः— यह वीरसेन आचार्य के शिष्य थे इन्होने कषायप्राभृत पर चालीस हजार श्लोक प्रमाण जयधवलाटीका की रचना की। इसमे जैन दर्शन की विशद व्याख्या है। ग्रंथ में शक सं. 759 में रचना पूर्ण होने का उल्लेख है।

महावीराचार्य कृत गणितसारः– महावीराचार्य राष्ट्रकूट नरेश अमोघवर्ष के समकालीन थे उन्होने अमोघवर्ष का उल्लेख किया है। इनकी कृति गणितसार में बीजगणित व रेखागणित के विभिन्न सिद्धाँत व लोक स्वरूप का विवेचन किया गया है।

उग्रदित्याचार्य कृत कल्याणकारक चिकित्सा ग्रंथः– अमोघवर्ष के शासनकाल में उग्रदित्याचार्य ने पाँच हजार श्लोक में माँस भक्षण की निष्फलता सिद्ध करते हुए वैद्यक ग्रंथ की रचना की।

अमृतचन्द्र सूरि कृत पुरूषार्थसिद्धियुपायः– अमृतचन्द्र सूरि दसवी शती ई. के विद्वान थे। इन्होने पुरूषार्थसिद्धियुपाय नामक ग्रंथ रचना की जिसमें श्रावक धर्म व रत्नत्रय की विवेचना है।

असंग कृत बर्द्धमान व शान्तिनाथ चरितः– असंग दसवीं शती ईसवी के कवि थे। इन्होने चोल राज्य में रहकर उक्त चरित साहित्य की रचना की।

हरिषेण कृत कथाकोशः– प्रतिहार शासक विनायकपाल के शासनकाल में दसवी शतीं ईसवी में हरिषेण ने कथाकोश की रचना की जिसमें 157 कथाओं का वर्णन है। इनमें चाणक्य, भद्रबाहु, बिम्बसार आदि मुख्य हैं।

देवसेनकृत दर्शनसार आदि ग्रंथः– देवसेन धारा नगरी से संबंधित दसवीं शती के विद्वान हैं इन्होने दर्शनसार, तत्वसार, आराधनासार, व नयचक्र आदि ग्रंथों की रचना की। दर्शनसार जैनधर्म के अनेक मतों तथा संघों की उत्पत्ति आदि को प्रस्तुत करने वाला एकमात्र ग्रंथ माना जाता है।

पद्मनंदी कृत तिलोकसार व जम्बूद्वीप प्रज्ञप्तिः– ग्रंथ के रचयिता आचार्य पद्मनंदी है। नंदीसंघ की पदावली के अनुसार वारा में भट्टारक पद्मनंदी या माघनंदी की परम्परा में हुए। यह राजस्थान के कोटा संभाग का वारा जिला है। यह रचना 1050 वि.सं. मे की थी। जम्बूद्वीप प्रज्ञप्ति की रचना भी पद्मनंदी ने की है।

स्वयंभूकृत पउम चरियंः— एक अन्य पउम चरियं की रचना स्वयंभू ने अपभ्रंश भाषा में की। पुष्पदंत ने स्वयंभू का उल्लेख किया है और स्वयं स्वयंभू ने बाण, नागा, नंदकार, श्रीहर्ष, भामद, दंडी, रविषेणाचार्य की रामकथा का उल्लेख किया है। अतः स्वयंभू का समय 700 वि.सं. के पश्चात और पुष्पदंत से पूर्व ही कभी माना जा सकता है। ग्रंथ के आरंभ में सृष्टि वर्णन, जम्बूद्वीप की स्थिति, कुलकरों की उत्पत्ति, अयोध्या में ऋषभदेव की उत्पत्ति तथा संस्कार आदि की कथा दी गई है। यह दसवीं सदी की रचना है।

धवलकृत हरिवंश पुराणः—एक अन्य हरिवंश पुराण धवल कवि द्वारा रचित है। यह अपभ्रंश भाषा की रचना है। कवि द्वारा निर्दिष्ट उल्लेखों के आधार पर कवि का समय दसवीं से ग्यारहवीं के अन्दर माना गया। हरिवंश पुराण की कथा का रूप वही है जो कि स्वयंभू इत्यादि प्राचीन कवियों के काव्यों में मिलता है।

पुष्पदंत कृत महापुराणः— पुष्पदंत ने अपभ्रंश में महापुराण की रचना की। पुष्पदंत का समय अंतसाक्ष्य और बर्हिसाक्ष्य के आधार पर विद्वानों ने ईसा की दसवीं सदी माना है। जीवन के पूर्व काल में वे शैव थे कालान्तर में दिगम्बर जैन हो गए। महापुराण के तीन खंडों में तीर्थंकर ऋषभदेव (आदिनाथ) और प्रथम चक्रवर्ती भरत आदि 63 श्लाका महापुरुषों का वर्णन किया गया है। ग्रंथ दसवी शती ईसवी का है।

अन्य जैन पुराणः— मुनि मल्लिषेण ने 1004 ई. में महापुराण लिखा। ग्यारहवीं ईस्वी में ही श्री रामचन्द्रजी ने पुराण सार की रचना की, 941 ई. में कवि पम्पकृत आदिपुराण (कन्नड़), 9वीं शती में जिनसेन कृत वर्द्धमान पुराण, 910 ई. में असगकवि कृत शाँतिपुराण, असगकविकृत महावीर पुराण, शक संवत् 980 में चामुण्डराय कृत चामुण्ड पुराण, 999 ई. में पद्मकीर्ति कृत पार्श्व पुराण की रचना की गई।

नेमीचंद्र कृत त्रिलोकसारः— इस ग्रंथ के रचयिता नेमीचंद्र सिद्धांत चक्रवर्ती है। इस ग्रंथ का रचनाकाल 11वी शती है।

अमितगति श्रावकाचारः— आचार्य अमितगति ने श्रावक धर्म पर उपासकाचार नामक पांडित्यपूर्ण ग्रंथ लिखा है। इसके 14 परिच्छेदों में श्रावक धर्म पर विस्तार से प्रकाश डाला गया है। नवसाहसांक चरित के रचयिता पद्मगुप्त अमितगति के समकालीन थे। अतः अमितगति की स्थिति ग्यारहवी शती अनुमानित की गई है।

वसुनंदी श्रावकाचारः— वसुनंदी श्रावकाचार के लेखक वसुनंदी है। जिनका समय ईस्वी सन् 12वी शताब्दी का पूर्वार्द्ध माना गया है। इसमें श्रावकों के आचार व धर्म का प्रतिपादन किया है।

चरित, कथा साहित्य व चम्पूसाहित्यः— आचार्य सोमदेव ने यशस्तिलक चम्पू महाकाव्य की रचना की। यशास्तिलक चम्पू की पुष्पिका में लिखा है कि चैत्र सुदी 13 शक संवत् 881 (1016) वि.सं. में श्रीकृष्ण राजदेव पांडय के सामंत एवं चालुक्य अरिकेसरी के प्रथम पुत्र वद्धिगराज की राजधानी गंगधारा में सोमदेव ने अपने इस ग्रंथ को समाप्त किया। लौकिक कथा साहित्य में धनपाल की भविष्यदत्त कथा महत्वपूर्ण रचना है। धनपाल अपभ्रंश भाषा का प्राचीन कवि था। विद्वानों की दृष्टि से इस ग्रंथ में अपभ्रंश का वह रुप दर्शित है जो बोलचाल के रूप में था। धनपाल को ईसा की दसवीं शताब्दी का कवि माना गया है। प्रो. भायणी ने निर्देश किया है कि भविष्यत्त कथा के आदिम कडवकों के निर्माण के समय धनपाल के ध्यान में पउम चरिंय था इसलिए धनपाल का समय स्वयंभू के बाद और हेमचन्द्र से पूर्व ही किसी काल में अनुमानित किया जा सकता है। इस महाकाव्य की कथा लौकिक है। हरिषेण नामक विद्वान ने 989 वि.सं.में कथाकोश की रचना की। हरिषेण ने इसकी रचना वर्द्धमानपुर या धार (वदवाण) में विनायक पाल राजा के राज्यकाल में की थी। विनायक पाल प्रतीहार वंश का राजा था, जिसकी राजधानी कन्नौज थी। इसका एक 988 वि.सं. का दानपत्र मिला है। इसके एक वर्ष बाद अर्थात् 989 वि.सं.में कथाकोश की रचना हुई। हरिषेण का कथाकोश साढे बारह हजार श्लोक परिमाण का वृहद ग्रंथ है। एक अन्य कथाकोश श्रीचंद्र ने लिखा। श्रीचंद्र ने रत्नकरंड शास्त्र की रचना श्रीपालपुर मे राजा कर्ण के राज्यकाल मे वि.सं. 1123 मे की थी, अतः कथाकोश की रचना भी

इसी समय के आसपास हुई होगी। एक अन्य कृति धर्म परीक्षा है। इस ग्रंथ में लेखक का नाम हरिषेण बताया गया है। कृति की रचना लेखक ने वि.सं. 1044 मे की थी। इसमें कवि ने ब्राह्मण धर्म पर हल्का व्यंग्य करते हुए उसे असंगत बताया, लेकिन इस व्यंग्य मे प्रचंडता एवं कटुता नहीं है। चरित साहित्य मे वरांग चरित महत्वपूर्ण चरित ग्रंथ है। इसकी रचना जयसिंहनदी ने आठवी शताब्दी में की। सुदर्शन चरित्र की रचना 1100 ई. में की। उस समय अवंती देश की धारानगरी में भोजदेव शासन करते थे। नागकुमार चरित कवि पुष्पदंत द्वारा रचा गया 9 सधियों का खंड काव्य है। कवि बतलाता है कि एक बार तीर्थकर महावीर राजगृह में गए और वहाँ राजा श्रेणिक ने उनकी सेवा में उपस्थित हो श्रीपंचमी व्रत का माहात्म्य पूछा। महावीर के शिष्य गौतम उनके आदेशानुसार व्रत के सम्बन्ध में कहते हैं। जसहर चरित कवि पुष्पदंत द्वारा चार संधियों में रचा गया। इसमें जसहर या यशोधर का कथा का वर्णन है। यशोधर की कथा अन्य ग्रंथों की विषय वस्तु भी है, जैसे वादिराज कृत यशोधरा चरित, सोमदेव कृत यशस्तिलक चम्पू महाकाव्य, माणिक्य सूरिकृत यशोधर चरित। करकंड चरिउ दस सधियों में रचा गया काव्य है। इसके रचयिता का नाम कनकामर है। कवि की रचना का समय प्रो. हीरालाल जैन ने 1065 ई. के लगभग स्वीकार किया है। कवि ने यह ग्रंथ जैन धर्म की दृष्टि से लिखा है किंतु जैन धर्म के गंभीर तत्वों का विश्लेषण कवि का लक्ष्य न था। उपवास, व्रत, देशाटन, रात्रि भोजन आदि अनेक सर्वसाधारण अंगों का उल्लेख मुनि ने ग्रंथ में किया है।

चारों अनुयोगों के ग्रंथ प्राकृत, संस्कृत, अपभ्रंश, कन्नड, तमिल एवं अन्य क्षेत्रीय भाषाओं में मुख्यतः लिखे गए हैं। प्रारंभिक जैन साहित्य की रचना प्राकृत भाषा में की गई। विद्वानों के मत में भगवान महावीर ने अपना उपदेश लोकभाषा में दिया। उस समय प्राकृत के विभिन्न रूप लोकभाषा के रूप में प्रचलित थे। प्राकृत जनसामान्य एवं अशिक्षित वर्ग की भाषा थी। यह वर्ग लौकिक एवं पारलौकिक रहस्य से अनभिज्ञ था, जिसका पठन–पाठन एवं अनुशीलन उनकी ज्ञान प्रतिभा की सीमा से परे था। जन सामान्य को उपदेश देने की दृष्टि से प्राकृत में शास्त्रीय एवं साधारण ग्रंथों का प्रणयन हुआ। संस्कृत जो शिक्षित वर्ग की भाषा थी,

उसमें भी अबाध गति से रचनात्मक कार्य चलता रहा लेकिन जैनियों ने सभी भाषागत रचनात्मक कार्य उस समय की लोक भाषा प्राकृत में किया।

प्राकृत में जैनों ने दार्शनिक, धार्मिक, कथा–साहित्य आदि सभी प्रकार की रचना की। प्राकृत जैन कला साहित्य जैन विद्वानों की एक विशिष्ट देन है। उन्होंने धार्मिक और लौकिक आख्यानों की रचना कर प्राकृत साहित्य के भंडार को समृद्ध किया। कथा, वार्ता, आख्यान, उपमा, दृष्टांत, संवाद, सुभाषित, प्रश्नोत्तर, समस्या पूर्ति और प्रहेलिका आदि द्वारा इन रचनाओं को सरस बनाया गया। संस्कृत साहित्य में प्रायः राजा योद्धा और धनी–मानी व्यक्तियों के ही जीवन का चित्रण किया जाता था। लेकिन इस साहित्य में जनसामान्य के चित्रण को विशेष स्थान प्राप्त हुआ। संस्कृत जो देव एवं शिक्षित वर्ग की भाषा कहलाती थी, वह पूर्ण रूप से समृद्ध है। विश्व के प्राचीनतम दार्शनिक व धार्मिक ग्रंथों में संस्कृत सबसे अधिक समृद्ध भाषा है। प्राकृत आदि भाषाओं के साथ–साथ जैन संस्कृत साहित्य भी प्रचुर मात्रा में लिखा गया है। जैन संस्कृत साहित्य सागर के संदर्भ में श्री पन्नालालजी साहित्याचार्य का कथन है कि जैन संस्कृत साहित्य अल्प परिमाण होने पर भी उच्च कोटि का है। जैन साहित्य की प्रमुख विशेषता यह है कि उसमें वस्तु स्वरूप का जो वर्णन किया गया है वह हृदयस्पर्शी है, वस्तु के तथ्यांश को प्रतिपादित करने वाला है और प्राणीमात्र का कल्याणकारक है। अपभ्रंश भाषा में भी जैन साहित्य प्रचुरता से उपलब्ध है। प्राकृत भाषा भी एक समय संस्कृत जैसी शिक्षित वर्ग की भाषा बनकर रह गई और वह भी व्याकरण नियमों से बँध गई। चूँकि भाषा की प्रवृत्ति सरलीकरण की ओर रहती है। नौवीं शताब्दी के लगभग अपभ्रंश जनसामान्य की भाषा थी। अपभ्रंश साहित्य का समृद्ध युग नौवी से तेरहवीं शताब्दी तक है। यह समृद्धि जैन आचार्यों ने प्रदान की। इस काल में पुष्पदंत, धवल, नयनंदी, कनकामर, धाहिल इत्यादि अनेक प्रतिभाशाली कवि हुए। जैनियों के अपभ्रंश को अपनाने का कारण यह था कि जैनाचार्यों ने अधिकांश ग्रंथ के आरंभ में आश्रयदाता श्रावकों का भी स्पष्ट परिचय दिया है। अपभ्रंश भाषा के बाद जैनियों के प्राचीन साहित्य कन्नड़ भाषा में पाए जाते हैं। यह भाषा दक्षिण भारतीय है। इस भाषा के अधिकांश ग्रंथ राष्ट्रकूट नरेशों के सरंक्षण में लिखे गए। अमोघवर्ष इतिहास

का प्रसिद्ध जैन सम्राट था। कवि पम्प, चामुंडराय, शकटायन प्रसिद्ध जैन आचार्य व साहित्यकार थे।

दिगम्बर जैन साहित्य की प्रमुख विशेषता यह है कि इसमें यथार्थ का निरूपण किया गया है। यह एक वैज्ञानिक धर्म है। प्रत्येक तथ्य को तर्क एवं बुद्धि की कसौटी पर कसा गया है। प्रत्येक धर्म व सम्प्रदाय जब अपने अस्तित्व में आता है तो उसकी अपनी मान्यताएँ, परम्पराएँ व अपनी संस्कृति होती है जिसके मूल में उसका दर्शन होता है। ऐसा ही जैन संस्कृति के संदर्भ में कह सकते हैं।

दिगम्बर जैन साहित्य चूँकि पूर्णतः धार्मिक व दार्शनिक साहित्य है लेकिन इसमें समाज व उसके सदस्यों के सामाजिक एवं आत्मोत्थान का विशद वर्णन एक नई शैली, नए दर्शन एवं नए मोड़ से किया गया है। जैनियों के अधिकांश ग्रंथों का विषय व उद्देश्य धर्म प्रभावना ही होता है। ग्रंथ शलाका पुरूषों का चरित्र चित्रण, किसी व्रत का महात्मय बतलाने या अपने मत का प्रतिपादन करने आदि की दृष्टि से लिखे गए किन्तु ऐसा होते हुए भी जैन ऋषि या साहित्यकार धर्मांध या कट्टर साम्प्रदायिक नहीं थे। इनमें सामाजिक सहिष्णुता और उदार भावना दृष्टिगत होती है। इनकी सदा अभिलाषा रही है कि नैतिक और सदाचार संबंधी जैन धर्म के उपदेश अधिक से अधिक जनसाधारण तक पहुँचे। मनुष्य के सर्वांगीण विकास करने के लिए लेखकों ने उन्हें नियमों, सिद्धांतों की व्यवस्था दी। जैन साहित्य में मनुष्य जीवन के प्रत्येक पहलू को स्पष्ट किया गया है एवं निरंतर विकास के लिये अनेक व्यवस्थाएँ बतलाई गई हैं। मनुष्य आचार एवं विचार के समन्वय से ही प्रगति करता है। श्रेष्ठ आचार से ही श्रेष्ठ विचार उत्पन्न होते हैं। जैन धर्म में आचार को ही सर्वोपरि स्थान प्राप्त है। आचार व्यक्ति और समाज दोनों के कर्तव्य और अकर्तव्य का विवेचन करता है। इसी कारण इसे नीति विज्ञान भी कहा जा सकता है। दिगम्बर जैन कवियों ने काव्य एवं महाकाव्यों की भी रचना की जिनमें व्यक्ति व समाज का विशद वर्णन किया गया है। जैन रचनाओं में संकीर्णता, कट्टरता और अन्य धर्मों के प्रति विद्वेष भावना की ग्रंथि नहीं है। इन कवियों का लक्ष्य मनुष्य को सदाचारी बनाकर उसके जीवन

स्तर को ऊँचा उठाना था। इनका हृदय उदार था। इन लेखकों ने बाह्य आचार, कर्मकलाप, तीर्थयात्रा, वृत्त आदि को गौण बताया और सदाचार एवं आंतरिक शुद्धि को प्रधानता दी।

साहित्य के क्षेत्र में जैन धर्म का महत्वपूर्ण योगदान है। यद्यपि संस्कृत, तमिल आदि भाषाओं में भी उच्च कोटि के जैन साहित्य का सृजन हुआ है, किन्तु प्राकृत, अपभ्रंश एवं कन्नड साहित्य के विकास में सर्वाधिक योगदान जैन आचार्यों का ही रहा है। भगवान महावीर ने अर्द्धप्राकृत एवं प्राकृत भाषा में उपदेश दिया है। संस्कृत की भाँति यह भाषा केवल सुशिक्षितों की भाषा नहीं थी, बल्कि बालक, वृद्ध, स्त्री, पुरुष और अनपढ सभी इसे समझ सकते थे। निः संदेह महावीर की यह बहुत बडी देन थी जिससे जनसाधारण के पास तक वे अपनी बात पहुँचा सके थे। महावीर के निर्वाण के पश्चात उनके गणधरों ने निग्रंथ प्रवचन का संकलन किया और यह संकलन आगम के नाम से कहा गया। अर्द्धमागधी में संकलित यह आगम साहित्य अनेक दृष्टियों से अत्यंत महत्व का है जब भारत के उत्तर, पश्चिमी और पूर्व के कुछ प्रदेशों में ब्राह्मण धर्म का प्रचार हो चुका था, उस समय संस्कृत प्रबुद्ध वर्ग की भाषा थी। जैनियों ने प्राकृत में धार्मिक साहित्य की रचना की। इस साहित्य में जैन उपासकों और मुनियों के आचार–विचार, नियम, व्रत, सिद्धांत, परमत खण्डन, स्वमत स्थापना आदि अनेक विषयों का विस्तृत विवेचन हैं। इन विषयों का यथासंभव विविध आख्यान, चरित, उपमा रूपक, दृष्टांत आदि द्वारा सरल और मार्मिक शैली में प्रतिपादन किया गया है, स्वयं भगवान महावीर के उपदेशों का संग्रह होने से आगम साहित्य का प्राचीनतम समय ईसवी सन् के पूर्व पाँचवी शताब्दी माना गया है। दिगम्बर मतानुसार आगम शास्त्र लुप्त हो गए हैं केवल दृष्टिवाद का ही कुछ अंश बाकी बचा था, जो षटखंडागम के रूप में वर्तमान है। दिगम्बर एवं श्वेताम्बर विद्वानों ने आगमोत्तरकालीन जैन धर्म संबंधी विपुल साहित्य का सृजन किया। इसमें आचार–विचार, कर्मसिद्धांत, दर्शन, खंडन–मंडन आदि सभी विषयों का समावेश किया गया। प्रकरण ग्रन्थों की रचना इस काल की विशेषता है। सरलता से कंठस्थ किए जाने वाले इस प्रकार के लघुग्रंथों की सैकडों की संख्या में रचना की गई। विधि विधान और तीर्थ संबंधी प्राकृत ग्रंथों की रचना भी इसी काल में

हुई। इस प्रकार प्राकृत साहित्य केवल महावीर के उपदेशों तक ही सीमित न रहा, बल्कि वह उत्तरोत्तर व्यापक और समुन्नत होता गया। प्राकृत जैन कथा साहित्य जैन सिद्धांतों की एक विशिष्ट देन है। उन्होने धार्मिक और लौकिक आख्यानों की रचना कर, प्राकृत साहित्य के भंडार को समृद्ध किया। कथा, वार्ता, आख्यान, उपमा, दृष्टांत, संवाद, सुभाषित, प्रश्नोत्तर समस्यापूर्ति और प्रहेलिका आदि द्वारा इन रचनाओं को सरस बनाया गया। संस्कृत साहित्य में प्रायः राजा योद्धा और धनीमान्य व्याक्तियों के ही जीवन का ही चित्रण को विशेष स्थान प्राप्त हुआ है।[20] आगमकालीन कथाओं के पश्चात प्राकृत कथा साहित्य का दूसरा युग टीका है। विशद्ध कथा साहित्य का आरंभ तरंगवती से माना जा सकता है पादलिप्त सूरि ने इस कथा की रचना विक्रम संवत की तीसरी शती में की है।[21] इसके अतिरिक्त बसुदेव हिण्डी, विमलसूरि हिण्डी, विमलसूरि का पउमचरिय और हरिवंश चरियं, हरिभद्र की समराइच्छकहा व धूर्तख्यान, लीलाबाई कहा, कुवलय माला, जिनेश्वर सूरि का कथाकोष प्रकरण, महेश्वर सूरि का नागपंचमी कहा, आख्यान मणिकोष, सुमतिसूरिकृत जिनदत्ताख्यान, महेन्द्र सूरिकृत नर्मदा सुंदरी कथा, सोमप्रभसूरि कृत कुमारपाल प्रतिबोध आदि अनेक कथाओं का प्रणयन हुआ। इसमें संदेह नही कि भारतीय संस्कृति और सभ्यता का यथार्थ ज्ञान प्राप्त करने के लिए प्राकृत कथा साहित्य बहुत उपयोगी हैं। जनसाधारण से लेकर राजा–महाराजाओं तक के चरित्र को जितने विस्तार और सूक्ष्मता के साथ प्राकृत कथाओं ने चित्रित किया है उतना अन्य भाषा के कथाकारों ने नहीं किया। प्राकृत कथाओं में ऐहिक समस्याओं के चिन्तन, पारलौकिक समस्याओं के समाधान, धार्मिक सामाजिक परिस्थितियों के चित्रण, संगीत चित्र वास्तु कथाओं के सुंदर उदाहरण एवं विभिन्न प्रकार की परिस्थितियों के अंकन किए गए हैं। इन कथाओं का उद्देश्य मनोरंजन करना ही नहीं है, प्रत्युत व्यक्तित्व का निर्माण और चरित्र का उत्कर्ष दिखलाना है। सामाजिक परंपरा, रीति–रिवाज, कला कौशल, विद्या बुद्धि, ज्ञान–विज्ञान आदि की अभिव्यंजना शताधिक कथानक रूढिवादियाँ प्राकृत कथा साहित्य में समवेत हैं।[22] विद्वज्जनों में प्राकृत का प्रचार होने से ज्योतिष, सामुद्रिक शास्त्र और संगीत आदि पर प्राकृत ग्रंथों की रचना हुई। प्राकृत का सबसे प्राचीन उपलब्ध शिलालेख

हाँथीगुफा का शिलालेख है, जो एक जैन धर्मानुयायी शासक खारबेल का है, जो ईसवी सन् के पूर्व लगभग प्रथम शताब्दी में उदयगिरि पहाडी पर उत्कीर्ण किया गया था। प्राकृत भाषा में चरित्र–काव्य, प्राकृत–चम्पूकाव्य, प्राकृत–मुक्तक काव्य, रसेतर मुक्तक काव्य, प्राकृत–नाटक, प्राकृत–कथा काव्य एवं प्राकृत व्याकरण साहित्य की रचना की गई। प्राकृत भाषा जो मगध में बोली जाने वाली एक साधारण भाषा थी, उसे भगवान महावीर के प्रयासों से महान भाषा का स्थान मिला एवं ईसवी सन् के पूर्व पाँचवी शताब्दी से ईसवी सन की अठारहवी शताब्दी तक प्राकृत भाषा का साहित्य बडे वेग से बढता रहा। प्राकृत एवं संस्कृत में वही संबंध रहा जो बहनों में हुआ करता है। प्राकृत ने जब संस्कृत की देखा–देखी साहित्यिक रूप धारण करने का प्रयत्न किया तब वह जन समाज से दूर हो गई। बोलचाल की वैदिक–प्राकृत को जब साहित्यिक रूप मिला तो वह संस्कृत बन गई। जब प्राकृत का भी साहित्यिक रूप निर्माण होने लगा तो बोलचाल की प्राकृत भाषा अपभ्रंश कही जाने लगी।[23] जैनों ने अपभ्रंश साहित्य की रचना और उसकी सुरक्षा में सबसे अधिक सहयोग दिया। जैनियों के अपभ्रंश को अपनाने का कारण यह था कि जैनाचार्यो ने अधिकांश ग्रंथ प्रायः श्रावकों के अनुरोध से ही लिखे। ये श्रावक तत्कालीन बोलचाल की भाषा से अधिक परिचित होते थे, अतः जैनाचार्यो और भट्टारकों द्वारा श्रावकगण के अनुरोध पर जो साहित्य लिखा गया वह तत्कालीन प्रचलित अपभ्रंश में लिखा गया। अपभ्रंश भाषा का समय भाषा विज्ञान के आचार्यो ने पाँच सौ ईसवी से एक हजार ईसवी तक बताया है, किन्तु इसका साहित्य हमें लगभग आठवी सदी से मिलना प्रारंभ होता है। प्राप्त अपभ्रंश साहित्य में स्वयंभू सबसे पहले हमारे सामने आते है।[24] अपभ्रंश साहित्य का समृद्ध युग नौवी से तेरहवी शताब्दी तक है। इसी काल में पुष्पदंत, धवल, नयनंदी, कनकामर, धाहिल इत्यादि अनेक कवि हुए हैं। इनमें से पुष्पदंत की प्रतिभा का मूल्य इसी बात से आंका जा सकता है कि इनको अपने महापुराण में एक ही विषय स्वप्न दर्शन को चौबीस बार अंकित करना पडा। प्रत्येक तीर्थकर की माता जन्म संबंधी स्वप्न में अनेक पदार्थ देखती है। इसका वर्णन प्रत्येक तीर्थंकर के चरित वर्णन के साथ आवश्यक था, इसमें सर्वत्र नवीन छन्दों और

नवीन पदावलियों की योजना मिलती है, कहीं पिष्ट प्रेषण नहीं प्रतीत होता। जैनों द्वारा महापुराण, पुराण चरित आदि ग्रंथ व रूपक काव्यों का निर्माण किया गया। इस प्रकार इन्होंने अपभ्रंश में इस प्रकार के ग्रंथों का प्रणयन कर अपभ्रंश साहित्य को समृद्ध किया। अपंभ्रश साहित्य की सुरक्षा का श्रेय भी वस्तुतः जैन भंडारों को है। इन्ही भंडारो में से प्राप्त अपभ्रंश साहित्य का अधिकांश भाग प्रकाश में आ सका है और भविष्य में भी अनेक बहुमूल्य ग्रंथों के प्रकाश में आने की संभावना है। अपभ्रंश साहित्य की पर्याप्त सामग्री इन भंडारो में छिपी पडी है। किसी ग्रंथ की हस्तलिखित प्रति किसी भंडार में श्रावकों के लाभ के लिए रखवा देना, जैनियों में परोपकार और धर्म का कार्य समझा जाता था। यही कारण है कि अनेक भंडारों में इस प्रकार के हस्तलिखित ग्रंथ मिलते हैं। अपभ्रंश साहित्य में हमें महापुराण, पुराण और चरित काव्य के अतिरिक्त रूपक काव्य, कथात्मक ग्रंथ, संधि काव्य रस ग्रंथ स्त्रोत आदि भी प्राप्त होते हैं। इनमें से महापुराणों का विषय चौबीस तीर्थकर, बारह चक्रवर्ती, नौ वासुदेव, नौ बलभद्र और प्रतिवासुदेवों का वर्णन है। इस प्रकार तिरेसठ महापुरुषों के वर्णन के कारण ऐसे ग्रंथों को त्रिषष्ठिशलाका पुरुष चरित या तिसष्ठि महापुरिस गुणालंकार भी कहा जाता है। पद्मपुराण में रामायण कथा का और हरिवंश पुराण में महाभारत की कथा का जैन धर्मानुकूल वृतांत मिलता है। चरित ग्रंथों में किसी तीर्थकर या महापुरुष के चरित का वर्णन मिलता है, जैसे जसहर चरिउ, पासणाह चरिउ, वड्ढमाण चरिउ, णेमिणाह चरिउ, पउमसिरि चरिउ, भविसयत्त चरिउ, सुदसण चरिउ इत्यादि। अपभ्रंश साहित्य के कवियों का लक्ष्य जनसाधारण के हृदय तक पहुँचकर उनको सदाचार की दृष्टि से ऊँचा उठाना था। जैनाचार्यो ने शिक्षित और पंडित वर्ग के लिए भी लिखा है।[25]

अधिकांश अपभ्रंश साहित्य जैनियों द्वारा ही रचा गया। मुख्यतः अपभ्रंश महाकाव्यों में स्वयंभूकृत पद्मचरित, हरिवंश पुराण और स्वयंछंद, पुष्पदंतकृत महापुराण, धनपालकृत, भविसयत्तकहा, धवलकृत हरिवंश पुराण, रइधूकृत पद्पुराण, बलभद्रपुराण, यशकीर्तिकृत पांडव पुराण एवं हरिवंशपुराण, श्रुतकीर्ति का हरिवंशपुराण, अपभ्रंश खंड काव्यों में पुष्पदन्तकृत नागकुमारचरित एवं जसहर चरिउ, वीरकविकृत जम्बूस्वामी

चहिउ, नयनन्दिकृत सुदर्शन चरित एवं सकलविधिनिधान काव्य, मुनि कनकामरकृत, करकंड चरिउ, धाहिलकृत पद्मश्रीचरित, पद्मकीर्ति द्वारा रचित पार्श्वपुराण, श्रीधरकवि द्वारा रचित पासणाहचरिउ, सुकमाल चरिउ, भविसयत्त चरिउ, देवसेन गणि द्वारा रचित सुलोचना चरित, हरिभद्र द्वारा रचित नेमिचरित, धनपालकृत बाहुबलि चरित, अपभ्रंश मुक्तक काव्य, आध्यात्मिक ग्रंथों में योगीन्दु का परमात्म प्रकाश एवं योगसार, सुप्रभाचार्यकृत वैराग्यसार आदि मुख्य रचनाएँ है। जैनियों ने अपभ्रंश साहित्य को विकास एवं समृद्धि प्रदान की। यद्यपि जैन धर्म का जन्म स्थल उत्तरी भारत माना जाता है किन्तु इसने सुदूर दक्षिण भारत में भी प्रवेश किया। जैन धर्म के अनेक ग्रंथ कन्नड भाषा में लिखे गए जो भारतीय साहित्य की अनुपम निधि है। चालुक्यों के समय में दक्षिण भारत में जैन धर्म का काफी प्रचार हुआ। सुदूर दक्षिण में जैन संघ को कूलसंघ कहा जाता था। एक समय ऐसा भी आया कि जैन धर्म उत्तरी भारत की अपेक्षा दक्षिण भारत में अधिक लोकप्रिय रहा। उत्तर तथा दक्षिण के संगम में जैन धर्म का बडा योगदान था। प्राचीन कन्नड साहित्य भी प्राकृत और अपभ्रंश की भाँति जैन लेखकों और विद्धानों से ही आरंभ होता है। कन्नड का सर्वप्रथम ग्रंथ कविराजमार्ग है।[26] इसके रचयिता राष्ट्रकूट नरेश अमोधवर्ष थे, जो जैन धर्मानुयायी थे। कन्नड साहित्य के आदि कवि एवं नवीन युग प्रवर्तक के रूप में सुविख्यात महाकवि पम्प का समय दसवी शताब्दी है। यह कन्नड साहित्य का स्वर्णयुग कहलाता है जिसका श्रेय कवि पम्प को जाता है। पम्पयुग में काव्य निर्माण करने वाले कवियों में दो तीन को छोडकर अन्य सभी जैन है। संस्कृत भाषा से मोह के कारण ब्राह्मण कवि इस कन्नड व प्राकृत के विषय में अनासक्त हो गये थे, ऐसा प्रतीत होता है। इस समय के सभी कन्नड काव्य उत्तम, प्रौढ मार्गी शैली में निर्मित चम्पूकाव्य के रूप में है, इन चम्पूकाव्यकारों में पम्प, पौन्न, रन्न इस तीनों को रत्नत्रय के नाम से पुकारने की परिपाटी ही चली हुई है। तीनों जैन कवि थे, तीनों ने अपनी अपनी कृतियों में से एक कृति को धर्म के लिए और दूसरी को लौकिक विषयों के लिए नियत कर रखा था। पम्प ने आदिपुराण पौन्न ने शांतिपुराण तथा रन्न ने अजितपुराण की रचना की। इस तरह पम्प का विक्रमार्जन विजय रन्न का सहस भीम विजय एवं

पौन्न की शांतिश्वर रामकथा लौकिक रचनाएँ है। ग्यारहवी शताब्दी में नागवर्माचार्य ने इंद्र चूडामणि शतक और चण्डराज ने मदनतिलक नामक काव्यों की रचना की। इस काल के नागचन्द्र नेमिचन्द्र, नरसेन आदि प्रसिद्ध साहित्यकार हुए हैं। जैन आचार्यो ने कन्नड साहित्य के उत्थान में बहुत महत्वपूर्ण योगदान किया।

जैन विद्वानों ने अनेक ग्रंथों तथा रचनाओं को तमिल भाषा में लिखकर तमिल भाषा को भी समृद्ध किया। जिन जैन विद्वानों ने तमिल भाषा में साहित्य का सृजन किया वे संस्कृत के भी प्रकाण्ड पंडित थे, इसलिए उनकी रचनाओं में संस्कृत भाषा के शब्दों तथा विचारों का समावेश होना स्वाभाविक था। उनके लिखे गए ग्रंथ नीतिप्रधान है, उनमें धार्मिक विचारों, विश्वासों तथा रूढियों का भी समावेश किया गया है, उन्होने व्याकरण तथा छन्दशास्त्र पर भी अनेक ग्रंथ लिखे, उन्होने महाकाव्यों की भी रचना की। महापुरुषों में शिल्लपादिकारम, मणिमेखलै, जीवकचिन्तामणी, वलयापति तथा कुण्डलकेशी प्रमुख है। प्रथम तीन के लेखक क्रमशः इलंगोअडियल, शितलेसत्तनार एवं तिरुतक्कत्तेवर है। वामनाचार्य नामक जैन कवि ने मेरुमंदिर पुराणम नामक जैन पुराण लिखी, जिसमें जैन धर्म के सिद्धांतों का विवरण दिया गया है। संस्कृत साहित्य के विशाल सागर में जैन साहित्य का महत्वपूर्ण स्थान है। संस्कृत भाषा निबद्ध जैन ग्रंथ भाष्यकाल से पहले के उपलब्ध नहीं हो रहे है लेकिन उस समय जैन ग्रंथ प्राकृत भाषा में लिखे जाते थे। जैन संस्कृत साहित्य–सागर में भी पुराण काव्य, न्याय, धर्म, व्याकरण, नाटक, आयुर्वेद, ज्योतिष आदि अनेक रत्न विद्यमान हैं। पन्नालाल साहित्याचार्य पद्मपुराण की प्रस्तावना में लिखा है कि जैन संस्कृत साहित्य, अजैन संस्कृत साहित्य की तुलना में बहुत कम है लेकिन उच्चकोटि का है। जैन साहित्य की प्रमुख विशेषता यह है कि वस्तु स्वरूप का जो वर्णन किया है वह हृदयस्पर्शी है, वस्तु के तथ्यांश को प्रतिपादित करने वाला है और प्राणिमात्र का कल्याणकारक है। भारतीय साहित्य में जैन साहित्य का महत्वपूर्ण योगदान है। इस अति संक्षिप्त परिचय से ही स्पष्ट होता है कि उसके द्वारा भारतीय धारा से मेल भी है और भाषा, विषय व शैली संबंधी अपना महान वैशिष्टय भी है जिसको जाने बिना हमारा ज्ञान अधूरा रह जाता है। जैन साहित्य अभी भी न तो पूरा–पूरा

प्रकाश में आया और न अवगत हुआ। शास्त्र भंडारों में सहस्त्रों ग्रंथ अभी भी ऐसे हैं जो प्रकाशित नहीं हुए व जिनके नाम का भी पता नहीं है, उन पर अनुसंधान व अनुवाद आवश्यक है। यत्र–तत्र यह कार्य मंद गति से चल भी रहा है जिससे भविष्य में अनेक दुर्लभ ग्रंथों के प्रकाश में आने की संभावना है।

संदर्भ

1. इंण्डियन एन्टिक्वेरी, वाल्यूम 9, पृ. 163
2. इंण्डियन फिलाँसफी, वाल्यूम 1, पृ. 287
3. वाचस्पति गैरोला, संस्कृत साहित्य का इतिहास, पृ. 327
4. ऋग्वेद; 10, 136, 2, 3
5. भागवत पराण; 12.2.20
6. भागवत पराण; 11.6.47
7. हीरालाल जैन; भारतीय संस्कृति में जैन धर्म का योगदान, पृ. 20
8. हीरालाल जैन; भारतीय संस्कृति में जैन धर्म का योगदान, पृ. 21–22
   प्रमाणसागर; जैन धर्म व दर्शन, जबलपुर, 1998, पृ. 44
9. परमानंदशास्त्री, जैन धर्म का प्राचीन इतिहास, दिल्ली, भाग 2, प्रस्तावना पृ. 10–11
10. प्रमाणसागर; जैन धर्म व दर्शन, जबलपुर, 1998, पृ. 44–46
11. परमानंदशास्त्री, जैन धर्म का प्राचीन इतिहास, भाग 2, वही, पृ. 10
12. जगदीश चन्द्र जैन, प्राकृत साहित्य का इतिहास, पृ. 269
13. वाचस्पति गैरोला, संस्कृत साहित्य का इतिहास, पृ. 323
14. जगदीश चन्द्र जैन, प्राकृत साहित्य का इतिहास, पृ. 269
15. वही; पृ. 37–38
16. प्रमाणसागर; जैन धर्म व दर्शन, जबलपुर, 1998, पृ. 52
17. जगदीश चन्द्र जैन, प्राकृत साहित्य का इतिहास, पृ. 35
18. हीरालाल जैन; वही, 53
19. साहित्य सन्दर्भ के लिए निम्न ग्रंथ देखें
    परमानंद शास्त्री; जैन धर्म का प्राचीन इतिहास

वाचस्पति गैरोला, संस्कृत साहित्य का इतिहास
जगदीश चन्द्र जैन, प्राकृत साहित्य का इतिहास
हीरालाल जैन; भारतीय संस्कृति में जैन धर्म का योगदान
हरिवंश कोछल; अपभ्रंश साहित्य

20. जैन, जगदीशचन्द्र; प्राकृत साहित्य का इतिहास, पृ, 688
21. नेमिचन्द्र शास्त्री, भारतीय संस्कृति में जैन वांगमय का योगदान, पृ. 161
22. वही, पृ.176
23. जैन, जगदीशचन्द्र; वही, पृ. 691
24. हरिवंश कौछल, अपभ्रंश साहित्य, पृ. 34
25. वही, पृ. 40
26. श्यामराव, टी.एस; कन्नड साहित्य का वृहद इतिहास, दिल्ली, पृ. 10

अध्याय-2

जैन धर्म के धार्मिक एवं दार्शनिक विचार

1. षडद्रव्य; सृष्टि व संसार की व्यवस्था का दर्शन
2. सप्ततत्व; दुखों के कारण एवं उससे मुक्ति का दर्शन
3. रत्नत्रय मोक्षमार्ग
4. जैन दर्शन का कर्म सिद्धाँत
5. अनेकान्तवाद व स्याद्वाद
6. आत्मिक विकास के धर्माचार
7. गृहस्थों के लिए जैनाचार
8. अहिंसा व अपरिग्रह

जैन धर्म, वैदिक धर्म के समान के ही प्राचीन है। इस धर्म के संस्थापक प्रथम तीर्थंकर ऋषभदेव हैं, ऋग्वेद, यजुर्वेद, भागवत पुराण, वायु पुराण, विष्णु पुराण, वराह पुराण आदि में इस तथ्य का उल्लेख है, अंतिम तीर्थंकर महावीर, महात्मा बुद्ध के वरिष्ठ समकालीन थे। जैन 'जिन' शब्द से बना है अर्थात जो 'जिन' के सिद्धाँतों का अनुसरण करे वह जैन है। असंख्यात जिन हुए हैं। जिन का अर्थ है जिन्होने अपनी इन्द्रियों को जीत लिया है, स्वयं पर विजय प्राप्त कर ली है या जिन्होने अपने सभी कर्मों को नष्ट करके शुद्ध आत्मा को प्राप्त कर लिया है वह जिन है। 'जिन' कोई विशेष ईश्वर या देवता नहीं बल्कि किसी भी आत्मा की परम अवस्था है। किसी भी जीव की आत्मा से जब विकार व कर्म विलग हो जाते हैं तो वह परम अवस्था को प्राप्त हो जाती है अर्थात वह परमात्मा बन जाती

है। उस किसी भी परम आत्मा द्वारा अनुभूत तत्व ज्ञान ही जैन धर्म व दर्शन है। कोई भी व्यक्ति या आत्मा 'जिन' बन सकता है। जैन दर्शन के अनुसार वह प्रत्येक आत्मा पूजनीय है जिन्होने अपनी इन्द्रियों पर विजय प्राप्त कर ली है एवं अपने विकारों व कर्मों का घात कर लिया है अर्थात 'जिन' अवस्था को प्राप्त हो गए हों। जैन धर्म में उन सभी महापुरूषों या विशिष्ट आत्माओं को नमन किया जाता है जिन्होने मोक्ष प्राप्त किया है या मोक्षमार्ग पर अग्रसर हैं। जैन धर्म का मूलमंत्र णमोकार मंत्र जो सर्वप्राचीन है, जिसका उल्लेख प्रथम शती के पुष्पदंतकृत षटखंडागम नामक ग्रंथ[1] एवं इसी समय के खारवेल के हाथीगुम्फा अभिलेख में हुआ है उसमें अरिहन्त, सिद्ध, आचार्य, उपाध्याय एवं लोक के सभी साधुओं को नमन किया गया है। मंत्र हैः– णमों अरिहंताणं, णमों सिद्धाणं, णमों आयरियाणं, णमों उवज्झायाणं, णमों लोएसव्वसाहूणं। इस मंत्र में किसी नाम से प्रसिद्ध ईश्वर या देवता को नमन नहीं किया गया बल्कि सभी मोक्षमार्गी महान आत्माओं को नमन किया है इसमें राम (जैन धर्म अनुसार उन्हें मोक्ष प्राप्त हुआ) भी शामिल हैं और महावीर भी। असंख्य जीवात्माएँ जो कर्मों का घात करके परमात्मा बन चुकी हैं उन असंख्यात जिनों में से चौबीस जिनों ने जिनतीर्थ अर्थात जैन धर्म व दर्शन का प्रवर्तन किया उन्हें तीर्थंकर कहते हैं। इन तीर्थंकरों ने सिद्ध अवस्था प्राप्त करने के पूर्व अरिहंत अवस्था में जिन धर्म का प्रवर्तन किया। चौबीस तीर्थंकरों के नाम इस प्रकार हैं– ऋषभदेव, अजितनाथ, संभवनाथ, अभिनंदननाथ, सुमतिनाथ, पद्मप्रभु, सुपार्श्वनाथ, चन्द्रप्रभु, पुष्पदन्त, शीतलनाथ, श्रेयांशनाथ, वासुपूज्य, विमलनाथ, अनन्तनाथ, धर्मनाथ, शाँतिनाथ, कुन्थुनाथ, अरनाथ, मल्लिनाथ, मुनिसुव्रतनाथ, नमिनाथ, नेमिनाथ, पार्श्वनाथ एवं महावीर। उक्त तीर्थंकरों द्वारा जैन धर्म के सिद्धांतों का प्रवर्तन किया गया। जैन धर्म के प्रमुख सिद्धांत व दार्शनिक विचार निम्नानुसार हैंः–

षडद्रव्य; (सृष्टि व संसार की व्यवस्था का दर्शन)

द्रव्य का स्वरूपः–जैन दर्शन में पदार्थ को सत् कहा गया है। सत् द्रव्य का लक्षण है।[2] सभी द्रव्य सत्स्वरूप है अतः सभी में अस्तित्व स्वभाव

पाया जाता है। जैन दर्शन में द्रव्य के तीन लक्षण बताये गए हैं:– उत्पाद, व्यय, ध्रौव्य। आचार्य कुन्द–कुन्द ने प्रवचनसार में कहा है कि जो अपने अस्तित्व स्वभाव को नहीं छोडते हुए उत्पाद व्यय और ध्रौव्य से युक्त होने के साथ गुणवान और पर्यायवान होता है उसे द्रव्य कहते हैं।[3] द्रव्य में नवीन पर्याय की उत्पत्ति को उत्पाद कहते हैं, जैसे मिट्टी के पिण्ड से घड़े का बन जाना, उत्पाद है। पूर्व पर्याय के विनाश को व्यय कहते हैं– जैसे घड़ा बन जाने के कारण, मिट्टी के पिण्ड का नाश हो जाना। पूर्व पर्याय का विनाश और नवीन पर्याय का उत्पाद पर भी सदा बने रहने वाले मूल स्वभाव को ध्रौव्य कहते हैं, जैसे पिण्ड तथा घड़े दोनों पर्यायों में मिट्टी का रहना। आचार्य समन्तभद्र ने आत्ममीमांसा में वस्तु में उत्पाद–व्यय–ध्रौव्य की सिद्धि दृष्टांतपूर्वक की है। वस्तु द्रव्य की अपेक्षा न उत्पन्न होता है और न नष्ट होती है। वह बराबर नित्य प्रकट रूप में बनी रहती है किन्तु पर्याय की अपेक्षा उत्पन्न व नष्ट होती है। एक राजा के पास स्वर्ण का घडा है, राजकन्या उसे चाहती है, राजपुत्र उसे तोडकर मुकुट बनवाना चाहता है। जब घडा तोड़ा जाता है तो राजकन्या रोती है और राजपुत्र प्रसन्न होता है जबकि सोना दोनों ही दशाओं (घडा व मुकुट) में रहता है।[4] इस तरह प्रति समय पूर्व पर्याय का नाश और आगे की पर्याय की उत्पत्ति के होते हुए भी द्रव्य कायम रहता है। द्रव्य में अनेक पर्याय पलटने पर भी जो द्रव्य से कभी पृथक नहीं होता, सदा द्रव्य के साथ ही रहता है उसे गुण कहते हैं। जैसे जीव के ज्ञान आदि और पुद्गल के रूप रस आदि। क्रम से होने वाली वस्तु की विशेषता को पर्याय कहते हैं। द्रव्य में जो विक्रिया होती है अथवा जो अवस्था बदलती है उसे पर्याय कहते हैं, जैसे जीव की नर नारक आदि पर्याय। द्रव्य बिना गुण के नहीं होते, गुणों बिना द्रव्य नहीं होता। पर्यायरहित द्रव्य और द्रव्य रहित पर्याय नहीं होते, दोनों का अनन्यभाव है।[5] जिस प्रकार दूध, दही, मक्खन इत्यादि से रहित गोरस नहीं होता उसी प्रकार द्रव्य से रहित पर्यायें नहीं होती। यदि गुण हो तभी ध्रौव्य होता है और यदि पर्यायें हो तभी उत्पाद व्यय होता है, इसलिए यदि गुण पर्यायें न हो तो उत्पाद–व्यय–ध्रौव्य अपने स्वरूप को प्राप्त हो ही नहीं सकते। इस प्रकार द्रव्य उत्पाद व्यय ध्रौव्य वाला है।

नित्यानित्यात्मक होने के कारण द्रव्य को गुण–पर्याय वाला कहा गया है। गुण पदार्थ का नित्य अंश है वह कभी भी नष्ट नहीं होता। उसकी अवस्थाएँ या पर्यायें बदलती रहती हैं, पदार्थ अनेक गुणों का समूह है। यदि इन्हें अलग–अलग कर दिया जाये तो वह पदार्थ या वस्तु ही नहीं रहेगी, लेकिन उन्हे अलग किया ही नहीं जा सकता, क्योंकि उसके अवयव अनन्य हैं। पदार्थ में होने वाला परिवर्तन ही पर्याय है। सर्वत्र होने के साथ–साथ यह सर्वदा पाया जाता है। इसे नित्य कहते हैं। पर्यायें क्षणक्षयी होती हैं प्रतिक्षण मिटते रहने के कारण ये (पर्यायें) अनित्य कहलाती हैं। इस प्रकार द्रव्य उत्पाद–व्यय–ध्रौव्यात्मक या गुण–पर्यायात्मक होता है। द्रव्य के इन दोनों लक्षणों में वस्तुतः भेद नहीं है ये दोनों लक्षण परस्पर में एक–दूसरे के अभिव्यजंक है। जैन दर्शनानुसार न कोई सर्वथा नित्य है, न सर्वथा आनित्य है। नित्यता का मूल कारण ध्रौव्य (गुण) है। अनित्यता का मूल उत्पाद व्यय (पर्याय) है।

द्रव्य के प्रकारः– द्रव्य के मुख्य दो भेद है, जीव एवं अजीव। इन द्रव्यों में जीव द्रव्य एक प्रकार का है। अजीव के पुद्गल (Matter), धर्म, अधर्म, आकाश एवं काल इस तरह पाँच भेद है। इस तरह द्रव्य के कुल छह प्रकार हैं।[6]

जीव एवं पुद्गल क्रियाशील है। पुद्गल द्रव्य मूर्तीक है और जीव, धर्म, अधर्म, आकाश और काल ये पाँच द्रव्य अमूर्तिक है।

जीवः– छह द्रव्यों में एक जीव या आत्मा नामक द्रव्य चेतन है शेष सब द्रव्य अचेतन या जड़ है। जीवत्व की व्याख्या कुन्द–कुन्द आचार्य ने इस प्रकार की है कि जो इन्द्रिय, बल, आयु और श्वासोच्छवास चार प्राणों से वर्तमान में जीता है, भविष्य में जियेगा और अतीत काल में जिया था वह जीव है। वह द्रव्य एवं भाव प्राणों से जीवित रहता है, उसका स्वरूप चेतनामय है, जीव कर्ता है, जीव कर्मों द्वारा उत्पन्न सुख सुखादि का एवं इष्ट अनिष्ट विषयों का भोक्ता है। देह प्रमाण है, व्यवहार से अरूपी स्वभाव होने के कारण अमूर्त है एवं कर्म संयुक्त है। जीवात्मा चेतना स्वरूप है। स्पर्श, गन्ध, रस और रूप से रहित है गुण और पर्यायों से सहित तथा उत्पाद व्यय–ध्रौव्यात्मक है।[7]

पुद्गल (Matter):– इंद्रियों द्वारा उपयोग्य विषय, जो कुछ भी मूर्त हो वह सब पुद्गल है। जिस द्रव्य में टूटने, बिखरने एवं फिर जुड़ जाने अर्थात संश्लिष्ट और विश्लिष्ट होने की क्षमता है वह पुद्गल है। पुद्गल द्रव्य मूर्तिक है, पुद्गल द्रव्य में रूप, रस, गंध, स्पर्श ये चार प्रकार के गुण होते हैं। सूक्ष्म–सूक्ष्म, सूक्ष्म, सूक्ष्म–स्थूल, स्थूल–सूक्ष्म, स्थूल, स्थूल–स्थूल, आदि पुद्गल के छह भेद हैं।[8]

धर्मः– पंचास्किाय के अनुसार इस लोक में जल मछलियों के चलने में सहायक है वैसे ही धर्म द्रव्य जीव व पुद्गल की गति को सहायता करता है।[9] मुनि प्रमाणसागर लिखते हैं कि यह बलात् या प्रेरित कर किसी को नहीं चलाता अपितु चलते हुए जीवों और पुद्गलों को चलने में सहायक होता है इसलिए इसे उदासीन निमित्त कहा गया है। धर्मद्रव्य की मान्यता अन्य दर्शनों में नहीं है किन्तु आधुनिक विज्ञान इसे ईथर के रूप में स्वीकार करता है। आधुनिक विज्ञान ईथर को अमूर्तिक, व्यापक, निष्क्रिय और अदृश्य मानते हुए उसे गति का आवश्यक माध्यम मानता है।[10]

अधर्म द्रव्यः– पंचास्तिकाय में वर्णित है कि अधर्म द्रव्य ठहरते हुए जीव और पुद्गल को पृथ्वी की तरह ठहरने में सहायक है।[11] जिस प्रकार जीवों और पुद्गलों की गति में धर्म–द्रव्य सहायक है, उसी तरह अधर्म द्रव्य उनके ठहरने में सहायक है, यह स्वयं ठहरता नहीं है अपितु पदार्थ स्वयं रूकना चाहे तो उसमें सहायता करता है। इस द्रव्य की तुलना न्यूटन के आकर्षण सिद्धाँत से की गई है।

आकाशः– लोक में जीवों और पुद्गलों व शेष समस्त द्रव्यों को जो संपूर्ण अवकाश देता है वह आकाश है। यह रूपादि रहित, अमूर्त, निष्क्रिय, तथा सर्वव्यापक द्रव्य है।

कालः– काल द्रव्य प्रत्येक पदार्थ में होने वाले परिवर्तन का हेतु है। यही वह द्रव्य है जिसके निमित्त से द्रव्य अपनी पुरानी अवस्था को छोड़कर प्रतिक्षण नया रूप धारण करते हैं।

सृष्टि व संसार की व्यवस्थाः– जैन मान्यतानुसार पाँच अस्तिकाय द्रव्यों के समूह से लोक बना है और यह पाँच अस्तिकाय जीव, पुद्गल

(पदार्थ), धर्म (प्रेरक तत्व), अधर्म (गतिरोध) व आकाश अपनी सत्ता से निष्पन्न हुए हैं। यह लोक इन पाँच अस्तिकायों व काय रहित एक प्रदेशी काल द्रव्य का समुदाय है। इन्हीं द्रव्यों के परस्पर सहयोग से लोक बनता है।

अनंत सर्वव्यापी आकाश में जितना आकाश पुद्गल, जीव, धर्म, अधर्म, काल द्रव्यों से घिरा हुआ है उसे लोकाकाश कहते है और केवल जहाँ आकाश ही है अन्य पाँच द्रव्य नहीं रहते वह आलोकाश कहा जाता है।[12] यह विश्व इन अनतानंत सतों का विराट आगार है और अकृत्रिम है। जैन दर्शनानुसार विश्व के समस्त पदार्थ मुख्यतः दो श्रेणियों में समाहित हो जाते है, एक तो चेतन अर्थात् जीव (लिविंग या सोल) तथा दूसरे अचेतन या अजीव अर्थात् (नॉन लिविंग या नॉनसोल)। अचेतन द्रव्यों के भी दो भेद है– प्रथम मूर्त तथा दूसरा अमूर्त। मूर्त द्रव्य की श्रेणी में पुद्गल आता है। पुद्गल के भी दो भेद है, अणु एवं स्कन्ध। अमूर्त किंतु अचेतन द्रव्यों की भी चार–चार श्रेणी हैं। धर्म अर्थात् मीडियम ऑफ मोशन जिसे वैज्ञानिकों ने ईथर से अभिहित किया है। अधर्म अर्थात् मीडियम ऑफ रेस्ट जिसे विज्ञान गुरूत्व कहता है– आकाश (स्पेस) एवं काल (टाइम)। जीव द्रव्य भी अमूर्त है परंतु चेतन है। इस प्रकार पाँच द्रव्य अमूर्तिक है तथा पुद्गल द्रव्य मूर्तिक है। इन छह द्रव्यों के समूह को विश्व, सृष्टि, जगत कहते हैं। प्रकृति का प्रत्येक तत्व बाहरी एवं आंतरिक रूप से जुड़ा है। जैन मतानुसार जीव एवं अजीव दोनों मित्र द्रव्य हैं। इन दोनों का संबंध अलग–अलग करना किसी के लिए संभव नहीं है। ये दोनों द्रव्य आकाश में आश्रय पाकर अनंत काल से धर्म द्रव्य की सहायता से गति करते हुए अधर्म के आश्रय से स्थिति प्राप्त करते हैं। यह सृष्टि छह द्रव्यों का समुदाय है। जीव क्रमशः धर्म द्रव्य की सहायता से प्रगति करता जाता है। संसारी जीव ही अपने कर्म के उदय से प्रेरित होकर शरीर आदि संसार की सृष्टि करते हैं और उसी में समाज का निर्माण होता है। द्रव्य अनादि अनंत एवं परिणमनशील स्वभाव वाला है। उसे किसी ने बनाया नहीं, उसका कोई पालक नहीं और न ही उसका कोई नाश कर सकता है। जगत् में समग्र भाव से कुछ बातें नियत हैं। यह नियत है कि जगत में जितने सत् है उनमें कोई नया सत् उत्पन्न नहीं हो सकता और न मौजूदा

सत् का समूल विनाश ही हो सकता है। वे सत् हैं– अनंत चेतन, अनंत पुद्गलाणु, एक आकाश, एक धर्म द्रव्य, एक अधर्म द्रव्य और असंख्य काल द्रव्य। इनकी संख्या में न तो एक की वृद्धि हो सकती है और न एक की हानि। अनादि काल से इतने ही द्रव्य थे, हैं और अनंत काल तक रहेगें।

द्रव्य की प्रति समय उत्पाद, व्यय, ध्रौव्यात्मक स्वरूप से ही प्रकृति व विश्व चलायमान है एवं वस्तुओं, प्राणियों, वनस्पति, व दृश्यमान सम्पूर्ण जगत में परिवर्तन ही परिवर्तन दृष्टिगत होते हैं। संसार में जो कुछ भी हो रहा है, जैसे पौधों का पेड़ बनना, बालक का युवा और युवा का बृद्ध होना, दिन होना व रात होना आदि परिवर्तन हो रहा है, वह सब वस्तुओं के उत्पाद, व्यय, ध्रौव्य एवं गुण और स्वभाव के कारण हो रहा है इसमें कोई ईश्वरीय शक्ति नहीं है।

सप्त तत्व; (दुखों के कारण एवं उससे मुक्ति का दर्शन)

जैन दर्शन में तत्वों का महत्वपूर्ण स्थान है इनका श्रद्धान न केवल दुखों से मुक्ति का मार्ग निर्दिष्ट करता बल्कि मोक्ष प्राप्ति में सहायक हैं। सात तत्व हैंः– जीव, अजीव, आस्रव, बन्ध, संवर, निर्जरा एवं मोक्ष।[13] जैन दर्शन में दुखों का एकमात्र कारण कर्मबन्धन को माना गया है। प्रश्न उत्पन्न होते हैं कि यह संसार या जगत क्या है? जीवन में दुख क्यों हैं? दुखों का कारण क्या हैं? दुखों को रोकने के उपाय क्या हैं? दुख दूर कैसे हो? दुखों से मुक्त अवस्था की प्राप्ति कैसे हो? यह संसार जीव (चेतन) और अजीव (जड़) पदार्थों के संयोग का ही परिणाम है। जीव अपने शुभाशुभ भावों के कारण ही सुख–दुख का अनुभव करता है। तीसरे तत्व आस्रव के द्वारा कर्मों का आगमन होता है। चौथे तत्व बन्ध के कारण कर्म जीव से बंधकर सुख–दुख उत्पन्न करते हैं। हमारे समस्त दुखों का कारण कोई अन्य शक्ति न होकर आस्रव और बंध ही है। पाँचवें तत्व संवर से कर्मों का आगमन रूक जाता है। छठे तत्व निर्जरा से संचित कर्म विनष्ट होते हैं। सम्पूर्ण कर्मों का क्षय हो जाना मोक्ष है जो अनन्त सुख का द्योतक है।

आस्रवः— जीव के द्वारा प्रतिक्षण मन, वचन या काय से जो कुछ भी शुभ या अशुभ प्रवृति होती है उसे जीव का भावास्रव कहते हैं। जिन भावों से कर्म आते हैं वह भावास्रव है तथा कर्मों का आगमन द्रव्यास्रव है। शरीर, वाणी और मन की क्रिया योग है और वही आस्रव है अर्थात हम मन से जो सोचते हैं, जो बोलते हैं, शरीर के द्वारा जो क्रियाएँ करते है वही कर्मों के आने में कारण है। वह तीन प्रकार का योग ही आस्रव है। जिस प्रकार कुएँ के भीतर पानी के लिए झिरें कारण होती हैं उसी प्रकार आत्मा में कर्म के आने में योग कारण हैं। (यहाँ योग से आशय शरीर, वाणी और मन की क्रियाओं व कर्म वर्गणाओं का आत्मा से योग है) कर्मों के आने के द्वार को आस्रव कहते हैं। मिथ्यात्व (विपरीत श्रद्धा), अविरति (सदाचार की प्रवृत्ति न करना), कषाय (क्रोध, मान, माया व लोभ) और योग (मन, वचन, काय की क्रिया) ये चार आस्रव के कारण है।[14]

बन्धः— आस्रवित कर्म पुद्गलों (Physical matter) का जीव से रागद्वेषादि विकारों के निमित्त से आत्मा के साथ एकाकार हो जाना बन्ध है। बन्ध आस्रवपूर्वक ही होता है इसलिए आस्रव को बंध का हेतु कहते हैं। आस्रव और बंध दोनों साथ ही साथ होते हैं। जीव से कर्म बँधकर एकाकार जाते हैं और कर्मबंध ही समस्त दुखों का कारण है। योग शक्ति व कषाय के कारण कर्म वर्गणाएँ (Physical matter) कर्म रूप में परिणित हो जाती हैं। कषाय की तीव्रता से कर्मबंधन अधिक समय रहता है कर्मफल की तीव्रता मंदता भी इसी पर अवलंबित है।[15] कर्म बन्धन की व्याख्या कर्म सिद्धाँत शीर्षक के अन्तर्गत आगे की गई है।

संवरः— आत्मा में जिन कारणों से कर्मों का आस्रव होता था उन कारणों को दूर कर देने से जो कर्मों का आना बंद हो जाता है उसे संवर कहते हैं। संवर का अर्थ होता है रोकना। तत्वार्थ सूत्र में सूक्त है— आस्रव—निरोधः संवरः अर्थात आस्रव के निरोध को संवर कहते हैं। जो जीव दर्शन—ज्ञान में स्थित होता हुआ और अन्य वस्तु की इच्छा से विरत होता हुआ अपनी आत्मा का ही ध्यान करता है, वह रागद्वेष मोह के अभाव से आस्रव का निरोध करता है। इसके लिए पाँच व्रत, तीन गुप्ति, पाँच समिति, दस धर्म, बारह अनुप्रेक्षा, बाईस परीषह जय और पाँच

चारित्र यह संवर के साधन बताए गए हैं।[16] इन आचार नियमों के पालन से उत्पन्न आत्म विशुद्धि कर्म प्रवाह को रोक देती है। संवर की सिद्धि के लिए साधुमार्ग अपेक्षित है गृहस्थ जन भी इनका यथाशक्ति पालन करके आंशिक संवर के अधिकारी बन सकते है। (उक्त धर्म आचार नियमों का वर्णन आगे किया गया है।)

निर्जराः—संवर होने के बाद नवीन कर्म तो नही बंधते और जो कर्म पहले बंधे हुए थे उनकी निर्जरा होने लगती है अर्थात कर्मों का क्षय होने लगता है। जब निर्जरा होती है तब ज्ञान का आवरण दूर होने से वह (ज्ञान) ऐसा हो जाता है कि पुनः रागादि रूप परिणमित नहीं होता सदा प्रकाश रूप ही होता है। कर्मों का एकदेश रूप से कर्मो का क्षय होना निर्जरा है। इस दृष्टि से निर्जरा का अर्थ है कर्मवर्गणाओं का आंशिक रूप से आत्मा से छूटना। आत्मा प्रदेशों से कर्मों का छूटना ही निर्जरा है। संवर और योग से युक्त ऐसा जीव जब अनशन, अवमौदर्य, वृत्तिपरिसंख्यान, रसपरित्याग, विविक्तसैय्यासन तथा कायाक्लेषादि भेदों वाले वहिरंग तपों और प्रायश्चित, विनय, वैयावृत्य, स्वाध्याय, व्युत्सर्ग तथा ध्यान ऐसे भेदों वाले अंतरंग तपों सहित वर्तता है अर्थात तपस्या करता है। तपस्या के बाद ध्यान साधना से आत्मा में लगे संपूर्ण कर्मों का विलगाव या क्षरण हो जाता है।[17] यही निर्जरा है।

मोक्षः— बंध के कारणों का अभाव तथा निर्जरा के द्वारा ज्ञानावरण आदि समस्त कर्मो का अत्यंत अभाव होना मोक्ष है।[18] आत्मा से समस्त कर्मो का संबंध छूट जाना मोक्ष है और वह मोक्ष संवर तथा निर्जरा के द्वारा प्राप्त होता है।

रत्नत्रय मोक्षमार्ग

सम्यग्दर्शन, सम्यग्ज्ञान व सम्यक्चारित्र की युति से मोक्ष की प्राप्ति होती है। संसार से आत्मा को मुक्ति इन तीनों के समन्वय से प्राप्त होती है। जीव, अजीव, पुण्य, पाप, आस्रव, बंध, संवर, निर्जरा एवं मोक्ष इन नव पदार्थों का यथार्थ श्रद्धान सम्यग्दर्शन है एवं इनका सम्यक् अध्यवसाय

(सत्य समझ, यथार्थ अवभास, सच्चा अवबोध होना) वह सम्यग्ज्ञान है। सम्यग्दर्शन और सम्यग्ज्ञान के सदभाव के कारण समस्त अमार्गों से छुटकर, इन्द्रिय और मन के विषय भूत पदार्थों के प्रति राग द्वेष पूर्वक उत्पन्न विकार के अभाव के कारण जो निर्विकार ज्ञान स्वभाव वाला समभाव होता है, वह सम्यक् चारित्र, मोक्षमार्ग का बीज है।[19]

सम्यग्दर्शनः अर्थ, पदार्थ व तत्वार्थ में सम्यक श्रद्धान ही सम्यग्दर्शन है विपरीत अभिप्राय से रहित श्रद्धान ही सम्यक् दर्शन है, अर्थात जैन दर्शन में सच्ची श्रद्धा रखना ही सम्यक् दर्शन है। जीव, अजीव, पुण्य, पाप, आस्रव, संवर, निर्जरा, बंध और मोक्ष पर श्रद्धा रखना, सच्चे देव, सच्चे शास्त्र और सच्चे गुरु का तीन मूढता रहित, आठ अंग सहित, आठ मद रहित, जैसा का तैसा श्रद्धान करना, आत्मा का श्रद्धान करना आदि सम्यक्दर्शन है।[20] नव पदार्थों का यथार्थ श्रद्धान करने, सच्चे देव–शास्त्र–गुरु पर श्रद्धा करने, लोकमूढता, देवमूढता, गुरुमूढता का त्याग एवं ज्ञान, पूजा, कुल, जाति, बल, धन, तप, शरीर इन आठ मदों का त्याग करने से सम्यग्दृष्टि में आठ गुण उत्पन्न होते हैं।[21] वह निशंक व निकांक्षित होता है। किसी प्रकार की ग्लानि नहीं होती। वह गुणग्राही होता है अर्थात दूसरों के दोषों तथा अपने गुणों को छिपाता है। उसकी अमूढ दृष्टि होती है। धर्म से डिगने वाले जीवों को पुनः धर्म में स्थिर करने का प्रयास करता है। सहधर्मियों के प्रति वात्सल्य गुण अभिव्यक्त करता है, दूसरे जीवों को धर्म मार्ग का दिशा–निर्देशन करता है। ज्ञान और चारित्र से सम्यग्दर्शन श्रेष्ठ है। जिस प्रकार मूलकारण बीज के बिना वृक्ष की उत्पत्ति, स्थिति वृद्धि और फलोत्पत्ति नहीं होती, उसी प्रकार मोक्षमार्ग में मूल कारण सम्यग्दर्शन के बिना सम्यग्ज्ञान और सम्यक्चारित्र की उत्पत्ति, स्थित्ति (पदार्थ ज्ञान और कर्म निर्जरा आदि की कारणता) बृद्धि एवं फलोत्पत्ति (मोक्ष की प्राप्ति) नहीं हो सकती तथा सम्यग्दर्शन से ही ज्ञान और चारित्र सत्यार्थता पाते हैं।

रयणसार में उल्लेख है कि सम्यग्दर्शन के बिना नियम से सम्यग्ज्ञान और सम्यक्चारित्र नहीं होते।[22] सम्यग्दर्शन, ज्ञान और चारित्र में सम्यग्दर्शन और सम्यग्ज्ञान की उत्पत्ति साथ–साथ होती है क्योंकि हमेशा मान्यता के सम्यक् होते ही ज्ञान सम्यक हो जाता है। हमारी मान्यता जैसी होती

है ज्ञान उसी रूप में ढल जाता है। चारित्र के साथ दोनों प्रकार की संभावनाएँ है। यह सम्यग्दर्शन और ज्ञान के साथ भी हो सकता है तथा कुछ काल बाद भी, किंतु सम्यक चारित्र कभी ज्ञान और दर्शन के बिना नहीं होता।

सम्यग्ज्ञानः जो ज्ञान वस्तु के स्वरूप को न्यूनता, अधिकता, विपरीतता और संदेह से रहित जैसा का तैसा जानता है वह ज्ञान सम्यग्ज्ञान कहलाता है। नियमसार में लिखा है कि संशय, विपर्यय, अनध्यवसाय से रहित अर्थ, पदार्थ और तत्वार्थ का ज्ञान ही सम्यग्ज्ञान है। मति, श्रुत, अवधि, मनःपर्यय और केवल ये पाँच ज्ञान है।[23] इन्द्रियों और मन के द्व ारा पदार्थो का जो ज्ञान होता है उसे मति ज्ञान कहते हैं। मतिज्ञान से ज्ञात पदार्थ का पुनः विशेष रूप से चिन्तन व अध्ययन द्वारा ज्ञान होता है उसे श्रुत ज्ञान कहते हैं। द्रव्य, क्षेत्र, काल, भाव की मर्यादा लिए हुए रूपी पदार्थों का इन्द्रियादिक की सहायता बिना जो ज्ञान होता है उसे अवधि ज्ञान कहते हैं। द्रव्य, क्षेत्र, काल, भाव की मर्यादा लिए हुए परकीय (दूसरों के) मनोगत रूपी पदार्थ का ज्ञान या मन की पर्यायों का ज्ञान होता है। उसे मनःपर्यय ज्ञान कहते हैं। त्रिलोक और त्रिकालवर्ती सब द्रव्यों तथा उनकी सब पर्यायों को एक साथ स्पष्ट जानने वाले ज्ञान को केवल ज्ञान कहते हैं। कोरा ज्ञान फलदायी नहीं होता है। आचार्य पूज्यपाद ने समाधि शतक में कहा है कि आत्मज्ञान के सिवाय अन्य कार्यों में मन नहीं लगाना चाहिए, अन्यथा शास्त्रों को जानता हुआ भी कर्म बंध से मुक्त नहीं हुआ जा सकता। जिन शासन में जीव–अजीव के भेद ज्ञान को ही सम्यग्ज्ञान कहा गया है और ऐसा सम्यग्ज्ञान ही मोक्ष को प्राप्त होता है। आगमज्ञान, तत्वार्थ ज्ञान, श्रद्धान और संयम भाव इनकी एकता के होने पर आत्मज्ञान ही मोक्ष का साधन है।[24]

सम्यक्चारित्रः जैन धर्म के धार्मिक नियम सम्यक्चारित्र की ही विषय वस्तु है। कुंदकुदाचार्य ने लिखा है कि चारित्र ही धर्म है। जीव को चारित्र के गुण के आचरण से मोक्ष प्राप्त होता है जो सम्यग्दर्शन और ज्ञान से संयुक्त है।[25] चारित्र दो प्रकार का है– वीतराग तथा सराग या निश्चय तथा व्यवहार चारित्र। व्यवहार या सराग चारित्र भी दो प्रकार से है–सकल

चारित्र एवं विकल चारित्र। सकल चारित्र मुनियों में होता है एवं विकल चारित्र श्रावक या गृहस्थों का चारित्र है। गृहस्थों या श्रावक के आचारों के अन्तर्गत अष्ट मूलगुण, बारह व्रत एवं ग्यारह प्रतिमाएँ है। मुनियों के आचारों के अन्तर्गत पाँच महाव्रत, तीन गुप्ति, पाँच समिति, दस धर्म, ग्यारह अनुप्रेक्षा, एवं अट्ठाईस मूलगुण आदि हैं। (धर्म आचार नियमों का वर्णन आगे किया गया है।)

वीतराग या निश्चय चारित्र से मोक्ष की प्राप्ति होती है। वीतराग चारित्र ही वस्तु का स्वभाव है। वीतराग चारित्र, निश्चय चारित्र, धर्म, सम परिणाम ये सब एकार्थवाचक है। निश्चय चारित्र का अर्थ है समस्त राग–द्वेषादि वैभाविक भावों से रहित होकर परम साम्य भाव से अवस्थिति, यह आत्मरमण की स्थिति है। जीव के आध्यात्मिक विकास का निश्चय चारित्र ही आधार है। इसे ही समता वीतरागता या मध्यस्थता भी कहते है।[26] व्यवहार चारित्र द्वारा एक सुदृढ आधार प्राप्त करने के उपरांत निश्चय–चारित्र पर आचरण करना सुगम हो जाता है।

इस प्रकार प्रतिक्रमण स्वरूप, प्रत्याख्यान स्वरूप और आलोचना स्वरूप आत्मा का निरंतर अनुभव ही निश्चय चारित्र है। जो निश्चय चारित्र है, वही ज्ञान चेतना (ज्ञान का अनुभवन) है। उसी ज्ञान चेतना से साक्षात चेतना स्वरूप केवलज्ञानमय आत्मा प्रकट होती है।

जैन दर्शन का कर्म सिद्धाँत

जैन दर्शन के अनुसार जीव एवं कर्म का संबंध अनादि काल से है। जीव जो व्यवहार से मरता है या जीता है, सुखी–दुःखी होता है, यह वास्तव में अपने कर्मों के उदय से होता है। वैदिक परम्परा में वेदों से लेकर गीता आदि ग्रन्थों में नित–नैमित्तिक क्रियाओं या क्रिया व्यापारों के व्यापक अर्थ में कर्म शब्द प्रयुक्त हुआ जबकि जैन दर्शन में मन, वचन व काय की किसी भी प्रवृति से कर्मबन्धन को स्वीकार किया गया है। जैन दर्शन में कर्म को भाव रूप के साथ ही द्रव्य या भौतिक स्वरूप में भी स्वीकार किया गया है, जिन्हे जीव मन, वचन व काय की प्रवृतियों

से स्वभावतः ग्रहण करता है वह जीव से बंध जाता है और वह आगे अच्छे या बुरे परिणाम में परिणित हो जाता है। पंचास्तिकाय में आचार्य कुंदकुंद ने लिखा है कि यह लोक सर्वतः विविध प्रकार के अनंतानन्त सूक्ष्म तथा बादर कर्मयोग्य पुद्गल–परमाणुओं द्वारा विशिष्ट रीति से अवगहित होकर गाढ भरा है। संसारी आत्मा से बंधन का स्निग्ध परिणाम होता है। परिणाम से कर्म, कर्म से गतियो में गमन होता है। गति से देह प्राप्ति होती है देह से इन्द्रियाँ होती है। इन्द्रियों से विषयग्रहण और विषयग्रहण से राग अथवा द्वेष होता है। जिसके भाव में मोह, राग द्वेष अथवा चित्त प्रसन्नता है उसे अशुभ अथवा शुभ परिणमन होता है।[27] मुनि प्रमाणसागर ने लिखा है कि जैन दर्शन में कर्म को पुद्गल परमाणुओं का पिंड (Physical Matter) माना गया है। तदनुसार यह लोक तेईस प्रकार की पुद्गल वर्गणाओं से व्याप्त है। उनमें से कुछ पुद्गल परमाणु कर्मरूप में परिणित होते है, उन्हे कर्म वर्गणा कहते हैं। कुछ शरीर रूप में परिणित होते हैं वे नोकर्म वर्गणा कहलाते हैं। लोक इन दोनों के परमाणुओं से पूर्ण है। जीव अपने मन, वचन और काय की प्रवृत्तियों से इन्हें ग्रहण करता है। मन, वचन और काय की प्रवृत्तियाँ तभी होती है, जब जीव के साथ कर्म संबद्ध हो तथा जीव के साथ कर्म तभी संबद्ध होते है, जब मन, वचन और काय की प्रवृत्ति हो। इस प्रकार कर्म से प्रवृत्ति तथा प्रवृत्ति से कर्म की परम्परा अनादि काल से चली आ रही है। कर्म और प्रवृत्ति के इस कार्यकारण संबंध को दृष्टिगत रखते हुए पुद्गल परमाणुओं के पिंड रूप कर्म (Physical Matter) को द्रव्य कर्म तथा राग द्वेषादि रूप प्रवृत्तियों को भावकर्म कहा गया है। द्रव्य कर्म और भाव कर्म का कार्य–कारण संबंध वृक्ष और बीज के समान अनादि है। जगत की विविधता का कारण उक्त द्रव्य कर्म ही है तथा रागद्वेषादि मनोविकार रूप भाव कर्म ही जीवन में विषमता उत्पन्न करते हैं।[28] विद्वानों के अनुसार जिस प्रकार शरीर में रसायन बनते हैं उसी प्रकार कर्मशास्त्र के अनुसार कर्मों के रसायन भी बनते हैं। रस बदला और विचार बदल जाते हैं, आचार व व्यवहार बदल जाता है। कई बार ऐसा होता है कि व्यक्ति जानता है कि अमुक काम बुरा है फिर भी कर्म का उदय व विपाक काल आता है तो वह काम जैसे कोई जबरन करवा देता है।[29] जब पुण्य या सकारात्मक कर्म का उदय होता है तब

सुख मिलता है, इसके विपरीत दुख मिलता है। जीव के भावों में और कर्म पुद्गलो में निमित्त–नैमित्तिक संबंध है। मिथ्यात्व, असंयम, कषाय और योग रागादिक भाव कर्म बंध के कारण हैं।

कर्म के मौटे तौर पर दो भेद हैं– द्रव्य कर्म एवं भाव कर्म। कर्म वर्गणा के पुद्गल जो मन, वचन व काय की प्रवृति द्वारा आकर्षित होकर आत्मा के साथ एकीभूत हो जाते हैं उन्हे द्रव्य कर्म कहते हैं। आठ मूल कर्म व उनकी 158 उत्तर प्रकृतियाँ इसके अन्तर्गत हैं। जो कषाय व राग–द्वेष, आत्मा के साथ हर समय जुड़े रहते हैं, उनको भाव कर्म कहते हैं। यह एक प्रकार की मानसिक स्थिति है। ज्ञानावरण, दर्शनावरण, वेदनीय, मोहनीय, आयु, नाम, गोत्र व अंतराय मूल आठ कर्म है। ज्ञानावरण, दर्शनावरण, मोहनीय, एवं अंतराय घातिया कर्म हैं जो आत्मा के साथ बँधकर उसके स्वभाविक गुणों को घात करते हैं। वेदनीय, आयु, नाम, व गोत्र ये चार अघातिया कर्म हैं जो आत्मा के प्रधान गुणों को हानि नहीं पहुँचाते हैं।[30]

मूल आठ कर्मों का विवेचन तत्वार्थ सूत्र के आठवें अध्याय के अनुसार इस प्रकार हैः–

1. **ज्ञानावरण कर्मः** जिस कर्म के उदय से या निमित्त से आत्मा के चार प्रकार के ज्ञानगुण पर आवरण पडता है उसे ज्ञानावरण कर्म कहते हैं।
2. **दर्शनावरणीय कर्मः** जिस कर्म के उदय से आत्मा के दर्शन गुण पर आवरण पडता है उसे दर्शनावरण कहते हैं।
3. **वेदनीय कर्मः** जो जीव को सुख–दुःख का वेदन कराता है अर्थात मिथ्यात्व आदि प्रत्ययों के वश, कर्म रूप पर्याय से परिणित और जीव के साथ संबद्ध, जो पुद्गल स्कन्ध जीव के साथ सुख और दुःख के अनुभवन में निमित्त होता है वह वेदनीय कर्म कहलाता है। इसके दो भेद है–सातावेदनीय और असातावेदनीय। जिस कर्म के उदय से शारीरिक तथा मानसिक सुख प्राप्त होता है उसे सातावेदनीय कहते है। जिस कर्म के उदय से तरह–तरह का दुःख प्राप्त होता है उसे असातावेदनीय कर्म कहते हैं।

4. **मोहनीय कर्म**ः जिस कर्म के उदय से जीव अपने स्वरूप को भूलकर अन्य को अपना समझने लगता है उसे मोहनीय कर्म कहते है। इसके दो भेद हैं एक जो जीव को सच्चे मार्ग का ज्ञान होने नहीं देता, दूसरा जो सच्चे मार्ग का ज्ञान होने पर उस पर चलने नहीं देता।

5. **आयुकर्म**ः जिस कर्म के उदय से जीव को नरक, तिर्यंच, मनुष्य और देव में से किसी एक शरीर में रुका रहना पडता है उसे आयु कर्म कहते हैं। जिसके सद्भाव से आत्मा का जीवन और अभाव से मरण कहा जाता है उस भव धारण में निमित को आयुकर्म कहते हैं नरकायु, तिर्यचायु, मनुष्यायु और देवायु ये चार आयुकर्म के भेद हैं।

6. **नाम कर्म**ः जिस कर्म के उदय या निमित्त से शरीर और आंगोपांग आदि की रचना होती है उसे नामकर्म कहते हैं। नामकर्म के बयालीस भेद है। इस कर्म से अच्छा–बुरा शरीर, और अंग और उपांग की रचना होती है।

7. **गोत्र कर्मः** जिस कर्म के उदय या निमित्त से जीव ऊँचे–नीचे कुल में पैदा होता है उसे गोत्र कर्म कहते हैं गोत्र कर्म के दो भेद हैं– उच्च गोत्र एवं नीच गोत्र।

8. **अंतराय कर्मः** जिस कर्म के उदय या निमित्त से दान, लाभ, भोग, उपभोग और वीर्य में विघ्न आता है अर्थात जिसकी वजह से इच्छित वस्तु की प्राप्ति में रूकावट होती है उसे अन्तराय कर्म कहते हैं। इस प्रकार अपने कर्मों से कर्ता, भोक्ता होता हुआ आत्मा मोहच्छादित वर्तता हुआ अनंत संसार में परिभ्रमण करता है।[31] कर्म सिद्धांत के आधार पर प्रत्येक प्राणी को अपने व्यक्तिगत जगत् का स्वयं सृष्टा माना गया है। इस मान्यता के आधार पर जीव अपने शरीर आदि का सृष्टा स्वयं ही है, कोई अन्य बाह्य सत्ता उसका सृष्टा नहीं है।

कर्म सिद्धांत का विवेचन तथा मनन इस संदर्भ में उत्पन्न शंकाओं का समुचित निराकरण करने में समर्थ है। जैन दर्शन के कर्म सिद्धांत के अंतर्गत प्रत्येक जीव निज कर्मों का कर्ता तथा भोक्ता होता है। वह जिस प्रकार के कर्म करता है उसके अनुरूप उसे फल भोगना पडता है। अन्य दर्शनों की अपेक्षा जैन दर्शन के कर्म सिद्धांत में यह विलक्षण

ाता है कि इसमें जीव द्वारा कर्मफल भोगने की प्रक्रिया को किसी अन्य सत्ता प्रदत्त दंड या पुरस्कार का फल नहीं माना जाता है। प्रत्येक आत्मा अपना स्वयं प्रभु है तथा अपने परिणामों पर नियंत्रण कर जैसा चाहे वैसा बन सकता है।

अनेकान्तवाद व स्याद्वाद

अनेकान्तताद व स्याद्वाद जैन दर्शन की मौलिक अवधारणा है। अनेकांत जैन दर्शन का मूलाधार है। अनेकान्त का अर्थ है एक से अधिक या वस्तु स्वरूप के संबध में अनेक निर्णयों या निष्कर्षों की संभावना। स्याद्वाद अनेकान्त की भाषा शैली है। स्यात् एक निपात शब्द है जो अर्थ के साथ संबंधित होने पर वाक्य में अनेकान्त का द्योतक और विवक्षित अर्थ का एक विशेषण है। स्याद्वाद सापेक्षित कथन पद्धति या सापेक्षित निर्णय पद्धति का सूचक है। वह एक ऐसा सिद्धांत है जो वस्तु तत्व विविध पहलुओं या विविध आयामों से विश्लेषण करता है और अपने उन विश्लेषित विविध निर्णयों को इस प्रकार की भाषा में प्रस्तुत करता है कि वे अपने पक्ष स्थापना करते हुए भी वस्तु तत्व में निहित अन्य अनुक्त अनेकानेक धर्मों एवं संभावनाओं (पर्यायों) का निषेध न करे। वस्तुतः स्याद्वाद हमारे निर्णयों एवं तदजनित कथनों को प्रस्तुत करने का एक निर्देश एवं अहिंसक तरीका है। अविरोधपर्वक कथन की एक शैली है। उसका प्रत्येक अंग अनेकांतिक ढंग से एकांतिक कथन करता है जिसमें वक्ता अपनी बात इस ढंग से कहता है कि उसका वह कथन अपने प्रतिपक्षी कथनों का पूर्ण निषेधक न बने। यह समन्वयात्मक दृष्टिकोण ही जैन दर्शन की अनन्य विशेषता है और इसके दर्शन हमें जैन दर्शन के अनेकांतवाद में होते हैं। प्रत्येक पदार्थ अनेक धर्मात्मक है बहुआयामी है। वस्तु के सम्यक श्रद्धान के लिए बहुआयामी दृष्टिकोण की आवश्यकता है। स्याद्वाद एक वस्तु में सप्रतिपक्ष अनेक धर्मों के स्वरूप का प्रतिपादन करता है। जीवास्तिकाय, अजीवास्तिकाय आदि सम्पूर्ण द्रव्यों में विभिन्न अपेक्षाओं से विभिन्न धर्म रहते हैं, अतएव प्रत्येक वस्तु को अनंत धर्मात्मक मानना चाहिए। जो वस्तु अनंत धर्मात्मक नहीं होती वह वस्तु सत भी नहीं

होती।[32] जैन दर्शन के अनुसार द्रव्य उत्पाद, व्यय और ध्रौव्य से युक्त है, सदा अस्तित्ववान है एवं गुणवान और पर्याय वाला है।[33] वस्तु न तो सर्वथा नित्य रूप होती है और न सर्वथा क्षणिक रूप होती है। द्रव्य का विनाश नहीं होता है लेकिन पर्यायों से विनाश उत्पाद व ध्रुवता होती है, जैसे दूध दही, मक्खन या घी बनने पर भी दूध का अस्तित्व रहता है लेकिन पर्याय नष्ट व उत्पन्न होती है इसलिए द्रव्य द्रव्यार्थिक कथन से उत्पाद रहित, विनाश रहित, सत् स्वभाव वाला है लेकिन पर्यायार्थिक कथन से उत्पाद वाला तथा विनाश वाला है। जीव अनुत्पन्न एवं अविनष्ट है लेकिन पर्यायों से जन्मता एवं मरता है। इस तरह वह नित्य भी है और अनित्य भी है। उसकी (द्रव्य या वस्तु) सत्ता भी है और असत्ता भी है, विलक्षणा (उत्पाद, व्यय व ध्रौव्य) भी है और त्रिलक्षणा भी है एक भी है, और अनेक भी है, सर्व पदार्थ स्थित भी है और एक पदार्थ स्थित भी है, अनंत पर्यायमय भी है और एक पर्यायमय भी है।[34]

उपरोक्त दृष्टि से हम कह सकते हैं कि वस्तु बहुमुखी है, बहुआयामी है। उसके एक पक्ष को ग्रहण करके उसका पूर्ण परिचय नहीं पाया जा सकता। हम अपने एकांगी/ एक कोणिक/ एक पक्षीय दृष्टि से वस्तु के एकांश को ही जान सकते है। वस्तु के विराट स्वरूप को बहुमुखी दृष्टि से ही समझा जा सकता है, तभी उसका समग्र बोध होगा। इस प्रकार अनेकांत का अर्थ हुआ वस्तु का समग्र बोध कराने वाली दृष्टि।[35] स्याद्वाद मंजरी में लिखा है कि अनंत धर्मात्मक पदार्थ के अनंत गुणों का निरूपण करने के लिए अनंत अंगो की आवश्यकता होनी चाहिए किंतु पदार्थ के गुणों का निरूपण करने की सम्भाव्य शैलियों पर विचार करने पर यह स्पष्ट होता है कि उसका निरूपण सात भंगो द्वारा विधिवत किया जा सकता है। यही सप्तभंगीय नय है।[36] जीव आदि पदार्थो में अस्तित्व आदि धर्मों के विषय में प्रश्न उठने पर, विरोध रहित प्रत्यक्ष आदि से अविरूद्ध अलग–अलग अथवा सम्मिलित विधि और निषेध धर्मों के विचारपूर्वक स्यात शब्द से युक्त सात प्रकार की वचन रचना को सप्तभंगी नय कहते है। कुन्दकुन्दाचार्य ने सप्तभंगों का निरूपण पंचास्तिकाय में किया है[37]। (1) द्रव्य स्यात अस्ति है। (2) द्रव्य स्यात् नास्ति है। (3) द्रव्य स्यात् अस्ति एवं नास्ति है। (4) द्रव्य स्यात् अवक्तव्य है। (5) द्रव्य स्यात्

अस्ति एवं अवक्तव्य है। (6) द्रव्य स्यात नास्ति और अवक्तव्य है। (7) द्रव्य स्यात् अस्ति, नास्ति और अवक्तव्य है। स्यात् का अर्थ है कथंचित, किसी प्रकार से, किसी अपेक्षा से स्यात् शब्द सर्वथापने का निषेध करता है और अनेकांत को प्रकाशित करता है, दर्शाता है।

1. **स्यात् अस्तिः** वह किसी अपेक्षा से है। राम विद्वान है, किसी अपेक्षा से।
2. **स्यात् नास्ति हैः** किसी अपेक्षा से राम विद्वान नहीं है।
3. **स्यात् अस्ति और नास्ति हैः** किसी अपेक्षा से राम विद्वान है ही, किसी अपेक्षा से राम विद्वान नहीं ही है।
4. **स्यात् अवक्तव्य हैः** किसी अपेक्षा से अवक्तव्य है। राम विद्वान है यह अवक्तव्य है (क्योंकि विद्वता की सीमा अनेक धर्मो के ज्ञान में होती है जो कि केवली भगवान में ही संभव है) स्यात राम विद्वान नहीं है यह भी अवक्तव्य है (एक क्षेत्र में विद्वान न हो अन्य क्षेत्रो में तो संभव है)।
5. **स्यात अस्ति और अवक्तव्य हैः** किसी अपेक्षा से राम विद्वान है ही, किसी अपेक्षा से अवक्तव्य है। मुझे ज्ञान है राम विद्वान है ही लेकिन आप जिस विषय के बारे जानना चाहते है उस विषय पर वह प्रकाश डाल सकता है, कह नहीं सकते।
6. **स्याद नास्ति च अवक्तव्य चः** राम शिक्षित नहीं है इस अपेक्षा से वह विद्वान नहीं है, और कह नहीं सकते क्योंकि ज्ञान के क्षेत्र व्यापक हैं अनुभव के आधार पर वह प्रकाश डाल सकता है।
7. **स्याद अस्ति च नास्ति च अवक्तव्य चः** किसी अपेक्षा से है ही, किसी अपेक्षा से नही है और किसी अपेक्षा से अवक्तव्य है। राम ने वेदों का अध्ययन किया है इस अपेक्षा से वह विद्वान है लेकिन विज्ञान की औपचारिक शिक्षा ग्रहण नहीं की अतः उस अपेक्षा से वह विद्वान नहीं है, फिर भी विज्ञान विषय पर भी प्रकाश डाल दे, कह नहीं सकते क्योंकि विज्ञान का अध्ययन घर पर कर लिया हो।

अनेकांत एवं स्याद्वाद के सिद्धांत दार्शनिक, धार्मिक, सामाजिक, राजनीतिक एवं पारिवारिक जीवन के विरोधों के समन्वय की ऐसी विधायक

दृष्टि प्रस्तुत करते हैं जिससे मानव जाति को संघर्षों के निराकरण में सहायता मिल सकती है। संक्षेप में अनेकांत विचार पद्धति के व्यवहारिक क्षेत्र में तीन प्रमुख योगदान है– वैचारिक संघर्ष का निराकरण, वैचारिक सहिष्णुता, वैचारिक समन्वय और एक उदार एवं व्यापक दृष्टि का निर्माण। प्रमाणसागरजी ने लिखा है कि एकांत "ही" का प्रतीक है तो अनेकांत "भी" का। जहाँ "ही" का आग्रह होता है वहाँ संघर्ष जन्म लेता है तथा जहाँ "भी" की अनुगूँज होती है वहाँ समन्वय की सुरभि फैलती है। "ही" में कलह है "भी" में समन्वय, ही में आग्रह है भी में अपेक्षा।[38] स्याद्वाद सुनय का निरूपण करने वाली विशिष्ट भाषा पद्धति है। स्याद् यह निश्चित रूप से बताता है कि वस्तु केवल इसी धर्म वाली ही नहीं है, उसमें इसके अतिरिक्त भी अनेक धर्म विद्यमान है। इस प्रकार स्याद्वाद वस्तु तत्व के निरूपण की तर्कसंगत और वैज्ञानिक प्रणाली है। यह न अनिश्चयवाद है और न संदेहवाद। इस प्रकार स्याद्वाद व अनेकांतवाद तटस्थता व निष्पक्षता का सिद्धांत है।

आत्मिक विकास के धर्माचार

मोक्ष प्राप्ति के लिए कर्मों के आगमन को रोकने एवं बन्ध प्राप्त कर्मों के क्षरण हेतु जैन दर्शन में निम्नानुसार विभिन्न आचार व नियमों का निर्देश है जिसके लिए साधुमार्ग अपेक्षित है। गृहस्थ जन भी इनका यथाशक्ति पालन करके आंशिक संवर के अधिकारी बन सकते हैं।

पाँच व्रतः हिंसा, झूठ, चोरी, कुशील और परिग्रह इन पाँचों पापों का बुद्धिपूर्वक त्याग करने को व्रत कहते हैं। हिंसादि पापों का एकादेश त्याग को अणुव्रत कहते हैं जो गृहस्थों से अपेक्षित है और पाँचों का सर्वदेश त्याग महाव्रत कहलाता है जिनका पालन मुनि करते हैं।

अहिंसाः प्रमाद के योग (प्रमादी के मन, वचन, काय की प्रवृत्ति) से किसी जीव को पीड़ा पहुँचाना या यथासंभव द्रव्य प्राण या भाव प्राण का वियोग करना हिंसा कहलाती है। यदि किसी प्राणी को मारने या सताने का भाव भी कर लिया और वह न मरा है और न सताया जा सका, फिर

भी भाव हिंसा होती है। बिना प्रमाद के अगर जीव मर जाता है, तो हिंसा नहीं होती है। हिंसा का त्याग ही अहिंसा है। तीन गुप्ति व पाँच समिति का पालन करना अहिंसा है।[39]

सत्य: प्रमाद के योग से जीवों को दुःखदायक व मिथ्या रूप वचन बोलने को असत्य कहते हैं। रागादि के द्वारा असत्य बोलने का त्याग करना और पर को ताप पैदा करने वाले वचनों का त्याग करना सत्य महाव्रत है।[40] जब बोले तब सावधानी से बोलना चाहिए कि अपने मुख से कोई ऐसी बात नहीं निकल जाए जो दूसरो को कष्टकर हो।

अचौर्य: प्रसाद के योग से बिना दी हुई किसी की वस्तु के ग्रहण करने को चोरी कहते हैं। चोरी भी हिंसा का अंग है क्योंकि इसमें जिसकी वस्तु चुराई जाती है, उसको दुःख होता है। अतः यह परहिंसा है तथा चोरी करने वाले के मन में रागादिक कषाय भावों की उत्पत्ति होने से स्वहिंसा होती है। समस्त वस्तुएँ बिना दिये ग्रहण करने का त्याग करना अचौर्य है।[41]

ब्रह्मचर्य: वृद्धा, बाला और युवती के भेद से तीन प्रकार की स्त्रियों एवं उनके प्रतिरूप को माता, पुत्री और बहिन के समान देखना एवं उनके प्रति काम का भाव नहीं लाना। स्त्री राग कथा– श्रवण त्याग, उनके सुन्दर अंगो को देखने का त्याग, अव्रती अवस्था में (पूर्व में) किये गये भोगों–विषयों के स्मरण का त्याग, कामवर्धक रस का त्याग, अपने शरीर के कामोद्दीपक संस्कारों का त्याग करना आदि निवृत्ति है, वह ब्रह्मचर्य है।[42] गृहस्थ के लिए अपनी विवाहिता स्त्री के सिवाय अन्य स्त्रियों का त्याग ब्रह्मचर्य अणुव्रत है।[43]

अपरिग्रह: बाह्य धन, धान्यादि तथा अंतरंग क्रोधादि कषायों में ये मेरे है, ऐसा भाव मूर्च्छा है। मूर्च्छा को परिग्रह कहते हैं। मोह कर्म के उदय से उत्पन्न जो ममत्व परिणाम है (परवस्तु के प्रति ममत्व भाव) वही मूर्च्छा है।[44] जिसके वस्तुओं के प्रति ममता भाव है या संग्रह की भावना है, परिग्रही ही कहलाता है। यहाँ तक कि किसी गरीब, निर्धन या भिखारी के पास बाह्य वस्तुएँ नहीं भी है तो भी उसके मन में यदि लालसा (संग्रह

की तृष्णा) रहती है तो वह भावनात्मक होने से परिग्रही ही है। परिग्रह दो प्रकार का है– अंतरंग परिग्रह एवं बाह्य परिग्रह। अंतरंग परिग्रह चौदह प्रकार का है–मिथ्यात्व, पुंवेद, स्त्रीवेद, नपुंसवेद, हास्य, रति, अरति, शोक, भय, जुगुप्सा, क्रोध, मान, माया एवं लोभ। ये सब आत्मा के ही भाव हैं तो भी इन्हें परिग्रह की सञ्ज्ञा दी गई है क्योंकि ये आत्मा के स्वभाव न होकर विभाव (विकार) हैं जो पुद्‌गल कर्मोदय के निमित्त से उत्पन्न होते हैं। जिनसे आत्मा अपने स्वरूप को भूलकर स्वयं क्रोधी मानी आदि रूप धारण करता हुआ मूर्च्छा को प्राप्त हो, उन्ही में रमा रहता है। ये दोनों प्रकार के परिग्रह हिंसा से भिन्न नहीं है क्योंकि अंतरंग परिग्रह तो राग–द्वेष स्वरूप ही है और बाह्य रागद्वेष उत्पन्न होने से कारण हैं क्योंकि बाह्य वस्तुओं का आश्रय लेकर ही रागादि उत्पन्न होते हैं। ग्रहस्थों को आवश्यक धन धान्यादि परिग्रह का परिमाण कर (उसमें भी ममत्व नहीं रखना) शेष का त्याग परिग्रह परिमाणव्रत है। जैन मुनि अपने पास तिल तुश मात्र भी परिग्रह नहीं रखते। वे अपने शरीर से ममत्व छोडकर नग्न दिगम्बर रूप धारण करते हैं। मात्र संयम की रक्षा व शुद्धि के लिए पिच्छिक व काष्ठ का कमंडलु रखते हैं, उन पर भी ममत्व नहीं होता है। जैन मुनि अपरिग्रह की रक्षा के लिए मनोज्ञ और अमनोज्ञ स्पर्श, रस, गंध, रूप और शब्द रूप पाँचों इन्द्रियों के विषयों में राग द्वेष का त्याग कर देते हैं।[45]

गुप्तिः विषयाभिलाषा छोडकर मन, वचन, काय की स्वच्छंद प्रवृत्तियों से आत्मा की रक्षा करना अर्थात आत्मा को पाप क्रियाओं से बचाना गुप्ति है। मन को रागादिक भावों व क्रोध, काम, आदि कषायों से अलग रखना मनोगुप्ति, मौन रहना या असत्य अभिप्रायों से वचन को रोकना वचन गुप्ति, शरीर नियंत्रण रख हिंसादि कार्यों से निवृत होना काय गुप्ति होती है।[46]

समितिः सम्यक प्रवृत्ति को समिति कहते हैं। जीवों की हिंसा से बचने के लिए प्रवृत्ति में यत्नाचार को समिति कहते हैं। समिति के पाँच भेद है–ईर्या, भाषा, एषणा, आदान निक्षेपण और प्रतिष्ठापन। ईर्या समितिः गमन करते समय आगे की चार हाथ जमीन देखना एवं रखना (कि पैरों के नीचे आकर किसी जीव का घात न हो) भाषा समितिः बोलते समय

हित, मित, और प्रिय और वचन का ध्यान रखना। एषणा समितिः दिन में एक बार, विधिपूर्वक निरन्तराय, छयालीस दोषों को टालकर, श्रावक संघ द्वारा नवधा भक्ति पूर्वक, कृत–कारित–अनुमोदना आदि दोषों से रहित दिया हुआ निर्दोष आहार खडे–खडे अपने पाणि पात्र में ही ग्रहण करना एषणा समिति है। आदान निक्षेपणः पिच्छी कमंडलु आदि को उठाते रखते समय जीव रक्षा का ध्यान रखना। प्रतिष्ठापनाः मलमूत्र छोडते समय जीव रक्षा का लक्ष्य रखना कि उनके नीचे दबकर कोई जीव मर न जावे।[47]

दस धर्मः उत्तम क्षमा, उत्तम मार्दव, उत्तम आर्जव, उत्तम शौच, उत्तम सत्य, उत्तम संयम, उत्तम तप, उत्तम त्याग, उत्तम आकिंचन्य एवं उत्तम ब्रह्मचर्य यह दस धर्म है।[48] उत्तम क्षमा– क्रोध का कारण उपस्थित होने पर भी क्रोध नहीं करना उत्तम क्षमा है। क्षमा कायरता नहीं है। अपितु सच्ची वीरता है। मन में कलुषता न आने देना उत्तम क्षमा है। उत्तम मार्दव–चित्त में मृदुता और व्यवहार में विनम्रता मार्दव है, जाति, कुल, रूप, ज्ञान, तप, वैभव, प्रभुत्व और ऐश्वर्य संबधी अभिमान मद कहलाता है। इन्हे विनश्वर समझकर मान कषाय को जीतना उत्तम मार्दव कहलाता है। उत्तम आर्जवः आर्जव का अर्थ है ऋजुता या सरलता, मायाचार का त्याग, कषाय (क्रोध, मान, माया व लोभ) को जीतकर मन वचन और काय की क्रिया में एकरूपता लाना उत्तम आर्जव है। उत्तम शौचः शौच का अर्थ होता है–पवित्रता या सफाई मद, क्रोध आदि बढाने वाली इतनी दुर्भावनाएँ है उनमें लोभ सबसे प्रबल है। इस लोभ पर विजय पाना ही उत्तम शौच है। उत्तम सर्त्य–यथार्थ बोलना सत्य है। दूसरों के मन में संताप उत्पन्न करने वाले, निष्ठुर और कर्कश, कठोर वचनों का त्याग कर, सबके हितकारी और प्रिय वचन बोलना उत्तम सत्य धर्म है। उत्तम संयमः पाँचों इंद्रियों की प्रवृत्तियों पर अंकुश रखकर उनकी अनर्गल प्रवृत्तियों पर नियंत्रण रखना उत्तम संयम है। उत्तम तप–इच्छा के निरोध को तप कहते हैं। तप धर्म का प्रमुख उद्देश्य चित्त की मलिन वृत्तियों का उन्मूलन है। उत्तम त्याग–परिग्रह की निवृत्ति को त्याग कहते हैं। बिना किसी प्रत्युपकार की अपेक्षा के अपने पास होने वाली ज्ञान–धन आदि संपदा को दूसरों के हित व कल्याण के लिए लगाना उत्तम त्याग है। उत्तम आकिंचन्यः ममत्व के परित्याग को आकिंचन्य कहते हैं लौकिकता में अनाशक्ति भाव उत्पन्न होना उत्तम

होना आकिंचन्य धर्म है। उत्तम ब्रह्मचर्य–ब्रह्म अर्थात आत्मा में रमण करना ब्रह्मचर्य है। रागोत्पादक साधनों के होने पर भी उन सबसे विरक्त होकर आत्मोन्मुखी बने रहना उत्तम ब्रह्मचर्य धर्म है। क्षमा, मार्दव, आर्जव, शौच ये आत्मा के भाव है, जो क्रमशः क्रोधामान–माया–लोभ विकारों के अभाव में प्रकट होते हैं। सत्य, संयम, तप और त्याग आत्म स्वभाव की प्राप्ति के उपाय है। आकिंचन्य और ब्रह्मचर्य धर्मों का सार है।

अनुप्रेक्षाः किसी भी पदार्थ का बार–बार चिंतवन करना अनुप्रेक्षा कहलाती है। मानव मन बडा चंचल है, उसमें क्षण–क्षण में नाना प्रकार के भले–बुरे विचार उत्पन्न होते हैं। जिन विचारों से आत्मा को अनेक प्रकार के मानसिक कष्टों, आकुलताओं एवं व्यग्रता का सामना करना पडता है उनसे दूर रहना एवं आत्मकल्याण के विचार से तत्व चिंतन करना मुमुक्षु को आवश्यक ही नहीं अनिवार्य भी है। बारह अनुप्रेक्षाओं के चिन्तन से आत्मा में तत्वज्ञान की जागृति पूर्वक अपूर्व मानसिक शांति प्राप्त होती है। धर्म तत्व एवं संसार के स्वरूप का बारम्बार चिंतवन करने को अनुप्रेक्षा या भावना कहते हैं। अनित्य, अशरण, एकत्व, अन्यत्व, संसार, लोक, अशुचि, आस्रव, संवर, निर्जरा, धर्म और बोधिदुर्लभ यह बारह अनुप्रेक्षा या भावनाएँ है।[49] अनित्य भावना–सामग्री, इंद्रियाँ, रूप, बुद्धि, यौवन, जीवन, बल, तेज, घर, शयन, आसन आदि सब अनित्य हैं ऐसा चिंतवन करना। अशरण भावना– जन्म जरा मरण आदि दुःखों से सहित इस जगत में जरा और मरण रूप महाशत्रु का निवारण करने वाले ऐसे जिनशासन को छोडकर अन्य कोई शरण नहीं है अन्य कोई रक्षक नहीं है। एकत्व भावना– अकेला ही यह जीव कर्म करता है एकाकी ही दीर्घ संसार में भ्रमण करता है, अकेला ही जन्म लेता है और अकेला ही मरता है। इस प्रकार से एकत्व का चिन्तन करना। अन्यत्व भावना–जब यह शरीर भी आत्मा से भिन्न है तो क्या यह वाहन, द्रव्य, गृह आदि क्या भिन्न नहीं होगे? अर्थात वे प्रकट रूप से भिन्न है इसलिए ज्ञान दर्शन रूप मेरी आत्मा ही है ऐसी अन्यत्व भावना का चिंतवन करना। संसार भावना–संसरण करना, परिवर्तन होना संसार है। संसार क्या है? किस प्रकार से है? किसके हैं और कहाँ हैं? कितने काल तक हैं और कितने प्रकार का है? इन छह अनुयोगों से चिन्तन करना। विविध प्रकार के दुखों का स्थायी अवस्था रूप

होना ही जिसका सार है ऐसे अनेक भेद रूप इस संसार को समझकर शीघ्र ही यह निःसार है, ऐसा चिन्तन करना। लोक भावना– तीन लोक की रचना का चिन्तन करना और उसमें किस प्रकार जीव परिभ्रमण करता है इसका विचार करना। अशुचि भावना– यह शरीर हाड मांसादि अत्यंत अपवित्र वस्तुओं का पिण्ड है यह कभी मोह या राग करने योग्य नहीं है। बोधिदुर्लभ भावनाः जीवों के सम्यग्दर्शन ज्ञान चारित्र रूप बोधि की प्राप्ति अत्यंत दुर्लभ है। बोधि से जीव पुद्गल आदि छह द्रव्य तथा जीव, अजीव आदि नवपदार्थ जाने जाते हैं। इस तरह हजारों गुणों से सहित बोधि का सदा ध्यान करना। उल्लिखित द्वादशानुप्रेक्षा के चिन्तन से आत्मा में तत्व ज्ञान की जागृतिपूर्वक अपूर्व मानसिक शांति प्राप्त होती है एवं संसार से वैराग्य की उत्पत्ति तथा उसमें दृढता की पुष्टि होकर कर्मो का संवर होता है। अतः साधुजनों के सिवाय गृहस्थों को भी इनका चिन्तन अपने पुरुषार्थ की सिद्धि में परम सहायक बन जाता है।

बाइस परीषह जयः संवर के मार्ग से च्युत न होने के लिए तथा कर्मो की निर्जरा के लिए परीषहों को सहना चाहिए। जीवन में पूर्व अशुभ कर्मोदय के निमित्त वश अनेक प्रकार की आपत्तियाँ, विपत्तियाँ एवं विघ्न बाधाएँ आया करती हैं जिनसे प्रभावित होकर मानव क्रोधादि कषायों एवं पापादि हीन कार्यों को करता हुआ पुनः नवीन अशुभ कार्यों का बंध कर भविष्य में भी दुःखों का पात्र बनता रहता है। अतः अपने पूर्व कृत अशुभ कर्मों का फल मानकर दुःखों और बाधाओं को यदि वह समता भावों से सहन कर उन पर विजय प्राप्त कर ले तो न केवल वर्तमान दुःखानुभव से बच सकता है, प्रत्युत नवीन कर्म बंधन से बचा रहकर अपने सुखमयी भविष्य का निर्माण करने में भी समर्थ हो सकता है। समागत दुःखों विघ्न बाधाओं को परीषह कहते हैं और जब किसी प्रकार का भी दुःख या आपत्ति आए, तब उसे समतापूर्वक सहन कर उस पर विजय प्राप्त कर लेने को ही परीषह जय कहते हैं। परीषह के बाईस भेद तत्वार्थ के नवें अध्याय में निम्न प्रकार से हैं:–

1. क्षुधा– स्वीकृत मर्यादा के विरूद्ध भोजन ग्रहण न करना 2 तृषा– स्वीकृत मर्यादा के विरूद्ध जल ग्रहण न करना, 3 हिम–सर्दी सहन करना

लेकिन वस्त्र ग्रहण न करना, 4. उष्ण–गर्मी सहन करना, 5 नग्नता– समस्त त्याग के साथ दिगम्बरत्व धारण करना, 6. याचना– दीनता पूर्वक माँगने का त्याग, 7. अरति– अनिष्ट संयोगजन्य दुःख का त्याग, 8. स्त्री– स्त्रियों के हाव–भाव प्रदर्शन आदि उपद्रवों को शांत भाव से सहना, उन्हें देखकर मोहित नहीं होना, 9 निषद्या– एक ही आसन पर अधिक समय बैठे रहने जन्य कष्ट सहना, 10 दंषमशक– मच्छरादि जंतुओं के काटने का दुःख सहना, 11 शैया– निर्वस्त्र शरीर से कंकरीली–पथरीली भूमि पर शयन करने जन्य कष्ट सहना, 12 आक्रोश–कठोर शब्दों को सुनकर भी शांत रहना, 13 वध–मारने पीटने या सताए जाने संबंधी कष्ट शांतिपूर्वक सहना, 14 अलाभ– भिक्षा (आहार) के प्राप्त नहीं होने पर भी संतोष धारण करना, 15. रोग– बीमारी जनिट कष्ट सहना, 16. मल– जल कायिक जीवों की हिंसा से बचने के लिए स्नान न करना तथा अपने मलिन शरीर को देखकर ग्लानि नहीं करना, 17. तृणस्पर्श– काँटा या कंकड पत्थर चुभन संबंधी कष्ट सहना, 18. चर्या– नंगे पैर कठोर भूमि पर चलने का कष्ट सहना, 19 सत्कार–पुरस्कार– किसी के आदर या निरादर करने पर ध्यान न देना, 20 प्रज्ञा– ज्ञान का मान न करता, 21. अज्ञान– अज्ञानी होने का तिरस्कार सहना, ज्ञान प्राप्त न होने से संताप न करना, 22. अदर्शन– तपश्चरण करने पर भी विशेष ज्ञान न होने से अश्रद्धा का भाव नहीं रखना। ये बाईस प्रकार के दुःख है जिन पर मुनिजन समतापूर्वक विजय प्राप्त करते हैं। श्रावकों या गृहस्थों पर भी उक्त परीषह तथा अन्यान्य आपत्तियाँ विपत्तियाँ आती रहती हैं। अतः उन्हें भी यथाशक्ति साम्य भाव से सहन करते हुए उन पर विजय प्राप्त करना चाहिए।

चारित्रः–जिसके द्वारा हित की प्राप्ति और अहित का निवारण होता है। उसे चारित्र कहते हैं। आत्मिक शुद्ध दशा में स्थिर होने का प्रयत्न करना चारित्र है। सामायिक, छेदोपस्थापना, परिहार–विशुद्धि, सूक्ष्म–साम्पराय और यथाख्यात ये चारित्र के पाँच भेद है।

तपः तप से नवीन कर्मों का आना रूकता है और पहले से बंधे हुए कर्मो की निर्जरा भी होती है। तत्वार्थ सूत्र के नवम अध्याय में छह बाह्य एवं छह अंतरंग तपों का निर्देश है। अनशन, अवमौदर्य, व्रति परिसंख्यान,

रस परित्याग, विविक्त शैय्यासन और कायक्लेष ये छह बाह्य तप के भेद है। अनशनः संयम की वृद्धि के लिए चार प्रकार के आहार का त्याग करना। अवमौदर्यः रागभाव दूर करने के लिए भूख से कम भोजन करना। वृति परिसंख्यानः भिक्षा को जाते समय घर गली आदि का अटपटा नियम करना। रस परित्यागः इन्द्रियों का दमन करने के लिए घृत दुग्ध आदि रसों का त्याग करना। विविक्त शैयासनः स्वाध्याय या ध्यान आदि की सिद्धि के लिए एकांत तथा पवित्र स्थान पर सोना, बैठना। कायक्लेषः शरीर को कष्ट से बचाने की भावना दूर करने के लिए आतापन योग आदि धारण करना। बाह्य तप से मन में संक्लेष उत्पन्न नहीं होता है उससे श्रद्धा, शुभ अनुराग उत्पन्न होता है, जिससे योग अर्थात मूल गुण हानि को प्राप्त नहीं होते हैं। अभ्यंतर तपः ये मन को वश में करने के लिए किये जाते हैं इसलिए इन्हे अभ्यंतर तप कहते हैं। इसके छह भेद हैं– प्रायश्चित, विनय, वैयावृत्य, स्वाध्याय, व्युत्सर्ग और ध्यान। प्रायश्चितः प्रमाद अथवा अज्ञान से लगे दोषों की शुद्धि करना। यह आलोचना, गुरु से अपना प्रमाद निवेदन करके, तद मय अर्थात आलोचना एवं प्रतिक्रमण करके, आहार तथा उपकरणों का नियमित समय तक त्याग करके, कुछ समय कायोत्सर्ग करके, उपवासादि करके लगे दोषों पर पश्चाताप करके किया जाता है। विनय तपः यह ज्ञान विनय, दर्शन विनय, चरित्र विनय एवं उपचार विनय चार प्रकार से कहा गया है। वैयावृत्य तपः आचार्य, उपाध्याय, तपस्वी, शैक्ष्य, ग्लान, गण, कुल, संघ, साधु और मनोज्ञ इन दस प्रकार के मुनियों की सेवा करना। स्वाध्याय तपः वाचना, पृच्छना, अनुप्रेक्षा, आम्नाय और धर्मोपदेश ये पाँच प्रकार का स्वाध्याय किया जाता है। व्युत्सर्ग तपः त्याग को व्युत्सर्ग तप कहते हैं। बाह्योपधि व्युत्सर्गः क्रोध मान आदि खोटे भावों का त्याग करना। ध्यान तपः किसी एक विषय में चित्त को रोकना ध्यान है, वह उत्तम संहननधारी जीवों के ही होता है और एक पदार्थ का ध्यान अंतर्मुहूर्त से अधिक समय तक नहीं होता। धर्मध्यान एवं शुक्ल ध्यान प्रशस्त है एवं देवगति व मुक्ति को प्राप्त कराने वाले हैं। आर्तध्यान व रौद्रध्यान अप्रशस्त व संसार के कारण है। तप कर्म निर्जरा का मुख्य साधन है। प्रमाण सागरजी ने लिखा है कि जैन धर्म का तप मात्र शारीरिक दंड रूप नहीं है, अपितु उसमें कायिक संयम

के साथ–साथ मानसिक शुद्धि को भी उतना ही स्थान प्राप्त है। जैन तपश्चर्या शरीर एवं मन दोनों की शुद्धि द्वारा आत्मा का निर्मल स्वभाव प्रकट करने की प्रक्रिया है। इस प्रकार अहिंसा, सत्य, अचौर्य, ब्रह्मचर्य एवं अपरिग्रह, गुप्ति, समिति, धर्म, अनुप्रेक्षा, परिषह जय, चारित्र रूप एवं तप यह संवर एवं निर्जरा के साधन कहे गए हैं। यह मुख्यतः साधु जीवन को लक्ष्य करके कहे गए हैं संवर के लिए साधु मार्ग अपेक्षित है लेकिन गृहस्थ जन भी इनका यथाशक्ति पालन करके संवर के अधिकारी बन सकते हैं। पुरुषार्थसिद्धियुपाय में लिखा है कि जिनवाणी में मुनियों को जिस आचरण का विधान किया गया है उसका श्रावक को भी अपनी पदवी और शक्ति के अनुसार सेवन करना योग्य है। चारित्र धर्म तो एक ही है जिसका पूर्णतया परिपालन मुनिराज करते हैं और श्रावकगण उसी धर्म का एकदेश पालन करते हैं।

जैन मुनियों के अट्ठाईस मूल गुण

मुनियों के अट्ठाईस मूल गुण निर्धारित किये गये हैं– पाँच महाव्रत, पाँच समिति, पाँच इन्द्रिय निरोध, केश का लौंच, षड आवश्यक क्रियाएँ, दिगम्बर अवस्था, स्नान न करना, भूमि पर सोना, दातून नहीं करना, खडे होकर भोजन करना, दिन में एक बार भोजन करना। बारह तप और बाईस परीषह ये उत्तर गुण चौतीस होते हैं।[50] महाव्रत, समिति, गुप्ति, तप एवं परीषह का वर्णन किया जा चुका है। सामायिक, स्तुति, वंदना, प्रतिक्रमण, प्रत्याख्यान तथा व्युत्सर्ग ये करने योग्य छह आवश्यक क्रियाएँ है। जीवन–मरण में लाभ–अलाभ में संयोग–वियोग में, मित्र–शत्रु में तथा सुख–दुःख इत्यादि में समभाव होना सामायिक नाम का व्रत है। ऋषभ आदि तीर्थकरों के नाम का कथन और गुणों का कीर्तन तथा उनकी पूजा करने उनको मन, वचन, काय पूर्वक नमस्कार करना, स्तवन नाम का आवश्यक है। अर्हत, सिद्ध और उनकी प्रतिमा, तप में, श्रुत या गुणों में बडे गुरु का, स्वगुरु का, कृतिकर्म पूर्वक अथवा बिना कृति कर्म के मन–वचन–काय पूर्वक प्रमाण करना वंदना है। निंदा और गर्हा से मुक्त होकर साधु मन वचन काय की क्रिया द्वारा, क्षेत्र, काल और भाव के विषय में अथवा इन द्रव्यादि के द्वारा किये व्रत विषयक अपराधों का शोधन करते

है, उसका नाम प्रतिक्रमण है। भविष्य में आने वाले तथा निकटवर्ती भविष्य काल में आने वाले नाम, स्थापना, द्रव्य, क्षेत्र, काल और भाव के विषय का मन, वचन, काय से वर्जन करना, त्याग करना प्रत्याख्यान है। दैवसिक, रात्रिक आदि नियम क्रियाओं में आगम में कथित प्रमाण के द्वारा आगम में कथित काल में जिनेन्द्र देव के गुणों के चिंतवन से सहित होते हुए शरीर से ममत्व का त्याग करना कायोत्सर्ग नाम का आवश्यक है।

स्त्रियों के लिए प्रवज्या का निषेध किया गया है, उनके औपचारिक महाव्रत होते हैं किंतु चर्या मुनि के समान होती है। उनका वस्त्र तथा वेश विकार रहित होता है। आर्यिकाएँ, क्षुल्लक, ऐलक से उच्च श्रेणी की मानी जाती है। मूलाचार में लिखा है कि आर्यिकाओं के आने के समय मुनि को अकेले नहीं बैठना चाहिए। उसी प्रकार उनके साथ बिना प्रयोजन वार्तालाप भी नहीं करना चाहिए। आर्यिकाओं की वसतिका में मुनियों का रहना और वहाँ पर बैठना, लेटना, स्वाध्याय, आहार, भिक्षा व कायोत्सर्ग करना युक्त नहीं। मुनि ही आर्यिकाओं के आचार्य होते हैं। वह पढने में, पाठ करने में, सुनने में नित्य ही उद्यत रहतीं हैं तथा ज्ञानाभ्यास में तत्पर रहती हैं। मुनियों की भाँति खडे होकर आहार करने की अपेक्षा बैठकर ही अपनी अंजुली पुटों में आहार करतीं हैं। आर्यिकाएँ आचार्य को पाँच हाथ से उपाध्याय को छह हाथ से और साधु को सात हाथ से दूर रहकर गवासन से ही वंदना करती हैं। इस प्रकार दिगम्बर जैन साधु मार्ग बहुत कठिन है, निश्चय मोक्षमार्ग का साधन है। कुंदकुंद भगवान ने लिखा है नग्न तो पशु भी होते है –मुनि को भाव से भी नग्न होना चाहिए। अतः दिगम्बर जैन साधु की दीक्षा बहुत ही सोच–समझकर लेनी और देनी चाहिए। गृहस्थाश्रम में रहकर जिसने श्रावकाचार का भी विधिक्त् पालन नहीं किया उसे महाव्रत की दीक्षा देना गर्दन के ऊपर बैल का बोझा लादने के तुल्य है। मोह रहित गृहस्थ मोक्षमार्गी है, मोही मुनि मोक्षमार्गी नहीं है। मोही मुनि से निर्मोही गृहस्थ श्रेष्ठ है।

गृहस्थों के लिए जैनाचार

गृहस्थाश्रम को समाज सेवा का साधन माना गया है। लौकिक दृष्टि से से इसी आश्रम पर अन्य तीनों आश्रमों का अस्तित्व निर्भर करता है। हरिवंश पुराण में वर्णित है, कि गृहस्थ–धर्म साक्षात स्वर्गादि के अभ्युदय एवं परंपरा से मोक्ष का कारण है। सागरधर्मामृत के अनुसार आदर्श गृहस्थ वही है है जो न्यायपूर्वक आजीविका उपार्जन करता है। हितकारी और सत्यवाणी बोलता है। धर्म, अर्थ और काम पुरूषार्थों का परस्पर अविरोध से सेवन करता है। इन पुरूषार्थों के योग्य स्त्री भवन आदि को धारण करता है। लज्जाशील होता है, अनुकूल आहार विहार करने वाला होता है। सदाचार को अपने जीवन की विधि मानने वाले सत्यपुरूषों की सेवा में सदा तत्पर रहता है। हिताहित विचार में दक्ष, जितेन्द्रिय और कृतज्ञ होता है। धर्म की विधि को सदा सुनता है उसका मन दया से द्रवीभूत रहता है तथा पाप भीरू होता है। उक्त चौदह विशेषताओं से भूषित व्यक्ति ही एक आदर्श गृहस्थ की श्रेणी में समाविष्ट होता है।[51] जैन धर्मानुसार गृहस्थ को साधुओं की तरह कठोर आचारों के पालन का निर्देश तो नहीं है लेकिन उनका यथाशक्ति पालन करते हुए निम्नानुसार विशेष आचारों की अपेक्षा की जाती हैः–

पाँच अणुव्रतः– हिंसा झूठ, चोरी, कुशील और परिग्रह इन पाँचों पापों का एकदेश त्याग करना पाँच अणुव्रत कहलाते हैं।

अहिंसा अणुव्रतः– प्रमाद के योग (प्रमादी के मन, वचन, काय की प्रवृत्ति) से किसी जीव को पीड़ा पहुँचाना या यथासंभव द्रव्य प्राण या भाव प्राण का वियोग करना हिंसा कहलाती है। हिंसा का एकदेश त्याग ही अहिंसा अणुव्रत है। जगत में सूक्ष्म व स्थूल जीव अनन्त हैं जीव विहीन कोई स्थान नहीं है, अतः मानव पूर्ण रूप से अहिसंक नहीं हो सकता लेकिन यथासंभव हिंसा का त्याग की जीवन पद्धति का निर्देश किया गया है। गृहस्थों के संदर्भ में संकल्पी (सोच विचारकर), उद्योगी (आजीविका उपार्जन में), आरम्भी (दैनिक क्रियाओं में), एवं विरोधी (रक्षार्थ) हिंसा के भेद बताए गए हैं। संकल्पी हिंसा को छोड़कर अन्य तीन हिंसा गृहस्थ को अपरिहार्य है। गृहस्थ सिर्फ संकल्पी हिंसा का त्याग करता है।[52] हिंसा,

छेदन, बन्धन, पीड़न, अतिभारारोपण, अन्नपान निरोध का निषेध करना चाहिए जो इसके अतिचार हैं अर्थात दूषित करने वाली प्रवृतियाँ हैं।

सत्यः– प्रमाद के योग से जीवों को दुःखदायक व मिथ्या रूप वचन बोलने को असत्य कहते हैं। असत्य का एकदेश त्याग सत्य अणुव्रत है। गृहस्थ के लिए झूठ का सर्वथा त्याग सम्भव नहीं इसलिए स्थूल त्याग ही कराया जाता है। जब बोले तब सावधानी से बोलना चाहिए कि अपने मुख से कोई ऐसी बात नहीं निकल जाए जो दूसरो को कष्टकर हो। किसी की निन्दा करना, गुप्त रहस्यों को उजागर करना, जालसाजी करना, चुगली करना व किसी की धरोहर हड़प लेना आदि का निषेध करना चाहिए जो इसके अतिचार हैं अर्थात दूषित करने वाली प्रवृतियाँ हैं।[53]

अचौर्यः– प्रसाद के योग से बिना दी हुई किसी की वस्तु के ग्रहण करने को चोरी कहते हैं। चोरी भी हिंसा का अंग है क्योंकि इसमें जिसकी वस्तु चुराई जाती है, उसको दुःख होता है। चोरी का त्याग करना अचौर्य है। चोरी में सहयोग व प्रेरणा, गिरवी रखना, चोरी का सामान खरीदना, मिलावट करना, कम तौलना या मापना आदि चोरी के ही अंग हैं।[54]

ब्रह्मचर्यः– गृहस्थ के लिए अपनी विवाहिता स्त्री के सिवाय अन्य स्त्रियों का त्याग ब्रह्मचर्य अणुव्रत है। अपनी पत्नी के अतिरिक्त माता, पुत्री और बहिन के समान देखना एवं उनके प्रति काम का भाव नहीं लाना। दूसरा विवाह करना, अप्राकृतिक मैथुन, काम संबंधी कुचेष्टाएँ करना, काम की तीव्र लालसा रखना, चरित्रहीन स्त्रियों की संगति करना आदि दूषित करने वाली प्रवृतियाँ हैं।[55]

परिग्रह–परिमाण व्रतः– बाह्य धन, धान्यादि तथा अंतरंग क्रोधादि कषायों से ये मेरे है, ऐसा भाव मूर्च्छा (ममत्व भाव) है। मूर्च्छा को परिग्रह कहते हैं। जिसके अन्य वस्तुओं के प्रति ममता भाव है या संग्रह की भावना है, परिग्रही ही कहलाता है। यहाँ तक कि किसी गरीब, निर्धन या भिखारी के पास बाह्य वस्तुएँ नहीं भी है तो भी उसके मन में यदि लालसा (संग्रह की तृष्णा) रहती है तो वह भावनात्मक होने से परिग्रही ही है। अपनी आवश्यकताओं के अनुरूप धन–धान्यादि की सीमा बनाकर उतने में ही

संतोष रखता है एवं उनमें भी कोई ममत्व नहीं रखना, परिग्रह–परिमाण व्रत है।[56]

तीन गुणव्रतः– जीवन पर्यन्त के लिए दशों दिशाओं में आने जाने की मर्यादा बना लेना दिग्व्रत नामक गुणव्रत है। दिग्व्रत में ली गई जीवन पर्यंत की मर्यादा के भीतर ही अपनी आवश्यकताओं एवं प्रयोजना के अनुसार आवागमन की सीमित समय के लिए नियंत्रित रखना देशव्रत नामक गुणव्रत है। इस प्रकार दिशा और देश का नियम करने के कारण चित्त काबू होता है। मर्यादा के भीतर जिनसे धर्म, यश और लाभ कुछ भी प्राप्त नहीं होता, ऐसी निष्फल व निष्प्रयोजन पाप बंध की कारण, मन, वचन, काय की परपीडादायक प्रवृत्ति से विरक्त होना अनर्थदंड व्रत नामक गुणव्रत है।[57]

चार शिक्षाव्रतः– सामायिक, प्रोषधोपवास, अतिथिसंविभाग एवं भोगोपभोग परिमाणव्रत ये चार शिक्षाव्रत है। आत्मा के गुणों का चिन्तन कर समता का अभ्यास करना सामायिक है। पर्व के दिनों में एकाशनपूर्वक उपवास करना प्रोषधोपवास व्रत है। जो संयम को पालते हुए भ्रमण करते है, ऐसे अतिथियों (साधु) को आहार देना अतिथिसंविभाग व्रत है। भोग और उपभोग के साधनों को कुछ समय के लिए त्याग करना भोगोपभोग परिमाणव्रत है।[58]

आठ मूलगुणः– रत्नकरण्ड, श्रावकाचार में मद्य, मांस, मधु, हिंसा, असत्य, चोरी, कुशील एवं परिगृह का त्याग ये आठ मूल गुण बताए गए हैं। सागर धर्मामृत में मद्य, मांस, मधु एवं रात्रि भोजन का त्याग, पीपल, ऊमर, बड़, कठूमर, पाकर आदि पाँच उदम्बर फलों का त्याग, अरिहंत, सिद्ध, आचार्य, उपाध्याय व साधु की स्तुति, जीव दया तथा पानी को वस्त्र द्वारा छानकर पीना यह आठ मूल बताए गए है।[59]

छह कर्तव्यः– रत्नकरण्ड श्रावकाचार में देवपूजन, गुरू की उपासना, स्वाध्याय, संयम, तप और दान ये गृहस्थों के छह धार्मिक कर्त्तव्य निर्दिष्ट किए गए हैं।

ग्यारह प्रतिमाएँ (श्रेणियाँ):– दर्शन, व्रत, सामायिक, प्रोषध, सचित्त त्याग, रात्रि भोजन त्याग, ब्रह्मचर्य, आरंभ त्याग, परिग्रह त्याग, अनुमति त्याग और उद्दिष्ट त्याग ये श्रावक के ग्यारह श्रेणियाँ या प्रतिमाएँ कहीं गई है।[60] अपने–अपने दर्जे के गुण पहले–पहले दर्जे के गुणों सहित क्रम से बढते हुए रहते हैं अर्थात अगली प्रतिमा धारण करने वाले को पहले की प्रतिमाओं की क्रियाओं को भली प्रकार करना आवश्यक होता है।

इन ग्यारह सोपानों से गृहस्थ अपने चारित्र का विकास करता है। दोष रहित सम्यग्दर्शन का धारक संसार शरीर और भोगों से विरक्त पंच परमेष्ठी का सेवक अष्टमूल गुणों का धारक प्रथम दर्शन प्रतिमाधारी होता है। माया, मिथ्यात्व और निदान इन तीन शल्यों को छोडकर अतिचार रहित पाँच अणुव्रतों और सात शील व्रतों को धारण करने वाला द्वितीय व्रत प्रतिमाधारी कहलाता है। चारों दिशाओं में तीन–तीन कुल बारह आवर्त और एक–एक चार प्रणाम कर अभ्यंतर और बाह्य परिग्रह रहित मुनि के समान खडगासन या पद्मासन अवस्था में मन, वचन, काय, शुद्ध रख सुबह, दोपहर और सायं के समय सामायिक करने वाला व्यक्ति सामायिक प्रतिमावान कहलाता है। जो हर महीने में दोनों अष्टमियों और चतुर्दषियों के दिनों में अपनी शक्ति को न छिपाकर धर्म ध्यान में लीन होता विधिपूर्वक प्रोषधोपवास करता है वह प्रोषध प्रतिमावान कहलाता है। जो व्यक्ति अपक्व, कच्चे, अशुष्क, सचित्त, जड, फल, साख डाली, कोपल, कंद मूल और अंकुरित बीज वगैरह नहीं खाता, पानी उबला हुआ पीता है, वह सचित्त त्याग प्रतिमावान कहलाता है। जीव सहित पदार्थों को सचित कहते हैं। प्राणियों पर दया रूप होता हुआ जो व्यक्ति रात्रि में अन्न जल खाद्य आदि चारों प्रकार के आहार को नहीं करता वही रात्रिभुक्ति त्याग प्रतिमाधारी है। इस प्रतिमा के स्वरूप के विषय में दूसरा मत यह है कि जो दिन में मन, वचन, काय कृतकारित अनुमोदना से मैथुन का त्याग करके रात्रि में ही स्त्री सेवन का व्रत लेता है, वही छठी प्रतिमा का धारी है। काम सेवन का सर्वथा त्याग करना ब्रह्मचर्य प्रतिमा है। जो व्यक्ति हिंसा के कारण नौकरी, खेती, व्यापार आदि आरंभ के कार्यों का त्याग करता है वह आरंभ त्याग प्रतिमाधारी कहलाता है। जो बाह्य दस परिग्रहों से सर्वथा

ममता छोड निर्मोही होकर मायाचार रहित, परिग्रह की आकांक्षा का त्याग करता है वह परिग्रह त्याग प्रतिमावान कहलाता है। वसुनंदी श्रावकाचार में कहा गया है जो वस्त्र मात्र परिग्रह के सिवाय शेष सब परिग्रहों को त्याग देता है और वस्त्र में भी ममत्व नहीं रखता है वह परिग्रह त्याग प्रतिमाधारी है। जो आरंभ के कार्यो में, लोक संबधी कार्यों में अनुमति नहीं देता है वह ममत्व बुद्धि या राग द्वेष रहित व्यक्ति निश्चय करके अनुमति त्याग प्रतिमावान कहलाता है। जो घर छोडकर मुनि के आश्रम में जाकर गुरु के समीप व्रतों को धारण करके तप तपता हुआ भिक्षा से भोजन करता है, लंगोट और खंड वस्त्र धारण करता है वह उत्कृष्ट श्रावक उद्दिष्ट त्याग प्रतिमावान कहलाता है। ये सब प्रतिमाएँ एक तरह से सर्वस्व त्यागी श्रमण बनने की तैयारी है। इनमें से पहले की छह प्रतिमा जघन्य, बाद की तीन मध्यम और अंतिम दो उत्कृष्ट मानी गई है। प्रतिमाधारी को नैष्ठिक श्रावक कहते हैं। उससे पहले पक्षिक श्रावक होता हैं। श्रावकों के ऊपर ही मुनि धर्म निर्भर है। यदि श्रावक ठीक न हो तो मुनि धर्म भी ठीक रूप में नहीं पल सकता क्योंकि मुनियो का आहार–विहार श्रावकों पर निर्भर है। अतः श्रावक धर्म ही धर्म की रीढ है।

अहिंसाः अहिंसा जैन धर्म की मौलिक अवधारणा है यह जैन आचार का प्राण है। जैन धर्म का मूलाधार भी अहिंसा है। अहिंसा को अन्य धर्मों में भी महत्वपूर्ण स्थान प्राप्त है लेकिन जैनाचार्यो ने अहिंसा का जितना सूक्षम एवं विस्तृत विवेचन किया है अन्यत्र नहीं है। परवर्ती ब्राह्मण ग्रन्थों में भी अहिंसा को महत्व प्रदान किया गया है। महाभारत में अहिंसा को महत्व प्रदान करते हुए अनुशासन पर्व में लिखा है कि अहिंसा परम धर्म है, अहिंसा ही परम तप है, अहिंसा ही परम सत्य है और अहिंसा ही धर्म का प्रवर्तन करने वाली है।[61] मत्स्य पुराण में कहा गया है कि चार वेदों के अध्ययन से, या सत्य बोलने से, जितना पुण्य प्राप्त होता है, उससे कहीं अधिक पुण्य प्राप्ति अहिंसा के पालन से होती है।[62]

जैन दर्शन में अहिंसा की अत्यन्त सूक्ष्म व्याख्या की गई है। अहिंसा को साधन नहीं साध्य माना गया है। जैन दर्शन में आचार के स्थान पर विचारों में अहिंसा को ज्यादा महत्व दिया गया है। किसी जीव को मात्र

मारना ही हिंसा नही है बल्कि मारने का भाव करना भी हिंसा है। हिंसा और अहिंसा का संबंध तो हमारे भावों, परिणामों, विचारों से है। यूँ तो संसार में सर्वत्र जीव भरे हैं तथा वे प्रति समय अपने–अपने निमित्तों से मरते रहते हैं। इतने मात्र से कोई हिंसक नहीं हो सकता। जैन धर्म के अनुसार हिंसा रूप परिणाम (भाव) होने पर ही किसी को हिंसक कहा जा सकता है। आचार्य उमास्वामी ने तत्वार्थ सूत्र में लिखा है कि जब कोई प्रमादी बनकर जान बूझकर, असावधानी से किसी जीव को मारता है या कष्ट पहुँचाता है, तभी उसे हिंसक कहा जा सकता है। शरीर से हत्या कर देना तो पाप है ही किन्तु तद्विषयक भाव होना भी पाप है। मन, वचन, काय से किसी भी प्राणी को संताप नही पहुँचाना उनका वध नहीं करना, उसे कष्ट नहीं देना यही सच्ची अहिंसा है। अहिंसा की परिभाषा जैनाचार्यों इस प्रकार दी है– प्रमाद के योग (प्रमादी के मन, वचन, काय की प्रवृत्ति) से किसी जीव को पीड़ा पहुँचाना या यथासंभव द्रव्य प्राण या भाव प्राण का वियोग करना हिंसा कहलाती है। यदि किसी प्राणी को मारने या सताने का भाव भी कर लिया और वह न मरा है और न सताया जा सका, फिर भी भाव हिंसा होती है। बिना प्रमाद के अगर जीव मर जाता है तो हिंसा नहीं होती है। हिंसा का त्याग ही अहिंसा है।[63] जैन दर्शन में मूल रूप से हिंसा के दो प्रकार हैं– भाव हिंसा एवं द्रव्य हिंसा। प्राणियों को कष्ट पहँचाने या उनका घात करना सोचना या विचार करना भाव हिंसा है। प्राणियों को कष्ट पहँचाने या उनका घात करने की क्रिया द्रव्य हिंसा है। वास्तव में भाव हिंसा ही हिंसा है। यदि किसी व्यक्ति ने किसी को मारने का भाव कर लिया फिर वह मरे या नहीं भाव हिंसा के पाप का भागी होगा। यदि भाव नहीं और किसी को कष्ट पहँचा है तो वह हिंसा का भागी नहीं है। यह भारतीय कानून में भी देखा जाता है। जैन दर्शन की अहिंसा भावों या विचारों के ऊपर है, अतः यह व्यवहारिक है क्योंकि विचार व भाव तो व्यक्ति स्वयं ही बनाता है।

जैन शास्त्रकारों ने अहिंसा के अन्य अनेक प्रकार भी बताये हैं। स्थूल अहिंसा, सूक्ष्म अहिंसा, द्रव्य अहिंसा, भाव अहिंसा, स्वरूप अहिंसा, पदार्थ अहिंसा, देश अहिंसा और सर्व अहिंसा। कोई भी स्थावर–जंगम प्राणी अथवा जीव को जान से न मारने की प्रतिज्ञा का नाम स्थूल अहिंसा है।

सभी प्रकार के प्राणियों को किसी प्रकार क्लेश न पहुँचाना सूक्ष्म अहिंसा है। किसी जीव को अपने शरीर से दुख न देने का नाम द्रव्य अहिंसा है। इस तरह जैन धर्म में अहिंसा के एक सौ आठ भेद बताए गए हैं। सत्य, अचौर्य, ब्रह्मचर्य, अपरिग्रह यह अहिंसा के लिए ही व्रत बनाए गए है।

अहिंसक के लिए अपने मन वचन और काय की समस्त प्रवृत्तियों को शुद्ध रखना अत्यावश्यक है। राग, द्वेष, क्रोध, मान, माया, लोभ विषय कषाय आदि सभी हिंसा के रूपांतर है। अहिंसक को विचारों को शुद्ध रखने के लिए स्यादवाद सिद्धांत का आश्रय लेना भी आवश्यक है तथा आहार विहार को पूर्ण शुद्ध बनाए रखना पडता है। समस्त प्राणियों के प्रति दयालु होना, समता भाव रखना, ईर्ष्या घृणादि का त्याग कर विश्व बंधुत्व की भावना को अपनाना प्रत्येक अहिंसक का परम कर्त्तव्य है। पेड़–पौधों व सूक्ष्म जीवों से लेकर मानव तक के लिए अनुप्रयुक्त अहिंसा, जैनाचार की विशिष्ट देन हैं। आचार विषयक अहिंसा का उत्कर्ष जैन परंपरा की अनूठी देन है। जैन धर्म का अहिंसा का विचार मानसिक व शारीरिक क्रियाओं के साथ ही आत्मिक रूप से भी संबंधित है। अन्य धर्मों में अहिंसा की मर्यादा मनुष्यों और अधिक से अधिक पशु–पक्षी जगत तक जाकर समाप्त हो जाती है परन्तु जैनों की अहिंसा की कोई मर्यादा नहीं है। उसमें सम्पूर्ण चराचर जीव जाति का समावेश है। वह विश्व की तरह अमर्याद, अनन्त है, और आकाश की तरह सभी पदार्थों में व्याप्त है। ऐसे मनुष्य जो गृहस्थ जीवन जीते हैं एवं विभिन्न परिस्थितियों जीवकोपार्जन करते हैं, ऐसे गृहस्थों के लिए हिंसा का एकदेश त्याग का निर्देश किया गया है। जगत में सूक्ष्म व स्थूल जीव अनन्त हैं जीव विहीन कोई स्थान नहीं है, अतः मानव पूर्ण रूप से अहिसंक नहीं हो सकता लेकिन यथासंभव हिंसा त्याग की जीवन पद्धति का निर्देश किया गया है। गृहस्थों के लिए अहिंसा का एकदेश त्याग को अणुव्रत कहा गया है। इस संदर्भ में संकल्पी (सोच विचारकर), उद्योगी (आजीविका उपार्जन में), आरम्भी (दैनिक क्रियाओं में), एवं विरोधी (रक्षार्थ) हिंसा के भेद बताए गए हैं। संकल्पी हिंसा को छोड़कर अन्य तीन हिंसा गृहस्थ को अपरिहार्य है। गृहस्थ सिर्फ संकल्पी हिंसा का त्याग करता है।[64] हिंसा छेदन, बन्धन, पीड़न, अतिभारारोपण, अन्नपान निरोध का निषेध करना चाहिए जो इसके अतिचार हैं अर्थात दूषित करने

वाली प्रवृतियाँ हैं। कुछ लोग सिद्धांततः अहिंसा को श्रेष्ठ समझते हुए भी उसे अव्यवहार्य मानते हैं उनका मानना है कि अहिंसा अच्छी चीज होते हुए भी उसे पाला नहीं जा सकता। अहिंसा की विस्तृत व्याख्या को नासमझ के कारण या भ्रान्ति है वस्तुतः साधुओं के लिए सूक्ष्म व स्थूल हिंसा के त्याग का निर्देश है जबकि गृहस्थों के लिए यथाशक्ति संकल्पी हिंसा त्यागने का उपदेश दिया गया है। यह विचारों व भावों पर आधारित है न कि परिस्थितियों पर, अतः यह व्यवहारार्य है।

अहिंसा न कायरता है और न ही अव्यवहार्य है। गृहस्थों के लिए संकल्पी हिंसा त्यागने का निर्देश है अपने देश, समाज व परिवार के प्रति अपने दायित्वों को पूर्ण करते हुए उनके रक्षार्थ हथियार उठाना विरोधी हिंसा कहलाती है जिसका त्याग संभव नहीं है। इस तरह की हिंसा गृहस्थ को क्षम्य है। अहिंसा के नाम पर अपने कर्त्तव्य से विमुख हो जाना अहिंसा नहीं कायरता है। इस तरह की हिंसा में कर्ता के भाव में किसी का घात करना नहीं अपने कर्त्तव्य को करना होता है। हिंसक अपने द्वारा किए गए घातों से प्रसन्नता का अनुभव करता है जबकि अहिंसक को दुख एवं पश्चाताप। जैन धर्म के सभी तीर्थंकर क्षत्रिय वंश में उत्पन्न हुए अधिकाँश को युद्ध भी करने पड़े। नंद, मौर्य, गंग, पल्लव, राष्ट्रकूट, चालुक्य वंश में अनेक राजा एवं सम्राट जैन धर्मानुयायी थे, उन्होने युद्ध भी किए। विद्वानों के अनुसार शौर्य आत्मा का एक गुण है, जब वह आत्मा के द्वारा प्रकट किया जाता है तब वह अहिंसा कहलाता है और जब वह शरीर से प्रकट किया जाता है तब वह वीरता। जैन धर्म की अहिंसा या तो वीरता का पाठ पढाती है या क्षमा का।

अहिंसा व्यक्तिगत स्तर पर तो कल्याणकारी है ही समाज, राष्ट्र एवं विश्व स्तर पर भी सौमन्यस्य स्थापित करने वाली है। अहिंसा सभी प्राणियों को न सिर्फ जीने का अधिकार प्रदान करता है बल्कि उन्हें शान्ति व सम्मान से जीने का अधिकार देता है। अहिंसा के अन्तर्गत किसी प्राणी को पीड़ा पहँचाना का भी निषेध है। देशों में मानवाधिकार पर तो बल दिया जा रहा है

लेकिन जीवनाधिकार पर अहिंसा ही बल प्रदान करता है। जैन धर्म में मनुष्य की ही तरह अग्नि, वायु, पृथ्वी, जल, वनस्पति में जीवन स्वीकार किया गया है। पंचास्तिकाय में लिखा है, कि पृथ्वीकायिक, अग्निकायिक, वायुकायिक और वनस्पतिकायिक यह कायें जीव को वास्तव में अत्यंत मोह से संयुक्त स्पर्श देती है अर्थात् इनमें स्पर्श ज्ञान होता हैं। वनस्पति के संदर्भ में महान वैज्ञाानिक जगदीशचन्द्र बसु ने अपने वैज्ञानिक प्रयोगों के आधार पर यह सिद्ध कर दिया कि पोधे हमारी तरह दुःख दर्द का अनुभव करते है। जल में नंगी आँखों से न दिखने वाले जलकाय जीवों का सूक्ष्मदर्शी से अध्ययन किया गया है। इन एकेन्द्रिय जीवों के साथ ही सभी छोटे–बड़े जीवों में चेतना जैन धर्म स्वीकार करता है। चेतनाशील होने के कारण हमारी उनके प्रति संवेदनशीलता होना ही चाहिए। प्रश्न व्याकरण सूत्र में कहा गया है त्रस एवं स्थावर सभी प्राणियों का कल्याण अहिंसा में निहित है।

पर्यावरण संरक्षण में अहिंसा अत्यंत प्रासंगिक एवं उपयोगी है। पर्यावरण असंतुलन का कारण बेतहाशा औद्योगीकरण, शहरीकरण एवं उसकी पूर्ति के लिए पेड़– पौधों का भारी विनाश एवं पशु–पक्षियों का मारा जाना माना जाता है। जीव–जंतुओं एवं पेड़–पौधों पर एक व्यापक विचार धारा न बनने से उनका विनाश किया जा रहा है। छोटे–छोटे निरीह एव मूक प्राणी उपेक्षित रह जाते हैं और संरक्षण एकांगी रहता है। उनका संरक्षण व संवर्द्धन तभी संभव है जब हम स्वयं की तरह प्रकृति के समस्त घटकों में आत्मा का अस्तित्व स्वीकार करें जो परमात्मा बनने की क्षमता रखते हैं। जीव–जंतुओं एवं वनस्पतियों के प्रति संवेदना का भाव विकास अहिंसा से ही संभव है। विशेषतः परिजनों एवं पशुओं के साथ पाँच प्रकार की क्रूरता को अतिक्रमण (अतिचार) कहकर उनका निषेध किया गया है।– उन्हें बाँधकर रखना, कोड़ों आदि से पीटना, नाक–कान आदि छेदना–काटना, उनकी शक्ति से अधिक बोझा लादना व समय पर अन्न–पानी न देना। इस प्रकार जैन–शास्त्र–प्रणीत हिंसा के स्वरूप तथा अहिंसा व्रत के विवेचन से स्पष्ट है कि इस व्रत का विधान व्यक्ति को सुशील, सुसभ्य व समान हितैषी बनाने और उसे अनिष्टकारी प्रवृत्तियों से रोकने के लिए किया है। वन्य प्राणियों के संरक्षण के सन्दर्भ में उक्त सिद्धाँत उपयोगी हैं। सृष्टि के

किसी जीव का शोषण व संहार न हो सके और प्राकृतिक संतुलन बना रहे। यह अहिंसामयी व समतामूलक विचारधारा से ही संभव है।

सामाजिक सौमनस्यता व सहकार के सन्दर्भ में अहिंसा एवं इससे जुड़े नियम अत्यंत समसामयिक उपयोगी हैं। अन्य जीवों के प्रति सद्भाव एवं सहयोग अहिंसा के ही अन्तर्गत है। तत्वार्थ सूत्र में लिखा है परस्परोपग्रहो जीवानाम अर्थात परस्पर उपकार करना, एक दूसरे का सहयोग करना जीव का लक्षण है। गृहस्थों के आचारों के अन्तर्गत वर्णित अहिंसा अणुव्रत एवं अन्य उनसे जुड़े व्रत और उनके अतिचार सामाजिक सौमनस्यता में लाने में अत्यंत महत्वपूर्ण है। किसी के भी प्रति नकारात्मक भाव लाना ही जैन धर्म में भाव हिंसा है तब किसी की भावनाओं को ठेस पहुँचाना द्रव्य हिंसा है। भ्रष्टाचार की समस्या भी तभी उत्पन्न होती है जब मन में प्रदूषण का भाव हो। दूसरों को नुकसान पहुँचाने का भाव ही हिंसा है यदि उसके प्रति व्यक्ति जागरूक हो, उसका बोध हो तो मानव भ्रष्टाचरण के प्रति प्रवृत ही नहीं होगा।

अपरिग्रहः—अपरिग्रह जैन धर्म की मौलिक अवधारणा है। इस आचार के अन्तर्गत भी मुनियों को पूर्ण रूप से परिग्रह त्यागकर अपरिग्रह महाव्रत एवं गृहस्थों के लिए यथाशक्ति त्याग कर परिग्रह—परिमाण अणुव्रत पालन के निर्देश हैं। मूर्च्छा को परिग्रह कहते हैं। मोह कर्म के उदय से उत्पन्न जो ममत्व परिणाम है (परवस्तु के प्रति ममत्व भाव) वही मूर्च्छा है। जिसका वस्तुओं के प्रति ममता भाव है या संग्रह की भावना है, परिग्रही ही कहलाता है। यहाँ तक कि किसी गरीब, निर्धन या भिखारी के पास बाह्य वस्तुएँ नहीं भी है तो भी उसके मन में यदि लालसा (संग्रह की तृष्णा) रहती है तो वह भावात्मक होने से परिग्रही ही है। परिग्रह दो प्रकार का है— बाह्य एवं अभ्यंतर परिग्रह। धन—सम्पत्ति व भौतिक वस्तुओं का त्याग बाह्य अपरिग्रह है एवं इंद्रियों में राग—द्वेष, क्रोध, मान, लोभ आदि कषायों का त्याग अभ्यंतर परिग्रह है। मुनि दोनों का त्याग करते हैं। ग्रहस्थों को आवश्यक धन धान्यादि परिग्रह का परिमाण कर (उसमें भी ममत्व नहीं रखना) शेष का त्याग परिग्रह परिमाणव्रत है। जैन मुनि अपने पास तिलतुष मात्र भी परिग्रह नहीं रखते। वे अपने शरीर से ममत्व छोडकर

नग्न दिगम्बर रूप धारण करते हैं। मात्र संयम की रक्षा व शुद्धि के लिए पिच्छिक व काष्ठ का कमंडलु रखते हैं। उन पर भी ममत्व नहीं होता है। जैन मुनि अपरिग्रह की रक्षा के लिए मनोज्ञ और अमनोज्ञ स्पर्श, रस, गंध, रूप और शब्द रूप पाँचों इन्द्रियों के विषयों में राग द्वेष का त्याग कर देते हैं।

अपने योग, क्षेम के लायक भरण पोषण की वस्तुओं को ग्रहण करना तथा परिश्रम कर जीवन यापन करना, न्याय और अत्याचार द्वारा धनसंचय न करना ही अपरिग्रह है। यह आसक्ति से बढता है इसी का नाम मूर्छा है। जितनी अधिक आसक्ति बढती है उतनी ही अधिक हिंसा बढती है। ममत्व या लालसा को घटाकर उन वस्तुओं के संचय को कम करना परिग्रह परिमाण व्रत है। जैनाचार्यो ने परिमाणव्रत के साथ भोगोपभोग परिमाण व्रत का भी निरूपण किया है। इन दोनों व्रतों के समन्वय द्वारा मानव समाज की आर्थिक व्यवस्था को उन्नत बनाना है। यह पूँजीवाद का विरोधी सिद्धांत है। अतः आध्यात्मिक धरातल पर समाजवाद की व्यवस्था उक्त व्रतों के समन्वय द्वारा स्थापित की जा सकती है। अपरिग्रह वृति अहिंसा मूलक सम्यक् आचार के परिपालन के लिए अनिवार्य है। समाज का आर्थिक एवं राजनैतिक ढाँचा लोकहित की भावना पर आश्रित हो तथा उसमें उन्नति और विकास के लिए सबको समान अवसर दिए जाएँ। अहिंसा के आधार पर निर्मित समाज में शोषण और संघर्ष नहीं रह सकते।

जैन धर्म का अपरिग्रह व भोगोपभोग परिमाण व्रत पर्यावरण संतुलन के लिए अत्यंत महत्वपूर्ण सिद्धांत है, जिसके अनुसार मनुष्य की भोग प्रवृत्ति पर नियंत्रण आवश्यक बताया गया है। मनुष्य को अपने भोग–उपभोग की प्रवृत्ति सीमित करना चाहिए। जितना आवश्यक हो उसी के अनुसार भोग करना चाहिए। प्रकृति का दोहन आवश्यकतानुसार ही होना चाहिए। अपरिग्रह सिद्धांत केवल आध्यात्मिक दृष्टि से ही महत्वपूर्ण नहीं बल्कि आर्थिक संतुलन के लिए भी आवश्यक है। प्रकृति मानव के लिए है। यह समझकर मनुष्य उसका अनियंत्रित ढंग से उपभोग कर रहा है। इसी भोगवादी प्रवृत्ति के तले दबने लगे हैं। प्रकृति का आवश्यकता से अधिक, असंतुलित व अनुचित दोहन विनाशकारी है। पिछले कुछ ही समय पहले

विकसित हुई विज्ञान की आधुनिकतम शाखा 'डीप इकोलॉजी' नैतिकता एवं मर्यादा की सीमा रेखा खींचते हुए ऐसा जीवन जीने का आग्रह करती है। जिससे सृष्टि के किसी जीव का शोषण व संहार न हो सके और प्राकृतिक संतुलन बना रहे। आर्थिक असमानता को समाप्त करने का कारगर उपाय है अपरिग्रह या परिग्रह परिमाणव्रत। जितना आवश्यक हो उतना ही अपने पास रखना, शेष दान कर देना चाहिए। धन, सम्पत्ति व वस्तुओं की सीमा निर्धारित कर लेना संतुलित समाज व स्वयं के लिए आवश्यक है ही नहीं लाभदायक भी है। जैन दर्शन के अनुसार संग्रह न करना ही पर्याप्त नहीं, संग्रह करने की भावना भी नहीं होना चाहिए। संग्रह करने की भावना ही व्यक्ति को अनुचित साधनों का उपयोग एवं दूसरों को कष्ट पहुँचाने के लिए बाध्य करती है। ऊँच–नीच की समाप्ति, वर्ग संघर्ष के निवारण व समाजवाद की स्थापना के लिए अपरिग्रह का सिद्धाँत अत्यंत उपयोगी है।

भारतीय दर्शन के इतिहास में जैन दर्शन की अपनी अनोखी देन है। अन्य दर्शनों की भाँति जैन दर्शन भी दुःख निवृत्ति एवं मोक्ष प्राप्ति का विचार प्रस्तुत करता है। यह आत्मा को परमात्मा बनाने का प्रयास करता है, लेकिन जैन दर्शन की अपनी मौलिक अवधारणाएँ है जो भारतीय दर्शन को उसकी देन हैं। आचार में अहिंसा, विचारों में अनेकांत, वाणी में स्याद्वाद और समाज में अपरिग्रह ये चार महान स्तम्भ हैं जिन पर जैन धर्म का सर्वोदयी प्रासाद खडा हुआ है। जगत का प्रत्येक सत् प्रतिक्षण परिवर्तित होकर भी कभी समूल नष्ट नहीं होता। वह उत्पाद, व्याय और ध्रौव्य इस प्रकार विलक्षण है। यह विलक्षण परिणामवाद जैन दर्शन की आधारभूमि है। जैन दर्शन के अन्तर्गत नय, सप्तभंगी, निक्षेप, मुक्ति, जीव, जीव का अस्तित्व, जगत का नित्यत्व, अनित्यत्व, आत्मा का शरीर से भिन्नत्व या अभिन्नत्व, परमात्म तत्व, लोक स्वरूप, अनेकांत दृष्टि, अभिन्नत्व, स्याद्वाद, भाषा एवं प्रमेय, द्रव्य, तत्व, गुण–पर्याय का विवेचन समाविष्ट है। महावीर ने बताया कि वस्तु को तुम जिस दृष्टिकोण से देख रहे हो वस्तु उतनी ही नहीं है, उसमें ऐसे अनंत दृष्टिकोणों से देखे जाने की क्षमता है, उसका विराट स्वरूप अनंत धर्मात्मक है। प्रत्येक वस्तु अनंत गुण–पर्याय और धर्मो का अखंड पिण्ड है। वस्तु स्वयं नित्य–अनित्य,

एक–अनेक, भाव–अभाव आदि विरोधी द्वंद्वों का अविरोधी क्रीडा स्थल है। इन समस्त विरोधी धर्मो का मिलकर रहने में कोई विरोध नही है। विरोध तो तब उत्पन्न होता है जब व्यक्ति अपनी निजी दृष्टि का प्रयोग कर उसी के आधार से वस्तु व्यवस्था को संपादित करने का प्रयास करता है। जो दृष्टिकोण विरोधी मालूम होता है। वह भी किसी भी दृष्टि से वस्तु में विद्यमान रहता है। अनेकांतवाद के द्वारा प्रत्येक क्षेत्र में विरोध व विवाद की संभावना भी समाप्त हो जाती है। भारतीय दर्शन के लिए यह महत्वपूर्ण देन समन्तभद्र व सिद्धसेन आचार्यो ने प्रदान की। मानस समता के लिए अनेकांत दर्शन ही एक मात्र स्थिर आधार हो सकता है। इस प्रकार जब अनेकांत दर्शन से विचार शुद्धि हो जाती है तब स्वभावतः वाणी में नम्रता और परसमन्वय की वृत्ति होती है। वह वस्तु स्थिति का उल्लंघन करने वाले किसी शब्द का प्रयोग ही नहीं कर सकता इसलिए जैनाचार्यों ने वस्तु की अनेक धर्मात्मकता द्योतन करने के लिए स्यात् शब्द के प्रयोग की आवश्यकता बताई। अनेकान्त आत्मसम्मान करता है और साथ ही दूसरे के व्यक्तित्व को भी उतना ही सम्मान देता है। अनेकांत समन्वयवादी प्रवृत्ति एवं समता दर्शन प्रदान करता है जिसका लक्ष्य है कि समता विचार में हो, दृष्टि और वाणी में हो तथा समता आचरण के प्रत्येक चरण में हो अनेकान्त सिद्धांत मूलक समन्वय की दृष्टि से ही विश्वबंधुत्व संभव है।

जैन दर्शन का मौलिक घटक त्रिलक्षण परिणामवाद है जिसके अनुसार प्रत्येक वस्तु उत्पाद, व्यय, ध्रौव्यात्मक है अर्थात वह उत्पन्न होती है, नष्ट होती है और ध्रुव रहती है। जो उत्पाद, व्यय, ध्रौव्य से युक्त है, वही सत् है और जो सत् है वह पूर्ण विनाश को प्राप्त नहीं होता है, उसकी पर्याय बदलती रहती है। उत्पाद के बिना व्यय नहीं होता, व्यय के बिना उत्पाद नहीं होता और ध्रौव्य और स्थिति के बिना उत्पाद एवं व्यय नहीं होते हैं। अनेकान्तवादी जैन दार्शनिकों ने उद्घोषित किया कि इस विश्व में न कोई वस्तु नित्य है और न कोई वस्तु सर्वथा क्षणिक ही दोनों समभाव है।

जैन दर्शन के अनुसार विश्व के मूल में जीव और अजीव ये दो मुख्य तत्व हैं। ये दोनों द्रव्य आकाश में आश्रय को पाकर अनन्तकाल से धर्म द्रव्य की सहायता से गति करते हुए अधर्म द्रव्य के आश्रय से विश्राम करते

हैं यह निरंतर चलता रहता है अर्थात यह लोक जीव, अजीव, धर्म, अधर्म आकाश और काल इन छह द्रव्यों का समुदाय है। धर्म द्रव्य एक गति में सहायक द्रव्य और अधर्म द्रव्य स्थिति में रुकने में सहायक द्रव्य के रूप में लिया गया है। यह अन्य दर्शनों में उपलब्ध नहीं है। छह द्रव्यों के अतिरिक्त सात तत्व व नौ पदार्थ भी जगत की जिज्ञासाओं का समाधान प्रस्तुत करते हैं। यह संसार जड एवं चेतन पदार्थो के संयोग का परिणाम है। जब जीव व अजीव का संयोग होता है तब आस्रव के द्वारा कर्मो का आगमन होता है तथा वे ही जीव से बँधकर सुख–दुःख उत्पन्न करते हैं, आस्रव और बंध संसार के कारण हैं। मोक्ष संसारातीत अवस्था है। संवर एवं निर्जरा उसके साधन हैं। ये तत्व अनादि है। जिस प्रकार काल अनादि अनंत है उसी प्रकार यह तत्व भी अनादि है। पुण्य और पाप का अन्तर्भाव आस्रव तत्व में हो जाता है।

जैन दर्शन की धर्मज्ञता और सर्वज्ञता की मान्यता का यह जीवनोपयोगी तथ्य है कि पुरुष अपनी वीतराग और निर्मल ज्ञान की दशा में स्वयं प्रमाण होता है। वह आत्म संशोधन के मार्ग का स्वयं साक्षात्कार करता है। अपने धर्म पथ का स्वयं ज्ञाता होता है। वह किसी अनादि सिद्ध अपौरुषेय ग्रंथ का व्याख्याता या मात्र अनुशरण करने वाला नहीं होता वे अपने अनुभूत धर्म मार्ग का प्रवर्तन करते हैं, इसीलिए उन्हे तीर्थकर कहते हैं। यदि वे पूर्ण श्रुत का ही सहारा लेते तो उनकी स्थिति आचार्यो जैसी ही होती। उनके मूल सिद्धांत भिन्न नहीं होते क्योंकि सत्य त्रिकाल बाधित होता है।

जैन धर्म में वस्तु स्वातंत्र्य एवं व्यक्ति स्वातंत्र्य की अवधारणा प्रस्तुत की गई है। विश्व के जड एवं चेतन पर ईश्वर का कोई अधिकार या नियंत्रण नहीं है। वस्तु एवं व्यक्ति ईश्वर का अंश नहीं हैं बल्कि यह छह द्रव्यों में समाहित प्रकृति के अंग हैं। एक सत् का दूसरे सत् पर कोई अधिकार नही है चूँकि वे दो है इसलिए वे अपने में परिपूर्ण एवं स्वतंत्र है। सत् चाहे चेतन हो या अचेतन, अपने में अखंड या परिपूर्ण है। चेतन अपने प्रयत्नों से कहीं अचेतन पर एक हद तक नियंत्रण कर भी ले, पर यह नियंत्रण सर्वकालिक और सार्वदेशिक रूप में न संभव है और न शक्य ही। इस तरह एक चेतना पर दूसरे चेतन का अधिकार या प्रभाव परिस्थिति

विशेष में हो भी जाए तो भी मूलतः उसका व्यक्ति स्वातंत्र्य समाप्त नहीं हो सकता। मनुष्य अपने स्वार्थ के कारण अधिक से अधिक भौतिक साधनों और चेतन व्यक्तियों पर प्रभुत्व जमाने की चेष्टा करता है पर उसका यह प्रयत्न सर्वत्र और सर्वदा के लिए आज तक संभव नहीं हो सका है। इस अनादि सिद्ध व्यक्ति स्वातंत्र्य के आधार से जैन दर्शन ने किसी एक ईश्वर के हाथ इस जगत की चोटी नहीं दी। सब अपनी–अपनी पर्यायों के स्वामी और विधाता है। जीव अपने संस्कारों अर्थात कर्मो के अनुसार अच्छी या बुरी अवस्थाओं को स्वयं धारण करता जाता है। स्वयं प्रेरित है तब न किसी न्यायालय की जरूरत है न न्यायाधीश ईश्वर की ही। जैनदर्शन–कर्ता के रूप में ईश्वर को स्वीकार नहीं करता। उसकी मान्यता है कि चैतन्य आत्मा ही कर्मावरण से रहित होने पर परमात्मा या ईश्वर बन जाती है। जैन दर्शन में विशुद्ध आत्मा को परमात्मा कहा है। प्रत्येक जीवात्मा में परमात्मा होने की क्षमता विद्यमान है। जब तक कर्मावरण रहता है तब तक जीव का ईश्वरत्व प्रादुर्भूत नहीं होता, पर कर्मावरण के दूर होते ही आत्मा की समस्त शक्तियों का विकास हो जाता है, और जीव परमात्मा बन जाता है। अतः शुद्ध आत्मा के रूप में ही परमात्मा का अस्तित्व स्वीकार किया गया है। ईश्वर या परमात्मा एक नही अनेक है।

सृष्टि संरचना के संदर्भ में जैन धर्म न तो सृष्टिकर्ता के रूप में किसी को मानता है और न ही कोई शक्ति लोक व्यवस्थापिका ही है। यह तो द्रव्य, गुण और पर्याय के स्वभावानुसार स्वतः संपन्न होती है। विश्व की रचना, योजना और व्यवस्था भी उसके अपने निजी स्वभाव के कारण है। किसी के नियंत्रण में न तो सृष्टि की रचना ही होती है और न उसकी व्यवस्था। जगत का प्रत्येक अणु परमाणु गतिशील परिवर्तनशील है। जैन दर्शन लोक व्यवस्था का मूल मंत्र त्रिलक्षण परिमाणवाद को स्वीकार करता है।

जैन दर्शन कर्म को पौद्‌गलिक मानता है। कर्म न संस्कार रूप है, न वासना रूप है यह पौदगलिक है। कषायाविष्ट जीव के मन, वचन, काय, की प्रवृत्ति के अनुसार पुद्‌गल कर्म वर्गणाएँ आकृष्ट होती है और वे जीव के विकारों की तारतम्यता के कारण आत्मा के साथ संबद्ध हो

जाती है। जिस प्रकार एक लोहे का पिण्ड गर्म किए जाने पर चारो ओर से जल के परमाणुओ को खीचता है उसी प्रकार रागद्वेषादि से आविष्ठ हुआ यह जीव मन, वचन, काय रूप प्रवृत्ति से कर्म परमाणुओं को खीचता है और खिंचे हुए कर्म परमाणु आत्मा के साथ चिपट जाते है और जीव की कषाय एवं योग की प्रवृत्ति के अनुसार इसमें रासायनिक परिवर्तन होता हैं। कषायों की तीव्रता और मन्दता के अनुसार इन परमाणुओं में स्थिति और फल देने की शक्ति होती है। कर्म का यह बंध चक्र तब चलता रहता है जब तक राग–द्वेष, मोह और वासनाएँ विद्यमान है। जैन दर्शन की समस्त धारणाएँ व आचार की समस्त धारणाएँ और मान्यताएँ कर्म सिद्धांत पर आधारित है। जैन चिन्तकों ने जिस पद्धति से कर्म सिद्धांत का सुसंबद्ध व सर्वांगपूर्ण निरूपण किया है वैसा अन्यत्र अप्राप्य है।

जैन दर्शन ने वस्तु स्वरूप के विचार में अनेक मौलिक दृष्टियाँ भारतीय दर्शन को प्रदान की है जिनसे भारतीय दर्शन का कोषागार जीवनोपयोगी ही नहीं समाज रचना और विश्वशांति के तत्वों से समृद्ध हुआ।

धर्म और समाजः– जैन धर्म ने विश्व को एक ऐसा धर्म दिया है जो व्यक्ति के स्वविवेक पर आधारित है। आचार्य कुन्द–कुन्द ने कहा है कि चारित्र ही धर्म है। जैन धर्म नैतिक सिद्धांत के रूप में लिया गया है, जो व्यक्ति स्वयं ही कर सकता है, इसके लिए किसी पुरोहित की आवश्यकता नही है। जैन धर्म में अंधविश्वासों का खंडन किया गया है, व्यर्थ के यज्ञ, विधि–विधान, हवन, पशुओं की बलि, दक्षिणा आदि की जैन धर्म में आवश्यकता नहीं एवं इन कर्मकांडो का जोरदार खंडन किया गया। भगवान महावीर ने धर्म के क्षेत्र में मानव मात्र को समान अधिकार दिए थे। जाति, कुल, शरीर, आकार में बंधन धर्माधिकार में बाधक नहीं थे। धर्म आत्मा के सदगुणों के विकास का नाम है। सदगुणों के विकास अर्थात सदाचरण धारण करने में किसी प्रकार का बंधन स्वीकार्य नहीं हो सकता। धर्म की शक्ति व छाया प्रत्येक को समान भाव से सुलभ हो, उनका अहिंसा और समता का लक्ष्य होता है। इसी लक्ष्य निष्ठा ने धर्म के नाम पर किए जाने वाले पशु यज्ञों को निरर्थक ही नही अनर्थक भी सिद्ध कर दिया। जैन दर्शन का साध्य विचार नहीं, आचार है, ज्ञान और वाक्–विलास

नहीं आत्मशुद्धि है। अहिंसा का वास्तविक अर्थ है जीव मात्र में समत्व का दर्शन। जीव चाहे स्थावर हो, जंगम हो पशु हो, पक्षी हो, मनुष्य हो, शूद्र हो, ब्राह्मण हो, क्षत्रिय हो, गोरा या काला हो सभी में समानता का व्यवहार करना और समत्व की अनुभूति करना ही जैन धर्म का सिद्धांत है। जैन धर्म में मुख्य रूप से आत्मोन्नति के उपायों पर ही विचार किया गया। व्यक्ति धर्म का पूर्ण प्रतिनिधित्व जैन धर्म करता है। वैदिक धर्म, पूर्णतः प्रवृत्ति मार्गी है जबकि जैन धर्म निवृत्तिमार्गी। वैदिक धर्म में मंत्रोच्चार तथा यज्ञ का मुख्य उद्देश्य सांसारिक लाभों की प्राप्ति तक सीमित था एवं मुख्य रूप से समाज के उच्च वर्ग से ही संबद्ध था, जिसमें पुरोहित, देवों तथा मानव के बीच मध्यस्थ थे। विद्वानों का विचार है कि वैदिक धर्म में जो निवृत्ति के तत्व हैं वह मुनियों और यतियों की श्रवण विचारधारा की देन है। जैन धर्म के अनुसार प्रवृत्ति के द्वारा किसी की कभी प्यास नहीं बुझ सकती और न उसे स्थायी सुख शांति मिल सकती, इसीलिए सच्चे स्थायी सुख के लिए जैन धर्म में प्रवृत्ति परायणता के स्थान पर विरक्ति परायणता को महत्व दिया गया। जैन धर्म दो प्रकार से है अणुधर्म व पूर्णधर्म। इसके दो रूप है वैयक्तिक शोधक नियंत्रण और सार्वजनिक शोधक नियंत्रण। वैयक्तिक धर्म सामायिक, स्वाध्याय, आत्मचिन्तन, विकार नियंत्रण, संयम एवं रागद्वेष त्याग रूप हैं। व्यवहारिक धर्म के रूप में देवपूजा, दानसेवा, परोपकार, अतिथि सत्कार एवं अहिंसक आचार आदि हैं। अणुव्रत और महाव्रत ये दोनों मोक्षमार्ग है, इनमें से अणुधर्म तो परम्परा से मोक्ष का कारण है पर महाव्रत धर्म साक्षात ही मोक्ष का कारण है। अणुव्रत एवं महाव्रत सहित अन्य व्रत यह सभी वैयक्तिक आचार सिद्धांतों का संग्रह ही है। इनके अन्तर्गत व्यक्ति की इच्छाओं एवं कामनाओं पर नियंत्रण, व्यक्तित्व का उत्थान और जीवन के अंतिम लक्ष्य मोक्ष के लिए व्यक्ति को सान्नध करना, शुद्ध एवं श्रेष्ठ अहिंसात्मक आचार व विचार करना आदि मुख्य कार्य समाहित हैं। आत्मा को पहचानना एवं आत्मा के कर्मो से विरक्त शुद्धात्मा प्राप्त करना ही जैन धर्म है।

संदर्भ

1. षटखंडागम; 1/1,1 सूत्र, 1/8
2. तत्वार्थ सूत्र; 5/29
3. प्रवचनसार; 3/3
4. कैलाशचन्द शास्त्री; जैन सिद्धाँत, ज्ञानपीठ प्रकाशन, पृ. 12
5. पंचास्तिकाय; गा. 12–13
6. प्रवचनसार; 2/35
7. पंचास्किाय; गाथा 27–30
8. पंचास्किाय; गा. 78, प्रवचनसार; 2/36–38
9. पंचास्किाय; गा. 85
10. प्रमाणसागर; जैन धर्म व दर्शन, पृ. 113
11. पंचास्किाय; गा. 86
12. पंचास्किाय; गा. 22
13. तत्वार्थ सूत्र; 1/3
14. तत्वार्थ सूत्र; 6/1–2, समयसार; गा. 164,
15. तत्वार्थ सूत्र; 8/2–3
16. तत्वार्थ सूत्र; 9/2
17. समयसार; गा. 192, प्रमाणसागर; वही, पृ. 189–191
18. तत्वार्थ सूत्र; 10/2
19. पंचास्तिकाय; गा. 107–108, तत्वार्थ सूत्र; 1/1
20. नियमसार; गा. 51, समयसार; गा. 13, रत्नकरण्ड श्रावकाचार; श्लोक 4
21. रत्नकरण्ड श्रावकाचार; श्लोक 7–11, 22–25
22. रयणसार; गा. 47
23. सुषमा गांग; कुन्द–कुन्दाचार्य की प्रमुख कृतियों में दार्शनिक दृष्टि, पृ. 132
24. प्रवचनसार; 3/29, 38
25. प्रवचनसार; 1/6–7
26. प्रमाणसागर; वही, पृ. 229
27. पंचास्तिकाय; गा. 128–132

28. प्रमाणसागर; वही, पृ. 136
29. निहालचंद जैन; जैन कर्म सिद्धाँत की वैज्ञानिकता, अर्हत वचन, वर्ष 18, अंक, 3 पृ.25
30. साहनराज तातेड़; जैन दर्शन में कर्मवाद, वर्ष 20, अंक, 1 पृ.76
31. पंचास्तिकाय; गाथा 69
32. स्यादवाद मंजरी; गाथा 22
33. प्रवचनसार; /3/
34. पंचास्तिकाय; गाथा 11, 18, 24, 30
35. प्रमाणसागर; वही, पृ. 308
36. सुषमा गांग; कुन्द–कुन्दाचार्य की प्रमुख कृतियों में दार्शनिक दृष्टि, पृ. 175
37. पंचास्तिकाय; गाथा 14
38. प्रमाणसागर; वही, पृ. 318
39. तत्वार्थ सूत्र; 7/4, 7/13
40. मूलाचार; गा. 6, तत्वार्थ सूत्र 7/14
41. पुरूषार्थसिद्धियुपाय; श्लोक 102
42. मूलाचार; गा. 8
43. पुरूषार्थसिद्धियुपाय; श्लोक 109–110
44. तत्वार्थ सूत्र; 7/17
45. प्रमाणसागर; वही, पृ. 289–290
46. मूलाचार; गा. 331–333
47. तत्वार्थ सूत्र; 9/5
48. तत्वार्थ सूत्र; 9/6
49. मूलाचार; गा. 694
50. मूलाचार; गा. 20–42, प्रवचनसार; 3/8–14
51. सागर धर्मामृत; 1/1
52. प्रमाणसागर; वही, पृ. 267
53. रत्नकरण्ड श्रावकाचार, श्लोक 55
54. रत्नकरण्ड श्रावकाचार, श्लोक 56

55. रत्नकरण्ड श्रावकाचार, श्लोक 59–60
56. वही, श्लोक 60
57. कार्तिकेयापुप्रेक्षा 367–68, 393, रत्नकरण्ड श्रावकाचार, श्लोक 68, 78–81
58. भगवती आराधना; 2082–83
59. रत्नकरण्ड श्रावकाचार, श्लोक 62, सागर धर्मामृत; श्लोक /2/
60. रत्नकरण्ड श्रावकाचार, श्लोक 136
61. महाभारत, अनुशासन पर्व; 115–23, 116–28–29
62. मत्स्य पुराण; 105–48
62. तत्वार्थ सूत्र; 7/4, 7/13
64. प्रमाणसागर; वही, पृ. 267

अध्याय–3

जैन धर्म के सामाजिक विचार

1. **वर्ण व जाति विषयक जैन विचार**
2. **परिवार विषयक जैन विचार**
3. **आश्रम व्यवस्था विषयक जैन विचार**
4. **पुरुषार्थ विषयक जैन विचार**
5. **जैन संस्कृति में संस्कार**

जैन एवं जैनेतर धार्मिक साहित्य समाज एवं सृष्टि की उत्पत्ति के संदर्भ में अपने–अपने धर्मानुसार सिद्धांत प्रतिपादित करते हैं। वैदिक धर्म पृथ्वी व समाज की उत्पत्ति को ईश्वर से जोडते हैं। जैन धर्म–दर्शन के अनुसार सृष्टि का निर्माण किसी ने नहीं किया और न ही मनुष्य की उत्पत्ति में किसी ईश्वरीय शक्ति का योगदान है। जैन दर्शन अनुसार पाँच अस्तिकाय के समूह से लोक बना है और यह पाँच अस्तिकाय जीव, पुद्‌गल (पदार्थ), धर्म (प्रेरक तत्व), अधर्म (गतिरोध) व आकाश अपनी सत्ता से निष्पन्न हुए है। जीव, क्रमशः धर्म द्रव्य की सहायता से प्रगति करता जाता है। संसारी जीव ही अपने कर्म के उदय से प्रेरित होकर शरीर आदि संसार की सृष्टि करते हैं और उसी में समाज का निर्माण होता है। विधि, सृष्टा, विधाता, देव, पुराकृत कर्म और ईश्वर ये सब कर्म रूपी ईश्वर के पर्यायवाचक शब्द है। लोक काल द्रव्य की भाँति अकृत्रिम है, अनादि निधन है, आदि अन्त से रहित है।[1] जीवों की उत्पत्ति स्वतः हुई है, उसी ने संसार व समाज को बनाया है। तर्क व बुद्धि की कसौटी पर खरी यह जैन मान्यता पूर्णतः वैज्ञानिक है।

जैन परम्परा अनुसार सृष्टि के आरंभ में पृथ्वी पर रहने वाले मनुष्यों के लिए कर्म की आवश्यकता नहीं थी। उसकी इच्छा करने मात्र से मनोवांछित फल मिल जाया करता था। इसको भोग भूमि का नाम दिया गया। भोगभूमि में मनुष्य की प्रत्येक इच्छा की पूर्ति कल्पवृक्ष करते थे। भोगभूमि में सभी मनुष्य ऐश्वर्य भोगविलास से जीवन बिताते थे। कोई परिश्रम की आवश्यकता नहीं थी। शरीर से मल–मूत्र व पसीना भी नहीं आता था और न रोग होता था। उनकी आयु पुराणानुसार हजारों–हजार वर्षों में होती थी। पुराणों के अनुसार सृष्टि का व्यापार व्यवहारिक दृष्टि से दो कालचक्रों में विभाजित है। उत्सर्पिणी काल व अवसर्पिणी काल। मनुष्यों के बल आयु और शरीर का प्रमाण जिसमें क्रमशः बढता जाता है उसे उत्सर्पिणी काल कहते हैं और जिसमें वे क्रमशः घटते जाए अवसर्पिणीकाल कहते हैं। अवसर्पिणी काल के छः भेद हैं। 1.सुषमा–सुषमा (अत्याधिक सुख), 2.सुषमा (सुख), 3.सुषमा–दुषमा (सुख–दुःख), 4.दुषमा–सुषमा (दुःख मिश्रित सुख का समय) 5.दुषमा (दुःख), 6. दुषमा–दुषमा (अत्यधिक दुःख)। उत्सर्पिणी काल के भी छः भेद है, जो क्रमशः विपरीत अर्थात दुषमा–दुषमा आदि। भरत क्षेत्र में अवसर्पिणी के वृत्तीय काल के अन्त होने पर भोग भूमि निष्प्रभावी होने लगी, कल्पवृक्ष भी समाप्त होने लगे। मनुष्यों की मनोवांछित इच्छायें अपूर्ण होने लगी। तद्नन्तर कर्म आधारित सामाजिक व्यवस्था का सूत्रपात हुआ। भोग–भूमि की समाप्ति एवं कर्म आधारित सामाजिक व्यवस्था का विकास एकाएक न होकर क्रमबद्ध तरीके से हुआ। कर्म आधारित सामाजिक व्यवस्था के सूत्रधार व मार्गदर्शक कुलकर थे। कुलकरों की संख्या चौदह बताई गई है। प्रतिश्रुति, सन्मति, क्षेमांकर, क्षेमांधर, सीमंधर, विपुलवाहन, चक्षुष्मान, यशस्वी, अभिचंद्र, चंद्राभ, मरुदेव, प्रसन्नजीत तथा नाभिराय।[2] इन चौदह कुलकरों के अतिरिक्त वृषभदेव एवं भरत को भी कुलकरों की संज्ञा प्रदान की गई है। इन कुलकरों को जैनेतर वैदिक धर्म के मनुओं से समीकृत किया जा सकता है। ब्राह्मण धर्म में चौदह मनुओं (भन्वन्तर) का उल्लेख मिलता है। जैन पुराणों ने कुलकरों को मनु भी कहा है। महापुराण में वर्णित है कि ये प्रजा के जीवन का उपाय जानने से मनु तथा आर्यपुरूषों को कुल में इकट्ठा रहने का उपदेश देने से एवं अनेक वंश स्थापित करने से कुलकर कहलाते हैं। युग

के आदि होने से युगादिपुरूष भी कहे भी जाते हैं। कुलकर सामाजिक व्यवस्था के संस्थापक थे। वैदिक धर्म के मनु भी सामाजिक व्यवस्था के संस्थापक कहे गए हैं। कुलकरों ने प्रारंभिक समाज का गठन किया। जब कल्पवृक्ष नष्ट होने लगे एवं मनुष्यों का प्रकृति से संबध स्थापित हुआ तब यह समस्या उत्पन्न होने लगी कि जीवन यापन कैसे किया जाए, तब कुलकरों ने मनुष्यों का मार्गदर्शन किया। चौदह कुलकरों ने एक लंबे समय में क्रमशः विकास किया जो वृषभ (ऋषभदेव) एवं भरत तक ऐतिहासिक व सामाजिक व्यवस्था का कारण बना। कुलकरों द्वारा निम्नलिखित सामाजिक कार्यो का संपादन हुआ। भोगभूमि के समाप्त होने से प्रकृति का प्रभाव स्वाभाविक था। तत्कालीन मनुष्य पहली बार सूर्य, चंद्रमा व वर्षा के सातत्य से अचंभित व भयभीत हुए, जिनको कुलकरों ने प्रकृति के रहस्य व योगदान का उपदेश दिया। भोग व त्याग का सम्पृक्त जीवन किस प्रकार निर्भ्रान्ति व्यतीत किया जाता है, इसका सम्यक परिज्ञान कुलकरों ने कराया, कल्पवृक्षों की समाप्ति पर भोग के आदी मनुष्यों को कर्म आधारित जीवन यापन की प्रेरणा प्रदान करना, मनुष्यों को इकट्ठा रहने को प्रेरित करना जिससे एक परिवार बन सके एवं परिवारों को भी एकता के सूत्र में पिरोया जिससे वह कुल या वंश व कुटुम्ब बन सके। इस प्रकार कौटुम्बिक सामाजिक व्यवस्था के सूत्रपात का उल्लेख जैन साहित्य में प्राप्त होता है।

मनुष्य एक सामाजिक प्राणी है अरस्तु का यह कथन समाजशास्त्र का आधारभूत सिद्धांत है। मनुष्य बिना दूसरे सामाजिक सदस्य के नहीं रह सकता। अपने को अन्य व्यक्तियों तक पहुँचाने की प्रवृत्ति मानव में स्वभावतः पाई जाती है। सामाजिक सदस्य प्रभावित होते हैं। जब परिवार और कुल मिलकर एक समाज संस्था का गठन होता है तो समाज में असुरक्षा की भावना पैदा होती है। कुलकरों ने भय को दूर किया व रक्षा का आश्वासन दिया, जीवन को नियमबद्ध किया, शांति व्यवस्था स्थापित की, सामाजिक सौहार्द स्थापित किया, जीव मात्र पर दया का उपदेश दिया, पशुपालन की प्रेरणा व प्रोत्साहन दिया, जीवन मूल्यों को नियमबद्ध कर एकता एवं नियमितता प्रदान किया। मनुष्य के नैतिक कर्मों का संकेत दिया, क्रियाकलापों को नियंत्रित करने के लिए अनुशासन

को स्थापित किया, सामाजिक गठन एवं सामूहिक क्रियाओं का नियंत्रण करना तथा सामाजिक कल्याण करना। आजीविका, रीति–रिवाज एवं सामाजिक अर्हताओं की प्राप्ति, सीमंधर कुलकर ने संपत्ति का बटवारा करना बतलाया, ऋषभदेव ने आजीविका के निर्वाह के लिए सब उपाय तथा धर्म, अर्थ और कामरूप साधनों का उपदेश दिया। उन्होने सुख की समृद्धि के लिए अनेक उपायों के साथ असि, मसि, कृषि, विद्या, वाणिज्य और शिल्प, इन छह कर्मों का भी उपदेश दिया। तद्नन्तर उन्होने यह भी बताया कि गाय, भैंस आदि पशुओं का संग्रह तथा उनकी रक्षा करनी चाहिए और सिंह आदि दुष्ट जीवों का परित्याग करना चाहिए। तद्नन्तर आदिनाथ के सौ पुत्रों और प्रजा ने कलाशास्त्र सीखा और सैकडों शिल्पी बनाकर उन्हें अपनाया। शिल्पजनों ने भरत क्षेत्र की भूमि पर सब जगह गाँव नगर आदि की रचना की। कुलकरों ने अपराधियों को ''मा'' '' धिक'' की दण्ड व्यवस्था प्रतिपादित की। ''मा'' का अर्थ है आगे से ऐसा कार्य मत करना और ''धिक'' का अ़र्थ है कि धिक्कार है कि तुमने ऐसा कार्य किया। इस श्रेणी में आगे भरत चक्रवर्ती की तातुल्य रूप से गणना की गई जिन्होने अपराधों को नियन्त्रित करने के लिए बध, बन्धन आदि शारीरिक दंड की व्यवस्था प्रवर्तित की। जैन धर्म में इस युग को कृत युग या कर्मभूमि का प्रारम्भ माना गया है। कुलकरों की सामाजिक व्यवस्था में राज्य के तत्व दृष्टिगोचर नहीं होते हैं। इस संस्था से निषेधात्मक, नियंत्रणात्मक और कल्याणात्मक कार्य संपापित किये गये। यथार्थ में समाज की राजनैतिक शक्ति के बिना केवल प्रतिभा या बुद्धिबल से गठित करने का कार्य यह संस्था करती थी। समाज गठन के विषय में महापुराण के संदर्भ में डॉ. नेमीचंद शास्त्री ने लिखा है कि जिनसेन की दृष्टि में समाज एक समग्रता है और इसका गठन विशिष्ट उपादानों के द्वारा होता है। समाज का भौतिक स्वरूप संबंधग्राही भावनापेत मनुष्यों के द्वारा निर्मित होता है। इसका आध्यात्मिक रूप, विज्ञान, कला, धर्म, दर्शन आदि के द्वारा सुसंपादित किया जाता है। अतः समाज एक ऐसी क्रियाशील समग्रता है जिसके पीछे आध्यात्मिक रहना आवश्यक है। नैतिक भावना और संकल्पनात्मक कृतियों के संश्लेष से समाज का देश–कालव्यापी रूप संपन्न होता है। महापुराणकार आचार्य जिनसेन के मतानुसार समाज

गठन के कुछ प्रमुख सिद्धान्त है। जैसे वैयक्तिक लाभ के साथ सामूहिक लाभ का महत्वपूर्ण स्थान, न्याय की वृति, उन्नति और विकास के लिए स्पर्धा, कलह, प्रेम एवं संघर्ष के द्वारा समाज की सुगठित स्थिति, मित्रता का व्यवहार, बडों का उचित सम्मान, परिवार के सदस्यों का सुगठित रूप, गुण कर्मानुसार जाति–वर्णव्यवस्था, समानता और उदारता की दृष्टि, विनय गुण का सद्भाव, आत्मनिरीक्षण की प्रवृत्ति, अनुशासन की प्रवृति, अनुशासन स्वीकार करने के प्रति आस्था, अर्जन के समान त्याग के प्रति अनुराग, कर्त्तव्य के प्रति जागरूकता, स्वावलंबन की प्रवृत्ति तथा सेवा और त्याग की प्रवृत्ति का अनुराग।[3] इस प्रकार आदि पुराण में समाज के गठन पर पर्याप्त विचार किया गया है। संगठन के आधारभूत सिद्धांत इतने सार्वजनिक और उपयोगी है कि इनके अनुसार व्यवहार करने से समाज नये रूप में सुगठित हो सकता है।

वर्ण व्यवस्था विषयक जैन सिद्धाँत

विश्व के सामाजिक इतिहास में भारतीय वर्ण एवं जाति व्यवस्था का महत्वपूर्ण स्थान है। मानव की मनोवैज्ञानिक एवं सामाजिक आवश्यकताओं को ध्यान में रखकर ही इनको आरंभ किया गया। वर्ण और जाति ने समय–समय पर समाज की समस्त गतिविधियों को अपने विचारों व कार्यो से प्रभावित किया। फलतः देश में होने वाले अनेकानेक परिवर्तनों, संघर्षों तथा क्रांतियों में उसकी प्रमुख भूमिका रही। वर्ण व्यवस्था में दो प्रधान तत्व निहित है, एक तो भेद–परक, ऊँच–नीच भावना और दूसरे सभी वर्णों के लिए निर्धारित कर्म। इन्हीं दो तत्वो को लेकर वर्ण व्यवस्था का स्वरूप बना। चारों वर्णो के अपने–अपने कर्म वैज्ञानिक और सुविचारित आधार पर निर्धारित किये गये थे जो समाज के व्यवस्थित विभाजन को व्यक्त करते हैं। सभी वर्णों के मनुष्यों में समानता है अंतर केवल गुण और कर्म का है। सभी वर्णों का अन्योन्याश्रित संबध भी है। संसार संरचना के बाद इस प्रकार की व्यवस्था से गुण–कर्म स्वभाव के अनुसार मानव समाज की चार मुख्य आवश्यकतायें मान ली गई– बौद्धिक, शारीरिक, आर्थिक और सेवात्मक। आरंभ में अवश्य ही मानव जाति असभ्य रही होगी जिन्होने बुद्धिपरक कार्य, पढना–पढाना आदि अपनाया होगा, जिन्हे ब्राह्मण कहा

गया। फिर धीरे धीरे सभ्यता का विस्तार होने से सुरक्षा, भोजन, धन सेवा आदि की आवश्यकता अनुभव होने पर तद्नुसार अपने गुण, स्वभाव और कार्य के अनुसार क्षत्रिय, वैश्य और शूद्र उसी मानव जाति से बने।[4] समाज में भिन्न–भिन्न वर्गों का होना स्वाभाविक है, क्योंकि सभी मनुष्य समान रूप से उत्पन्न नहीं होते। सभी में समान प्रतिभा, समान आदतें नहीं होती तथा सभी समान रूप से कार्य भी नहीं करते। भारतीय वर्ण–व्यवस्था गुण व कर्म के आधार पर मानव के विकास के लिए आरंभ हुई थी इस व्यवस्था से जितने लाभ उससे अधिक उसमें दोष भी समाहित हो गये।

वर्ण व्यवस्था का आधार कालान्तर में गुण कर्म के स्थान पर जन्म हो गया एवं जाति प्रथा का विकास हुआ। धार्मिक एवं सामाजिक रीति–रिवाजों की विभिन्नता के कारण जातियों में सांस्कृतिक खाई लगातार बढती गई। कुछ जातियाँ उच्च मानी जाने लगी तथा कुछ हीन। वंशानुगत होने से कट्टरता का समावेश हुआ। उच्च वर्गो को विशेष अधिकार दिये गए तथा निम्न जातियों पर अन्याय हुए। निम्न वर्गो के साथ ऊँच–नीच–भेदभाव, छुआछूत आदि रिवाज बना दिये गये। निम्न वर्गों के सामाजिक व धार्मिक कार्यो पर अनेकानेक प्रतिबन्ध लगाये गये जो निन्दनीय थे।

वर्ण व्यवस्था विकसित होने में सैकड़ों वर्ष लगे। सभी वर्णों के धर्मों और कर्त्तव्यों को निर्धारित करने में धर्म की सहायता ली गई, सभी वर्णों के कर्त्तव्यों को धर्म के अन्तर्गत माना गया। इस प्रकार वर्ण व्यवस्था के उत्पत्ति सबंधी सिद्धांत कई प्रकार और कई रूप में विकसित हुए। जैन सैद्धांतिक ग्रन्थों में सामाजिक व्यवस्था से सबंधित सिद्धांतों का वर्णन नहीं है न ही जैन धर्म मूलरूप से वर्ण व्यवस्था को मान्यता प्रदान करता है लेकिन दिगम्बर जैन आचार्यों ने सातवीं शताब्दी के वाद पौराणिक ग्रन्थों की जो रचना की उसमें वैदिक व्यवस्था के प्रभाव से वर्ण व्यवस्था सबंधी मन्तव्यों का वर्णन किया है जो निम्नानुसार प्रस्तुत हैं–

कर्मणा वर्ण व्यवस्थाः ब्राह्मण धर्म वर्ण व्यवस्था को जिस प्रकार जन्म से स्वीकार करता है उस प्रकार जैनाचार्य उसे जन्म से स्वीकार नहीं करते। जैनाचार्यों के मत में जन्म से केवल मनुष्य जाति उत्पन्न होती है। मनुष्य से ही मनुष्य उत्पन्न होता है। ब्राह्मण, क्षत्रिय, वैश्य और शूद्र

यह जाति भेद नहीं है। चार वर्ण जो अस्तित्व में आये वह कर्मों के कारण ही अस्तित्व में आये। कर्म पर आधारित व्यवस्था का सर्वप्रथम संकेत समन्तभद्राचार्य ने दिया, कि ऋषभदेव ने असि, मसि, कृषि, विद्या, वाणिज्य और शिल्प इन छह कर्मों का उपदेश दिया एवं षटकर्म–व्यवस्था स्थापित की।[5] समन्तभद्र ने वर्ण व्यवस्था का संकेत नहीं दिया। जैनाचार्यों ने इसी तथ्य से पूर्ण व्यवस्था सबंधी सिद्धांत प्रतिपादित किए।[6] विनाश से जीवों की रक्षा करने के कारण क्षत्रिय, वाणिज्य–व्यापार के योग से वैश्य और शिल्प आदि के सबंध में शूद्र वर्ण की उत्पत्ति हुई। महापुराण में लिखा है कि व्रतों के संस्कार से ब्राह्मण, शस्त्र धारण से क्षत्रिय, न्यायपूर्वक अर्थ का अर्जन करने से वैश्य और निम्न श्रेणी की आजीविका का आश्रय लेने से शूद्र कहलाए। जैन पुराणों में ब्राह्मण की उत्पत्ति के विषय में वृतांत आया है कि चक्रवर्ती भरत ने एक बार अपने यहाँ दानादि के लिये श्रावकों को आमंत्रित किया। राजभवन के आंगन में हरी भरी घास उगी थी उस घास को कुचलकर जाने से होने वाली जीव हत्या के भय से जो व्रती श्रावक भरत के पास नहीं गये और बाहर ही खडे रहे (आत्मज्ञानी होने से) ब्राह्मण घोषित किया। यहाँ उल्लेखनीय है कि वर्ण विषयक उक्त समता के होते हुए भी जैन सम्प्रदाय के मत में इनका कर्ममूलक सिद्धांत अधिक मान्य था यही कारण था कि उत्तराध्ययन सूत्र ने ब्राह्मण, क्षत्रिय, वैश्य, शूद्रों के विभाजन का आधार मूलतः कर्म ही माना है। यदि चण्डाल भी व्रत में रत है तो वह भी ब्राह्मण कहलाने का अधिकारी होता है, यही विचार गुणभद्र ने व्यक्त किया है कि मनुष्य में जातिगत भेद नहीं होता है। कर्मणा सिद्धांत के अनुसार मनुष्य ने अपने कर्म के अनुसार वर्ण को प्राप्त किया। वरांग चरित्र में लिखा है कि सब मनुष्यों का पिता (मनुष्य जातिनाम कर्म या ब्रह्म) एक ही है अतएव पिता के एक होने से जाति भेद बन नहीं सकता। चारों वर्णों की शारीरिक एवं मानसिक विशेषताएँ एक ही होती हैं तब भेद कैसा?

सत् युग में भेद नहीं था, त्रेता युग में स्वामी सेवक भाव दिखलायी देने लगा एवं द्वापर युग में वर्णों का विभक्तीकरण हुआ। शिष्ट पुरूषों ने जो चार वर्णों का कथन किया हैं वे केवल क्रिया विशेष के लिए है। ब्राह्मण वर्ण का मुख्य कर्म दया है, क्षत्रिय वर्ण का मुख्य कर्म अभिरक्षा है, वैश्य

वर्ण का मुख्य कर्म कृषि है और शूद्र वर्ण का मुख्य कर्म शिल्प है। कर्म का यह सिद्धांत धार्मिक परिप्रेक्ष्य में और भी सबल होकर वर्णों के जीवन में सशक्त और जीवन्त हुआ, फलतः कर्मफल का दर्शन भी विकसित हुआ तथा पुनर्जन्म की भी व्याख्या की गई। कृतकर्म के आधार पर ही मनुष्य का जन्म माना गया है। मनुष्य जो वर्तमान जीवन जीता है वह पिछले जन्म में किये गये कर्म का प्रतिफल है अतः अच्छा कर्म करने वाले का जन्म मनुष्य योनि में समाज द्वारा प्रतिस्थापित एवं स्वीकृत ऊँचे वर्ण में होता है और बुरा कर्म करने वाले का अशुभ योनि में। सोमदेव वर्णों के संदर्भ में श्रुति एवं स्मृति को ही प्रमाण मानते हैं। श्रुति में कर्म की महता का वर्णन आता है। गौतम का कथन है कि अनेक जातियों एवं श्रेणियों के लोग जो सदा अपने कर्तव्यों का पालन करते हुए जीवन यापन करते हैं, वे मृत्यु के उपरान्त अपने सत्कर्मों का फल भोगते हैं। जो इसके विपरीत ढंग से कार्य करते है वे नष्ट हो जाते हैं पुनः विभिन्न निम्न स्थितियों में उत्पन्न होते हैं। आपस्तम्ब ने तो कर्म के सिद्धांत को और अधिक महत्व दिया है। उनका कथन है कि पापी लोग नीची जातियों में यहाँ तक कि पशुओं के रूप में भी जन्म लेते हैं। नीची जातियों के लोग उच्च जातियों में पुनः जन्म लेते हैं यदि उन्होने अपने कर्त्तव्यों का पालन निष्ठापूर्वक किया हो। इसी प्रकार उच्चतर जातियों के लोग अपने निर्धारित कर्त्तव्यों की अवहेलना के परिणामस्वरूप नीची जातियों में पुनः जन्म लेते हैं। वरांग चरित में कथन है कि इस लोक में न कोई ब्राह्मण जाति है न क्षत्रिय जाति है और न वैश्य या शूद्र जाति ही है किन्तु यह जीव कर्मों के वश हुआ संसार चक्र में परिभ्रमण करता है। इन तथ्यों से स्पष्ट है कि जैन आचार्यों के मतानुसार कर्म के अनुसार वर्ण व्यवस्था अस्तित्व में आई एवं कर्म के आधार पर ही विद्यमान है।

वैदिक सिद्धांतः मूल प्राचीन जैन सैद्धांतिक साहित्य में केवल व्यक्ति धर्म का वर्णन है। जैन अनुयायियों के लिए समाज में रहने के लिए समाज व्यवस्था हेतु समाज धर्म या दिशा–निर्देशन की आवश्यकता को ध्यान में रखकर सोमदेव सूरि ने वैदिक मान्यताओं को स्वीकार किया। इनके मत में लौकिक विधि–विधाओं से सम्यक्त्व नष्ट नहीं होता एवं न ही चरित्र नष्ट होता है। वे यज्ञ में प्राणी वध को स्वीकार नहीं करते हैं। वह उसे हिंसा ही

मानते है। वर्ण व्यवस्था सबंधी वैदिक मान्यता सोमदेवजी को पूर्ण मान्य थी लेकिन व्यक्ति धर्म या पारलौकिक धर्म के संदर्भ में जैन आगम ही एकमात्र प्रमाण हैं।[7] जिनसेन की तरह सोमदेव ने वैदिक मान्यताओं का जैनीकरण नहीं किया बल्कि उन्हे वैदिक ही बताया। उनके मत में सामाजिक जीवन के निर्वाह के लिए यदि कोई उन्हे स्वीकृत करता है तो करे। सामाजिक मूल्य देश काल व क्षेत्र के अनुसार परिवर्तित होते रहते हैं किन्तु उनको मूल चिन्तन के साथ सबंद्ध करके सिद्धाँतों की हानि नहीं करना चाहिए।

वर्ण व्यवस्था के नियम

महापुराण में नवी शती ईसवी के भारत में प्रचलित सामाजिक व्यवस्था के संदर्भ में कुछ नियमों का कथन किया गया है।[8] पुराण के अनुसार वर्ण व्यवस्था तब तक सुरक्षित नहीं रह सकती जब तक कि विवाह सबंधी व्यवस्था न की जाए। समान वर्ण में ही विवाह की अनुमति प्रदान की गई। वैवाहिक प्रतिबंधों से वर्णो की शुद्धता बनी रह सकती है। उस समय यह नियम प्रचलित किया गया कि जो कोई अपने वर्ण की निश्चित आजीविका छोडकर दूसरे वर्ण की आजीविका करेगा वह राजा के द्वारा दंडित किया जाएगा क्योंकि ऐसा न करने से वर्ण संकीर्णता हो जाएगी अर्थात सब वर्ण एक हो जाएँगे उनका विभाग नहीं हो सकेगा। नवी शती के इस तथ्य को ग्यारहवी शती के अलबरूनी के कथन से पुष्ट किया जा सकता है कि प्राचीनकाल में अत्यंत कर्त्तव्य परायण राजा जनता को अनेक श्रेणियों और कर्मों में विभक्त करने में योग देते थे। साथ ही उन्हें एक–दूसरे से मिलने और क्रम तोडने से रोकने के लिए प्रयत्न करते थे। अतः उन्होने भिन्न–भिन्न श्रेणियों के लोगों को एक दूसरे से सबंध रखने से रोक दिया और प्रत्येक श्रेणी के लोगों को विशेष प्रकार का कार्य और शिल्प सौंप दिया। वे किसी भी व्यक्ति को अपने वर्ग का अतिक्रमण करने की अनुज्ञा नहीं देते थे। पारम्परिक हिन्दू समाज में वर्ण व्यवस्था के नियंत्रणार्थ एक अन्य प्रवृत्ति क्रियाशील थी, वह है वर्ण व्यवस्था की अन्तर्हित चेतना। इस चिन्तना से अनुप्राणित होकर प्रत्येक व्यक्ति वर्ण के अंतर्गत रहकर निर्दिष्ट सामाजिक व्यवस्था का अनुपालन करता था। अपने कर्त्तव्यों व उत्तरदायित्वों का पालन करने से मोक्ष की प्राप्ति का उपदेश दिया जाता

था। परिणामस्वरूप प्रत्येक व्यक्ति अपने वंशगत पैतृक आजीविका का पालन करता था व्यक्तिगत और सामाजिक दृष्टि से भी यह उत्तम था।

वर्णो की सामाजिक स्थिति

जैन पुराणों में पूर्व मध्यकालीन ब्राह्मण, क्षत्रिय, वैश्य एवं शूद्रों की सामाजिक स्थिति एवं उनके कर्त्तव्यों का विवेचन भी किया गया है। तात्कालीन सामाजिक व्यवस्था का प्रभाव जैनाचार्यों पर भी पडा, उन्होने तत्कालीन परिस्थितियों के आलोक में अपने ग्रन्थों का प्रणयन किया। जैन पुराणों में चारों वर्णों के स्वरूप, स्थिति एवं कर्त्तव्य निम्न प्रकार से हैः–

ब्राह्मणः जैन साहित्य में ब्राह्मण को जन्म से नहीं बल्कि कर्म से ब्राह्मण माना गया है। ब्राह्मण अपने गुणों से उच्च स्थिति को प्राप्त होता है। वरांगचरित में लिखा है जो विद्या, क्रिया और गुणों से हीन है वह जाति मात्र से ब्राह्मण नहीं हो सकता किंतु जो ज्ञान, शील और गुण से युक्त है उसे ही ब्राह्मण कहते हैं। व्यास, वशिष्ठ द्रोण और पाराशर ये सब आचार और तप रूप अपनी सम्पत्ति से युक्त होकर ही ब्राह्मणत्व को प्राप्त हुए थे।[9] जैन सूत्रों का कथन है कि सिर मुंडाने से कोई श्रमण नहीं होता ओंकार का जाप करने से कोई ब्राह्मण नहीं होता, जंगल में रहने से कोई मुनि नहीं होता, कुश–चीबर धारण करने से कोई तापस नहीं होता बल्कि हर कोई समता श्रमण ब्रह्मचर्य से ब्राह्मण, ज्ञान से मुनि और तप से तपस्वी हाता है।[10] जैन पुराणों व सूत्रों में ब्राह्मण के स्वरूप व कर्त्तव्यों की अग्रलिखित विवेचना की गई है।[11] इनकी अपेक्षा क्षत्रियों को श्रेष्ठता प्रदान की गई। जैन धर्म में कोई भी तीर्थकर क्षत्रिय कुल को छोडकर अन्य किसी कुल में उत्पन्न हुए नहीं बताए गए हैं। जैन कथा कहानियों में क्षत्रियों की अपेक्षा ब्राह्मणों को निम्न ठहराया गया है फिर भी समाज में ब्राह्मण का स्थान ऊँचा था। तप, शास्त्र–ज्ञान और जाति ये तीन ब्राह्मण होने के कारण हैं जो तप और शास्त्र ज्ञान से सहित है इसलिए इनकी जाति उत्तम कहलाती है तथा दान पूजा, अध्ययन आदि कार्य मुख्य होने के कारण व्रतों की शुद्धि होने से वह उत्तम जाति और भी सुसंस्कृत हो गई है।

पद्म पुराण में लिखा है कि यथार्थ में ब्राह्मण वे ही हैं जो अहिंसा व्रत को धारण करते हैं। जो महाव्रत रूपी लंबी चोटी को धारण करते है। जो क्षमा रूपी यज्ञोपवीत से सहित हैं, जो ध्यान रूपी अग्नि में पाप कर्म को होम करने वाले हैं, शाँत हैं तथा मुक्ति को सिद्ध करने में तत्पर हैं, वे ही ब्राह्मण कहलाते हैं। जो ऋषि संयत, धीरे, उदात्त, क्षान्त और जितेन्द्रिय हैं वे वास्तविक ब्राह्मण हैं। महापुराण में ब्राह्मण की उत्पत्ति के संदर्भ में उनके कर्तव्य बताए गए हैं जैसे स्वयं पढना, दूसरों को पढाना, दान लेना तथा पूजा यज्ञ आदि। निर्दोष आचरण, क्षमा, शौच गुण को धारण करना, व्रत, मंत्र तथा संस्कार से प्राप्त करने का प्रयास करना। विद्या, विनय, तप व शास्त्रों का ज्ञान प्राप्त करते रहना। हरिवंश पुराण में वर्णित है कि ब्राह्मण द्वारा कृषि कार्य किया जा रहा था। इसके अतिरिक्त ब्राह्मण स्वप्न पाठक होते थे और ज्योतिष विद्या के द्वारा भविष्य का बखान करते थे। राजा के पुत्र जन्म के अवसर पर ब्राह्मण को आमंत्रित कर उनसे भविष्य पूछा जाता था। भगवान महावीर का जन्म होने पर गणराजा सिद्धार्थ ने विविध शास्त्रों में कुशल आठ महानिमित्त ज्ञान के पंडित ब्राह्मण को रानी त्रिशलादेवी के सपनों की व्याख्या करने के लिए आमंत्रित किया था।

महापुराण में ब्राह्मणों के दस विशेषाधिकार वर्णित हैंः– अतिवाल विद्याः बाल्यावस्था से ही लेकर विद्या सिखलाने का उद्योग एवं श्रावकाचार के शास्त्रों का अभ्यास करना। कुलावधि क्रियाः अपने कुल के आचार की रक्षा करना। पात्रत्वः अपने गुणों से गौरव प्राप्त करना। सृष्टयधिकारिताः धर्म सृष्टि की प्रभावना। व्यवहारेषिताः परमागम का आश्रय लेने वाले द्विजों को जो प्रायश्चित आदि कार्यो में स्वतंत्रता है उसे व्यवहारेषिता कहते हैं। अवध्यत्वः ब्राह्मण गुणों की अधिकता के कारण किसी दूसरे के द्वारा वध करने योग्य नहीं होता। अदण्डयताः धर्म में जिसका अंतःकरण स्थिर है ऐसे इस द्विज को अपने अदण्डयत्व का भी अधिकार है क्योंकि धर्म में स्थिर रहने वाला मनुष्य ही दूसरे के लिए दंड देने में समर्थ हो सकता है। मानार्दता एवं प्रजा सवंधान्तर अधिकार यह दस अधिकार ब्राह्मणों को प्रदान किये गये।[12] अन्य विशेषाधिकार भी ब्राह्मणों को प्राप्त थे, उदाहरण के लिए इन्हे कर नहीं देना पडता था और फाँसी की सजा से भी वे मुक्त थे। निधि आदि का लाभ होने पर होने पर भी राजा ब्राह्मणों

का आदर सत्कार करता था जबकि वैश्यों की निधि जब्त कर ली जाती थी। ब्राह्मणों के संदर्भ में डॉ. फूलचंद्र शास्त्री का मत है कि भरत चक्रवर्ती ने जिन व्रती श्रावकों को आमंत्रित कर ब्राह्मण उपाधि देकर सम्मान किया वे इसके पूर्व क्षत्रिय, वैश्य और शूद्र वर्ण के ही मनुष्य थे। पद्म पुराण व हरिवंश के अनुसार ब्राह्मण संज्ञा लोक में जन्म या कर्म के आधार पर प्रचलित न होकर व्रतों के आधार पर ही प्रचलित हुई थी। यदि क्षत्रिय व्रतों को स्वीकार कर ब्राह्मण बनता है तो भी वह असि कर्म से आजीविका करता रहता है। यदि वैश्य व्रतों को स्वीकार का ब्राह्मण बनता है तो भी वह कृषि और वाणिज्य कर्म से अपनी आजीविका करता रहता है। यदि शूद्र व्रतों को स्वीकार कर ब्राह्मण बनता है तो भी वह शिल्प और विद्या के द्वारा अपनी आजीविका करता है। ब्राह्मण स्वतंत्र वर्ण न होकर क्षत्रिय आदि तीन वर्णों के आश्रय से है। केवल व्रतों को योजित करने के कारण यह पद योजित किया है। प्राचीन भारतीय इतिहास पर अग्रगण्य विद्वान रामशरण शर्मा ने ब्राह्मण की उत्पत्ति के संदर्भ में लिखा है कि यह भ्रम फैला हुआ है कि ब्रह्मवाद आर्यों की प्राचीन संस्था है। ऋग्वेद में ब्राह्मणवाद का जोर नहीं मालूम पडता है। इसमें सात प्रकार के पुरोहित पाए जाते हैं जिनमें ब्राह्मण भी एक है। उत्तर वैदिक काल के आरंभ में सोलह प्रकार के पुरोहित मिलते हैं जिनमें ब्राह्मण एक प्रकार है।

उत्तर वैदिक काल का अंत होते होते सोलह प्रकार के पुरोहितों में ब्राह्मण सर्वेसर्वा बन जाता है। दान दक्षिणा में उसका आधा हिस्सा होता है और बाकी आधे हिस्से में और लोगों के हिस्से बनते हैं। बिना ब्राह्मण की उपस्थिति के कोई भी यज्ञ या अनुष्ठान सम्पन्न नहीं हो सकता है। ऐसा लगता है कि भारत में ब्राह्मणवाद का जन्म आर्य एवं प्राक् आर्य तत्वों के मिश्रण से हुआ। ध्यान देने की बात है कि वैदिक परम्परा एवं महाकाव्यों में इद्र को ब्रह्मघाती बताया गया है। इंद्र के प्रमुख शत्रु ब्रह्म को ब्राह्मण बतलाया गया है। संभवतः हड़प्पाई समाज के बचे–खुचे पुरोहितों ने वैदिक समाज में ब्राह्मणों का रूप धारण किया। आर्यों एवं अनार्यों के मिश्रण के कारण ब्राह्मण वर्ण का जन्म हुआ जिसमें आर्य एवं अनार्य–दोनों सम्मिलित थे। प्रारंभिक वैदिक समाज में स्पष्ट रूप से केवल आर्य वर्ण और दास वर्ण की चर्चा की गई है। ऋग्वैदिक काल का अंत होते–होते चार वर्णो

की चर्चा होती है। आर्य में ब्राह्मण, क्षत्रिय ,वैश्य को स्थान मिलता है और दास वर्ण में शूद्र को। पर यह सोचना गलत होगा कि प्रारंभ से ही हिन्द–योरोपीय समाज तीन स्तरो में विभाजित था और ब्राह्मण अथवा पुरोहित वर्ग का काफी महत्व था।[13]

क्षत्रियः जैसे ब्राह्मणों के ग्रंथो में ब्राह्मणों की प्रभुता का प्रदर्शन होता है उसी प्रकार जैनों ने भी क्षत्रिय के प्रभुता का वर्णन किया है। क्षत्रिय बहत्तर कलाओं का अध्ययन करते थे और युद्ध विद्या में कुशलता प्राप्त करते थे। अपने भुजबल द्वारा देश पर शासन करने का अधिकार वे प्राप्त करते थे। ऐसे कितने ही क्षत्रिय राजकुमारों का उल्लेख मिलता है जिन्होने संसार का त्याग कर सिद्धि प्राप्त की। जैन पुराण क्षत्रिय वर्ण के लिए प्रायः क्षत्र और क्षत्रिय शब्द का प्रयोग करते हैं किंतु इनमें कही–कही अयोनिज शब्द का उल्लेख क्षत्रिय शब्द के द्योतनार्थ हुआ है। अयोनिज शब्द का शाब्दिक अर्थ होता है ऐसी जाति जिसकी उत्पत्ति मानवीय योनि से नहीं है। संभवतः यह शब्द उस अग्निकुल के आख्यान को द्योतित करता है जिसे राजपुत्रों की उत्पत्ति का कारण माना गया है। जैन पुराण स्पष्टतः उक्त आख्यान का उल्लेख नहीं करते है प्रत्युत उसे प्रकारान्तर से प्रस्तुत करते हैं। उदाहरणार्थ महापुराण में क्षत्रियों की उत्पत्ति जिनेन्द्र देव से हुई और इसी से वे अयोनिज कहलाते हैं।[14] हरिवंश पुराण में विनाश से जीवों की रक्षा करने वालों को क्षत्रिय कहा गया है। वर्ण विभाजन क्रम में क्षत्रिय को द्वितीय स्थान प्राप्त है लेकिन जैन साहित्य में क्षत्रिय वर्ण की पहले सृष्टि की गई। क्षत्रिय की स्थिति सबसे श्रेष्ठ है। क्षत्रिय वर्ण में ही तीर्थकर जन्म लेते हैं। क्षत्रिय वर्ण लोकोत्तम है। क्षत्रिय को प्रजापालक व भाग्यविधाता कहा गया है और ब्राह्मणों को जो जैन नहीं है क्षत्रियों से हीन घोषित किया गया। ब्राह्मण आदि वर्ण वाले व्यक्ति सम्यग्दर्शन धारण कर क्षत्रिय धर्म में दीक्षित हो सकते हैं। महापुराण में क्षत्रियों के धर्म व कर्म का निर्देश दिया गया है। धर्म का उल्लंघन न कर धन कमाना, रक्षा करना, और योग्य पात्र को दान देना ही क्षत्रियो का न्याय कहलाता है। दुःखी प्रजा की रक्षा करने में नियुक्त क्षत्रियो के पाँच धर्म हैं। कुलानुपालन या कुल के आम्नाय की रक्षा करना, इस लोक एवं परलोक सबंधी पदार्थो के हित–अहित का ज्ञान होना बुद्धि कहलाती है। इस लोक तथा परलोक

सबंधी उपायों से आत्मा की रक्षा करना आत्मा का पालन कहलाता है। चौथा धर्म प्रजा की रक्षा करना, पाँचवाँ धर्म समंजसत्व है, दुष्ट पुरूषों का निग्रह करना और शिष्ट पुरूषों का सम्मान करना, मध्यस्थ होकर सब पर समान दृष्टि रखना ही समंजसत्व गुण है।[15]

क्षत्रिय वर्ग का विवेचन जैन साहित्य में मात्र शासक वर्ग के संदर्भ में प्रतिपादित है। जैन साहित्य में सामान्य क्षत्रिय वर्ग का विवरण ब्राह्मण साहित्य के समान विस्तृत नहीं है, चूँकि ऐसा जैन आचार्यों का उद्देश्य भी नहीं था।

वैश्यः वैश्यों को वर्ण व्यवस्था में तीसरा स्थान है। जैन पुराणों में वैश्य, सेठ, वणिक, श्रेष्ठी व सार्थवाह शब्द वैश्य वर्ण के लिए प्रयुक्त हुए हैं। जैन पुराणों में वैश्य वर्ण की उत्पत्ति उनकी आजीविका, व्यापार, वाणिज्य के कारण निश्चित की गई है। महापुराण में लिखा है कि ऋषभदेव ने लोगों को परदेश जाना तथा यात्रा करना सिखाया। यात्रा करके विदेश आदि जाकर जो व्यापार करते थे वे वैश्य कहलाए।[16] जैन सूत्रों में कितने ही गृहपतियों का उल्लेख है जो जैन धर्म के अनुयायी थे और जिन्होने संसार का त्याग कर निर्वाण प्राप्त किया था। जैन सूत्रों से स्पष्ट होता है कि वह संपन्न वर्ग था। कुछ निम्न भी थे जो कृषि कार्य करते थे। वैश्यों को जैन धर्म का अनुयायी कहा गया है। यशस्तिलक में जितने भी सेठों का वर्णन आया है वह जैन अनुयायी थे। कुशल व्यापारी को राज्य की और से राज्य श्रेष्ठी पद दिया जाता था, उन्हे विशपति भी कहा गया है।[17] जैन पुराणों में स्पष्टतः वर्णित है कि वैश्यों की निर्धारित आजीविका व्यापार के अतिरिक्त कृषि और पशुपालन भी थी। लोगों की दैनिक आवश्यकता की वस्तुएँ जैसे मसाले, नमक अन्न तथा वस्त्र विभिन्न स्थानों तक पहुँचाने का कार्य करते थे। नगरों और ग्रामों के लोगो को प्रभावित कर दिया और उन्हे जैन धर्मावलंबी बनाया। जैसे औसवाल की औसिया, खडेलवाल की खंडेला आदि।

शूद्रः आचार्य जिनसेन के पूर्व के जैन आचार्यों ने वर्ण व्यवस्था जन्म से नहीं कर्म आश्रित स्वीकार की है। जटासिहनंदी के समान आचार्य रविषेण ने पद्मपुराण में कहा है कि जो शिल्प आदि से आजीविका करते

थे वह शूद्र कहलाए। हरिवंश पुराण में लिखा है कि शिल्प आदि कार्य करने वाले शूद्र हो गए।[18] महापुराण में शूद्रों के दो प्रकार किये गये। एक कारू शूद्र और दूसरा अकारू शूद्र। धोबी आदि शूद्र कारू एवं उनसे भिन्न अकारू शूद्र कहलाते थे। कारू शूद्र भी स्पृश्य तथा अस्पृश्य के भेद से दो प्रकार के माने गए है। उनमें से जो प्रजा से बाहर रहते थे उन्हे अस्पृश्य अर्थात् स्पर्श करने के अयोग्य और नाई वगैरह को स्पृश्य अर्थात् स्पर्श करने योग्य माना गया। जिनसेन ने शूद्रों पर बहुत प्रतिबंध लगाए, जैसे वह मंदिर में प्रवेश नहीं कर सकते थे, दीक्षा नहीं ले सकते थे उनका उपनयन संस्कार नहीं हो सकता था। यज्ञोपवीत धारण नहीं कर सकते थे। देव पूजा व छहकर्म आदि केवल आर्य कर सकते थे।[19] नीतिसार में लिखा है कि नीच कर्म करने वालों के यहाँ साधु भोजन नहीं करते।

दूसरी ओर सभी सैद्धांतिक ग्रंथ शूद्रों को वह सब अधिकार देने को तैयार हैं जो पुराणकार विशेषकर जिनसेन शूद्रों को वंचित रखते हैं। जिनसेन की सभी क्रियाएँ द्विजों के लिए हैं। सागर धर्मामृत के अनुसार छह कर्मों से आजीविका करने वाला गृहस्थ पूजाओं, स्वाध्याय व संयम का अधिकारी है शूद्रों को पूजा का अधिकार पूजा सागर में भी दिया गया।[20] मनुष्य का जातिगत अपमान हो इसे जैन धर्म की आत्मा स्वीकार नहीं करती है।

जैन शास्त्रों में स्पष्ट लिखा है कि चारों गतियों में सम्यग्दर्शन प्राप्त हो सकता है, इसके लिए उच्च कुल आवश्यक नहीं है। फलस्वरूप आज जिसे अस्पृश्य कहा जा रहा है वह भी सम्यक् दर्शन का अधिकारी है। प्राचीन वैदिक साहित्य में भी जहाँ चतुर्वर्ण की चर्चा आई है वहाँ अस्पृश्य शूद्रों का नाम तक नहीं लिया गया है। इससे पता चलता है कि प्राचीन भारत में स्पृश्यतास्पृश्य का विकल्प नहीं था। स्मृतियों तथा पुराणों में इनके उल्लेख मिलते हैं। यह विकल्प स्मृति काल में उठा और पुराण काल में उसे पोषण प्राप्त हुआ। चूँकि पुराण साहित्य धर्म के साथ–साथ समाज व्यवस्था का भी उल्लेख करते हैं, तात्कालिक रीति–रिवाजों एवं जाति व्यवस्था से जैन समुदाय एवं रचनाकार स्वयं को अलग नहीं कर सकते थे। दिगम्बर जैन साहित्य में सैद्धांतिक एवं पौराणिक दोनों विधाओं

के ग्रथों का प्रणयन होता रहा। जो ग्रंथ दर्शन, मुनिधर्म एवं श्रावक धर्म पर आधारित थे वह मूल सैद्धांतिक ग्रंथों की तरह ही जाति व्यवस्था का विरोध करते रहे।

मूल में जैन धर्म वर्ण व्यवस्था तथा उसके आधार पर सामाजिक व्यवस्था को स्वीकार नहीं करता है। सैद्धाांतिक ग्रन्थों में वर्ण और जाति शब्द नाम कर्म के प्रभेदों में है। जिस कर्म के उदय से शरीर में वर्ण (रूप) होता है। उसे वर्ण नाम कर्म कहते हैं। इसके पाँच भेद हैं नील, शुक्ल, कृष्ण, रक्त, और पीत। जिस कर्म के उदय से अनेक प्राणियों में अविरोधी समान अवस्था प्राप्त होती है। उसे जाति नाम कर्म कहते हैं। जाति नाम कर्म से एकेन्द्रिय जाति, द्वीन्द्रिय जाति, त्रीन्द्रियजाति, चतुरिन्द्रयजाति और पन्चेन्द्रियजाति में जन्म होता है। पन्चेन्द्रिय मनुष्य एवं पशु होते हैं। जैन दर्शन में जाति की जो परिभाषा दी गई है उसके अनुसार मनुष्य एवं पशु में भेद नहीं है क्योकि स्पर्श, रसना, घ्राण, चक्षु एवं श्रोत्र यह पशु की भी इन्द्रियाँ है। जैन दर्शन जाति की दृष्टि से मनुष्य एवं पशु को एक मानता है। तब वह मनुष्य–मनुष्य में भेद कैसे मान सकता है। वर्ण की अपेक्षा से अंतर हो सकता है किन्तु वह भेदभाव की भावना पैदा नहीं करता। दिगम्बर जैन साहित्य के प्रारम्भिक व उत्तरकालीन दार्शनिक व पौराणिक ग्रन्थों में आर्य एवं अनार्य शब्दों का मनुष्यों के भेद के रूप में उल्लेख मिलता है लेकिन यह भेद सांस्कृतिक एवं गुणात्मक दृष्टि से विवेचित किये गये। समयसार में कुंद–कुंद ने लिखा है कि अनार्यो की अपनी भाषा थी। उमास्वामी ने आर्यों व अनार्यों के संबध में लिखा है कि जो अनेक गुणों से संपन्न होता है तथा गुणी पुरूष जिसकी सेवा करते है उसे आर्य कहते हैं। उन्होने तत्वार्थ सूत्र में अनार्य शब्द के स्थान पर मलेच्छ शब्द व्यवहार में लाया गया है जो आचार से भ्रष्ट होता है तथा जिसे धर्म का कुछ विवेक नहीं होता उसे मलेच्छ कहते हैं। वेदों के अनुसार भी आर्य सदाचरण और सद्वृत्तियों का अनुसरण करने वाले थे तथा दास (अनार्य) दुःप्रवृत्तियों, अनियमितताओं और अव्यवस्थाओं को उत्पन्न करने वाले। वैदिक व जैन साहित्य से यह स्पष्ट है कि आचार सम्मत, सद्वृत्ति युक्त व सुसंस्कृत जन या जनसमूह आर्य के सूचक थे। इसके विपरीत वृत्तियों से युक्त मनुष्य अनार्य या मलेच्छ थे। आर्य व अनार्य भेद धार्मिक

व सास्कृतिक दृष्टि से था जबकि चतुर्वर्ण व्यवस्था विशुद्ध सामाजिक व्यवस्था थी। दिगम्बर जैन साहित्य से यह भी स्पष्ट होता है कि भेद लोक मान्यता पर आधारित था। जैन धर्म अपनाने के लिये निम्न वर्ग पर कोई प्रतिबंध नहीं था वह व्यक्तिगत साधना से मोक्ष भी प्राप्त कर सकते थे। समंतभद्राचार्य ने लिखा है कि जो मनुष्य सम्यक् दर्शन से संपन्न है वह चंडाल के कुल में उत्पन्न होकर भी देव है, राख के भीतर ढके अंगारे के भीतरी प्रकाश के समान पूज्य है।[21] धर्म के लिए जैन धर्म में भेदभाव को कोई स्थान प्राप्त नहीं था।

इस संदर्भ में फूलचंद्र शास्त्री ने लिखा है कि मनुष्य के ब्राह्मण, क्षत्रिय, वैश्य और शूद्र ये भेद आगम साहित्य और प्राचीन जैन साहित्य में उपलब्ध नहीं होते यहाँ तक कि मूलाचार, भगवती आराधना, रत्नकरण्ड श्रावकाचार जैसे चरणानुयोग ग्रन्थों में तथा सर्वार्थ सिद्धि और राजावार्तिक जैसे सर्वविषयागर्भित टीका ग्रन्थों में भी इन भेदों का उल्लेख दृष्टि गोचर नहीं होता है। ऐसी अवस्था में किस वर्ण का मनुष्य कितने धर्म को धारण कर सकता है इसकी चर्चा तो दूर ही है। वर्ण के आधार पर धर्माधर्म के विचार की पद्धति बहुत ही अर्वाचीन है जो आगम सम्मत नहीं है। स्पष्ट है कि परिस्थितिवश वैदिक धर्म के प्रभाव से इसे जैन साहित्य में स्थान दिया गया।[22] वर्णाश्रम व्यवस्था की वैदिक मान्यताओं का प्रभाव सामाजिक जीवन के रग–रग में इस प्रकार बैठ गया था कि इस व्यवस्था का घोर विरोध करने वाले जैन धर्म के अनुयायी भी इसके प्रभाव से न बच सके। दक्षिण भारत में यह प्रभाव सबसे अधिक पडा। इसका साक्षी वहाँ उत्पन्न होने वाले जैनाचार्यों का साहित्य है। सोमदेव के पूर्व नवीं शताब्दी में ही आचार्य जिनसेन ने सभी वैदिक नियमोपनियमों का जैनीकरण करके उन पर जैनधर्म की छाप लगा दी थी। जिनसेन के करीब सौ वर्ष बाद सोमदेव हुए वे अगर विरोध करते तो भी सामाजिक जीवन में से उन मान्यताओ को पृथक करना संभव न था, इसलिए यशस्तिलक में उन्होंने यह चिन्तन दिया कि गृहस्थो का धर्म दो प्रकार का है। लौकिक तथा परलौकिक। लौकिक धर्म लोकाश्रित है तथा पारलौकिक आगमाश्रित, इसलिए लौकिक धर्म के लिए वेद (श्रुति) और स्मृतियों को प्रमाण मान लेने से कोई हानि नहीं है।

वर्ण व्यवस्था एवं समाज धर्म पर आधारित जनसामान्य के लिए जो चरित या पुराण साहित्य लिखा गया उसमें तत्कालीन जाति व्यवस्था का प्रभाव व समावेश स्वाभविक था। मूल सैद्धांतिक ग्रंथ जैसे षटखंडागम, कषायप्राभृत, कुंदकुंदाचार्य कृत ग्रंथ, समंतभद्र व उमास्वामी के ग्रंथ मोक्ष मार्ग की दृष्टि से रचित दार्शनिक व आध्यात्मिक ग्रंथ हैं जबकि जो ग्रंथ वर्णाश्रम धर्म का वर्णन करते है वह मुख्यतः समाज में रहने वाले जैन अनुयायियों की दृष्टि से रचित प्रतीत होते हैं। क्योंकि समाज में रीति–रिवाजों, लौकिक क्रियाओं, पर्वो के लिए दिशानिर्देशन, जैन दर्शनानुसार कठोर साधना में असमर्थ लोगो को समाज धर्म की आवश्यकता हुई होगी, अतः पुराणों में समाज धर्म का वर्णन किया गया। बिना परम्परा, संस्कृति व रीति–रिवाज के किसी भी सम्प्रदाय का केवल दर्शन के आधार से एकजुट रहना मुश्किल था। कई दर्शन पंथों का अस्तित्व मिट चुका है। समाज में जाति व्यवस्था के प्रभाव से कोई सम्प्रदाय कैसे बच सकता था जबकि उस समय यह व्यवस्था कठोर व कट्टर थी और शासक वर्ग इसमें रूचि लेते थे। निष्कर्षतः यह कहा जा सकता है कि मूल रूप से जैन धर्म में जाति व्यवस्था या वर्ण व्यवस्था स्वीकार्य नहीं थी लेकिन बाद में उसको देश–काल और समाज रीतिवश स्वीकृति प्रदान कर दी गई।

जैन साहित्य में परिवार का स्वरूप

परिवार से ही समाज का निर्माण होता है। मानव समाज का इतिहास जितना प्राचीन है उतना ही परिवार का इतिहास है अर्थात मानव समाज का इतिहास ही परिवार का इतिहास है। मानव समाज के प्रारम्भिक काल से ही परिवार उसके साथ है तथा सामाजिक तथा सांस्कृतिक विकास के सभी स्तरों में इसका योगदान है। सामाजिक संगठनों में परिवार का एक विशिष्ट स्थान है जिसका व्यक्ति एवं समाज के उत्थान एवं विकास में बडा योगदान रहा है।

जन्म के समय मनुष्य एक सामाजिक प्राणी के रूप में नहीं रहता किन्तु संपर्क और संगति से उसका मानवता की ओर अग्रसर होता है एवं उसको संस्कारित बनाने में परिवार सबसे पहली तथा महत्वपूर्ण संस्था

है। पति–पत्नि, माता–पिता, पुत्र–पुत्री और भाई–बहिन इसके सदस्य होते हैं। सभ्यता के साथ परिवार का भी शनैः–शनैः विकास हुआ। इसका सामाजिक संस्था के रूप में उद्गम मानव की सामाजिक तथा मनोवैज्ञानिक आवश्यकताओं की पूर्ति के लिए हुआ। जैन साहित्य के अनुसार परिवार का उदय भोगभूमि के समाप्त होने पर हुआ। भोगभूमि में सभी मनुष्य व्यक्तिगत जीवन जीते थे। परिवार संस्था का उल्लेख अन्तिम कुलकर नाभिराय के समय से मिलता है, वह ऋषभदेव के पिता थे। जैन पुराणों में प्रसंग वश परिवारों एवं उनके सदस्यों का उल्लेख हुआ है, उसी आधार पर परिवार की कुछ विशेषताएँ निम्नानुसार निर्धारित की जा सकती हैंः–

सर्वभौमिकता अथवा सर्वव्यामकताः समस्त सामाजिक संगठनों में परिवार सर्वाधिक व्यापक एवं महत्वपूर्ण संस्था है जो सभ्य–असभ्य समाजों में समान रूप से पाई जाती है समय के साथ समाज में जितने भी परिवर्तन एवं परिवर्द्धन हुए उनमें से परिवार के मूल तत्वों को कभी भी कम नहीं किया जा सकता, क्योंकि इनके माध्यम से यौन संबंध, सन्तानोत्पत्ति और शारीरिक रक्षा जैसी व्यक्ति की मौलिक आवश्यकताओं की पूर्ति की जाती है तथा सामाजिक और सांस्कृतिक कार्यों को संपन्न किया जाता है। महापुराण में अनेक सामाजिक एवं धार्मिक कार्यो के लिए संतानोत्पत्ति एवं पारिवारिक गृहस्थ जीवन आवश्यक बताया गया है। परिवार में सुरक्षा की भावना रहती है।

रक्त संबंधी सीमित आकारः पद्मपुराण से स्पष्ट होता है कि परिवार का सीमित आकार होता है जिसमें केवल वे ही सदस्य होते है जिनका परिवार में जन्म हो या जो परिवार का नियोजन करने वाले व्यक्ति के निकटतम संबंधियों जैसे माँ, पिता, भाई, पुत्र, पुत्री, बहिन। इस प्रकार के (रक्त संबंधी) सदस्यों वाला ही परिवार है।

भावनात्मक आधारः परिवार के कार्य भावनात्मक आधार पर सम्पादित होते हैं। सदस्यों का परस्पर संबंध भावनात्मक आधार पर होते हैं। पति–पत्नि, माँ–बाप और संतान भावनात्मक आधार पर एक दूसरे से जुडे

रहते हैं। स्नेह, पालन–पोषण, सुरक्षा, सदस्यों की इच्छायें और आकांक्षाएँ परिवार के माध्यम से ही तृप्त होती हैं। महापुराण से भी ज्ञात होता है कि पिता द्वारा पुत्र के लिए सभी प्रकार के मनोवांछित फल की इच्छा की पूर्ति की जाती है। परिवार के सभी सदस्य मिलकर धार्मिक व सामाजिक कार्यो में भाग लेते हैं। पिता पुत्र के लिए सभी प्रकार से योग्य बनाने की कोशिश करता है।

संगठन का आधारः परिवार के सदस्य अपने कनिष्ठ सदस्यों को परिवार में रहने की व्यवस्था और नियम से परिचित कराते हैं। नियम अथवा आचार व्यक्ति के कार्यों और संबंधों को प्रभावित करते हैं। परिवार के नियम शिक्षा, धर्म, व्यवहार और अन्य विभिन्न पक्षों को जीवंत करते हैं। महापुराण में वर्णित है कि पिता जब अपने पुत्र को योग्य देखता है तो महत्वपूर्ण दायित्व सौपता है साथ ही मार्गदर्शन करता है। यह मार्गदर्शन गृहस्थ जीवन, व्यवहारिक या लौकिक धार्मिक सभी क्षेत्रों से संबधित होता है। परिवार या कुटुम्ब ही समाज का आधार होता है अतः परिवार के सदस्यों का व्यवहार समाज को प्रभावित करता है। बडे भाई को कनिष्ठों का मार्गदर्शन पिता की तरह करना चाहिए।

परिवार के कर्त्तव्य व उत्तरदायित्व

जैन साहित्य में परिवार के सदस्यों के उत्तरदयित्वों पर प्रकाश डाला गया है। महापुराण में लिखा हैं कि पिता पथभ्रष्ट होता है तो पुत्र उसको समझाइश देता है उसे सद्मार्ग के लिए प्रेरित करता है। प्रत्येक पारिवारिक सदस्य को परिवार की प्रगति व व्यवस्था में योगदान करना चाहिए। पद्मपुराण में लिखा हैं कि जो सदस्य योगदान न दे, परिवार में कार्य न करे उसे तिरस्कृत व बहिष्कृत कर देना चाहिए। परस्पर प्रेम एवं विनय से ही परिवार प्रगति करता है। महापुराण में ही लिखा है यदि कुटुम्बियो में विरोध हुआ तो वह नष्ट हो जाता है। आदिपुराण के संदर्भ में डॉ. नेमीचंद्र शास्त्री ने परिवार के अग्रलिखित कार्य निर्धारित किएः– स्त्री–पुरुष के यौन संबंध को विहित और नियंत्रित करना। वंश वर्द्धन के लिए संतान की उत्पत्ति, संरक्षण और पालन करना, मानव जाति

के क्रम को आगे बढाना गृह एवं गार्हस्थ्य में स्त्री–पुरुष का सहवास और नियोजन, जीवन को सहयोग और सहकारिता के आधार पर सुखी को समृद्ध बनाना, व्यावसायिक ज्ञान, औद्योगिक कौशल का हस्तांतरण, वृद्ध असहाय और बच्चों की रक्षा का प्रबंध संपादन, मानसिक विकास, अनुकरण एवं सहानुभूति द्वारा बच्चों के मानसिक विकास का वातावरण प्रस्तुत करना, ऐहिक उन्नति के साथ पारलौकिक या आध्यात्मिक उन्नति करना, जातीय जीवन के सातत्य को दृढ रखते हुए धर्मकार्य संपन्न करना, प्रेमसेवा, सहयोग, सहिष्णुता शिक्षा, अनुशासन आदि मानव के महत्वपूर्ण नागरिक एवं सामाजिक गुणों का विकास करना, आर्थिक स्थायित्व के हेतु उचित आय का संपादन करना, विकास और सुदृढता के लिए आमोद–प्रमोद एवं मनोरंजन संबधी कार्यो का प्रबंध करना आदि। मातृस्नेह, पितृप्रेम, दाम्पत्य आसक्ति, अपत्य प्रीति और सहवर्तिता परिवार के मुख्य आधार हैं। इन आधारों पर ही परिवार का प्रासाद निर्मित हुआ है।[23] जिनसेन ने परिवार को एक वृहत व्यवस्था के रूप में कुल के अर्थ में लिखा है कि कुल की मर्यादा की सुरक्षा का दायित्व उसके सदस्यों पर है और यदि इस मर्यादा में किसी प्रकार का व्यवधान हुआ अथवा आचार की रक्षा नहीं हुई तो समस्त क्रियाएँ विनाश को प्राप्त होती हैं।[24]

संयुक्त परिवार प्रणाली

जैन साहित्य में भी अन्य प्राचीन साहित्य की तरह की संयुक्त परिवार का उल्लेख है।[25] अपने से बड़ों का आदर तथा छोटों से प्यार, इस प्रणाली मुख्य रहस्य था। यशस्तिलक की पात्र चन्द्रमति कहती है कि बाल्यावस्था में भले ही जबरदस्ती डर या कान खींचकर बच्चे से काम करा ले, किन्तु युवा होने पर तथा जो स्वयं शक्ति सम्पन्न और उच्च पद पर प्रतिष्ठित हो तो उसे न तो उसे बलपूर्वक रोकना चाहिए न काम करने के लिए जबरदस्ती करना चाहिए। जैन सूत्रों में लिखा है कि परिवार के सब लोग एक ही स्थान पर रहते, एक जगह भोजन करते हैं। सभी सदस्यों के अपने–अपने कर्तव्य है, ननद भाभी का झगड़ा भी होता है प्रपिता या पिता मुखिया है, उसकी आज्ञा सभी मानते हैं। स्पष्ट है कि जैन पुराणों में संयुक्त परिवार प्रणाली का उल्लेख किया गया है। सभी सदस्यों

को आवश्यक व उचित स्थान प्राप्त था। सभी के अपने–अपने अधिकार व कर्तव्य थे। सदस्यों के परस्पर सहयोग और समर्थन से परिवार का विकास होता है।

परिवार के सदस्य

पिताः जैन साहित्य में भी पिता को सर्वोच्च स्थान दिया गया है। जिस प्रकार ब्राह्मण व ईसाई धर्म ईश्वर को सर्वोच्च पद प्राप्त करने के लिए उसे पिता या परम पिता कहते हैं। उसी प्रकार जैन साहित्य में कुलकर को पिता की संज्ञा दी गई है। महापुराण में कुलकरों को जो पिता की संज्ञा दी गई उसमें कई निहितार्थ हैं पारिवारिक सदस्यों का पालन पोषण करना, उनकी रक्षा करना, कार्य सम्पादित करना, विभिन्न प्रवृत्तियों का स्थापन, शांति संतुलन बनाये रखना, दण्ड व्यवस्था का निर्धारण, आजीविका, रीति–रिवाज एवं सामाजिक अर्हताओं की प्राप्ति, पुत्र–पुत्रियों का विवाह, समान हित प्रतिपादित करना संतान को योग्य शिक्षा, सम्पत्ति का उचित बँटवारा आदि पिता के कर्तव्य बताये गये हैं। पिता संतान को शिक्षित बनाने का पूरा प्रयास करते हैं जिसके लिए पुत्र एवं पुत्री में भेद नहीं किया जाना चाहिए।[26] पद्म पुराण में लिखा है कि कन्या के पिता को सदा यह चिन्ता लगी रहती है कि कन्या उत्तम पति को प्राप्त होगी या नहीं, यह उसे चिरकाल तक रमण कर सकेगी या नहीं और निर्दोष रह सकेगी या नहीं। हरिवंश पुराण के एक प्रसंग में वर्णन है कि पुत्री ने अविवाहित अवस्था में मर्यादा तोड दी एवं गर्भवती हो गयी। इस घटना पर पिता ने पुत्री को डाँट तो लगाई लेकिन अन्य बडी सजा नहीं दी क्योकि वर योग्य था। पुत्री विवाह के बाद पिता का दायित्व समाप्त नहीं होता है, ससुराल में पुत्री को दुःख होने पर पिता उसे घर में शरण देता है। पिता जहाँ अपनी संतान को इतना प्रेम करता है वही उसको दंड का अधिकार भी प्राप्त है। यदि पुत्र परिवार में सहयोग प्रदान नहीं करता तो पिता उसको बहिष्कृत कर सकता है। उत्तराधिकार के संदर्भ में महापुराण में लिखा है कि त्याग करते समय ज्येष्ठ पुत्र को बुलाकर उससे इस प्रकार कहना चाहिए कि पुत्र हमारे यह कुलक्रम तुम्हारे पालन योग्य है। मैंने जो अपने धन के तीन भाग किये हैं उनका तुम्हे इस प्रकार विनियोग

करना चाहिए कि उनमें से एक भाग तो धर्म कार्य में खर्च करना चाहिए दूसरा भाग घर खर्च के लिए और तीसरा भाग अपने भाइयो में बाँट देना चाहिए। पुत्र के समान पुत्रियों के लिए भी बराबर भाग देना चाहिए। पिता को सर्वोच्च स्थान व प्रतिष्ठा का निर्देश है। पिता विरुद्ध कार्य अत्यंत निंदनीय माना गया है एवं समस्त परिवार इन्हीं के द्वारा अनुशासित किया जाता है।[27] पिता को अधिकार सम्पन्न बताया गया है लेकिन कर्त्तव्य भी बहुत गंभीर निर्दिष्ट हैं।

पुत्रः परिवार का आरभ विवाह से अवश्य होता है लेकिन इसे परिवार के रूप में संतति हो जाने के बाद ही माना जाता है। विवाह या परिवार का प्रयोजन ही संतति है। जैन पुराणानुसार पुत्र का कर्त्तव्य है कि पिता द्वारा प्रदत्त दायित्व को योग्यतापूर्वक निर्वाह करे। पुत्र से अपेक्षा की जाती है कि वह अपने भाइयों से सौमनस्य पूर्ण व्यवहार करे। कलाओं में कुशलता शूरवीरता, दान, बुद्धि, क्षमा, दया, धैर्य, सत्य और शौच एक श्रेष्ठ पुत्र के स्वाभाविक गुण है। महापुराण में ही लिखा है कि एक अच्छे पुत्र को यश व धर्म का अर्जन करना चाहिए। पुत्र द्वारा पिता विरुद्ध कार्य बहुत ही निन्दनीय माना गया है। उत्तराधिकार की संपत्ति को पुत्रों द्वारा धर्म कार्य, घर खर्च व भाइयों में वितरित करना चाहिए। पुत्र के अनेक कर्तव्य जैन पुराणों में वर्णित हैं पिता द्वारा प्रदत्त दायित्व निर्वहन, भाईयों से सौमनस्य, यश व धर्म का अर्जन, सम्पत्ति का उचित उपयोग, पिता का सहयोग, पिता के अभाव में बड़े भाई को पिता का सम्मान, माता–पिता की आज्ञा पालन के अतिरिक्त पुत्र का कर्तव्य था कि वह पिता की अनुपस्थिति में उनके कार्य संपादित करे जैसे कन्या का विवाह। एक पुत्र के लिए आदर्श तो यही है कि वह पारस्परिक प्रेम, सौहार्द, कृतज्ञता, सम्मान आदि भावों से नियंत्रण में रहे।[28]

माताः माँ सभी संस्कृतियों में महान मानी गई है। माँ पिता से अधिक सम्मानीय मानी गई है।

यशस्तिलक में वर्णित हैं कि माता अपनी संतान को किस तरह बड़ा करती है, किस तरह अपनी संतान का भला चाहती है।[29] हरिवंश पुराण में माता का तिरस्कार निंदनीय व अनुचित बताया गया है। महापुराण में

वर्णित है कि माँ की आज्ञा नहीं मानने पर पशु योनि अर्थात तिर्यंच गति प्राप्त होती है। माता का पर्याप्त सम्मान सभी कालों में बताया गया है लेकिन सभी कालों एवं साहित्य की तरह जैन पुराणों में स्पष्ट हैं कि माँ का सम्मान एवं अस्तित्व भी उसकी अपनी संतान पर ही माना गया। माँ एक विभूति है जो अपने पुत्रों से ही प्रेम स्नेह नहीं करती बल्कि उसका हृदय इतना विशाल होता है कि उसको दूसरों के पुत्रों को भी पुत्र की दृष्टि से देखती है, एक माँ ही पुत्र के महत्व को समझती है। वह किसी भी माँ की गोद को संतानविहीन नहीं देखना चाहती। पद्मपुराण में ही वर्णित है कि संसार में वह मनुष्य बडा पुण्यात्मा है जो माता की विनय में तत्पर रहता है तथा किंकर भाव प्राप्त हो उसकी सेवा करता है।

पतिः स्त्री के लिए पति ही सब कुछ होता है, उसके लिए पति ही शरण देता है। लेकिन आज्ञाकारी पुत्र हो तो पति की कमी का एहसास नहीं होता है। महापुराण के एक प्रसंग में पत्नी के साथ दुर्व्यवहार पर पति कहता है कि मूर्ख क्या तूने मेरी पत्नी को विधवा को समझ लिया था। इससे तात्पर्य यह हैं कि पुराण में विधवा को असहाय समझा गया चूँकि जैन पुराण साहित्य के रचनाकाल (600 से 800 ईसवी) में विधवा के प्रति सख्त नियम जारी हो गये थे। जैन साहित्य में उपरोक्तानसार अनेक उल्लेख प्राप्त होते हैं।[30]

दाम्पत्य जीवनः– पति–पत्नी पर आधारित संबंध दाम्पत्य जीवन हैं। प्रसंगवश जैन शास्त्रकारों ने दाम्पत्य जीवन पर भी प्रकाश डाला है। महापुराण में अनेक सामाजिक एवं धार्मिक कार्यो के लिए संतानोत्पति एवं गृहस्थ जीवन आवश्यक माना गया है। इसी पुराण में लिखा है कि दाम्पत्य संबंध पति–पत्नी के परस्पर परमनिष्ठा, प्रेम एवं विश्वास पर आधारित होता है। औरत ही नहीं पुरूष भी पत्नी से शोभायमान होता है। महापुराण के अनुसार स्त्री घर की इज्जत है। ऐसा वर्णित है कि रति सुख एवं प्रसन्नता सुशील पत्नी से ही प्राप्त हो सकता है। परस्त्री गमन एवं स्त्रियों का परपुरूष गमन अत्यंत निंदनीय बताया गया है। पतिव्रता धर्म का काफी वर्णन प्राप्त होता है। स्त्री के पथभ्रष्ट होने में कामभावना ही प्रबल नहीं होती बल्कि उसका कारण पति–पत्नी वैमनस्य भी रहता है।

पत्नी के लिए पति ही महत्वपूर्ण है। पति के सिवाय माता–पिता, भाई व अन्य सभी औपचारिक हैं।[31] पद्मपुराण के अनुसार पत्नी को ही पति का सम्मान नहीं बल्कि पति को भी पत्नी का सम्मान करना चाहिए अपराध होने पर क्षमायाचना करना चाहिए।[32] एक श्रेष्ठ दाम्पत्य जीवन के लिए पति–पत्नी को एक–दूसरे की प्रशंसा करते रहना चाहिए। एक आदर्श पत्नी की अनेक विशेषताएँ वर्णित है जैसे सुन्दरता की उत्कृष्ट पुष्टि, मित्रता की परम प्रीति, सज्जनता की उत्कृष्ट गति, कामशास्त्र की सृजेता, कलाशास्त्र रूपी नदी का प्रवाह, कीर्ति का उत्पत्ति स्थान, पतिव्रत धर्म की परम सीमा, शिक्षित, लज्जा, दया एवं उदारता आदि। जैनाचार्यो ने समाज को सुव्यस्थित ढंग से चलाने के लिए पति–पत्नी में परस्परिक सोहार्दता का आदर्श प्रतिष्ठापित किया है। आचार्य कहते हैं कि पहले स्त्री पुरूष का संसर्ग होता है फिर प्रीति उत्पन्न होती है, रति से विश्वास उत्पन्न होता है तदनन्तर विश्वास से प्रणय उत्पन्न होता है।[33] दाम्पत्य जीवन में ऐसा नहीं हो कि पत्नी ही पति का सम्मान करती रहे, पति को भी पत्नी का सम्मान करना चाहिए।

कन्याः– कन्याओं का लालन–पालन एवं उनकी शिक्षा में कोई भेदभाव नहीं होने का कथन किया गया है। आदिनाथ ने पुत्री शिक्षा के संदर्भ में अपनी पुत्रियों से कहा कि इस लोक में विद्यावान व्यक्ति पंडितों के द्वारा भी सम्मान को प्राप्त होता है और विद्यावती स्त्री भी सर्वश्रेष्ठ पद को प्राप्त होती है। विद्या ही मनुष्यों का बंधु है, विद्या ही मित्र है विद्या ही सब प्रयोजनों को सिद्ध करने वाली है अतएव हे पुत्रियों तुम दोनों विद्या ग्रहण करने में प्रयत्न करो। पुत्रियों के लिए, अक्षर विद्या, अंकविद्या, गणित शास्त्र, व्याकरण शास्त्र, छन्दशास्त्र और शास्त्र का उपदेश व शिक्षा प्रदान की गई। माँ–पिता पुत्रियों को योग्य तो बनाते ही थे लेकिन प्रसन्नता तब अधिक होती थी जब सुदर पुत्री का जन्म होता था। सुंदरता पुत्री की सबसे बड़ी योग्यता हमेशा से मानी गई है, ससुराल में उसी कन्या को पुत्रवधू के रूप में सर्वाधिक प्रशंसा मिलती थी जो सुंदर होती थी। अन्य योग्यताएँ गौण ही माना जाती थीं। सुंदरता, बुद्धिमानी, विनीत, सुशील, श्रेष्ठ लक्षण, रूपमती, सुंदर चाल–चलन, सुडौल बदन, वृद्धा के समान शील एवं विनय गुण यह एक श्रेष्ठ पुत्री के गुण माने गए है।[34] हरिवंश

के एक प्रसंग में कहा गया है कि कन्या के पसंद पर कुलीन–अकुलीन पर भेद नहीं होता है। आदि पुराण में ऐसे भी अनेक प्रमाण आए हैं जिनसे व्यक्त होता है कि कन्याएँ आजीवन अविवाहित रहकर समाज की सेवा करती थी एवं आत्मकल्याण करती थी। ब्राह्मी एवं सुंदरी ने कौमार्य अवस्था में ही दीक्षा ग्रहण कर आत्मकल्याण किया था। प्राचीन भारत में दो विचारधाराएँ थीं, एक के अंतर्गत कन्या एक भोग्या एवं ग्रहिणी ही बन सकती है या उसे बनना चाहिए एवं दूसरी कि उसे प्रत्येक लौकिक क्षेत्र में सम्पूर्ण अधिकार मिलना चाहिए। यह दो विचारधाराएँ भारतीय संस्कृति की अभिन्न अंग है। यह प्राचीन भारत में विद्यमान थी और वर्तमान में भी हैं।

विवाहः– जैन साहित्य में विवाह का उद्देश्य धर्म एवं संतान की संतति बढाना, परिवार में उत्पन्न होने वाली संतान की रक्षा करना एवं गृहस्थ जीवन के अनेक सामाजिक एवं धार्मिक कार्य प्रतिपादित करना है। विवाह चिरमर्यादित समाज संस्था है। जीवन में धर्म, अर्थ काम आदि पुरूषाथों का सेवन विवाह संस्था के बिना असंभव है। गृहस्थ जीवन का वास्तविक उद्देश्य दान देना, देव–पूजा करना एवं मुनि धर्म के संचालन में सहयोग देना है।[35] चतुर्विध संघ के संरक्षण व कुल परम्परा का निर्वाह करने की दृष्टि से विवाह संस्था की परम आवश्यकता का कथन किया गया है।

प्राचीन भारतीय साहित्य में विवाह के आठ प्रकारों का उल्लेख हुआ है। ब्राह्म, देव, आर्ष, प्रजापत्य, असुर, गंधर्व, राक्षस एवं पिशाच। प्रथम चार ब्राह्म, देव, आर्ष एवं प्राजापत्य प्रकार को धर्मसंगत माना गया है। इन विवाह प्रकारों का जैन साहित्य में उल्लेख नहीं है। पिता द्वारा नियोजित विवाह को ही मान्यता प्रदान की गई है। विवाह की योजना में परिवर्तन भी होता रहता था लेकिन आठ प्रकारों को मान्यता प्रदान नहीं की गई थी। महापुराण में अनुलोम विवाह तो स्वीकार किया गया है पर प्रतिलोम को नहीं, जिसके अनुसार चारों वर्णों को अपने वर्ण में ही करने की अनुमति थी। कुल की शुद्धता एवं वर्ण व्यवस्था को सुरक्षित रखने के लिए विवाह संबंध को महत्व दिया है। शूद्र, शूद्र कन्या के साथ एवं ब्राह्मण चारों वर्णों की कन्याओं के साथ विवाह कर सकता था।

वर–वधू की योग्यताएँः– पद्मपुराण, हरिवंश महापुराण, पाण्डव पुराण आदि लगभग सभी साहित्य में वर–वधू की जो योग्यताएँ निर्धारित की है वह लगभग समान ही है। एक अच्छे वर में कुल, रूप, वय, विद्या, चारित्र, शोभा, और पौरूष आदि गुण होना चाहिए। कन्या से विवाह पूर्व सहमति व परिचय आवश्यक था। वर–कन्या के समान वय, वैभव, शील व धर्म के होने पर विवाह प्रशस्त होता है। पद्मपुराण में लिखा है कि गुण, कुल, व कान्ति वर की अनिवार्य योग्यताएँ है। एक वधू के रूप में जिस कन्या को आदर्श माना गया है उसमें भी अनेक योग्यताएँ होना आवश्यक बताया गया है। सुन्दरता का अनिवार्य योग्यता मानी गयी है, सुन्दर लक्षण, रूपमती, सुन्दरचाल–चलन, सुडौल, शरीर, वृद्धा के समान विनय एवं शील, एक श्रेष्ठ कन्या के गुण है। एक वधू की सबसे अनिवार्य योग्यता निर्दिष्ट है कि वह एक आदर्श पत्नी बने सके। जिसमें कई गुणों का होना आवश्यक हैं जैसे सुन्दरता की उत्कृष्ट पुष्टि, मित्रता की परम प्रीति, सज्जनता की उत्कृष्ट गति, कामशास्त्र की सृजेता, कलाशास्त्र की सृजेता, कलाशास्त्र रूपी नदी का प्रवाह, कीर्ति का उत्पत्ति स्थान, प्रतिव्रत धर्म की परमसीमा, शिक्षित, लज्जा, पुण्य रूपी सम्पत्ति, दया, उदारता आदि। इसके अतिरिक्त वह उच्च कुल में उत्पन्न हुई हो, पति के मन के अनुकूल प्रवृत्ति करने में समर्थ हो, सदा पति के साथ रहें, मधुर वचन बोलती हो, पति से चकती के समान प्रेम करें, क्रोध या अहंकार की गर्मी का अभाव हो, पति के मनोगत भाव समझने वाली हो, उसकी प्रवृत्ति पुण्य रूप हो अर्थात् धर्म कार्य में रूचि लेती हो अन्य स्त्रियों से अच्छा व्यवहार रखें आदि विशेषताएँ भी वांछनीय है।[36] जो पुरूष विवाहित हो एवं घमण्डी हो उसे कोई पिता अपनी कन्या नहीं देना चाहता । आयु का ज्यादा अंतर भी स्वीकार नहीं किया जाता, क्यों न वह कांतिवान व युवा दिखता हो और सर्वोच्च स्थिति को प्राप्त किये हो ।

वर–वधू की सहमतिः– जैनाचार्यों ने पति–पत्नि का जीवन सौमनस्य एवं सौहार्दपूर्ण वातावरण में व्यतीत हो इसके लिए विवाह पूर्व सहमति का उल्लेख किया है। कन्या को पूर्ण अधिकार था वह विवाह करें या अविवाहित रहे। कन्या को विवाह के पूर्व वर का पूर्ण परिचय दे दिया जाता था। हरिवंश पुराण में कथन है कि हे मुग्धे, तेरे लिए योग्य भर्त्ता

की प्राप्ति की चिंता से तेरे माता–पिता की निद्रा नष्ट हो गयी है सो योग्य वर को स्वीकार कर माँ–पिता को सुखी बना। पिता भी अपने पुत्र से सहमति के पश्चात् ही विवाह की प्रक्रिया निर्धारित करने का उल्लेख हैं। पद्मपुराण के पंद्रहवें एवं सोलहवें पर्व में वर्णन है कि पवनजय ने विवाह से पूर्ण असहमति जताई लेकिन फिर भी विवाह कर दिया गया। परिणामस्वरूम पत्नी को प्रारंभ से ही पति विरह की आग में झुलसना पड़ा एवं अत्य कष्ट सहने पड़े।

विवाह विधिः– महापुराणकर्ता आचार्य जिनसेन ने विवाह का उल्लेख गर्भान्वय क्रियाओं के अंतर्गत किया है। योग्य कुल की कन्या के साथ विवाह किए जाने का उल्लेख किया गया है। पुराणों में वर्णित है कि सर्वप्रथम सिद्ध पूजा और तीनों अग्नियों की पूजा सम्पादित कर किसी पवित्र स्थान में बड़ी विभूति के साथ सिद्ध भगवान की प्रतिमा के समक्ष वर–वधू का विवाहोत्सव सम्पन्न करें। वेदी में स्थापित अग्नि की प्रदक्षिणाएँ देकर वर–वधू को साथ बैठाना चाहिए। विवाह की दीक्षा में नियुक्त हुए वर–वधू को देव और अग्नि को साक्षीपूर्वक सात दिनों तक ब्रह्मचर्य व्रत धारण करना चाहिए तदनंतर अपने योग्य किसी देश में भ्रमण कर अथवा तीर्थभूमि में विहार कर विभूति सहित वर–वधू घर में प्रवेश करें।। कंकड मोचन पश्चात् गार्हस्थिक विधियों को सम्पन्न करना चाहिए। आदिपुराण के सातवें पर्व में विवाह विधि का सांगोपांग वर्णन आया है– विवाह विधि को संपन्न करने का प्रमुख स्थान विवाह मंडप है। इस मडंप का निर्माण बहूमूल्य पदार्थों द्वारा किया जाता है। मांगलिक द्रव्यों के साथ सौन्दर्यवर्द्धक पदार्थों का भी उपयोग किया जाता था। वर–वधू को सुसस्कृत पाठों पर बैठाना, जलधारा के अनंतर पाणिग्रहण की विधि सपंन्न होना, उल्लिखित है। गुरूजनों के साक्षीपूर्वक विवाह विधि संपन्न होना और दर्शकों द्वारा आशीर्वाद के उच्चारण किए जाने का निर्देश है।

विवाहोत्सव में जितने व्यक्ति सम्मिलित होते थे उन सबका दान–मान एवं संभाषण द्वारा यथोचित आदर किया जाना चाहिए। विवाह के दूसरे दिन बर–वधू चैत्यालय की वंदना करने का उल्लेख है। चैत्यालयों में पूजा सामग्री के साथ दोनों का विधिपूर्वक दर्शन–वंदन करना, पूजन के पश्चात्

चैत्यालय में प्रदक्षिणा करना, प्रदक्षिणा के अनंतर आरंभ जनित क्रियाओं की शुद्धि के लिए प्रायश्चित करने का उल्लेख किया गया है। मुनि दर्शन के पश्चात् गंधकुटि में विराजमान भगवान की प्रतिमा का अभिषेक एवं स्तुति पाठ कर वे अपने घर लैटने का निर्देश है। विवाह विधि के संदर्भ में हरिद्रा, कुकुम, चंदन, अक्षत, पुष्प आदि मांगलिक द्रव्य भी पारगणित किये गये हैं। इन मांगलिक द्रव्यों का व्यवहार प्रत्येक अवसर पर किया जाना चाहिए। विवाह में जमाता को जो दहेज दिया जाता था उसे अन्वयिनिक कहा गया है। विवाह के अवसर पर पूजा विधि संपन्न की जाना तथा विविध प्रकार का दान दिया जाना वर्णित है।

निष्कर्षतः कहा जा सकता है कि प्राचीन जैन साहित्य में परिवार संस्था का यथेष्ठ वर्णन प्राप्त होता है। आश्चर्यजनक किन्तु कितना प्रभावी तथ्य है कि समाज व परिवार से विरक्त संतों ने परिवार व समाज का सूक्ष्म विश्लेषण किया। एक श्रेष्ठ व आदर्श परिवार प्रणाली प्रस्तुत करने का प्रयास किया। वर्तमान में परिवार प्रणाली विखण्डित हो रही है। परिवार चूंकि समाज की इकाई है, इसका पतन समाज का पतन हैं। इसी समसामयिक समस्या एवं महत्व के संदर्भ में जैन साहित्य के अनुसार परिवार के स्वरूप का वर्णन उपयोगी है।

जैन संस्कृति में आश्रम संस्थाः– प्राचीन भारत में आश्रम व्यवस्था प्रचलित थी जो व्यक्ति के जीवन को संयमित एवं गतिशील बनाती थी। आश्रम शब्द श्रम से बना है अर्थात एक ऐसा जीवन स्तर जिसमें मनुष्य के जीवन को निश्चित भागों में विभाजित कर दिया गया और एक निश्चित समय में एक निश्चित लक्ष्य निर्धारित कर दिया गया, जिसे अपने श्रम या कर्तव्य से प्राप्त करना है। व्यवस्था दी गई कि चारों आश्रमों ब्रह्मचर्य, गृहस्थ, वानप्रस्थ व संयास में धर्म, अर्थ, काम और मोक्ष की प्राप्ति की जाए। इसके मूल में मानव जीवन की प्रत्येक अवस्था के मनोवैज्ञानिक एवं नैतिक विचार सन्निहित है। इसका उद्देश्य था कि व्यक्ति के व्यक्तित्व का विकास हो साथ ही उसका समाज के विकास में योगदान हो।

आश्रम व्यवस्था हिन्दू धर्म की देन है लेकिन यह व्यवस्था वैदिक ग्रन्थों में आश्रम शब्द से नहीं मिलती है। राजवली पाण्डेय का मत है

कि वैदिक काल में भी यह व्यवस्था थी लेकिन प्रतिष्ठित बाद में हुई।[37] जैन साहित्य में आश्रम व्यवस्था का समावेश पुराणों में हुआ। महापुराण में ब्रह्मचर्य, गृहस्थ, वानप्रस्थ एवं संयास आश्रम का उल्लेख हुआ है।[38] पुराणों के पूर्ववर्ती जैन साहित्य में आश्रमों को मान्यता प्रदान नहीं की गई है। गृहस्थ आश्रम के बाद ही कोई संयास धारण करेगा ऐसा जैन धर्म में कोई नियम नहीं है। मुनि धर्म की दीक्षा बिना गृहस्थ धर्म के पालन किए ही ली जा सकती है। पुरूषार्थ सिद्धयुपाय में लिखा है कि यदि दुखों से छुटकारा पाना है तो साधु दशा स्वीकार करो। जैन पुराणों में चार आश्रमों का वर्णन किया गया है। महापुराण में लिखा है कि अन्य लोगों ने जो चार आश्रम माने हैं वह विचार किए बिना ही सुन्दर हैं। जैन साहित्य में आश्रम विषयक जो विवेचन किया गया है उसका वर्णन निम्नलिखित है।

ब्रह्मचर्य आश्रम– महापुराण में वैदिक व्यवस्था का जैनीकरण किया गया है जिसमें वर्णित है कि ब्रह्मचारी, गृहस्थ, वानप्रस्थ और भिक्षुक ये जैनियों के चार आश्रम हैं जो कि उत्तरोत्तर अधिक विशुद्धि होने से प्राप्त होते हैं। ब्रह्मचर्य शब्द "ब्रह्म" और "चर्य" से मिलकर बना है। ब्रह्म का अर्थ है महान आत्मा, चर्य का अर्थ है है विचरण करना। ब्रह्मचर्य आश्रम चारों आश्रमों की आधार शिला कहा जाता है। महापुराण में ब्रह्मचर्य आश्रम का विवेचन किया गया है जिसमें विद्यार्थी जीवन के लिए निर्देश भी है। आठवे वर्ष में बच्चे की यज्ञोपवीत क्रिया होती है। इसमें अर्हन्त देव के दर्शन के बाद उसका मौजी बंधन किया जाता है। अर्थात् मुंज की रस्सी बांधी जाती थी, सिर का मुन्डन और सात लर या तीन लर का यज्ञोपवीत धारण कर भिक्षा मांगनी होती थी। यज्ञोपवीत की जैन धर्मानुसार व्याख्या की गई है, इसे रत्नत्रय सूत्र या सप्तभंगी नय सूत्र कहा गया। विद्यार्थियों की आचार संहिता भी निर्धारित की गई जिससे हिंसा न हो जैसे वृक्ष की दातून न करना, पान न खाना, अंजन न लगाना, हल्दी न लगाना केवल शुद्ध जल से नहाना। संयम का पालन हो अतः पलंग पर न सोना, दूसरे के शरीर से रगड़ न होना, अकेले पृथ्वी पर सोना। इस प्रकार से विशुद्ध ब्रह्मचर्य बालक को स्थूल हिंसा का त्याग करना चाहिए। विद्यार्थी को अपने गुरू से व्याकरण, शब्द शास्त्र, न्याय एवं अर्थशास्त्र का अध्ययन करना चाहिए। इसके बाद ज्योतिष, छंद शास्त्र, शकुन शास्त्र और गणित शास्त्र आदि

का भी अध्ययन करना चाहिए। विद्यार्थी के कर्तव्य भी बताए गए हैं, जैसे गुरू, माता–पिता, विद्वान, वयोवृद्ध व व्रती का सम्मान करना, विनयपूर्वक अध्ययन करना, विद्याध्ययन करने के सिवाय दूसरा कार्य शारीरिक व मानसिक चपलता तथा चित्त प्रवृत्ति को अन्यत्र ले जाना ये कार्य नहीं करना। विद्याध्ययन (ब्रह्मचर्य) सोलह वर्ष तक निरन्तर चलता रहता है। ब्रह्मचर्य आश्रम के बाद गुरू की आज्ञा से अन्य वस्त्र, आभूषण और माला आदि गृहण किया जाता था एवं आजीविका के उपकरण सामग्री व साधन अपना सकता था जब तक आगे की क्रिया नहीं होती तब तक काम परित्याग रूप ब्रह्मचर्य व्रत का पालन करना चाहिए। महापुराण में उपरोक्त विवरण विस्तृत रूप में प्राप्त होता है।[39]

गृहस्थाश्रम– ब्रह्मचर्य अवस्था समाप्त हो जाने के पश्चात् विवाह होता है। इस प्रकार जिसका विवाह हो चुका है वह गृहस्थ धर्म में प्रवेश करना है। गृहस्थाश्रम को समाज सेवा का साधन माना गया है। लौकिक दृष्टि से इसी आश्रम पर अन्य तीनों आश्रम का अस्तित्व निर्भर करता है। साधु वर्ग श्रावकों के ही ऊपर अवलम्बित है। श्रावक को अपना आचार–व्यवहार इतना परिष्कृत कर लेना पड़ता है कि वह समय आने पर सन्यासी बन सके। यहां भी इन्द्रिय संयम की आवश्यकता है। हरिवंश पुराण में वर्णित है कि गृहस्थ–धर्म साक्षात् स्वर्गादि के अभ्युदय एवं परम्परा से मोक्ष का कारण है।[40] सागर धर्मामृत में वर्णित है कि एक आदर्श गृहस्थ वही है जो न्यायपूर्वक आजीविका उपार्जन करता है। हितकारी सत्यवाणी बोलता है। धर्म, अर्थ और काम पुरूषार्थ का परस्पर अविरोध से सेवन करता है।[41] हरिवंश पुराण में गृहस्थ को मद्य, मांस, मधु, जुआ, रात्रि भोजन, परस्त्रीगमन व वैश्यागमन से विरक्त होना नियम कहा है।[42] रत्नकरण्ड श्रावकाचार में मद्य, मांस, मधु का त्याग एवं पांच अणुव्रत का पालन गृहस्थ के आठ मूल गुण बताए गये हैं। गृहस्थ को संयमित करने के लिए तीन गुणव्रत और चार शिक्षाव्रत जैन ग्रन्थों में बताए गये हैं। गृहस्थों के लिए छह कर्तव्य निश्चित किए गए हैं, देव पूजन, गुरू की उपासना, स्वाध्याय, संयम, तप एवं दान। गृहस्थ के दान, पूजा, तप अेर शील यह चतुर्विध धर्म है। हरिवंश पुराण में वर्णित है कि गृहस्थ धर्म साक्षात स्वर्ग आदि के अभ्युदय एवं परम्परा से मोक्ष का कारण है।

जैन धर्म के अनुसार गृहस्थ आश्रम में मोक्ष प्राप्त नहीं किया जा सकता लेकिन जो गृहस्थ सम्यकदृष्टि होते हैं वह मरकर इन्द्र चक्रवर्ती, उच्च कुलीन एवं मनुष्यों के शिरोमणी रूप में जन्म लेते हैं।[43] बाद में मुनि धर्म के द्वारा मोक्ष प्राप्त कर सकते हैं। धर्म धारण, संयम व त्याग के आधार पर गृहस्थों (श्रावकों) के ग्यारह दर्जे या श्रेणियां निर्धारित की गई यथा दर्शन, व्रत, सामयिक, प्रोषध, सचित्त त्याग, रात्रि भोजन त्याग, ब्रह्मचर्य, आरम्भ त्याग, परिग्रहत्याग, अनुमति त्याग और उद्ष्टि त्याग प्रतिमाधारी ये ग्यारह श्रावक के पद या दर्जे हैं।[44] क्रमशः संयम व त्याग करते हुए अंतिम दर्जें का श्रावक घर छोड़कर मुनि के आश्रम में जाकर गुरू के समीप व्रतों को धारण करते तप, तपता हुआ खण्ड वस्त्र धारण करता है, यह श्रमण बनने की तैयारी है। जैन धर्म में गृहस्थ या श्रावक को क्रमशः संयम, तप व त्याग का निर्देश है। गृहस्थ अंत में सभी कुछ त्याग कर सल्लेखना (समाधिमरण) भी कर सकता है। जैन धर्म में गृहस्थ को नियमों से नियंत्रित करने का निर्देश है जैन धर्म के अनुसार इस आश्रम में सांसारिक व वैवाहिक जीवन में अर्थ व काम के संयमित उपभोग करने के साथ ही धर्म का पालन का निर्देश है।

वानप्रस्थ आश्रम –जैन धर्म साहित्य में वानप्रस्थ आश्रम का स्पष्ट कोई प्रावधान नहीं है। महापुराण में वानप्रस्थ आश्रम का उल्लेख किया गया है। जैन साहित्य में वानप्रस्थ आश्रम को स्पष्ट नहीं किया गया है। विद्वानों के अनुसार वानप्रस्थ आश्रम नैष्ठिक श्रावक का साधन वाला रूप है, जिसमें घर छोड़कर क्षुल्लक और एकल व्रतों द्वारा अपनी आत्मा की शुद्धि की जाती है। जैन धर्म के अनुसार वानप्रस्थ केवल जंगल में भाग जाने का नाम नहीं है। वानप्रस्थ निवृत्ति त्याग, अपरिग्रह का नाम है। यह मजबूर होकर संसार का त्याग करना भी नहीं अपितु स्वेच्छा से संसार को छोड़ देना है। वानप्रस्थ ग्यारह प्रतिमाधारी मुनि के आश्रम में जाकर गुरू के समीप व्रतों को धारण करके तप, तपता हुआ भिक्षा से भोजन करना है तथा लंगोट और खण्ड वस्त्र धारण करता है वह उत्कृष्ट श्रावक कहलाता है, इसी श्रेणी को वानप्रस्थ कह सकते हैं।

सन्यास आश्रम –जैन धर्म में सन्यास आश्रम का सबसे अधिक महत्व

है। पुरूषार्थसिद्धियुपाय में लिखा है कि दुखों से छुटकारा पाना है तो साधु दशा स्वीकार करो।[45] जैन धर्म में यह आवश्यक नहीं कि गृहस्थ आश्रम के बाद ही सन्यास ग्रहण हो। व्यस्क होने पर कभी भी सन्यास ग्रहण किया जा सकता है। जैन धर्म के अनुसार जीवन क्षण भंगुर है। अतः धर्म पुरूषार्थ का अनुष्ठान कभी भी किया जा सकता है। जैन धर्म के संयास (साधु दशा) किसी आचार्य से दीक्षा के साथ होता है। दीक्षा की पात्रता के संदर्भ में आचार्य वीरनंदी ने आचार–सार में स्पष्ट करते हुए कहा है कि प्रथम तो जिसने सांसारिक इन्द्रियजन्य भोग को हेय समझा हो, शूद्र वर्ण से रहित, ब्राह्मण, क्षत्रिय और वैश्य वर्ण वाला हो, अखण्डित अंग युक्त, राजा और लोक से अविरूद्ध, पारिवारिक जनों से अनुमति लिया वह भव्य आचार्यवर के समीप जाकर दीक्षार्थ निवेदन करता है।[46] जैन आचार्यों का मत है कि जो अति बालक हो, अतिवृद्ध हो, नपुंसक हो, अंगहीन या अधिक अंग वाला हो, जड़ रोगी, कोढ़ी, चोर, राज्यपराधी, उन्मत, अंध, दासत्व, दृष्टमूढ़, शरणार्थी, पीड़ित, कैद पाया हुआ, भागकर आया हुआ, पुरूष निंगाग्र में चर्म का न होना, अतिशय दीर्घ अण्डकोष या असामान्य हो तो वह दीक्षा के अयोग्य है, तथा अन्यायी अथवा अपराधी हो तो उसे दीक्षा नहीं देना चाहिए। साधु बनने के लिए आचार्य के समक्ष केशलौंच करते हुए नग्नत्व स्वीकार करना आवश्यक है।[47] तत्पश्चात् आचार्य दीक्षित मुनि का नामकरण करते हैं। श्रमण मातृपिच्छी कमण्डल धारण करते हैं। मुनि आचार्य के निर्देशन में संघ में निर्देशित स्थल पर अकेले या दो व तीन मुनि के साथ साधना कर सकते हैं।

जैन धर्म में लौकिक चतुष्टय व्यवस्था नहीं है। पुराणों में चार आश्रमों का वर्णन प्राप्त होता है लेकिन सैद्धांतिक दृष्टि से मुनि व श्रावक धर्म ही महत्वपूर्ण है। गृहस्थ आश्रम को संयास आश्रम की अभ्यास शाला कहा गया है। जैन धर्म में संयास आश्रम को सर्वाधिक महत्व दिया गया है।

जैन धर्म में पुरुषार्थः—मनुष्य के व्यक्तित्व के विकास तथा समाज के उत्थान के लिए प्राचीन भारतीय संस्कृति में धर्म, अर्थ, काम और मोक्ष इन चार पुरुषार्थों की व्यवस्था की गई । पुरुषार्थ संस्था, इन चारों पुरुषार्थों के द्वारा भौतिक सुख–समृद्धि, भोग व कामना का जीवन एवं

संयम, नियम, आध्यात्मिक आचार–विचार का जीवन इन दोनों प्रवृत्तियों का संतुलित, सम्मिलित और समन्वित स्वरूप में प्रस्तुत करती है। भौतिक सुख के प्रतिनिधि अर्थ एवं काम है आध्यात्मिक सुख के लिए धर्म एवं मोक्ष की व्यवस्था की गई है। मनुष्य जीवन के विभिन्न क्षेत्रों की समस्त आवश्यकताएँ, इच्छाएँ और उद्देश्य पुरुषार्थ के अंतर्गत आ जाते हैं। पुरुषार्थ से मनुष्य बौद्धिक, नैतिक, शारीरिक भौतिक और आध्यात्मिक उत्कर्ष करता है। एक आदर्श समाज के लिए धर्म, अर्थ और काम का अनुसरण इसी आधार पर होना चाहिए जिससे व्यक्ति के कर्तव्य व अधिकार धर्म के विस्तृत परिवेश में विकसित हो सके। अतएव प्रत्येक व्यक्ति को धर्म, अर्थ, काम और मोक्ष पुरुषार्थ की प्राप्ति के लिए प्रयास करना चाहिए। इन चारों पुरुषार्थों में मोक्ष परम लक्ष्य है। अर्थ और काम उस लक्ष्य तक पहुँचने के साधन हैं और इन साधनों का समुचित प्रयोग करने की विधि धर्म है। परम लक्ष्य की प्राप्ति सभी व्यक्ति नहीं कर पाते हैं लेकिन उसे प्राप्त करने के लिए नियंत्रित होना आवश्यक है, नियंत्रित करने के लिए ही मनुष्य की पाशविक व दैविक प्रकृति के बीच धर्म है।

धर्मः दुःखों से छुटकारा दिलाने वाले आचार को धर्म कहा गया है। रत्नकरंड श्रावकाचार में वर्णित है कि धर्म वह है जो प्राणियो को संसार के शारीरिक और मानसिक आदि दुःखों से निकालकर स्वर्ग और मोक्ष आदि के सुखों को प्राप्त कराता है।[48] जैन धर्म में धर्म के दस भेद बताए गए हैं–उत्तम क्षमा, उत्तम मार्दव, उत्तम आर्जव, उत्तम सत्य, उत्तम शौच, उत्तम संयम, उत्तम तप, उत्तम त्याग, उत्तम आकिंचन्य एवं उत्तम ब्रह्मचर्य।[49] इन दस धर्मो के द्वारा मनुष्य अपनी समस्त इच्छाओं और आवश्यकताओं को व्यवस्थित, नियमित एवं संयोजित करता है। अतएव धर्म वह है जो जीवन की विविधताओं, भिन्नताओं, अभिलाषाओं, लालसाओं, भोग, त्याग, मानवीय आदर्श एवं मूल्यों को नियमबद्ध कर नियमितता प्रदान करता है। यह मनुष्य के नैतिक कर्तव्यों की और संकेत करता है। पद्मपुराण में वर्णित है कि धरतीति धर्मः अर्थात जो धारण करे वह धर्म है। अच्छी तरह से आचरण किया हुआ धर्म दुर्गति में पडे हुए जीव को धारण कर लेता है, बचा लेता है इसलिए वह धर्म कहलाता है। धर्म चारों पुरुषार्थों में मुख्य है। वही अर्थ काम व मोक्ष का साधन है। पद्मपुराण में वर्णित है कि धर्म

ही परम बंधु है। धर्म ही महाहितकारी है, निर्मल दया जिसकी जड है उस धर्म का फल नहीं कहा जा सकता। धर्म के समागम से प्राणी समस्त इष्ट वस्तुओं को प्राप्त होता है। लोक में धर्म अत्यंत पूज्य है, जो धर्म की भावना से सहित है, लोक में वही विद्धान कहलाते है। जो धर्म दयामूलक है वही महाकल्याण का कारण है। धर्म के ही फल को पाताल में धरणेन्द्र आदि पृथ्वी पर चक्रवर्ती आदि और स्वर्ग में इन्द्र आदि भोगते हैं। धर्म दो प्रकार के है–अणुधर्म व पूर्णधर्म। अर्थात अणुव्रत और महाव्रत ये दोनों मोक्ष के मार्ग है। इनमें से अणुधर्म तो परम्परा से मोक्ष का कारण है पर महाधर्म साक्षात ही मोक्ष का कारण कहा गया है।[50] यशस्तिलक में वर्णित है कि प्राणी धर्म से संसार में सुखी होता है जिन सत्कर्तव्यों के अनुष्ठान से मनुष्य को स्वर्ग और मोक्ष की प्राप्ति होती है उसे धर्म कहते है।[51] धर्म आचारगत नियमों का संग्रह है जिसके तीन कार्य हो सकते हैं व्यक्ति की इच्छाओं व कामनाओं पर नियंत्रण, व्यक्तित्व का उत्थान एवं जीवन के अंतिम लक्ष्य मोक्ष के लिए व्यक्ति को सन्नद्ध करना।

अर्थः अर्थ से तात्पर्य उन सभी भौतिक वस्तुओं और साधनों से है जो व्यक्ति की सुख सुविधा में प्रयुक्त होते हैं। मनुष्य को अपने जीवन में अनेक प्रकार के कर्तव्य और उत्तरदायित्व पूरा करने के लिए अर्थ की आवश्यकता पडती है। गृहस्थ जीवन के विभिन्न सामाजिक व धार्मिक कार्यों व कर्तव्यों का पालन अर्थ के बिना संभव नहीं। हरिवंश पुराण में अर्थ का महत्व बताया गया है। धर्म का साधन शरीर है और शरीर प्राणों का आधार होने से प्राणों पर निर्भर है। प्राणी प्राणों से अधिष्ठित है इसलिए परम्परा से अन्न भी धर्म का साधन है। अन्न की प्राप्ति अर्थार्जन के द्वारा ही संभव है।[52] महापुराण में अर्जन, रक्षण, वर्द्धन तथा व्यय इन चारों उपायों से धन संचय करने का निर्देश दिया है। आदिपुराण में जिनसेन ने बताया है कि अर्थ, मनुष्य की आवश्यकता है। न्यायनीति पूर्वक अर्थोपार्जन करना गृहस्थ का आवश्यक कर्तव्य है। अर्थ लौकिक जीवन की समस्त आवश्यकताओं का साधन है। अर्थ पुरुषार्थ से अभिप्राय भौतिक सुखों और आवश्यकताओं की पूर्ति से है। धर्म निरपेक्ष अर्थ सुखों का साधन नहीं हो सकता है और न इसके द्वारा समाज का आर्थिक उन्नयन ही संभव है। अतएव धनार्जन करते समय धार्मिक नियमों का पालन आवश्यक है। इसी

प्रकार इन्द्रियों के विषय सेवन के समय भी धार्मिक दृष्टि बनाए रखना जीवन नियंत्रण का साधन है एवं दान करना मोक्ष का कारण है। पर के उपकार के लिए मन, वचन, काय की विशुद्धतापूर्वक जो अपना धन दिया जाता है, उसे दान कहते हैं। आहार, औषधि, शास्त्र और अभय यह चार प्रकार की वस्तुएँ देय कहलाती हैं। इस प्रकार दान के लिए अर्थ की आवश्यकता होती है। धन के उपयोग में एक भाग धर्म पर खर्च करना चाहिए। धन से यश व धर्म का अर्जन करना चाहिए। जैन धर्मानुसार अर्थ का अर्जन धर्मपूर्वक करना चाहिए एवं व्यय का एक भाग धर्म पर खर्च करना चाहिए।[53] धन से ममत्व नहीं रखना चाहिए क्योंकि ममत्व रखना पाप है।

कामः काम का व्यापक अर्थ मनुष्य की भावनाओ और इच्छाओ से है, जो उसे कार्य करने को प्रेरित करती है। मनुष्य की मानसिक, शारीरिक और इन्द्रियपरक आनंदानुभूति काम के माध्यम से होती है। इसकी निकटता से उसकी काम भावना और विषय सुख की तुष्टि होती है। यौन संबंधी सुख के अतिरिक्त संतानोत्पत्ति भी व्यक्ति का प्रधान उद्देश्य रहा है। गृहस्थ जीवन की सार्थकता काम के माध्यम से संतान उत्पन्न करके मानी गई है। महापुराण में काम के संदर्भ में कहा गया है कि इन्द्रियों के विषय में अनुरागी मनुष्य को जो मानसिक तृप्ति होती है उसे काम कहते हैं। गृहस्थ के सभी सामाजिक कार्यों को भी काम पुरुषार्थ के अंतर्गत रखा जाता है जिन्हे धर्मपूर्वक करना चाहिए। विषय वासना भी काम के अंतर्गत है जिसके संदर्भ में महापुराण में वर्णित है कि विषय प्राप्त करने की इच्छा करता हुआ प्राणी पहले तो अनेक क्लेषों से दुःखी होता है, फिर भोगते समय तृप्ति न होने से दुःखी होता है। विषय सागर की तीन अवस्थाएँ होती हैं अर्जन, भोग और वियोग। स्पष्ट है कि काम भी आवश्यक है लेकिन धर्म के साथ ही उचित है। महापुराण में अर्थ की व्यापक व्याख्या की गई है।[54] अर्थ के समान इसमें भी ममत्व भाव पाप का करण है।

मोक्षः मोक्ष का संबंध व्यक्ति के आत्महित के संकीर्ण दृष्टिकोण से नहीं अपितु आत्म विकास की उस अवस्था से है जिसमें वह अपना एकीकरण समस्त सृष्टि से कर लेता है। रत्नकरंड श्रावकाचार में लिखा

है कि जन्म, बुढापा, रोग, मृत्यु, शोक और डर से रहित, अविनश्वर और सच्चे सुख सहित, स्वकर्म रहित, आत्मा की विशुद्ध अवस्था को मोक्ष कहते हैं।[55] मोक्ष में अनंत ज्ञान, अनंत दर्शन, अनंत वीर्य, अनंत सुख है। यहाँ सदाकाल कर्मों के लेप से रहित अपने शुद्ध स्वरूप में अवस्थित होकर पर के आघातों से रहित, अत्यंत निर्मल परम पुरुष परमात्मा बनकर शुद्ध आकाश की भाँति निर्लेप हुआ प्रकाशवान होता है, अर्थात मुक्त जीव सदा के लिए संपूर्ण बंधनों और विघ्न बाधाओं से रहित शुद्धावस्था को प्राप्त होकर अनंत ज्ञान, दर्शन, सुख, वीर्य गुणों से संपन्न परम पद में लीन हो जाता है। वह परमात्मा कृतकृत्य होता है अर्थात उसे फिर कुछ भी कार्य करना शेष नहीं रहता। वह ज्ञानमय होता है उसके ज्ञान में सपूर्ण पदार्थ विषय होते हैं अर्थात वह सर्वत्र होता है। सारांशतः मोक्ष प्राप्त होना या निर्वाण पद प्राप्त कर लेने को ही पुरुषार्थ की सिद्धि कहते है।[56]

जैन संस्कृति में संस्कार (क्रियाएँ):– संस्कार शब्द का अनेक अर्थों में प्रयोग हुआ है। संस्कृत साहित्य में इसका प्रयोग शिक्षा, संस्कृति, प्रशिक्षण, परिष्करण, शुद्धि क्रिया, धार्मिक विधि–विधान आदि अर्थों में हुआ है। संस्कार का अभिप्राय शुद्धि की धार्मिक क्रियाओं तथा व्यक्ति के दैहिक, मानसिक और बौद्धिक परिष्कार के लिए किये जाने वाले अनुष्ठानों से है, जिनसे वह समाज का पूर्ण विकसित सदस्य हो सके। मनुष्य के सामाजिक जीवन को व्यवस्थित व सफल बनाने के लिए वर्ण और आश्रम के साथ संस्कारों की भी व्यवस्था की गई। व्यक्ति के असंस्कृत स्वरूप को सुसंस्कृत और अनुशासित करने के निमित्त संस्कारों की अभिव्यक्ति की गई, जिससे कि मनुष्य का वैयक्तिक और सामाजिक विकास हो सके तथा उसका दैहिक और भौतिक जीवन सुव्यवस्थित ढंग से उन्नत हो सके। संस्कारों की क्रिया से व्यक्ति अपने दायित्वों के प्रति जागरूक होता है। इससे उसका नैतिक, सामाजिक और धार्मिक विकास होता है। संस्कारों के माध्यम से व्यक्ति पर मनोवैज्ञानिक प्रभाव पडता है कि वह संस्कारों द्वारा सौपे गए दायित्वों को कर सकने में समर्थ है और उस पर दैवीय अनुकम्पा भी है। प्राचीन काल में इनका उद्देश्य मानव की भौतिक और सांस्कृतिक उन्नति ही नहीं, उसकी अपनी वैयक्तिक शुद्धि करना भी था।

संस्कारों का उदय संभवतः उत्तर वैदिक काल में हो चुका था वे गृह्यसूत्रों के विषय क्षेत्र के अंतर्गत आते हैं जहाँ इनकी संख्या बारह से लेकर सोलह व अठारह तक दी गई है किंतु आगे जाकर इनकी संख्या सोलह हो गई। जैन साहित्य में संस्कारों का उल्लेख पुराणों में किया गया है। संस्कार के लिए पुराण में क्रिया शब्द प्रयोग किया गया है। मूल सैद्धांतिक ग्रंथों में संस्कार जैसी सामाजिक संस्था का उल्लेख नहीं है। महापुराण के पूर्ण रचित साहित्य में संस्कारो को मान्यता प्रदान नहीं की गई। पद्मपुराण एवं हरिवंशपुराण में भी संस्कारो को मान्यता नहीं दी गई। संस्कारों की क्रियाओं के माध्यम से मान्यता केवल जिनसेन ने नवमी शताब्दी के उत्तरार्ध में प्रदान की, जो जैन सिद्धातों के अनुकूल सिद्ध नहीं होती है। श्रौत–स्मार्त ब्राह्मण धर्म के प्रभाव के कारण जिनसेन ने महापुराण में गर्भ से लेकर मृत्युपर्यंत सभी क्रियाओं का विस्तृत वर्णन किया गया है। यद्यपि आलोच्य जैन पुराणकार संस्कारों के विषय में भारतीय व्यवस्थापकों की सामान्य प्रवृत्ति के अनुकूल है किंतु युग विशेष की परिवर्तित परिस्थितियों के कारण और विशेषतया साम्प्रदायिक आग्रह के फलस्वरूप इनके वर्णन अधिकांशतः भिन्न अवश्य पाए जाते हैं।[57] जिनसेन संस्कृति समन्वयवादी थे उनके समय में सामाजिक विशेषाधिकार, वर्णाश्रम और संस्कार संस्था पर ही अवलंबित थे अतः उन्होने दार्शनिक दृष्टि से उक्त संस्थाओं के निस्सार होने पर भी उनकी उपादेयता प्रतिपादित की। डॉ. नेमीचंद शास्त्री लिखते हैं कि हम यह मानने को कभी तैयार नहीं है कि उन्होने अपने इस ग्रंथ में वैदिक संस्कृति का अंधानुकरण किया है और जैन दर्शन की दृष्टि से असंगत वर्णाश्रम और संस्था को महत्व दिया है। तथ्य यह है कि उस समय में संस्कारहीन व्यक्ति शूद्र समझा जाता था तथा जाति और वर्ण भी सामाजिक सम्मान के हेतु थे। अतएव दूरदर्शी जिनसेन ने जैन धर्मानुयायियों को सामाजिक सम्मान और उचित स्थान प्रदान करने के लिए वर्णाश्रम व्यवस्था तथा संस्कार व्यवस्था का प्रतिपादन किया। वे यह बतलाना चाहते हैं कि जैन धर्म में भी व्यक्तित्व निर्माण और विकास के लिए ब्राह्मण धर्म के समान ही नहीं किंतु उससे भी अधिक योग्यता वर्तमान है। जिस प्रकार आत्मा की पवित्रता के लिए विकार शोधन की गुणस्थान प्रणाली मान्य है उसी प्रकार देहशुद्धि और

पात्रत्व विकास के लिए संस्कार अपेक्षित है।[58] संस्कार को आवश्यक बताते हुए जिनसेन ने कहा कि जीवों का जन्म दो प्रकार है– शरीरजन्म व संस्कारजन्म। जो एक बार गर्भ से और दूसरी बार क्रिया से इस प्रकार दो बार उत्पन्न हो उसे द्विजन्मा अथवा द्विज कहते है परंतु जो क्रिया और मंत्र दोनों से ही रहित है वह केवल नाम को धारण करने वाला द्विज है।[59] द्विजों के संस्कारों को दृढ करने के लिए गर्भान्वय, दीक्षान्वय और कर्तव्यन्वय क्रियाओं के अंतर्गत एक सौ आठ क्रियाओं का वर्णन महापुराण के अड़तीसवें एवं उनचालीसवें अध्याय में किया गया है, जो इस प्रकार हैं:–

गर्भान्वय क्रिया

1. आधान क्रिया 2. प्रीति 3. सुप्रीति 4. धृति 5. मोह 6. प्रयोदभव 7. नामकर्म 8. बहियीन 9. निषझा 10. प्राषन 11. व्युष्टि 12. केशवाप 13. लिपिसंख्यान संग्रह 14. उपनीति 15. वृतचर्या 16. वृतावतण 17. विवाह 18. वर्षलाभ 19. कुलचर्या 20. गृहीशिता 21. प्रषान्ति 22. गृहत्याग 23. दीक्षाद्य 24. जिनरूपता 25. मौनाध्ययन वृतत्व 26. तीर्थकृत भावना 27. गुरूस्थानाम्युपगम 28. गणोपगृहण 29. स्वगुरूस्थान क्रांति 30. निःसंगत्वात्म भावना 31. योग निर्वाण संप्राप्ति 32. योगनिवधि साधन 33. इन्द्रोपपाद 34. अभिषेक 35. विधिदान 36. सुखोदय 37. इन्द्रत्याग 38. अवतार 39. हिरण्योत्कृष्ट जन्मता 40. मन्हरेन्द्राभिषेक 41. गुरूपूजोपलम्भन 42. यौवराज्य 43. स्वराज्य 44. चक्रलाभ 45. दिग्विजय 46. चक्राभिषेक 47. साम्राज्य 48. निष्क्रांति 49. योगसन्मह 50. आर्दन्त्य 51. तद्विहार 52. योगत्याग 53. अगृनिर्वति परमागम में गर्भ से लेकर निर्वाण पर्यत तक तिरेपन क्रियाएँ मानी गई है। 1. अवतार 2. वृतलाभ 3. स्थानलाभ 4. गणगृह 5. पूजाराध्यक्ष 6. पुष्पयज्ञ 7. दृढचर्या और 8. उपयोगिता इन आठ क्रियाओं के साथ उपनीति नाम की चौदहवीं क्रिया से तिरेपनवी निर्वाण (अग्रनिर्वति) क्रिया तक की चालीस क्रियाएँ मिलाकर कुल अडतालीस दीक्षान्वय क्रियाएँ कहलाती है। कर्तन्वय क्रियाएँ वे हैं जो कि पुण्य करने वाले लोगों को प्राप्त हो सकती हैं और जो समीचीन मार्ग की आराधना करने के फलस्वरूप प्रवृत होती है। 1. सज्जाति 2. सद्गृहित्व

3. पारिव्राज्य 4. सुरेन्द्रता 5. साम्राज्य 6.परमार्हन्त्य और परमनिर्वाण ये सात कर्तन्वय क्रियाएँ है।

आधान क्रियाः यह क्रिया वैदिक गर्भाधान संस्कार का जैन रूप है। जिस कर्म द्वारा पुरुष स्त्री में अपना बीज स्थापित करता है उसे गर्भाधान कहते है। जीव विज्ञान की दृष्टि से पशुओं में जो गर्भाधान होता है उससे यह भिन्न है। इसके पीछे कुछ सामाजिक और नैतिक तथ्य हैं। चतुर्थ स्नान के द्वारा शुद्ध हुई रजस्वला पत्नी को आगे गर्भाधान के पहले अर्हन्त देव की पूजा के द्वारा मंत्रपूर्वक जो संस्कार दिया जाता है उसे आधार क्रिया कहते हैं। पूजा कर चुकने के बाद शेष बचे हुए पवित्र द्रव्य से संतान उत्पन्न होने की इच्छा कर मंत्रपूर्वक उसे अग्नि में आहूति करनी चाहिए संतान के लिए समागम करना चाहिए। स्त्री–पुरूष को चाहिए कि इसको संपन्न करने के लिए उपयुक्त समय व वातावरण चुने। यह तभी हो सकता है जब पत्नी गर्भधारण के लिए शारीरिक रूप से समर्थ हो तथा ऋतुकाल में पत्नी के ऋतु स्नान की चौथी रात्रि से सोलहवीं रात्रि तक का समय गर्भधारण के लिए उपयुक्त माना जाता है। जिनसेन ने कहा है कि उन्होने संक्षेप में वर्णन किया है, अन्य महर्षियों ने विस्तारपूर्वक वर्णन किया है। उनका आशय जैनेत्तर व्यवस्थाकारों से ही है। गर्भाधान के समय काम आने वाले विशेष मंत्रों का संग्रह इस प्रकार है। सज्जाति भव, सद्गृहिभागी भव, मुनीन्द्र भागी भव, सुरेन्द्र भागी भव परम राज्यभागी भव, अर्हन्त्य भागी भव।

प्रीति क्रियाः गर्भाधारण के बाद तीसरे माह में प्रीति नाम की क्रिया होती है जिसे संतुष्ट द्विज लोग करते हैं। इसकी तुलना वैदिक सीमन्तोन्नयन संस्कार से की जा सकती है क्योकि दोनों का उद्देश्य गर्भसंरक्षण एवं स्त्री को प्रसन्न करना ही है। इस संस्कार का एक अन्य उद्देश्य था गर्भिणी स्त्री को हर्षित तथा उल्लसिता रखना है। प्रीतिक्रिया मंत्र– त्रैलोक्यनाथो भव, त्रैलोक्यज्ञानी भव, त्रिरत्नस्वामी भव।

सुप्रीति क्रियाः गर्भाधान से पाँचवें माह में सुप्रीति क्रिया की जाती है। इस क्रिया में भी मंत्र और क्रियाओं को जानने वाले श्रावकों को अग्नि तथा देवता को साक्षी कर अर्हन्त भगवान की प्रतिमा के समीप पहले कही हुई

समस्त विधि करनी चाहिए। सुप्रीति क्रिया के मंत्र इस प्रकार है– अवतार कल्याणभागी भव, मन्दरेन्द्राभिषेक कल्याणी भव, निष्क्रांति कल्याण भागी भव आर्हन्त्य कल्याण भागी भव परम निर्वाण कल्याण भागी भव।

धृति क्रियाः गर्भवती स्त्री के अच्छे स्वास्थ्य की कामना व उसका चित्त व्याकुल न हो क्योंकि इससे गर्भस्थ शिशु पर प्रभाव पडता है। धृति क्रिया के अंतर्गत गर्भ की वृद्धि के लिए विधान किया जाता है। मंत्र का जाप किया जाता है। मंत्र इस प्रकार है–सज्जाति दातृभागी भव, सद्‌गृहित्त भागी भव, मुनीन्द्र दातृभागी भव, परम निर्वाण दातृभागी भव। यह क्रिया सातवें महीने में की जाती है।

मोह क्रियाः नौवे महीने के निकट रहने पर मोह नाम की क्रिया की जाती है। यह क्रिया भी पिछली क्रियाओं के समान आदर युक्त द्विजों के द्वारा गर्भ की पुष्टि के लिए किया जाता है। इस क्रिया में उत्तम द्विजों को गर्भिणी के शरीर पर गात्रिकाबंध करना चाहिए अर्थात् मंत्रपूर्वक बीजाक्षर लिखना चाहिए। मंगलमय आभूषणादि पहनाना चाहिए और रक्षा के लिए कंकड सूत्र आदि बाँधने की क्रियाविधि करनी चाहिए। सज्जाति कल्याण भागी भव, सद्‌गृहि कल्याण भागी भव, वैवाहिक कल्याण भागी भव, सुरेन्द्र कल्याण भागी भव, परम राज्य कल्याण भागी भव, कल्याण भागी भव मंत्र का जाप किया जाता है।

प्रियोद्‌भव क्रियाः इसका दूसरा नाम जातकर्म विधि भी है। यह क्रिया जिनेन्द्र भगवान का स्मरण कर विधिपूर्वक करना चाहिए। यह क्रिया संतान के जन्म लेने पर की जाती है। उस समय सिद्ध भगवान की पूजा के बाद दिव्यनेमिविजयाय स्वाहा, परमनेमिविजयाय स्वाहा, अर्हन्त्य नेमिविजयाय स्वाहा मंत्र पढना चाहिए। बच्चे के सिर पर गंधोदक (अभिषेक का जल) लगाना चाहिए। पिता द्वारा आशीर्वाद दिये जाने के पश्चात विश्वेश्वरी स्तन्यभागी भूयाः मंत्र पढकर माता के स्तन को बालक के मुँह में लगा दे। उसके जरायुपटल को नाभि की नाल के साथ–साथ किसी पवित्र जमीन को खोदकर मंत्र पढते हुए गाड देना चाहिए। सम्यग्दृष्टे सम्यग्दृष्टे सर्वमातः सर्वमातः वसुंधरे वसुंधरे स्वाहा इस मंत्र में मंत्रित कर उस भूमि में जल और अक्षत डालकर पाँच प्रकार के रत्नों के नीचे गर्भ का मल

रख देना चाहिए और फिर खत्पुत्रा इव मतपुत्रा चिंरजीविनो भूयासः यह कहकर धान्य उत्पन्न होने के योग्य खेत में जमीन पर वह मल रख देना चाहिए। तदंतर माता का गर्म जल से स्नान कराना चाहिए। तीसरे दिन रात के समय अनंत ज्ञानदर्शी भव यह मंत्र पढकर उस का गोदी में उठाकर ताराओं से सुशोभित आकाश दिखाना चाहिए। फिर यथाशक्ति दान करना चाहिए।

नाम कर्म क्रियाः जन्मदिन से बारह दिन के बाद जो दिन माता–पिता और पुत्र के लिए अनुकूल हो, सुख देने वाला हो। उस दिन नाम कर्म की क्रिया की जाति है। इस क्रिया में अपने वैभव के अनुसार अर्हन्त देव और ऋषियों की पूजा करनी चाहिए, द्विजों का भी यथायोग्य सत्कार करना चाहिए। यथा जो वंश की वृद्धि करने वाला हो कोई उत्तम नाम बालक का रखना चाहिए। भगवान के 1008 नामों को घडे में रखकर किसी बच्चे से उठवाकर एक नाम रखना चाहिए। नाम कर्म क्रिया का मंत्र इस प्रकार है– दिव्याष्टसहस्रनामभागी भव, विजयाष्टसहस्त्रनामभागी भव, परमाष्ट सहस्त्रनामभागी भवः

बहिर्गमन क्रियाः दो तीन अथवा तीन–चार मास के बाद किसी दिन तुरही आदि मांगलिक बाजों के साथ–साथ अपनी अनुकूलता के अनूसार बहिर्गमन क्रिया करनी चाहिए। जिस दिन यह क्रिया की जाए, उसी दिन से माता अथवा धाय की गोद में बैठे हुए बालक का प्रसूति गृह से बाहर ले जाना शास्त्र सम्मत है। मंत्र इस प्रकार है– उपनय निष्क्रांति भागी भव सुरेन्द्र निष्क्रांति भागी भव, मन्दराभिषेक निष्क्रांति भागी भव, परमराज्य निष्क्रांति भागी भव, महाराज्य निष्क्रांति भागी भव, परम राज्य निष्क्रांति भागी भव अर्हन्त्य निष्क्रांति भागी भव।

निषद्या क्रियाः जिसके समीप मंगल द्रव्य रखे हुए है और बालक के योग्य है ऐसे बिछाए हुए आसन पर उस बालक की निषद्या क्रिया की जाती है अर्थात उसे उत्तम आसन पर बैठा लेते हैं। इस क्रिया में सिद्ध भगवान की पूजा करना आदि सब, विधि पहले के समान ही करनी चाहिए। जिससे बालक की उत्तरोत्तर दिव्य आसन पर बैठने की योग्यता

होती रहे। मंत्र दिव्य सिंहासन भागी भव, विजय सिंहासन भागी भव परम सिंहासन भागी भव ।

अन्नप्राशन क्रियाः जब बालक क्रम–क्रम से सात–आठ माह समय का हो जाता है तब अर्हन्त भगवान की पूजा आदि कर बालक को अन्न खिलाना चाहिए। मंत्र – दिव्यामृत भागी भव, विजयामृत भागी भव, अक्षीणामृत भागी भवः।

व्युष्टि क्रियाः एक वर्ष पूर्ण होने पर व्युष्टि नाम की क्रिया की जाती है। इस क्रिया का दूसरा नाम शास्त्रानुसार वर्षवर्द्धन है। इस क्रिया में भी पहले ही के समान दान देना चाहिए, जिनेन्द्र भगवान की पूजा करनी चाहिए इष्ट बन्धुओं को बुलवाना चाहिए और सबको भोजन कराना चाहिए। मंत्र उपनयन जन्मवर्षवर्धन भागी भव, वैवाहनिष्ठ वर्षवर्धन भागी भव, मुनीन्द्र जन्मवर्षवर्धन भागी भव, यौवराज्य वर्षवर्धन भागी भव, महाराज्य वर्षवर्द्धन भागी भव, परमराज्य वर्षवर्द्धन भागी भव, अर्हन्त्यराज्य वर्षवर्द्धान भागी भव,। मंत्र के अर्थ से प्रतीत होता है कि भविष्य में उच्च स्तरीय कार्य करने की अपेक्षा बालक से की जाती है। उन अपेक्षाओ के लिए ईश्वर से आशीर्वाद ग्रहण करना आदि।

केशवाप क्रियाः किसी शुभ दिन और गुरू की पूजा के साथ–साथ क्षौर कर्म अर्थात् उस्तरा से बालक के बाल बनवाना केशवाप क्रिया कहलाती है। प्रथम ही बालों को गंधोदक से गीला कर उन पर पूजा के बचे हुए अक्षत रखे और फिर चोटी सहित अथवा अपनी कुलपद्धति के अनुसार उसका मुंडन करना चाहिए। फिर स्नान कराने के लिए लाए हुए जल से शरीर को साफ करना चाहिए। लेप लगाना चाहिए। फिर उत्तम आभूषण पहनाकर मुनियों को नमस्कार करना चाहिए। तत्पश्चात भाई–बंधु से उसे आशीर्वाद से युक्त करें। इस क्रिया में पुण्याह मंगल किया जाता है और यह चौल क्रिया नाम से प्रसिद्ध है। इस क्रिया में आदर को प्राप्त हुए लोग बडे हर्ष से प्रवृत्त होते हैं। मंत्र– उपनयन पुण्ड भागी भव, परमेंन्द्रकेश भागी भव, परमराज्यकेश भागी भव, आर्हन्त्यराज्य केश भागी भव।

लिपिसंख्यान क्रियाः पाँचवे वर्ष में बालक को सर्वप्रथम अक्षरों का दर्शन कराने के लिए लिपिसंख्या नाम की क्रिया की जाती है। इस क्रिया

में भी अपने वैभव के अनुसार पूजा आदि की सामग्री जुटानी चाहिए और अध्ययन कराने में कुशल व्रती गृहस्थ को उस बालक के अध्यापक के पद पर नियुक्त करना चाहिए। मंत्र– शब्दपारगामी भव, अर्थपारगाभी भव, शब्दार्थ पारगामी भव।

उपनीति क्रियाः गर्भ से आठवे वर्ष में बालक की उपनीति (यज्ञोपवीत धारण) क्रिया होती है। इस क्रिया में केशों का मुंडन व्रतबंधन तथा मौलीबंधन की क्रियाएँ की जाती हैं। परमनिस्तार कलिंग भागी भव परमर्षिलिंग भागी भव, परमेंन्द्र लिंग भागी भव, परमराज्य लिंग भव, परमार्हन्त्य लिंग भागी भव, परमनिर्वाण लिंग भागी भव इन मंत्रों से प्रथम ही शिष्य का संस्कार कर उसे विकाररहित वस्त्र के द्वारा वस्त्र सहित करना चाहिए। इसे वस्त्र के भीतर लंगोटी देनी चाहिए और उस पर तीन लरकी बनी हुई मुंज की रस्सी बाँधनी चाहिए। तदनंतर व्रतों का चिह्न स्वरूप और मंत्रों से पवित्र किया हुआ सूत्र अर्थात यज्ञोपवीत धारण कराना चाहिए। यद्यपि जैनाचार्य यज्ञोपवीत को नहीं मानते थे तथापि यज्ञोपवीत के विषय में जैन ग्रंथों में जो सामग्री उपलब्ध होती है उससे तत्कालीन समाज में यज्ञोपवीत की महत्ता प्रतिपादित होती है। यज्ञोपवीत का उल्लेख न केवल प्राचीन ग्रंथो में उपलब्ध है, अपितु पुरातात्विक उत्खननों से भी बहुत साक्ष्य उपलब्ध होते हैं। देवगढ से यज्ञोपवीतधारी मूर्ति मिली है। यज्ञोपवीत का महत्व बताते हुए जिनसेनाचार्य ने लिखा है कि यज्ञोपवीत धारण करने से बालक द्विज कहलाने लगता है। पहले तो वह केवल जन्म से ही ब्राह्मण था, अब व्रतों से संस्कारित होकर दूसरी बार उत्पन्न हुआ है। इसलिए दो बार उत्पन्न होने के रूप गुणों से वह द्विज ऐसी रूढि प्राप्त होता है। उस समय उस पुत्र के लिए विधि के अनुसार गुरू को साक्षीपूर्वक अणुव्रत देना चाहिए और गुणव्रत तथा शिक्षा व्रत रूप शील से सहित व्रतों के समूह से उसका संस्कार करना चाहिए। अर्थात उसे पाँच अणुव्रत, तीन गुणव्रत और चार शिक्षाव्रत इस प्रकार व्रत और शील देकर उसके संस्कार अच्छे बनाना चाहिए। उस समय उसे आचरण के योग्य और भी नाम रखे जा सकते है। उस समय बच्चे की चोटी रखी जाती है। सफेद धोती पहनाई जाती है एवं जो वेश और विकारों से रहित है ऐसे व्रत के चिह्न स्वरूप यज्ञोपवीत सूत्र को धारण कराया जाता है। वह

बालक उस समय ब्रह्मचारी कहलाता है। उस दिन उस पुत्र का अपनी जाति या कुटुम्ब के लोगों के घर में प्रवेश कर भिक्षा माँगनी चाहिए और उस भिक्षा में जो कुछ अर्थ का लाभ हो उसे आदर सहित उपाध्याय को सौपना चाहिए। जो अन्न प्राप्त हो उसमें से कुछ मंदिर में चढाना चाहिए एवं अपनी योग्यतानुसार व्रत धारण करें। इस क्रिया में बालक को सात लर का यज्ञोपवीत पहनाना आवश्यक है। इस प्रकार यज्ञोपवीत धारण करने की क्रिया उपनीति क्रिया है।

व्रतचर्या क्रियाः यज्ञोपवीत धारण किये हुए ब्रह्मचर्य बालक के व्रतो का निर्धारण करने की क्रिया व्रतचर्या क्रिया है। इसमें बताया गया है कि मोजीबंधन रत्नत्रय की विषुद्धि का अंग है। ब्रह्मचर्य से बडे हुए बालक को स्थूल हिंसा का त्याग आदि व्रत धारण करना चाहिए। वृक्ष की दातून करना, पान खाना, हल्दी से स्नान नहीं करना, जमीन पर दूसरे से अलग सोना आदि व्रत जब तक विधा समाप्त न हो जाए, पालन करना चाहिए। ज्योतिष शास्त्र, छंदशास्त्र, श्रावकाचार, व्याकरण, शब्द शास्त्र, न्याय एवं अर्थशास्त्र का अध्ययन करना चाहिए

व्रतावतरण क्रियाः जिसने समस्त विद्याओं का अध्ययन कर लिया है ऐसे उस ब्रह्मचारी की व्रतावतरण क्रिया होती है। इस क्रिया में वह साधारण व्रतों का तो पालन करता है पंरतु अध्ययन के समय जो विशेष व्रत ले रखे थे उनका परित्याग कर देता है। इस क्रिया के बाद उसके मधुत्याग मांसत्याग, पाँच उदम्बर फलों का त्याग और हिंसा आदि पाँच स्थूल पापों का त्याग, ये सदाकाल अर्थात जीवन पर्यत रहने वाले व्रत रह जाते हैं। व्रतावरण क्रिया बारह या सोलह वर्ष आयु बाद करनी चाहिए। इस क्रिया के बाद ब्रह्यचारी अपनी आजीविका के उपकरण ग्रहण कर सकता है।

विवाह क्रियाः विवाह के योग्य कुल में उत्पन्न हुई कन्या के साथ जो विवाह करना चाहता है ऐसे उस पुरूष की गुरू की आज्ञा से वैवाहिकी क्रिया की जाती है। उत्तम द्विजों को चाहिए कि वे सबसे पहले अच्छी तरह सिद्ध भगवान की प्रतिमा के सामने पूजा–अर्चनापूर्वक वर–वधू का विवाहोत्सव करे। विवाह की दीक्षा में नियुक्त हुए वधू और वर को देव और

अग्नि को साक्षीपूर्वक सात दिन तक ब्रह्मचर्य व्रत धारण करना चाहिए। फिर अपने योग्य बडी विभूति के साथ अपने घर में प्रवेश करें।

वर्णलाभ क्रियाः जव विवाह किया जा चुका है और जो ग्रार्हस्थ्य धर्म का पालन कर रहा है, ऐसा पुरूष अपने धर्म का उल्लंघन न करे इसलिए वर्णलाभ क्रिया करते हैं। स्वतंत्र गृहस्थ जीवन एवं स्वतंत्र आजीविका से जीवन निर्वाह प्रारंभ करना वर्णलाभ कहलाता है।

कुलचर्या क्रियाः जिसे वर्णलाभ प्राप्त हो चुका है ऐसे पुत्र के लिए कुलचर्या क्रिया कही जाती है और पूजा, दत्ती तथा आजीविका करना आदि सब जिसके लक्षण हैं। निर्दोष रूप से आजीविका करना तथा आर्य पुरूषों के करने योग्य देवपूजा आदि छह कार्य करना यही गृहस्थों की कुलचर्या या कुलधर्म कहलाता है।

गृहीशिता क्रियाः कुलचर्या प्राप्त करने के पश्चात गृहस्थ श्रेष्ठ कार्यो में प्रवृत्त होता है। अन्य गृहस्थों में श्रेष्ठता स्थापित करनी चाहिए। शुभवृति क्रिया, मंत्र, विवाह, शास्त्र ज्ञान, चरित्र, आदि की क्रियाओं से अपने आप को उन्नत करना चाहिए। ऐसे गृहस्थों को वर्णोत्तम, महीदेव, सुश्रुत, द्वि जसत्तम, निस्तारक, ग्रामपति और मनार्ह इत्यादि उपाधियाँ दी जा सकजी है।

प्रशांति क्रियाः गृहस्थाचार्य अपना भार संभालने में समर्थ योग्य पुत्र को पाकर अपनी गृहस्थी का भार सौप कर स्वयं उत्तम शाँति का आश्रय ले। विषयों में आसक्त नहीं होना नित्य स्वाध्याय करने में तत्पर रहना तथा नाना प्रकार के उपवास आदि करते रहना प्रशांत वृत्ति है।

गृहत्याग क्रियाः पुत्र को अपना उत्तराधिकारी बनाकर गृहस्थ स्वयं को गृहस्थ आश्रम में कृतार्थ मानता हुआ गृहत्याग करता है। पुत्र को मार्गदर्शन करता हुआ करता है कि मैंने जो अपने धन के तीन भाग किये है उनका तुम्हे इस प्रकार विनियोग करना चाहिए कि उनमें से एक भाग धर्म कार्य में खर्च करना चाहिए, दूसरा भाग अपने घर के खर्च के लिए रखना चाहिए और तीसरा भाग अपने भाइयो में बाँट देने के लिए है। पुत्रों के समान पुत्रियों को भी बराबर भाग देना चाहिए। ज्येष्ठ पुत्र से अपेक्षा

की जाती थी कि वह सभी सदस्यो का समुचित ढंग से पालन इस प्रकार ज्येष्ठ पुत्र को दायित्व सौपकर व मार्गदर्शन देकर दीक्षा ग्रहण करने के लिए गृहस्थ अपना घर छोड दे। यह गृहत्याग नाम की क्रिया है।

दीक्षाद्य क्रियाः जिसने घर छोड दिया है, उसके दीक्षा धारण करने के पहले जो कुछ आचरण किये जाते है उन आचरणों अथवा क्रियाओं के समूह को द्विज की दीक्षाद्य क्रिया कहते हैं।

जिनरूपता क्रियाः जिसने वस्त्र आदि का सब परिग्रह छोड दिया है और जो जिन दीक्षा को प्राप्त करना चाहता है, ऐसे पुरूष का दिगम्बर रूप धारण करना जिनरूपता नाम की क्रिया कहलाती है

पच्चीसवीं से लेकर तिरेपनवीं तक क्रियाएँ साधु अवस्था से लेकर मोक्ष प्राप्त करने तक के लिए हैं जो जैन आचार व साधना से संबंधित हैं।

दीक्षान्वय क्रियाएँ

दीक्षान्वय क्रियाएँ जो जैन नहीं है और श्रावक या मुनि धर्म की दीक्षा लेता है उसके लिए कहीं गई है। जो भव्य पुरूष मिथ्यात्व से दूषित मार्ग छोडकर सत्मार्ग के सम्मुख होता है उसके लिए ये क्रियाएँ है। उपनीति क्रिया से इनका संबध जोडकर यह स्पष्ट कर दिया गया है कि जैन धर्म में द्विज ही दीक्षा ले सकते है शूद्र नहीं। व्रतों को धारण करना दीक्षा है और वे व्रत हिंसादि दोषों के पूर्ण त्याग करने की अपेक्षा से महाव्रत तथा एक देष त्याग करने की अपेक्षा से अणुव्रत हैं। सूक्ष्म अथवा स्थूल सभी प्रकार हिंसादि दोषों से निवृत होने को महाव्रत कहते हैं। उन व्रतों को ग्रहण करने के लिए उन्मुख पुरूष की जो प्रवृति है उसे दीक्षा कहते है और उस दीक्षा से संबध रखने वाली जो क्रियाएँ है वे दीक्षान्वय क्रियाएँ कहलाती है। दीक्षान्वय क्रियाएँ अड़तालीस प्रकार की है। यह क्रियाएँ एक तरह जैन धर्म स्वीकार करने वालों के लिए हैं। इन कियाओं में क्रमबद्ध जैन आचरण अंगीकार करना होते हैं। अडतालीस दीक्षान्वय क्रियाओं में 1. अवतार (जैन धर्म में आगमन) 2. व्रतलाभ 3. स्थानलाभ 4. गणगृह 5. पूजाराध्यक्ष 6. पुष्पयज्ञ 7. दृढचर्या और 8. उपयोगिता इन आठ क्रियाओं के साथ उपनीति नाम की चौदहवीं क्रिया से लेकर तिरेपनवी निर्वाण

क्रिया तक की कुल चालीस गर्भान्वय क्रियाएँ मिलाकर कुल अडतालीस दीक्षान्वय क्रियाएँ कहलाती है।

कर्तन्वय क्रियाएँ: यह क्रियाएँ अल्पसंसारी भव्य प्राणी के ही हो सकती है जो पुण्य करने वाले लोगों को प्राप्त हो सकती हैं और जो समीचीन मार्ग की आराधना करने के फलस्वरूप प्रवृत होती है। 1. सज्जाति 2. सद्गृहित्व 3. पारिव्राज्य 4. सुरेन्द्रता 5. साम्राज्य 6.परमार्हन्त्य और परमनिर्वाण ये सात कर्तन्वय क्रियाएँ है। इनका सामाजिक महत्व नहीं है।

जिनसेन के संस्कार–विधान समाज की अपेक्षा धर्म से अधिक सम्बद्ध है फिर भी इनमें अंतिम लक्ष्य तक पहुँचा देने के कारण व्यक्ति का व्यक्तित्व व्यापक रूप में ग्रहण किया गया है और सामाजिक अधिकार तथा कर्तव्यों की भी विवेचना है। वर्तमान में व्यापक सुबिधाओं के उपलब्ध होने के कारण यह संस्कार पूर्ण रूप से प्रासंगिक तो नहीं हैं लेकिन प्राचीन काल में मानव जीवन को संस्कारों ने परिष्कृत और शुद्ध अवश्य किया होगा तथा उसकी भौतिक और आध्यात्मिक आकांक्षाओ को पूर्ण किया होगा। अनेक सामाजिक समस्याओं का समाधान भी इन संस्कारों द्वारा हुआ। गर्भाधान द्वारा अन्य प्राग जन्म संस्कार यौनविज्ञान और प्रजनन शास्त्र का कार्य करते थे। इसी प्रकार विद्यारम्भ तथा उपनयन संस्कार आदि संस्कार शिक्षा की दृष्टि से अत्यंत महत्व के थे। विवाह संस्कार अनेक यौन तथा सामाजिक समस्याओं के समाधान थे। व्यक्ति का समाज का सदस्य बनना अपने व्यक्तित्व का निर्माण करना, परिवार या कुटुम्ब के माध्यम से समाज का उत्थान करना, अपना नैतिक और शैक्षणिक विकास करना आदि इन्हीं संस्कारों के माध्यम से संभव था। सामाजिक और सांस्कृतिक उन्नयन के साथ–साथ व्यक्ति अपना आध्यात्मिक उन्नयन भी करता है। बौद्धिक तथा आत्मिक परिष्करण और परिशुद्धिकरण विभिन्न संस्कारों के सम्पादन से होता है। संस्कारों की प्रेरणा मात्र से व्यक्ति का आचरण, चरित्र, कर्तव्य और आध्यात्मिक–सामाजिक कर्म प्रभावित होते हैं।

संदर्भ

1. पंचास्तिकाय; गाथा 4, 22, महापुराण; 3/24–50
2. महापुराण; 3/229–239
3. नेमीचन्द शास्त्री; आदिपुराण में प्रतिपादित भारत, बनारस, 1968, पृ. 129, 136
4. जयशंकर मिश्र; प्राचीन भारत का सामाजिक इतिहास, दिल्ली, पृ. 50–52, 56–57, 82–83
5. स्वयंस्त्रोत; /2/
6. महापुराण; 38/7–46, हरिवंश पराण; 11/105–107, तत्वार्थ सूत्र; 8/4, रत्नकरण्ड श्रा. /35/
7. यशस्तिलक चम्पूमहाकाव्य, उत्तर भाग, बनारस, पृ. 278, 279, 379
8. महापुराण; 16/247–248, जयशंकर मिश्र; वही, पृ. 101
9. फूलचन्द्र शास्त्री; वर्ण, जाति एवं धर्म, बनारस, 1963, पृ. 344
10. जगदीशचन्द्र जैन, जैन आगम साहित्य में भारतीय समाज, बनारस, 225
11. पद्मपुराण; 19/79–84, महा.पु. 39/131–132, हरिवंश पुराण, 11/106–106, 43/116
12. महापुराण; 40/175–207
13. आर. एस. शर्मा; आर्य संस्कृति की खोज, नई दिल्ली, 1995, पृ. 64
14. महापुराण; 42/156
15. महापुराण; 42/199–202
16. महापुराण; 16/243–246
17. गोकुलचन्द्र जैन, यशस्तिलक का सांस्कृतिक अध्ययन, अमृतसर, पृ. 61, यशस्तिलक, पृ. 230
18. पद्मपुराण; 3/256–258, हरिवंश पुराण; 3/39
19. महापुराण; 16/246, 16/185–186, 40/170, 38/22
20. फूलचन्द्र शास्त्री; वर्ण, जाति एवं धर्म, बनारस, 1963, पृ. 250–254
21. रत्नकरण्ड श्रावकाचार /28/
22. फूलचन्द्र शास्त्री; वर्ण, जाति एवं धर्म, बनारस, 1963, पृ. 100
23. नेमीचन्द शास्त्री; आदिपुराण में प्रतिपादित भारत, बनारस, 1968, पृ. 171–172
24. महापुराण; 40/181

25. पद्मपुराण; 31/26–27, गोकुलचन्द्र जैन, वही, पृ. 85,
26. महापुराण; 16/99–101
27. महापुराण; 38/152–156, 38/140
28. हरिवंश पुराण; 9/183, 19/6, महा. पु. 10/152–153, 4/152–156, 33/101
29. यशस्तिलक; चतुर्थ अध्याय, पृ. 70–80
30. हरिवंश पुराणः 36/20, महा. पु. 8/227–229, 81/70–73, 97/111–112, 43/90,
31. महापुराण; 38/104–149, 6/59, 35/136, 10/149,
32. पद्मपुराण; 16/12–14, 68–95, 179–182
33. महापुराण; 35/190–216, 12/56–60, 9/181
34. महापुराण; 16/98, 16/103–117, 16/74–96,
35. महापुराण; 15/60–70
36. पद्मपुराण; 8/9, 18/1–5, महा. पु. 16/74–96, 7/256, पद्म पु. 3/92–111, 15/32
37. राजवली पाण्डेय, हिन्दु संस्कार, पृ. 262.
38. महापुराण, 39/151–152
39. महापुराण, 39/114–117, 39/94–95, 38/114–117, 30/118–119,
40. हरिवंश पुराण, पृ. 18–51
41. सागरधर्मामृत, श्लोक–1
42. हरिवंश पुराण, पृ. 58–157
43. रत्नकरण्ड श्रावकाचार, श्लोक–66, 36–41, हरिवंश, 10/8, 18/51
44. रत्नकरण्ड श्रावकाचार, श्लोक–136
45. पुरूषार्थसिद्धियुपाय, श्लोक–16
46. योगेशचन्द्र जैन, जैनश्रमण, स्वरूप एवं समीक्षा, अलीगंज, पृ. 168.
47. वही, पृ. 150–151
48. रत्नकरण्ड श्रावकाचार, श्लोक–9
49. तत्वार्थ सूत्र; 9/6
50. पद्मपुराण; 14/103–105, 85/18–25

51. यशस्तिलक उत्तर भाग, पृ. 182
52. हरिवंश पुराण; 9/138–139
53. महापुराण; 51/7, 20/135–140, 38/140, 153
54. महापुराण; 51/6, 11/166, 38/133–134, 8/75
55. रत्नकरण्ड श्रावकाचार, श्लोक 133–134
56. पुरूषार्थसिद्धियुपाय; श्लोक 223–224
57. देवीप्रसाद मिश्र; जैन पुराणों का साँस्कृतिक अध्ययन, 1988, पृ. 66
58. नेमीचन्द्र शास्त्री, वही, पृ. 168
59. महापुराण; 38/48, 39/119–122

अध्याय-4

जैन संस्कृति के समाजोपयोगी प्रासंगिक विचार

1. जैन धर्म के पर्यावरणीय विचार
2. जैन धर्म के नैतिकता विषयक विचार
3. जैन धर्म के योग विषयक विचार
4. जैन संस्कृति के समन्वयवादी विचार
5. समतावादी विचार
6. स्वास्थ्य विषयक विचार
7. धर्म एवं विज्ञान

जैन धर्म के पर्यावरणीय विचार

ऐतिहासिक अनुसंधान व इतिहास रचना के उद्देश्य और अर्थ, समय एवं समाज की स्थिति के अनुसार बदलते रहते हैं। प्रत्येक युग का समाज अनुसंधानकर्ता से प्रश्न करता है जिसका उत्तर अनुसंधानकर्ता देता है। नए तथ्यों को प्रकाश में लाने के साथ समसामयिक आवश्यकता भी ऐतिहासिक अनुसंधान की अपरिहार्यता है। आज जबकि संपूर्ण विश्व पर्यावरण की समस्या से ग्रसित है, पर्यावरण इतिहास का अध्यापन एवं शोध हो रहा है, जिसमें अतीत में समाज का पर्यावरण के प्रति क्या दृष्टिकोण था? क्या होना चाहिए? पर्यावरण का स्वरूप कैसा था? समाज

की पर्यावरण के प्रति रूचि के संकेत आदि की जानकारी प्राप्त की जा सकती है। पर्यावरण के जिस क्षेत्र को अतीत में महत्व दिया जाता था आज नहीं दिया जा रहा है। प्राचीन जैन साहित्य में पर्यावरण के प्रति जागरूकता से संबंधित तथ्य प्रकाश में लाना एवं समाज का पर्यावरण से तादात्म्य स्थापित करना इस शीर्षक की विषय वस्तु है।

नव पाषाण काल से मनुष्य ने प्राकृतिक पद्धतियों में हस्तक्षेप करना प्रारंभ शुरू किया और ज्यों–ज्यों उसके ज्ञान का विकास होता गया, उसी क्रम में प्राकृतिक पद्धति में हस्तक्षेप का क्रम उत्तरोत्तर बढता गया। वैज्ञानिक शोध द्वारा यह प्रमाणित हुआ है कि पारिस्थितिक पद्धति में सभी जीव, वर्ग, पौधे और जानवर एवं अन्य पदार्थ एक–दूसरे से जुड़े हुए हैं। किसी भी वर्ग के हस्तक्षेप होने से दूसरे वर्गों पर दीर्घकालिन स्थायी प्रतिक्रिया होती है। पर्यावरण का संबंध समस्त सृष्टि से है, सृष्टि का प्रत्येक अंग एवं तत्व पर्यावरण के अंतर्गत समाहित हो जाता है। पर्यावरण को समझने के लिए इस सृष्टि एवं लोक की व्यवस्था का स्वरूप समझना आवश्यक है। जैन दर्शनानुसार जीव, पुद्गल, धर्म, अधर्म, आकाश ये पाँच अस्तिकाय हैं जो अपनी सत्ता से निष्पन्न हुए हैं और विद्यमान हैं। यह लोक इन पाँच अस्तिकायों व काय रहित एक प्रदेशी काल द्रव्य का समुदाय है। इन्हीं द्रव्यों के परस्पर सहयोग से लोक बनता है।[1] जितने आकाश देश में ये जीवादि द्रव्य पाए जाते हैं, उसे लोक कहते हैं। लोक के बाहर भी आकाश है, वह अलोक कहलाता है। लोकगत आकाश एवं अलोकगत आकाश दोनों एक अखंड द्रव्य हैं। यह विश्व इन अनतानंत सतों का विराट आगार है और अकृत्रिम है।[2] जैन दर्शनानुसार विश्व के समस्त पदार्थ मुख्यतः दो श्रेणियों में समाहित हो जाते हैं, एक तो चेतन अर्थात् जीव (लिविंग या सोल) तथा दूसरे अचेतन अर्थात् अजीव (नॉन लिविंग या नॉनसोल)। अचेतन द्रव्यों के भी दो भेद है– प्रथम मूर्त तथा दूसरा अमूर्त। मूर्त द्रव्य की श्रेणी में पुद्गल आता है।[3] पुद्गल के भी दो भेद है, अणु एवं स्कन्ध।[4] अणु को ही परमाणु कहते हैं। यह अणु या परमाणु मूर्त पुद्गल द्रव्य से संबंधित है। अमूर्त किंतु अचेतन द्रव्यों की भी चार–चार श्रेणी है। धर्म अर्थात् मीडियम ऑफ मोशन जिसे वैज्ञानिकों ने ईथर से अभिहित किया है। अधर्म अर्थात् मीडियम ऑफ रेस्ट जिसे

विज्ञान गुरूत्व कहता है– आकाश (स्पेस) एवं काल (टाइम)। जीव द्रव्य भी अमूर्त है परंतु चेतन है। इस प्रकार पाँच द्रव्य अमूर्तिक है तथा पुद्‌गल द्रव्य मूर्तिक है। इन छह द्रव्यों के समूह को विश्व, सृष्टि, जगत कहते हैं। प्रकृति का प्रत्येक तत्व बाहरी एवं आंतरिक रूप से जुड़ा है। जैन मतानुसार जीव एवं अजीव इन दोनों की मित्रता से यह जगत एवं जगत का व्यापार चलता है। ये दोनों मित्र द्रव्य हैं। इन दोनों का संबंध अलग–अलग करना किसी के लिए संभव नहीं है। ये दोनों द्रव्य आकाश में आश्रय पाकर अनंत काल से धर्म द्रव्य की सहायता से गति करते हुए अधर्म के आश्रय से स्थिति प्राप्त करते हैं।

यह सृष्टि छह द्रव्यों का समुदाय है। जैन दर्शन में द्रव्य की सामान्य परिभाषा 'उत्पाद व्यय ध्रौव्य युक्तं सत'[5] सत द्रव्य लक्षण[6] अर्थात सत्, उत्पाद, व्यय, ध्रौव्य (परमानेंट) सहित है और सत् ही द्रव्य का लक्षण है, प्रस्तुत की है। इस सिंद्धात के अनुसार द्रव्य अनादि अनंत एवं परिणमनशील स्वभाव वाला है। उसे किसी ने बनाया नहीं, उसका कोई पालक नहीं और न ही उसका कोई नाश कर सकता है। जगत में समग्र भाव से कुछ बातें नियत हैं। यह नियत है कि जगत में जितने सत् है उनमें कोई नया सत् उत्पन्न नहीं हो सकता और न मौजूदा सत् का समूल विनाश ही हो सकता है। वे सत् है– अनंत चेतन, अनंत पुद्‌गलाणु, एक आकाश, एक धर्म द्रव्य, एक अधर्म द्रव्य और असंख्य काल द्रव्य। इनकी संख्या में न तो एक की वृद्धि हो सकती है और न एक की हानि। अनादि काल से इतने ही द्रव्य थे, है और अनंत काल तक रहेगें।

प्रत्येक द्रव्य अपने निज स्वभाव के कारण पुरानी पर्याय को छोडता है, नई को ग्रहण करता है और अपने प्रवाही सत्व की अनुवृति रखता है। चाहे वह शुद्ध हो या अशुद्ध। वह इस परिवर्तन चक्र से अछूता नहीं रह सकता। कोई भी किसी भी पदार्थ के उत्पाद और व्यय रूप इस परिवर्तन को रोक नहीं सकता और न इतना विलक्षण परिणमन ही करा सकता है कि वह अपने सत्व को ही समाप्त कर दे और सर्वथा उच्छिन्न हो जाए।

जिस प्रकार दो या अनेक अचेतन परमाणु मिलकर एक संयुक्त समान स्कन्ध रूप पर्याय उत्पन्न कर लेते हैं उसी तरह दो चेतन मिलकर

संयुक्त पर्याय उत्पन्न नहीं कर सकते, प्रत्येक चेतन का सदा स्वतंत्र परिणमन रहेगा। कोई भी द्रव्य किसी सजातीय या विजातीय द्रव्यान्तर रूप से परिणमन नहीं कर सकता। एक चेतन न तो अचेतन हो सकता है और न चेतनान्तर ही। वह चेतन तच्चेतन ही रहेगा और वह अचेतन तद्दचेतन ही।

प्रत्येक द्रव्य की अपनी मूल द्रव्य शक्तियाँ और योग्यताएँ समान रूप से सुनिश्चित हैं। उनमें हेर–फेर नहीं हो सकता। कोई नई शक्ति कारणान्तर से ऐसी नहीं आ सकती जिसका अस्तित्व द्रव्य में न हो। इसी तरह कोई विद्यमान शक्ति सर्वथा विनष्ट नहीं हो सकती। यह नियत है कि अगले क्षण में जिस प्रकार की सामग्री उपस्थित होगी, द्रव्य का परिणमन उससे प्रभावित होगा। सामग्री के अन्तर्गत जो भी द्रव्य हैं, उनके परिणमन भी इस द्रव्य से प्रभावित होंगे। जैसे कि ऑक्सीजन परमाणु को यदि हाइड्रोजन का निमित्त नहीं मिलता तो वह ऑक्सीजन के रूप में परिणित रह जाता है, पर यदि हाइड्रोजन का निमित्त मिल जाता है तो दोनों का जल रूप में परिवर्तन हो जाता है। तात्पर्य यह है कि पुद्गल और संसारी जीवों के परिणमन अपनी सामग्री के अनुसार परस्पर प्रभावित होते रहते हैं। केवल यही अनिश्चित है कि अगले क्षण में किसका क्या परिणाम होगा। कौनसी पर्याय विकास प्राप्त करेगी? या किस प्रकार की सामग्री उपस्थित होगी? यह तो परिस्थित और योगायोग के ऊपर निर्भर करता है।[7] जगत का अणु परमाणु ही नहीं किंतु चेतन आत्माएँ भी प्रतिक्षण अपने उत्पाद–व्यय–ध्रौव्य स्वभाव के कारण अविराम गति से पूर्ण पर्याय को छोड़कर उत्तर पर्याय को धारण करती जा रही है। जिस क्षण जैसी बाह्य और अभ्यंतर सामग्री जुटती जाती है, उसी के अनुसार उस क्षण का परिणमन होता जाता है। जगत में परमाणुओं के परस्पर संयोग–विभाग से बड़े–बड़े पहाड़, नदी, नाले, जंगल और विभिन्न प्राकृतिक दृश्य बने हैं। जीव एवं पुद्गल के संयोग से प्राणी का शरीर बनता है। जीव शरीर से सर्वथा भिन्न है। इन्द्रिय जन्य सुख, दुःख जीवन–मरण ये पुद्गल के उपकार है।[8] औदारिक आदि शरीर, मन, वचन, तथा श्वासोच्छवास ये पुद्गल द्रव्य के काम हैं।[9] शब्द, बंध, सूक्ष्मता, स्थूलता, संस्थान (आकार), भेद, अंधकार, छाया, आतप और उद्योत ये सब पुद्गल की पर्यायें हैं।[10]

धर्म, अधर्म और आकाश ये तीनों द्रव्य क्रियारहित हैं। इन तथ्यों से स्पष्ट है कि यह जगत स्थायी है एवं अनादि व अनंत है। जगत में प्रत्येक क्रिया छह द्रव्यों के परस्पर सहयोग से संपन्न होती है। जगत में प्राकृतिक परिवर्तन, दृश्य उत्पत्ति एवं विनाश आदि द्रव्यों का परिणमन ही है कोई भी द्रव्य नष्ट नहीं हो सकता और न ही उसका मूल स्वरूप नष्ट होता है। दृश्य जगत में यदि परिवर्तन, प्रगति या विनाश दृष्टिगोचर होता है, वह पुद्‌गल की पर्यायें हो सकती है क्योंकि सृष्टि में नई वस्तु की उत्पत्ति संभव नहीं है। पुद्‌गल का विनाश कोई नहीं कर सकता लेकिन उसकी पर्याय में परिवर्तन संभव है। परिवर्तित पर्याय मानव को लाभप्रद भी हो सकती हैं एवं हानिकारक भी। सत् के उत्पाद–व्यय–ध्रौव्यात्मक होने से ही जगत का प्रत्येक पदार्थ परिणमनशील है। सारा विश्व परिवर्तन की धारा में बहा जा रहा है। जहाँ भी हमारी दृष्टि जाती है सब कुछ बदल रहा है। सर्वत्र परिवर्तन ही परिवर्तन है। चाहे जड़ हो या चेतन, सभी इस परिवर्तन की धारा में बहे जा रहे है। प्रत्येक पदार्थ विश्व के रंगमंच पर प्रतिक्षण नया रूप धारण कर रहा है। वह पुरानी अवस्था को छोड़ता है, नए को ओढ़ता है पुराने का विनाश और नए की उत्पत्ति ही इस परिवर्तन का आधार है। पुरानी अवस्था के विनाश को व्यय कहते है तथा नई अवस्था की उत्पत्ति को उत्पाद। नए की उत्पत्ति और पुराने के विनाश के बाद भी द्रव्य अपनी मौलिकता को नहीं खोता है, इस मौलिक स्थिति का नाम ध्रौव्य है जो प्रतिक्षण परिवर्तित होते रहने के बाद भी पदार्थ में समरूपता बनाए रखता है। जगत का कोई भी पदार्थ इसका अपवाद नहीं है। प्रतिक्षण परिवर्तित होते रहने के कारण द्रव्य अनित्य है तथा परिवर्तित होते रहने के बाद भी वह अपने मूल में अपरिवर्तित है अतः द्रव्य नित्य भी है। यदि द्रव्य सर्वथा नित्य होता तो जगत के सारे पदार्थ कूटस्थ हो जाते। न तो नदियां वह पाती, न ही पेड़ों के पत्ते हिल पाते, बालक, बालक ही रहता, वह युवा न हो पाता। युवा, युवा ही रहता, वह वृद्ध नहीं होता। वृद्ध, वृद्ध ही रहता वह मर नहीं पाता, जो जैसा है वह वैसा ही रहता । यदि पदार्थ अनित्य ही होता तो प्रतिक्षण बदलाव होते रहने के कारण ही प्रगति अवरूद्ध हो जाती। अतः जैन दर्शन में पदार्थ को नित्यानित्यात्मक कहा गया है।[11] जैन दर्शन विश्व को अनंत, स्वतंत्र,

मौलिक पदार्थों का समुदाय मानता है और स्वाभावानुसार इसमें गति या परिवर्तन होता रहता है। विश्व की रचना, योजना और व्यवस्था ही उसके अपने निजी स्वभाव के कारण हैं। जगत् का प्रत्येक अणु–परमाणु गतिशील, परिर्वनशील है और यह परिवर्तन परिमाणात्मक और गुणात्मक दोनों प्रकार के होते हैं। परिवर्तन का यह चक्र अनादि अनंत है। प्रत्येक वस्तु में अगणित विरोधी शक्तियों का समागम है और इसी के कारण वस्तुओं में प्रतिक्षण परिवर्तन होता रहता है। आशय यह है कि प्रत्येक वस्तु में स्वभावतः दो विरोधी शक्तियाँ अवश्य विद्यमान रहती हैं जिनके संघर्ष से उसे गति मिलती है, उसका परिवर्तन होता है और जगत् का समस्त कार्य–कारण चक्र संचालित होता है।[12]

पर्यावरण और मनुष्यः– पर्यावरण का संबंध समस्त संसारी जीव जगत् व मनुष्य के बीच घनिष्टता से जुडा हुआ है। मानव जीवन के प्रायः सभी क्रियाकलाप किसी न किसी तरह से पर्यावरण से संबंधित हैं। नार्वे के दार्शनिक अर्नेनीस ने पर्यावरण का संबंध समस्त संसार व मनुष्य के बीच जोड़ा है उनके अनुसार पृथ्वी, जल, वायु, अग्नि और आकाश पाँच बाहरी एवं मन, बुद्धि, अहंकार तीन आंतरिक घटक आपस में गहराई से जुडे हैं।[13] मानवीय चेतना का ब्रह्माण्ड से गहरा तादात्म्य है। जैन दर्शन में संसार से मनुष्य का संबंध सात तत्वों द्वारा निरूपति किया जाता है। यह दृश्य जगत जड़ एवं चेतन पदार्थों के संयोग का ही परिणाम है। समस्त चेतन पदार्थ ही जीव हैं। इसके अतिरिक्त दृश्य जड़ जगत का समग्र विस्तार अजीव है। जीव चेतन पदार्थ, जो पृथ्वी, जल, अग्नि, वायु और आकाश से पृथक एवं स्वतंत्र है। जीव इन पुद्गलों के संसर्ग से किसी न किसी प्रकार का शरीर धारण किये हुए पाया जाता है। इस शरीर के दो प्रकार के अंग–उपांग हैं, जिसे कर्मेन्द्रियों और ज्ञानेन्द्रियों कहा जाता है और इन्हीं के द्वारा जीव नाना प्रकार की क्रियाएँ करता रहता है। विकसित प्रणियों में इन क्रियाओं का संचालन भीतर से एक अन्य शक्ति द्वारा होता है जिसे मन कहते हैं और जिसे नो–इन्द्रियाँ या अनिद्रिय नाम दिया गया है। इस प्रकार की क्रियाओं में काय, वाक् और मन ये विशेष रूप से प्रबल साधन सिद्ध होते हैं और इनकी ही क्रिया को जैन सिद्धांत में योग कहा गया है अर्थात् काय योग, वचन योग और मनोयोग के द्वारा आत्मा

के प्रदेशों में एक परिस्पन्दन होता है, जिसके कारण आत्मा में एक ऐसी अवस्था उत्पन्न हो जाती है जिसमें उसके आसपास भरे हुए सूक्ष्मति सूक्ष्म पुद्गल परमाणु आत्मा से चिपटते हैं। इसी आत्मा और पुद्गल परमाणुओं के संपर्क में आने की क्रिया का नाम आस्रव है, तथा उनका आत्म प्रदेशों से दूध पानी की तरह ऐकमएक हो जाना बंध एवं संपर्क में आने वाले परमाणु ही कर्म कहलाते हैं। काय आदि रूप आत्म प्रदेशों में उत्पन्न होने वाला परिस्पन्दन दो प्रकार का हो सकता है– एक तो किसी क्रोध, मान आदि तीव्र मानसिक विकार से रहित साधारण क्रियाओं के रूप में और दूसरा क्रोध, मान, माया और लोभ इन चार तीव्र मनोविकार रूप कषायों के वेग से प्रेरित। इस प्रकार योग एवं कषाय कर्म बंध के प्रमुख कारण हैं। आस्रव व बंध संसार के कारण हैं। मोक्ष संसारातीत अवस्था है। मोक्ष के लिए संवर एवं निर्जरा साधन हैं। कर्म बंध ही संसार के कारण हैं। जैन दर्शन अनुसार यह कर्मबंध अनादि है, इसलिए यह संसार अनादि है। संसार में कर्मबंध का अंत नहीं, अतः संसार का भी अंत नही हो सकता।[14] जगत की दृश्यमान विषमता की समस्या को सुलझाना ही कर्मवाद का प्रयोजन है। जगत की विचित्रता का समाधान कर्म को माने बिना नहीं हो सकता। आत्मा अपने पूर्वकृत या इहकृत कर्मों के अनुसार वैसे स्वभाव व परिस्थितियों का निर्माण करता है, जिसका असर बाह्य सामग्री पर भी पड़ता है। जैन दर्शन के अनुसार जैविक पर्यावरण एवं सामाजिक पर्यावरण के स्वरूप में कर्म ही उत्तरदायी है। जिसे आठ कर्मो के परिप्रेक्ष्य में समझा जा सकता है। इस दृश्य जगत में वनस्पति से लेकर अन्य प्राणियों तक जितने भी जीव दृष्टिगोचर होते हैं वह सभी कर्मों के कारण हैं। इस विशाल जगत और अपने जीवन में जब हम देखते हैं तो हमें अनेक रूप विविधताएँ दिखाई पड़ती हैं। जगत विविधताओं का केन्द्र है तथा जीवन विषमताओं से भरा है। जीवन और जगत में कहीं भी समरूपता नहीं है। जगत की इस विविधता और जीवन की विषमता का कोई न कोई तो हेतु होना ही चाहिए। वह हेतु है कर्म। कर्म ही जगत की विविधता और जीवन की विषमता का जनक है।[15] विश्व का समस्त वातावरण गतिशील पुद्गल परमाणु और स्कंधों से निर्मित है। उसी में परस्पर संयोग आदि निमित्तों से गर्मी, सर्दी, प्रकाश, अंधकार, छाया आदि पर्यायें उत्पन्न होती और नष्ट

होती रहती हैं। उनका आधार पुद्गल है। पुदगल की गति आसपास के वातावरण को प्रभावित करती है। जैन ग्रथों में पुद्गल द्रव्यों की कर्म–वर्गणा, नो–कर्म वर्गणा, आहार–वर्गणा, भाषा–वर्गणा आदि रूप से तेईस प्रकार की वर्गणाओं का वर्ण मिलता है।[16] कर्म वर्गणा पुद्गल परमाणुओं का पिंड है, शरीर रूप में परिणित होने वाले पुद्गल नो–कर्म वर्गणा कहलाते हैं। इन पदार्थों एवं व्यक्ति के मन, बुद्धि, मानसिक विकार, क्रोध, मान, माया, लोभ आदि तीनों योग एवं कषाय के संसर्ग से भाव–कर्म और द्रव्य–कर्म उत्पन्न होते हैं जगत की विविधता का कारण द्रव्य–कर्म हैं तथा राग द्वेष आदि मनोविकार रूप भाव–कर्म जीवन में विषमता के कारण हैं। पुद्गल पदार्थों (प्रकृति) एवं मनुष्य के क्रियाकलापों में अत्यंत घनिष्ठ संबंध है जो परस्पर प्रभावी है।

मानसिक विचार एवं पर्यावरणः– वैज्ञानिक सिद्धांत है कि क्रिया के विपरीत प्रतिक्रिया होती हैं। किसी भी क्रिया के होने से उसके फलस्वरूप प्रतिक्रिया होती है। इसी को मनुष्य के विचारों एवं वातावरण के परस्पर प्रभाव के संदर्भ में जैन दर्शन के आलोक में देखा जा सकता है। इस संदर्भ में महेन्द्र जैन ने अपनी कृति 'जैन दर्शन में लिखा है कि जब आत्मा और भौतिक पदार्थों का स्वभाव ही प्रतिक्षण परिणमन करने का है और वातावरण के अनुसार प्रभावित होने का तथा वातावरण को भी प्रभावित करने का है, तब इस बात के सिद्ध करने की विशेष आवश्यकता नहीं रहती कि हमारे अमूर्त व्यापारों का भौतिक जगत पर क्या असर पड़ता है? हमारा छोटे से छोटा शब्द ईथर की तरंगों में अपने वेग के अनुसार, गहरा या उथला कम्पन पैदा करता है। यह झनझनाहट रेडियो यंत्रों के द्वारा कानों से सुनी जा सकती है और जहाँ प्रेषक रेडियो यंत्र मौजूद है वहाँ से तो यथेच्छ शब्दों को निश्चित स्थानों पर भेजा जा सकता है। ये संस्कार वातावरण पर सूक्ष्म और स्थूल रूप में बहुत काल तक बने रहते हैं। काल की गति उन्हे धुंधला और नष्ट करती है। इसी तरह जब आत्मा कोई अच्छा या बुरा विचार करता है तो उसकी इस क्रिया से आसपास के वातावरण में एक प्रकार की खलबली मच जाती है और उस विचार की शक्ति के अनुसार वातावरण में क्रिया–प्रतिक्रिया होती है। जगत के कल्याण और मंगल कामना के विचार चित्त को हल्का और प्रसन्न रखते

हैं। वे प्रकाश रूप होते हैं तथा अपने अनुरूप पुद्गल परमाणुओं को अपने शरीर के भीतर से ही या शरीर के बाहर से खींच लेते हैं। उन विचारों के संस्कारों से प्रभावित उन पुद्गल द्रव्यों का संबंध अमुक काल तक उस आत्मा के साथ बना रहता हैं।[17] विश्व का समस्त वातावरण गतिशील पुद्गल परमाणु और स्कन्धों से निर्मित है। परमाणु की गति एक समय में लोकान्त हो सकती है और वह गति काल में आसपास के वातावरण को प्रभावित करती है। पुद्गल परमाणु की तेईस वर्गणाएँ जो वातावरण में होती है, उन्हें जीव, मन वचन और काय की क्रियाओं के द्वारा खींच लेता है और प्रभावित करके कर्मरूप बना देता है। जिससे जीव शरीरादि इन्द्रियाँ एवं मानसिक एवं सामाजिक स्थिति प्राप्त करता है। वातावरण का मनुष्य के प्रत्येक पक्ष पर प्रभाव पड़ता है एवं मनुष्य का प्रभाव वातावरण पर पड़ता है। इसीलिए जगत के महापुरूषों ने प्रत्येक भव्य को एक ही बात कही है कि अच्छा वातावरण बनाओ, मंगलमय भावों को चारों ओर बिखेरो। किसी प्रभावशाली योगी के अचिन्त्य प्रेम और अहिंसा की विश्व मैत्री रूप संजीवन धारा से आसपास की वनस्पतियों का असमय में पुष्पित हो जाना और जाति विरोध साँप–नेवला, गाय–सिंह आदि प्राणियों का अपना साधारण बैर भूलकर उनके अमृतमय वातावरण में परस्पर मैत्री के क्षणों का अनुभव करना कोई बहुत अनोखी बात नहीं है। यह तो प्रभाव की अचिन्त्य शक्ति का साधारण स्फुरण है। भगवान के समवशरण में उनके शरीर से ऐसी प्रभा व कांति का संचार होता है कि समस्त प्राणियों में सद्भावना व पुण्य का संचार हो जाता है।[18] भगवान के सिर पर आभामंडल भी मूर्तियों में बनाया जाता है जिसका उद्देश्य भी यही है। मनुष्य जिस प्रकार के विचार करता है, उसके चारों ओर एक आभामंडल बन जाता है जो अदृश्य होता है। वैज्ञानिकों के मत में इसे उच्च क्षमता वाले माइक्रोस्कोप से देखा जा सकता है। मनुष्य जैसा विचार करता है उसके समीप वैसा ही वातावरण निर्मित हो जाता है। इसे जैन दर्शन में 'लेश्या सिंद्धांत' से समझा जा सकता है। यह एक सामान्य सिद्धांत है कि हर पदार्थ अपने सजातीय में घुल–मिल जाता है और विजातीय से संघर्ष करता है। जहाँ हमारे विचारों के अनुकूल वातावरण होता है, यानी दूसरे लोग भी करीब–करीब हमारी विचार–धारा के होते हैं। वहाँ

हमारा चित्त उसमें रच–पच जाता है किंतु प्रतिकूल वातावरण में चित्त को आकुलता–व्याकुलता होती है। हर चित्त इतनी पहचान रखता है। उसे भुलावे में नहीं डाला जा सकता। यदि तुम्हारे चित्त में दूसरे के प्रति घृणा है तो तुम्हारा चेहरा शब्द और तुम्हारी चेष्टाएँ सामने वाले व्यक्ति में सद्भाव का संचार नहीं कर सकती और वातावरण को निर्मल नहीं बना सकती। हमें अपने समान स्वभाव वाले व्यक्ति को देखते ही क्यों प्रसन्नता होती है और क्या अचानक किसी व्यक्ति को देखकर जी घृणा और क्रोध के भावों से भर जाता है। इसका कारण बताया गया है कि चित्त की वह प्रतिबिम्ब ग्राहिणी सूक्ष्म शक्ति है जो आँखों की दूरबीन से शरीर की स्थूल दीवार को पार करके सामने वाले के मनोभावों का बहुत कुछ आभास पा लेती है। वातावरण और आत्मा इतने सूक्ष्म प्रतिबिम्ब ग्राही होते हैं कि ज्ञात या अज्ञात भाव से होने वाले प्रत्येक स्पंदन के संस्कारों से वे प्रतिक्षण ग्रहण करते रहते हैं। इस परस्पर प्रतिबिम्ब ग्रहण करने की क्रिया को हम प्रभाव शब्द कहते हैं। प्रभाव का परस्पर आदान–प्रदान प्रतिक्षण चालू हैं। इसमें देश, काल और आकाश का भेद भी व्यवहार नहीं दे सकता।[19] दूरस्थ प्रिय पर आपत्ति आने पर हम अनमने होते है, यह प्रभाव के कारण ही है।

जैन सिद्धाँतों में पर्यावरण संरक्षण व संवर्द्धनः– प्रकृति एवं मानव समाज की पारस्परिक अंतर्क्रिया इतनी व्यापक है कि उससे समूची मानव जाति प्रभावित हो रही है। पर्यावरण असंतुलन का कारण बेतहाशा औद्योगीकरण, शहरीकरण एवं उसकी पूर्ति के लिए पेड़– पौधों का भारी विनाश एवं पशु–पक्षियों का मारा जाना माना जाता है। जीव–जंतुओं एवं पेड़–पौधों पर एक व्यापक विचार धारा न बनने से उनका विनाश किया जा रहा है। छोटे–छोटे निरीह एव मूल प्राणी उपेक्षित रह जाते हैं और संरक्षण एकांगी रहता है। उनका संरक्षण व संवर्द्धन तभी संभव है जब हम स्वयं की तरह प्रकृति के समस्त घटकों में आत्मा का अस्तित्व स्वीकार करें जो परमात्मा बनने की क्षमता रखती हैं। जीव–जंतुओं एवं वनस्पतियों के प्रति संवेदना का भाव विकास अहिंसा से ही संभव है। महापुराण के एक संदर्भ में वर्णित है कि भरत चक्रवर्ती ने श्रेष्ठ पुरूषों के निर्धारण एवं उनकी परीक्षा के लिए दान देने हेतु उन्हें घर बुलाया और

मार्ग में घास उगवा दी। हरी घास भी जीव है, हमारे चलने–कुचलने पर उन जीवों को बाधा पहुँचती है। इस बात का विचार करके बहुत से लोग घास पर चलकर नहीं आए। महाराज भरत ने उन सबकी दयावृत्ति को मान्यता देकर उन्हें प्रासुक (जीव रहित) मार्ग से अंदर बुलाया और उन सबकी प्रशंसा तथा सम्मान कर उन्हे ब्राह्मण संज्ञा दी। हरे वृक्ष काटना, जैन दर्शनानुसार हिंसा है। जैन धर्म के अनुसार तो हरी सब्जी को काटने में हिंसा बताई है। हालाँकि व्यवहार में यह सहज संभव नहीं है, लेकिन मनुष्य को अनुभव तो होता है कि यह जीव है। जहाँ तक संभव हो उसे बचाया जा सकता है। प्राणघात के अतिरिक्त अन्य प्रकार से पीड़ा देकर हिंसा करने के अनेक प्रकार हो सकते हैं जिनसे व्रती को बचने रहने की आवश्यकता है। विशेषतः परिजनों एवं पशुओं के साथ पाँच प्रकार की क्रूरता को अतिक्रमण (अतिचार) कहकर उनका निषेध किया गया है– उन्हें बाँधकर रखना, कोड़ों आदि से पीटना, नाक–कान आदि छेदना–काटना, उनकी शक्ति से अधिक बोझा लादना व समय पर अन्न–पानी न देना। इस प्रकार जैन–शास्त्र–प्रणीत हिंसा के स्वरूप तथा अहिंसा व्रत के विवेचन से स्पष्ट है कि इस व्रत का विधान व्यक्ति को सुशील, सुसभ्य व समान हितैषी बनाने और उसे अनिष्टकारी प्रवृत्तियों से रोकने के लिए किया है। पर्यावरण प्रदूषण के लिए उत्तरदायी विनाशकारी, औद्योगीकरण के लिए जैन धर्म में निषेध किया गया है, इससे वायुकायिक, जलकायिक, अग्निकायिक व अन्य स्थावर व त्रस जीवों की हिंसा होती है। प्रमादवश मन, वचन, काय, से किसी जीव को कष्ट पहुचाना हिंसा कहलाती है। ऐसा नहीं करना अहिंसा है। इसके अंतर्गत समस्त जैविक व सामाजिक पर्यावरण समाहित हो जाता है। अहिंसा के अभाव में पर्यावरण की सुरक्षा, संचालन व संवर्द्धन संभव ही नहीं है। जीव जगत में एक मर्यादा तक अहिंसा की प्रकृति स्वाभाविक है। पशु–पक्षी और उनसे निम्न स्तर के जीव–जंतुओं में अपनी जाति के जीवों को मारने व खाने की प्रवृत्ति प्रायः नहीं पाई जाती। सिंह, व्याघ्रादि हिंसक प्राणी भी अपनी संतति की रक्षा तो करते ही है, और अन्य जाति के जीवों को भी केवल तभी मारते है जब उन्हे भूख की वेदना सताती है। प्राणी मात्र की प्रवृत्ति में यह भी देखा जाता है कि जो प्राणी जितनी मात्रा में अहिंसक वृत्ति का होता है, वह

उतना ही अधिक शिक्षा के योग्य व उपयोगी सिद्ध हुआ है। बकरी, गाय, भैंस, घोडा, ऊँट, हाँथी आदि पशु मांसभक्षी नहीं है और इसलिए वे मनुष्यों के व्यापारों में उपयोगी सिद्ध हो सके हैं। यथार्थतः उन्हीं में प्रवृत्ति की शीतोष्ण आदि द्वंद्वात्मक शक्तियों को सहने और परिश्रम करने की शक्ति विशेष रूप से पायी जाती है। वे हिंस्र पशुओं से अपनी रक्षा के लिए दल बाँधकर सामूहिक शक्ति का भी उपयोग करते हुए पाए जाते हैं। अहिंसा से परस्पर रक्षा और सहायता की प्रेरणा प्राप्त होती है। जीव का लक्षण है– परस्पर उपकार करना या परस्पर सहयोग करना।[20] जीवों के लिए प्रति चेतना बनाए रखना। जैन धर्म के अनुसार मनुष्य के भरण–पोषण के प्रकृति ने अल्पजीवी फसलें प्रदान की है, जो स्वयं ही सूख जाती है, फिर पशु–पक्षी, वनस्पति का विनाश क्यों किया जाए? इसी विनाश से पर्यावरण असंतुलन का खतरा उत्पन्न होता है। पशु–वनस्पति के संरक्षण के लिए कानून बनाने की अपेक्षा मनुष्य को मानसिक व वैचारिक रूप से उद्वेलित करने की आवश्यकता है। हाल ही में प्रकाशित 'डीप इकोलाँजी' नामक पुस्तक में वारवीक फाल्स ने उल्लेख किया है कि प्रकृति संरक्षण की अवधारणा व्यवहारिक तथ्यों के साथ सम्पूर्ण मन भावना से करनी चाहिए।[21] भारत मानवीय भावनाओं का उद्‌गम बिन्दु, मानवीय संस्कृति का जन्मदाता एवं परमेश्वर के पारस्परिक भाव भरे संबंधों का चिरकाल से दार्शनिक व्याख्याता रहा है। पर्यावरण संरक्षण के लिए आवश्यकता है कि मनुष्य अन्य जीवों के प्रति सहानुभूतिपूर्वक विचार रखे। मनुष्य का अन्य जीवों एवं प्रकृति से संबंध स्थापित किया जाए। इस संदर्भ में जैन दर्शन में कहा गया है कि मानव समाज एवं प्रकृति का अंतर्सम्बन्ध है जो क्रियात्मक पहलू के रूप में निरूपित है। जीव पुद्‌गल, धर्म, अधर्म, आकाश एवं काल के अंतर्गत ही संपूर्ण जीव जगत एवं प्रकृति समाहित है।[22] मनुष्य भी जीव द्रव्य का एक अंग है। मनुष्य की ही तरह अग्नि, वायु, पृथ्वी, जल, वनस्पति में जीवन स्वीकार किया गया है। पंचस्तिकाय में लिखा है कि पृथ्वीकायिक, अग्निकायिक, वायुकायिक और वनस्पतिकायिक यह कायें जीव को वास्तव में अत्यंत मोह से संयुक्त स्पर्श देती है अर्थात् इनमें स्पर्श ज्ञान होता हैं।[23] वनस्पति के संदर्भ में वैज्ञानिक जगदीशचन्द्र बसु ने अपने वैज्ञानिक प्रयोगों के आधार पर यह सिद्ध कर दिया कि पोधे

हमारी तरह दुःख दर्द का अनुभव करते हैं। कैप्टन स्ववार्सवी ने जल में नंगी आँखों से न दिखने वाले जलकाय जीवों कर सूक्ष्मदर्शी से अध्ययन किया है। उपरोक्त पाँच प्रकार के जीव स्थावर है। इसके अतिरिक्त त्रस जीव के यथासंभव द्रव्य और भावप्राणों का जो व्यपरोपण होता हैं उसको हिंसा कहते है।[24] जैन धर्म में हिंसा न करना ही परम धर्म माना गया है। इस धर्म से ही पर्यावरण संतुलन संभव है। जीव विज्ञानी शक्ति, एम.गुप्ता ले अपने शोध पत्र 'इकालाँजीकल आस्पेक्ट आँफ इंडियन मिथ' में कहा है कि पर्यावरण की सुरक्षा अपने धर्म में अटूट आस्था व विश्वास द्वारा हो सकती है। विख्यात वैज्ञानिक फ्रिटजोफ काप्रा ने अभी कुछ ही समय पहले प्रकाशित अपने ग्रंथ 'द वेब आँफ लाइफ' में डीप कालाँजी को मानव समाज व प्रकृति के अंतसंबंधों के क्रियात्मक पहलू के रूप में निरूपित किया है। काप्रा ने इसे धार्मिक व आध्यत्मिक तथ्यों से जोडने का प्रयास किया है।[25] जहाँ वैदिक धर्म में भूमि, जल, अग्नि, वनस्पति, नदी, पर्वत, विभिन्न पशुओं व पक्षियों को ईश्वर से संबंधित कर पूजनीय माना जाता है एवं पूजनीय के प्रति विध्वंसक या हानिकारक व्यवहार अंतरात्मा से अक्षम्य माना जाता है। उसी तरह अहिंसा मूलक जैनधर्म में अग्नि, वायु, पृथ्वी, जल व वनस्पति में जीव तत्व स्वीकार किया गया है। जिनके प्रति विंध्वसक या विनाशकारी व्यवहार हिंसापूर्ण कृत्य माना गया है। जैन धर्म का अपरिग्रह, त्याग धर्म व भोगोपभोग परिमाण व्रत पर्यावरण संतुलन के लिए अत्यंत के लिए अत्यंत महत्वपूर्ण सिद्धांत है, जिसके अनुसार मनुष्य की भोग प्रवृत्ति पर नियंत्रण आवश्यक बताया गया है। मनुष्य को अपने भोग–उपभोग की प्रवृत्ति सीमित करना चाहिए। जितना आवश्यक हो उसी के अनुसार भोग करना चाहिए। प्रकृति का दोहन आवश्यकतानुसार ही होना चाहिए। अपरिग्रह सिद्धांत केवल आध्यात्मिक दृष्टि से ही महत्वपूर्ण नहीं है बल्कि सामाजिक, आर्थिक व पर्यावरणीय संतुलन के लिए भी आवश्यक है। प्रकृति मानव के लिए है। यह समझकर मनुष्य उसका अनियंत्रित ढंग से उपभोग कर रहा है। प्रकृति का आवश्यकता से अधिक, असंतुलित व अनुचित दोहन विनाशकारी है। विज्ञान की आधुनिकतम शाखा 'डीप इकोलाँजी' नैतिकता एवं मर्यादा की सीमा रेखा खींचते हुए ऐसा जीवन जीने का आग्रह करती है, जिससे सृष्टि के किसी जीव का शोषण व

संहार न हो सके और प्राकृतिक संतुलन बना रहे।

यह अहिंसामयी व समतामूलक विचारधारा से ही संभव है। इस तरह की विचारधारा के लिए जैन धर्म में पर्याप्त व्यवस्था है, अनेकांत, स्याद्वाद, पाँच व्रतों का अतिचार रहित पालन करना, दस धर्म का पालन करना, दिग्व्रत, देशव्रत, अनर्थदंड व्रत, गुप्ति, समिति आदि धार्मिक नियम सामाजिक सौमनस्यता के लिए अपरिहार्य है, जिसके द्वारा ही सोश्यल इकोलॉजी के लक्षण प्राप्त किये जा सकते है। जैन धर्म का आधार ही चरित्र है। विनोबा भावे ने कहा है– जिस राष्ट्र में चरित्रशीलता नहीं, उसमें कोई योजना काम नहीं कर सकता। जैविक पर्यावरण के अंतर्गत वनस्पति व पशु–पक्षी आदि को जैन धर्म में मात्र अहिंसा की दृष्टि से उनकी रक्षा को ही महत्व नहीं दिया गया, बल्कि उनको ईश्वर से संबंधित कर महत्वपूर्ण स्थान दिया गया है। जैन धर्म के प्रवर्तक चौबीस तीर्थकरों के चिह्न निर्धारित किये गये हैं। वह प्राकृतिक ही है एवं चैत्य वृक्षों का उनके केवलज्ञान से संबंध स्थापित किया गया जैसे– श्री ऋषभदेव, चिह्न बैल, चैत्यवृक्ष, न्यूग्रोथ इसी प्रकार क्रमशः अजितनाथ–गज–सप्तपर्ण, संभवनाथ–अश्व–शाल, अभिनंदननाथ–बंदर–सरल सुमतिनाथ–चकवा–प्रियंगु, पद्मप्रभु–पद्म–प्रियगु, सुपार्श्वनाथ–नद्यावर्त–शिरिष, चन्दप्रभ–अर्धचंद्र–नागवृक्ष, पुष्पदंत–मकंर–बहेडा, शीतल–स्वस्तिक–धूलि, श्रेयांसनाथ–गैडा–पलाश, वासुपूज्य–भैंसा–तेन्दू, विमलनाथ–शूकर–पाटल, अनंतनाथ–सेही–पीपल, धर्मनाथ–वज्र–दधिपर्ण, शांतिनाथ–हरिण–नंदी, कुंथुनाथ–छाग–तिलक, अरहनाथ–तगरकुसुम–आम्र, मल्लिनाथ – कमल – कंकेली, मुनिसुव्रत–कूर्म – चम्पक, नमिनाथ – शंख – बकुल, नेमिनाथ – शँख – मेषश्रँग, पार्श्वनाथ – सर्प – धव, महावीर–सिंह–शाल।[26] भगवान के समवशरण में जो बाहर कक्षों का निर्माण किया जाता था, उसमें पशु–पक्षियों के लिए भी एक कक्ष निर्धारित था।[27] समवशरण सभा में धूलिसाल के बाद जो दूसरा परकोटा होता था, उसमें अशोक वन, सप्तपर्ण वन, चम्पकवन और आम्रवन ये चार वन रहते थे। इन वनों में चैत्यवृक्ष भी है– इन वृक्षों पर तीर्थकरों की प्रतिमाएँ विराजमान रहती थीं।[28] जिनराज की एक सौ आठ ध्वजाएँ लगाई जाती थी, जिनमें सिंह, वस्त्र, कमल, मयूर, हाँथी, गरूड़, माला बैल, हंस और चक्र ये चिह्न अंकित रहते थे।[29] जैन साहित्य में

ऐसे अनेक उल्लेख हैं कि अनेक मुनियों व तीर्थंकरों ने पर्वतों एवं वनों, नदियों को साफ–स्वच्छ वातावरण में तपस्या की एवं मोक्ष प्राप्त किया, जिनमें कैलाश, गिरनार, सम्मेद शिखर, पावापुर आदि उल्लेखनीय हैं। जैन धर्म में वनस्पतियों को इतना महत्व दिया गया है कि पुराणों के अनुसार भोगभूमि व्यवस्था काल में समस्त जीवों के पालक एवं दाता वृक्ष ही थे। वह मनुष्यों की सम्पूर्ण इच्छाएँ पूर्ण करते थे। उनकी आभा से गृह नक्षत्र भी नहीं दिखते थे। इन वृक्षों को कल्पवृक्ष कहा जाता था। वृक्षों के प्रभाव कम हो जाने पर लोग त्राहि करने लगे, असहाय हो गए, भूखे रहने लगे सीमंकर मनु के समय कल्पवृक्ष अल्प रह गए और फल भी कम देने लगे, उस कारण से असंतुलन की स्थिति निर्मित हो गई । लोगों में कलह होने लगा, तब कल्याण स्थापना की भावना से कल्पवृक्षों की सीमाओं को निश्चित दिया गया तथा यह व्यवस्था करनी पड़ी कि कल्पवृक्षों से सीमित मात्रा में काम लिया जाए। एक निश्चित जगह के वृक्षों से निश्चित लोग ही काम लें।[30] वृक्षों, पर्वतों की प्राकृतिक शोभा एवं उनके महत्व का वर्णन विविध ग्रंथों में हैं। नदियों, समुद्र व पशुओं आदि का सुंदर चित्रण उनके महत्व के साथ किया गया है। भगवान के लक्षणों में भी पर्यावरणीय तत्वों को सम्मिलित किया गया है। भगवान के लक्षण इस प्रकार है– श्रीवृक्ष, शंख, पद्म, स्वस्तिक, अंकुश, तोरण, चमर, श्वेत छत्र, ध्वजा सिंहासन, दो मछलियाँ, दो घडे, समुद्र, कछुआ, चक्र, तालाब, विमान, नागभवन, पुरूष, स्त्री, युगल, बड़ा भारी सिंह, तामूरगंगा, इन्द्र, सुमेरू, गोपुर, चन्द्रमा, पुर, सूर्य, घोडा, बीजना, मृदंग, सर्प, माला, वीणा, बांसुरी, रेशमी वस्त्र, दैदीप्यमान कुंडल, विचित्र आभूषण, फल सहित बगीचा, पके हुए अनाज वाला खेत, हीरा रत्न, बड़ा दीपक, पृथ्वी, लक्ष्मी, सरस्वती, सुवर्ण, कल्पवृक्ष, चूड़ा रत्न, महानिधि, गाय–बैल, जामुन का वृक्ष, पक्षिराज, सिद्धार्थ वृक्ष, महल, नक्षत्र, गृह प्रतिहार्य आदि एक सौ आठ लक्षणों से युक्त है।[31] भगवान के दस प्रतिहार्य में वृक्ष भी सम्मिलित किया गया है। तीर्थकर की माँ गर्भावस्था में भगवान के गर्भ में आने पर सोलह स्वप्न देखती है उनको प्रकृति के साथ कई तरह से जोड़ा गया है–मदोन्मत हाथी, गंभीर शब्द और ऊँचे कंधो वाला चंद्रमा के साथ सदृश्य शुभकांति वाला बैल, अपूर्व कांति वृहद शरीर और लाल कधें वाला सिंह, कमल रूपी सिंहासन

पर आरोहित लक्ष्मी को देव स्नान कराते हुए हाथी, सुगंधित दो माला, ताराओं से घिरा हुआ चंद्रमा, सूर्य, उदयाचल पर्वत से निकलते हुए कमल, तालाब में क्रीड़ा करती हुई मछलियाँ, तालाब जो कुमदिनी एवं कमलिनी से खिल रहा था, भरपूर ताल जिसमें कमलों की पीली रज तैर रही थी, गंभीर गर्जना करता हुआ चंचल तरंगों से युक्त समुद्र, दैदीप्यमान मणि से युक्त ऊँचा सिंहासन, बहुमूल्य रत्नों से प्रकाशित स्वर्ण का विमान, पृथ्वी को फाड़कर ऊपर की ओर आता हुआ फणीन्द्र का ऊँचा भवन, रत्न की विशाल राशि, निर्धूम अग्नि।[32] प्रकृति के लगभग प्रत्येक अंग को महत्व दिया गया है। भगवान के संदर्भ में शुभ परिणाम घोषित किये गये । मनुष्य का प्रकृति से संबंध सुंदर होता है। जैन साहित्य में प्रकृति के प्रत्येक अंग को महत्वपूर्ण स्थान दिया गया है। जीव का अस्तित्व होने पर उन्हें विनष्ट या हानि न पहुँचाने के लिए सिद्धांतों और पाप–पुण्य के नियमों से उन्हे सुरक्षित रखने का आह्वान तो किया ही है, साथ ही उन्हें यथोचित सम्मान भी दिया गया है। जैन दर्शन में लोक की व्यवस्था के वर्णन में प्रकृति के समस्त अगों की अप्ररिहार्यता पर विशेष बल दिया गया है।

जैन धर्म के नैतिकता विषयक विचार

नैतिक चेतना का आशय शुभ–अशुभ, उचित–अनुचित, वांछनीय–अवांछनीय अनुभूतियों से है। ये अनुभूतियाँ सार्वभौम है। अपनी–अपनी रूचि और संस्कारों के अनुसार भले–बुरे की चेतना हम सभी को होती है। नैतिकता का संबंध मनुष्य, व्यक्तित्व एवं चारित्र से भी है। ऐसा आचार जो भद्र पुरूषों द्वारा अनुशंसित है, ऐसी प्रथाएँ जिन्हें सामान्यतः समाज के बहुमत द्वारा पालन किया जाए। यह आवश्यकता एवं परिस्थितियों के अनुसार परिवर्तित हो सकते हैं। अतएव आवश्यकता एवं युगधर्म के दृष्टिकोण से प्रचलित आचार भी नैतिकता है। नैतिक निर्णयों का आधार कोई न कोई आदर्श होता है। आदर्श के अनुकूल होने से कोई कार्य कर्तव्य और प्रतिकूल होने से कोई कार्य अकर्तव्य कहलाता है। आचार व्यक्ति और समाज दोनों के कर्त्तव्याकर्त्तव्यों का विवेचन करता है। इसी कारण इसे नीति विज्ञान भी कहा जाता है। जीवन का सर्वोच्च

लक्ष्य क्या है, मानव के कर्तव्य और अधिकार क्या–क्या हैं। कर्तव्य करने की योग्यता और स्वतंत्रता मानव के भीतर है या नहीं, व्यक्ति और समाज मे क्या संबंध है, जीवन का विकास किन साधनों या प्रक्रियाओं द्वारा किया जा सकता है, आदि की मीमांसा आचार–सिद्धांतों में की गई है। जीवन के प्रथम क्षण से मरण पर्यंत विधेय और करणीय कर्तव्यों का विमर्श करना, आचार शास्त्र में सम्मिलित है। आचार श्रद्धालु व्यक्तियों के मध्य संतोष का वातावरण प्रस्तुत करता है।[33] श्रेष्ठ आचार, मर्यादित आचार एवं जिस व्यवहार को समाज ने प्रमाणित किया है कि यह उचित है, जिससे दूसरे प्राणी को हेय या हानि न पहुँचे वही आचार नैतिक है। आचार की उपयोगिता के संबंध मे जैन चिंतकों ने कहा है कि व्यक्ति के सार्वभौम विकास हेतु आचार साधना का अवलंबन समाज व्यवस्था को सुदृढ और पूर्ण बनाने के हेतु दुराचार के त्याग के साथ सदाचार का परिपालन, रागद्वेषात्मक भावनाओं का नियंत्रण, मानव की सर्वतोमुखी उन्नति की पीठिका का आचार का निरूपण, मन, वचन और काय के व्यापार को अहिंसक बनाना, चित्त शुद्धि और वीतरागता की प्राप्ति, लोकरक्षा के साथ जीवन को सात्विक, सरल और उन्नत बनाने के हेतु आचार की प्रतिष्ठा। जैन दर्शन में ज्ञान की अपेक्षा चारित्र का ही अंतिम महत्व स्वीकार किया गया है। कुंदकुंदाचार्य ने प्रवचनसार में लिखा है कि चारित्र ही धर्म है।[34] जैन दर्शन का साध्य विचार नहीं आचार है, ज्ञान नहीं चारित्र, वाक् विलास नहीं आत्मशुद्धि है। अहिंसक का वास्तविक अर्थ है जीव मात्र में समत्व का दर्शन। जीव चाहे स्थावर हो, जंगम हो, पशु हो, पक्षी हो, मनुष्य हो, शूद्र हो, ब्राह्मण हो, क्षत्रिय हो, काला हो, भारतीय हो, सभी मे समानता का व्यवहार करना और यह भाव अहिंसा के विकास से ही प्रादुर्भूत होते हैं आत्मशुद्धि की व्यक्तिगत साधना, मुक्ति प्रक्रिया और विश्व शांति की स्थापना की लोकेषणा का मूल मंत्र अहिंसा है एवं अहिंसा से बढकर कोई नैतिक सिद्धांत नहीं हो सकता। चरित्र ही धर्म है। धर्म नैतिक सिद्धांतों के रूप मे ही समझा गया है। हिंसा, झूठ, चोरी, कुशील, परिग्रह इनसे विमुख होना व्रत है। ये जैन आचार के पाँच नैतिक और मौलिक स्तम्भ है। इन व्रतों के एक अंश का पालन अणुव्रत तथा पूर्ण पालन महाव्रत कहलाता है। इनका पालन समाज में रहते हुए संभव हो सकता

है। इसलिए नैतिकता की दृष्टि से अणुव्रत अपना विशिष्ट स्थान रखते हैं। समाज में शाँति व्यवस्था बनाए रखने के लिए आत्म अनुशासन की विशेष आवश्यकता होती है।

वह अनुशासन नैतिक जागृति से ही आ सकता है। यह कार्य जैन चिंतन परम्परा में अणुव्रत के माध्यम से बडे सुंदर ढंग से किया है। जैन दर्शन के अणुव्रत सत्य, अहिंसा, अस्तेय, अपरिग्रह और ब्रह्मचर्य समाज में नैतिक जागृति के महान स्तंभ हैं। हिंसा आदि पाप करने से हमें लोक तथा परलोक में अनेक आपत्तियाँ प्राप्त होती है और निंदा भी होती है इसलिए इनको छोडना ही अच्छा है। जैन नैतिक सिद्धांत अहिंसा व्रत के माध्यम से कहते हैं कि किसी प्राणी मात्र को मन, वचन, काय से उसके शरीर या मन को नहीं दुखाना चाहिए अन्यथा वह हिंसा के पाप का भागी होगा।[35] किसी के द्वारा प्रताडित किये जाने या मारने पर समर्थन करना प्रसन्न होना यह उचित नहीं है। ऐसी दशा में उस एक व्यक्ति के द्वारा की जाने वाली हिंसा का फल वे अनेक व्यक्ति भी भोगेगें। कोई व्यक्ति बाहर दिखाने के लिए किसी को संकट या दुःख से बचाने का प्रयास करता है किंतु उसकी भावना उसका बुरा करने की है अथवा किसी ने अन्य के प्रति दुर्भावना वश कोई कार्य किया किंतु सौभाग्यवश उसका भला हो गया तो ऐसी स्थिति में कर्ता को दुर्भावना का बुरा फल ही प्राप्त होगा। ऐसे ही कोई सद्भावना वश शिष्य को या माता–पिता अपनी संतान को उनकी भलाई के लिए डाँटते हैं या दंड भी देते हैं तो बाह्य दृष्टि से उनके कार्य भले ही हिंसक रूप में दिखाई दे किंतु उन्हें फल उनकी सद्भावनाओं का ही प्राप्त होगा अथवा कोई वैद्य या चिकित्सक रोगी को स्वस्थ करने के लिए दवा दे या चीरफाड करे किंतु रोगी अच्छा न होकर मर जाए तो भी चिकित्सक को फल अहिंसा का ही मिलेगा। इससे स्पष्ट है कि मन के भावों से प्राणियों पर समभाव या दयाभाव का होना आवश्यक है।

सत्यव्रत के अतिचार नैतिकता के संदर्भ मे अधिक प्रासंगिक हैं। जैसे झूठा और अहितकर उपदेश नहीं देना चाहिए, स्त्री–पुरुष की एकांत मे की गई क्रिया को प्रकट नहीं करना, दूसरों को फँसाने के लिए झूठ दस्तावेज तैयार नहीं करना, किसी की धरोहर का अपहरण नहीं करना। चुगली, हास्य, कठोर वचन, दुविधाजनक व शास्त्रविरुद्ध वचन तथा ऐसे

ही अन्य समस्त प्रकार के निंद्य वचनों को गर्हित वचन कहते हैं। इन वचनों के प्रयोग करने में कषाय का सदभाव पाया जाता है। अतः ये सब असत्य वचन है जिनका व्रती, त्याग करता है। सत्यव्रत की भावनाओं के अंतर्गत उल्लेख है कि क्रोध, लालच, भय और हँसी से मनुष्य झूठ बोल सकता है इसलिए इनसे बचते रहना चाहिए। जब बोले तब ऐसी सावधानी से बोलना चाहिए कि कोई ऐसी बात नहीं निकल जाए जो दूसरे को कष्टदायक हो। मार डालूँगा या मारो, छेदने–भेदने, मारने–पीटने, घसीटने, हिंसा गर्भित वाणिज्य करने, चोरी करने, जेब काटने, झांसा देना आदि पाप प्रवर्तक वचनों को सावध वचन समझना चाहिए जो अहिंसा व्रती को त्याज्य है। दूसरों को अप्रीतिकारक, भयोत्पादक बैर शोक या कलह कारक संतापजनक एवं अन्य भी इस प्रकार के दुवर्चनों को अप्रिय वचन कहा जाता है। दो मित्रों, भाइयों जातियों समाजों या देशों में फूट डालने या लडाने वाले अथवा अन्य प्रकार के शोक, संताप, भय, पीडा आदि को जन्म देने वाले वचन प्रिय न होने वाले अप्रिय कहलाते हैं। इनका कभी भी प्रयोग नहीं करना चाहिए। क्योंकि यह सब असत्य के ही अंग है। जैन ग्रन्थों में इनका विस्तृत विवेचन है।[36] यह जैनाचार सामाजिक नैतिकता के अन्तर्गत महत्वपूर्ण हैं। चोरी के लिए चोर को प्रेरित करना या कराना, उसका उपाय बताना, चोर के द्वारा चुराए गए माल को खरीदना, राजा की आज्ञा के विरुद्ध चलना, प्रवेश कर, आयकर, विक्रय कर आदि नहीं देना, लेन–देन के बाँट–तराजू वगैरह को घटबढ रखना, कीमती वस्तु में कम कीमत की वस्तु मिलाकर असली भाव में बेचना यह अचौर्यव्रत के अतिचार है। इनका त्याग करना चाहिए।[37] यह जैनाचार व्यवसायिक नैतिकता के अन्तर्गत महत्वपूर्ण हैं। धनादि वस्तुएँ मनुष्य को एक प्रकार से बाह्य प्राण कहलाते हैं। यहाँ तक इसे ग्यारहवाँ प्राण भी कहा जाता हैं क्योंकि कुछ लोगों को यह प्राणों से भी अधिक प्रिय होती है। अतः जो व्यक्ति किसी की धनादि वस्तु को अपहरण करता है वह एक प्रकार से उनके प्राणों का ही अपहरण करता है।

पति सहित व्याभिचारिणी स्त्रियों के यहाँ आना–जाना, लेन–देन आदि का व्यवहार रखना, कामसेवन के लिए निश्चित अंगो को छोडकर अन्य अंगो से काम सेवन करना और कामसेवन की तीव्र अभिलाषा रखना,

ब्रह्मचर्य अणुव्रत के अतिचार हैं इसमे अनावश्यक एवं अनैतिक कामातुरता को अशोभनीय एवं पाप का कारण बताया गया है।[38] इनका त्याग जैन धर्म में बताया गया है जो दाम्पत्य एवं पारिवारिक जीवन के नैतिक मानदण्ड के अनुकूल हैं।

जैन दर्शन के अनुसार आर्थिक असमानता को बढाने वाले परिग्रह को अनावश्यक अनुचित संग्रह समाज के जीवन को अस्त–व्यस्त करने वाला है। इनके लिए एक मनुष्य दूसरे मनुष्य का शोषण करता है। मनुष्य की इस लोभवृत्ति के कारण समाज अनेक कष्टों का अनुभव करता है। परिग्रह के सब साधन सामाजिक जीवन में कटुता, घृणा और शोषण को जन्म देते हैं। अपने पास उतना ही रखना जितना आवश्यक है, बाकी सब समाज को अर्पित कर देना अपरिग्रही पद्धति है। धन की सीमा वस्तुओं की सीमा यह सब स्वस्थ समाज के निर्माण के लिए जरूरी है। धन हमारी सामाजिक व्यवस्था का आधार होता है। कुछ हाथों में एकत्र हो जाने से समाज के एक बडे भाग को विकसित होने से रोकता है। जीवनोपयोगी वस्तुओं का संग्रह समाज में अभाव की स्थिति पैदा करता है। ऐसे परिग्रह के विरोध मे जैन दर्शन ने अपरिग्रह के नैतिक मूल्यों की स्थापना की। धनधान्यादि वाहन परिग्रह रखने एवं संग्रह करने से अनुचित रूप से असंयम की प्रवृत्ति होती है। अतः सचित्त और अचित्त दोनों प्रकार के बाह्य परिग्रह का परिपूर्णता त्याग करना चाहिए। कुछ लोग बाह्य परिग्रह के रखने में कोई दोष नहीं मानते और यह मानकर संतुष्ट है कि भावों में कषाय या राग द्वेष नहीं होना चाहिए पर वस्तु तो पर होने से आत्मा का क्या बिगाड सकती है? ऐसे लोगों को यह जान लेना चाहिए कि बाह्य परिग्रह का संग्रह रागद्वेष भाव के बिना नहीं होता और इसके पास रहने से ममत्व एवं राग भाव की वृद्धि के साथ–साथ अनुचित प्रवृत्ति भी होती है जो हिंसा का ही अंग है। अतः बाह्य परिग्रह का त्याग करना ही श्रेयस्कर है। खेत तथा मकान के प्रमाण का उल्लंघन करना, चाँदी और सोने के प्रमाण का उल्लंघन करना पशु तथा अनाज के प्रमाण का उल्लंघन करना, नौकर–नौकरानियों के प्रमाण का उल्लंघन करना, वस्त्र या वर्तन आदि के प्रमाण का उल्लंघन करना यह परिग्रह परिमाणानुव्रत के अतिचार हैं जिनका त्याग करने के निर्देश हैं।[39] जैन धर्म के परिग्रह परिमाणानुव्रत

आर्थिक क्षेत्र में नैतिकता के पालन का निर्देश माने जा सकते हैं।

दैनिक जीवन में नैतिक आचरण के लिए जैनधर्म के अनर्थदण्ड व्रत का पालन महत्वपूर्ण होगा। कभी–कभी बिना प्रयोजन के व्यक्ति ऐसा कार्य कर जाते हैं जिससे दूसरे लोगों, समाज, देश को हानि पहुँचती है। ऐसे कृत्यों को अनुचित कहा गया है। प्रयोजन रहित पापवर्द्धक क्रियाओं का त्याग अनर्थदंड व्रत कहा गया है।

मन में दुर्विचारों का आना ही अपध्यान कहलाता है। इसे मानसिक हिंसा भी कहते हैं। ऐसा करने से किसी का भला, बुरा तो होता नही किंतु व्यर्थ ही पाप का बंध अवश्य होता रहता है। इस कारण दुर्विचारों को मन में न आने देना ही अपना पुरुषार्थ कहलाता है। विद्या, व्यापार, लेखन क्रिया, खेती, नौकरी (सेवा) तथा हस्तकला से आजीविका करने वालों को पाप युक्त व्यापार करने का उपदेश कभी नहीं देना चाहिए। ऐसी आजीविका जो हिंसापूर्ण हो, अति आरंभ कारक हो सामान्य जनता का शोषण करती हो, स्वयं भी न करना चाहिए और न दूसरों को ही ऐसा मार्गदर्शन करना चाहिए।

बच्चों एवं नवयुवाओं द्वारा की जाने वाली अनावश्यक क्रियाओं को रोकने एवं अपने पर्यावरण को बेहतर बनाने के लिए नैतिक आचरण का पालन किया जाना चाहिए। वह नैतिक आचरण धर्म व अहिंसा के माध्यम से अनर्थदण्ड व्रत का पालन करके किया जा सकता है। इसके अनुसार बिना प्रयोजन भूमि खोदना, वृक्ष उखाडना, हरी दूब को रौंदना–उखाडना, पानी का दुरुपयोग करना, वृक्षों के फल–फूल शाखायें तोडना, अकारण अग्नि जलाना, बुझाना, ऐसे कार्यो से यदि कोई अपना कार्य नहीं संपन्न होता है अतः इन अनर्थों से बचना चाहिए। छुरी, विष, अग्नि, तलवार, हिंसा के साधन उपकरणों का दान देना हिंसा दान है। राग द्वेष बढाने वाली, दुष्टता और अज्ञान से परिपूर्ण कथाओं, वार्ताओं का श्रवण संचयन, शिक्षण आदि करना दुःश्रुति नामक अनर्थ दंड है। चूँकि रागद्वेष व दुष्टतापूर्ण कथा कहानियों या विषय पोषक शास्त्रों, उपन्यासादि रचनाओं के श्रवण आदि से व्यर्थ ही मन में कुविचारों का जन्म होता है जो मानसिक पाप हैं। अतः इनके श्रवण पठनादि का त्याग भी होना चाहिए। आधुनिक युग में रेडियो

द्वारा अश्लील गान एवं प्रकाशकों द्वारा अश्लील साहित्य चित्रों का सृजन एवं पठन–पाठन तीव्र गति बढ रहा है एवं मनुष्य के चरित्र हनन करने वाले अश्लील तथा मार–धाड, लूटपाट से भरे सिनेमा के चलचित्रों व दूरदर्शन का प्रचलन भी बढता ही जा रहा है। जिसके दुष्परिणाम व्यक्ति और समाज को ही नहीं, सारे देशों को भुगतने पड रहे हैं। अतः इन सबसे बचना और दूसरों को बचाना भी दुःश्रुति त्याग नामक अनर्थदंड व्रत के अन्तर्गत आता है। अनर्थदंड व्रत धारण करने वालों को संपूर्ण अनर्थों में उच्च, मानस की शुद्धि को नष्ट करने वाला, माया का निवास स्थान (छलकपट का घर) तथा चोरी और असत्य के भंडार, द्यूतकर्म (जुआ) का त्याग भी अवश्य करना चाहिए। जुआ सब अनर्थों की जड और दुर्व्यसनों का नेता है क्योंकि जुआ खेलने वालों को शराबी, माँसाहारी, व्याभिचारी, चोर, बेईमान, झूठा और धोखेबाज बनने की प्रेरणा कुसंगति के कारण स्वयं मिलने लगती है, जिससे न केवल उसका प्रत्युत उसके आश्रितों का जीवन भी बर्बाद हो जाता है। जैन ग्रंथों में वर्णित अनर्थदंड व्रत का उपरोक्त विवरण नैतिक मानदण्डों के अन्तर्गत अत्यंत उपयोगी हैं।

रत्नकरंड श्रावकाचार में लिखा है कि व्यक्ति को ज्ञान प्रतिष्ठा कुल जाति बल धर्म सम्पत्ति तप और शरीर इन आठों में से किसी का भी घमंड नहीं करना चाहिए। घमंड करने से वह धार्मिक जन को अपमानित करता है। वह व्यक्ति अपने धर्म को भी अपमानित करता है। अहिंसाव्रत को दृढ करने के लिए मैत्री, हर्ष, करूणा और मध्यस्थ जैसी नैतिक भावनाओं पर बल दिया गया। दूसरों को दुःख न हो ऐसे अभिप्राय को मैत्री भावना कहते हैं। अधिक गुण वालों को देखकर प्रसन्नता आदि से प्रकट होने वाली अंतरंग की शक्ति को प्रसाद कहते हैं। दुखी जीवों के प्रति उपकार करने के भाव को कारूण्य भाव कहते हैं। सामाजिक सौमनस्यता देश में स्थापित हो दीन–दुःखी असहाय जीवों एवं लोगो के प्रति सहायता एवं दया भाव हो, प्रतिभाओं एवं श्रेष्ठ पुरुषों का सम्मान हो। तत्वार्थ सूत्र में कहा गया है परस्परोपग्रहो जीवानाम् आपस में एक–दूसरे की सहायता करना जीव द्रव्य का उपकार है। उसका कार्य है, उसका कर्तव्य है। जैन धर्म के अनुसार व्यक्ति और समाज का उत्थान उच्च चारित्र अर्थात् नैतिकता के अभाव मे संभव नही है। गृहस्थों के लिए जो आचार–संहिता

निरूपित की गई उस नैतिक जाग्रति से व्यक्ति का समुचित विकास होकर समाज में शांतिपूर्ण सह–अस्तित्व की स्थापना होती है।

जैन दर्शन में जो दस धर्मों के पालन का निर्देश मिलता है वह किसी भगवान की भक्ति या यज्ञ, कर्मकांड से संबंधित नहीं बल्कि नैतिक व आचार सिद्धांत ही है–उत्तम क्षमा, उत्तम मार्दव, उत्तम आर्जव, उत्तम सत्य, उत्तम शौच, उत्तम संयम, उत्तम, तप, उत्तम त्याग, उत्तम आंकिचन एवं उत्तम ब्रह्मचर्य (तत्वार्थ सूत्र 5/21)। उत्तम क्षमा– क्रोध का कारण उपस्थित होने पर भी क्रोध नहीं करना उत्तम क्षमा है। क्षमा कायरता नहीं है अपितु सच्ची वीरता है। मन में कलुशता न आने देना उत्तम क्षमा है। उत्तम मार्दव–चित्त में मृदुता और व्यवहार में विनम्रता मार्दव है, जाति, कुल, रूप, ज्ञान, तप, वैभव, प्रभुत्व और ऐश्वर्य संबधी अभिमान मद कहलाता है, इन्हे विनश्वर समझकर मान कषाय को जीतना उत्तम मार्दव कहलाता है। उत्तम आर्जवः आर्जव का अर्थ है ऋजुता या सरलता, मायाचार का त्याग, कषाय (क्रोध, मान, माया व लोभ) को जीतकर मन वचन और काय की क्रिया में एकरूपता लाना उत्तम आर्जव है। उत्तम शौचः शौच का अर्थ होता है–पवित्रता या सफाई मद, क्रोध आदि बढाने वाली इतनी दुर्भावनाएँ है उनमें लोभ सबसे प्रबल है। इस लोभ पर विजय पाना ही उत्तम शौच है। उत्तम सर्त्य–यथार्थ बोलना सत्य है। दूसरों के मन में संतान उत्पन्न करने वाले, निष्ठुर और कर्कश, कठोर वचनों का त्याग कर, सबके हितकारी और प्रिय वचन बोलना उत्तम सत्य धर्म है। उत्तम संयमः पाँचो इंद्रियों की प्रवृत्तियों पर अंकुश रखकर उनकी अनर्गल प्रवृत्तियों पर नियंत्रण रखना उत्तम संयम है। उत्तम तप–इच्छा के निरोध को तप कहते हैं। तप धर्म का प्रमुख उद्देश्य चित्त की मलिन वृत्तियों का उन्मूलन है। उत्तम त्याग–परिग्रह की निवृत्ति को त्याग कहते हैं। बिना किसी प्रत्युपकार की अपेक्षा के अपने पास होने वाली ज्ञान–धन आदि संपदा को दूसरों के हित व कल्याण के लिए लगाना उत्तम त्याग है। उत्तम आकिंचन्य ममत्व के परित्याग को आकिंचन्य कहते हैं लौकिकता में अनाशक्ति भाव उत्पन्न होना उत्तम होना आकिंचन्य धर्म है। उत्तम ब्रह्मचर्य–ब्रह्म अर्थात आत्मा में रमण करना ब्रह्मचर्य है।

नैतिक मूल्यों के संदर्भ मे जैन दर्शन व्यक्ति और उसके सामाजिक दायित्व पर पूर्ण बल देता है। सर्वप्रथम व्यक्ति का आत्मज्ञ होना जरूरी है क्योंकि इसके बिना निर्भयता प्राप्त नहीं हो सकती ओर निर्भयता के बिना सामाजिक दायित्वों का निर्वाह भली प्रकार नहीं हो सकता। आत्मा के स्वरूप एवं धर्म तत्व व संसार के स्वरूप को जानने से निर्भयता प्राप्त होती है। आत्मा का स्वरूप छह द्रव्यों, सात तत्वों व नव पदार्थों द्वारा ज्ञात होता है। अनित्य, अशरण, संसार, एकत्व, अन्यत्व, अशुचित्य, आस्रव, बंध, संवर, निर्जरा, लोक एवं बोधिदुर्लभ और धर्म इन बारह भावनाओं के चिंतवन से संसार व आत्म के स्वरूप को पहचानकर निर्भयता का संचार होता है। वैचारिक मतभेद समाज में द्वंद्व को जन्म देते हैं, जिसके कारण समाज रचनात्मक प्रवृत्तियों को विकसित नहीं कर सकता है। वैसे तो वैचारिक मतभेद मानव मन की सृजनात्मक मानसिक शक्तियों का परिणाम होता है पर इसको उचित रूप से न समझने से मनुष्य के आपसी मतभेद संकुचित संघर्ष के कारण बन जाते हैं और इससे समाज शक्ति विघटित होती हैं। द्वंद्व व संघर्ष के निवारण हेतु जैन दर्शन का अनेकांत एवं स्याद्वाद सिद्धांत महत्वपूर्ण है। जिसके अनुसार वस्तु एक पक्षीय न होकर अनेक पक्षीय होती है, वह अनेकांतिक है, एकांतिक नहीं। अनेकांत एवं स्याद्वाद के इस बौद्धिक नैतिक मूल्य से समाज में विचारों का घर्षण ग्रहणीय बन जाता है। सच्चा अनेकांतवादी किसी धर्म या दर्शन से द्वेष नहीं करता, वह सम्पूर्ण दृष्टिकोणों (दर्शनों) को इस वात्सल्य दृष्टि से देखता है जैसे कोई पिता अपने पुत्रों को, क्योंकि अनेकांतवादी की न्यूनाधिक्य बुद्धि नहीं होती। अनेकांतवाद राजनीतिक विवाद भी हल करता है। राजनीतिक स्याद्वाद ही संसदीय प्रणाली है, इसमें प्रत्येक दल एवं व्यक्ति को अपना मत रखने का अधिकार है एवं उससे लाभ भी उठाया जाता हैं। धार्मिक सहिष्णुता के क्षेत्र में अनेकांत व स्याद्वाद अधिक प्रासंगिक है। इसके अंतर्गत दूसरे धर्म के सिद्धाँतों को भी एक दृष्टि से सत्य माना जाता है। उनका सम्मान किया जाता है अनेकांत वादी किसी भी धर्म के किसी भी सिद्धांत का पूर्णतः खंडन नही करता बल्कि उसे एक पक्षीय या एक दृष्टि से मान्य करता है। स्याद्वाद के अंतर्गत दूसरे धर्म बंधु को ठेस नहीं पहुँच सकती। अतः संघर्ष की नौबत ही नहीं आ सकती। अनेकांत विभिन्न

धर्म सम्प्रदायों की समाप्ति का प्रयास न होकर उन्हे एक व्यापक पूर्णता में सुसंगत रूप से संयोजित करने का प्रयास हो सकता है। परिवार के सभी सदस्यों की भावनाओं का सम्मान अनेकांत व स्याद्वाद शैली से किया जाता है। अनेकांत एवं स्याद्वाद प्रत्येक क्षेत्र मे संघर्ष का निवारण एवं विकास का द्योतक हैं। विभिन्न साधु–महात्माओं के मार्गदर्शन हेतु साधुओं की आचार–संहिता का वर्णन जैन ग्रंथों में मिलता है। कुमार्गी, लोभ, लालच में लिप्त साधु, जो समाज व देश को धोखा देते हैं, धन सम्पदा, सुरा–सुंदरी से घिरे रहते हैं ऐसे लोगों को साधु की मर्यादा व नैतिकता क्या है यह साधु के अट्ठाईस मूल गुणों एवं चौतीस उत्तर गुणों से जाना जा सकता है। जिसमें पाँच समिति, पाँ**च महाव्रत, तीन गुप्ति, बाईस परीष**ह, बारह तप आदि सम्मिलित हैं। सोमदेव सूरी के अनुसार राजपद ग्रहण करने का अधिकारी वही है जिसके पास सभी योग्यताओं के साथ ही आचार भी अच्छे हो। शिक्षा के क्षेत्र में शिक्षक की आचार–संहिता का वर्णन है। पद्मपुराण **(100/33–38)** में वर्णित है कि शिक्षक को महाविद्याओं से युक्त, पराक्रमी, प्रशांत मुख, धीर–वीर, सुंदर, शुद्ध, अल्प परिग्रह का धारक हो, धर्म के रहस्य का ज्ञाता, अणुव्रती, गुणी, मृदुभाषी, कला मर्मज्ञ, शिक्षा द्वारा आजीविका व्यतीत करने वाला हो। महापुराण में वर्णित है कि गुरु सदाचारी, स्थिर बुद्धि वाला, जितेन्द्रिय, सौम्य, भाषण में प्रवीण, गभीर, प्रतिभायुक्त, सुबोध, व्याख्यान देने वाला, प्रत्युत्पन्न बुद्धि वाला, तर्क प्रेमी, दयालु, प्रेमी, दूसरे के अभिप्राय को समझने वाला, समस्त विद्याओं का अध्ययन करने वाला, धैर्यवान, वीर विद्वान, वाङ्मयों का ज्ञाता, गंभीर, मृदुसत्य एवं हितकारी वचन बोलने वाला, सतकुल में जन्म लेने वाला, अप्रमत्त, परिग्रह साधने वाला, धर्म कथावाचक, महाविद्याओं से युक्त पराक्रमी, प्रशांत मुख वाला, सुंदर आकृति वाला, अल्प परिग्रह वाला, शुद्ध, धर्म के रहस्य का ज्ञाता, अणुव्रती गुणीं आदि गुणों से युक्त होता है। पद्मपुराण **(100/52)** में पात्रापात्र शिष्यों का विश्लेषण किया गया है। जैसे सूर्य का प्रकाश उल्लू के लिए व्यर्थ होता है वैसे ही अपात्र को विद्या व्यर्थ होती है। विषयी, विषयासक्त, हिंसक वृत्ति, कठोर परिणामी, अर्थ ज्ञान की न्यूनता, धूर्तता, कृतघ्नता, उद्दंडता, प्रमादी, ग्रहण शक्ति का अभाव, दुर्गुण ग्राहकता, प्रतिभा की कमी, हठग्रहिता, धारण शक्ति की न्यूनता तथा

स्मरण शक्ति का अभाव ये छात्र के दुर्गुण हैं। विद्या प्राप्ति स्थिर चित्त वालों को प्राप्त होती है। इसलिए शिष्य का प्रथम लक्षण है कि वह स्थिर चित्त वाला हो। शिष्य में विनयशीलता अध्ययन एवं अध्यापक के प्रति श्रद्धा, विषयों के प्रति ग्रहणशीलता, जिज्ञासु प्रवृत्ति, सुश्रुषा, स्मरण शक्ति, पाठों के श्रवण में सतर्कता, विषयों को धारण करने की शक्ति पूर्वक विचार सामर्थ्य, सहज प्रतिभा, संयम ओर अध्यवसायी हो। डॉ नेमिचंद्र शास्त्री ने लिखा है कि जैन धर्म व्यक्ति के नैतिक विकास के लिए आत्म निरीक्षण पर जोर देता है। इस प्रकृति के बिना अपने दोषों की ओर दृष्टिपात करने का अवसर ही नहीं मिलता। आत्मनिरीक्षण दैनिक जीवन का लेखा–जोखा है। अपने दोषों को देखने के लिए यह एक वैज्ञानिक यंत्र है, जिससे व्यक्ति घृणा, द्वेष, ईर्ष्या, मान, मत्सर, प्रभृति दुर्गुणों से अपनी रक्षा कर सकता है। समस्त प्राणियों के उन्नति के अवसरों में समानता प्रदान करना जैन धर्म का सामाजिक सिद्धाँत है।

जैन मान्यातानुसार समाज व्यवस्था विश्व प्रेम की नींव पर अवलम्बित है। परस्पर भाई–भाई का व्यवहार करना, एक–दूसरे के दुख–दर्द में सहायक होना, दूसरे को ठीक अपने समान समझना, हीनाधिक भावना का त्याग करना, अन्य व्यक्तियों के सुख–सुविधाओं को समझना तथा उनके विपरीत आचरण न करना जैन धर्म की समाज व्यवस्था है। जैन परम्परा में केवल मनुष्य के साथ ही भाईचारे के संबंध स्थापित करने को नहीं कहा गया है बल्कि पशु–पक्षी, कीड़े–मकोडे आदि समस्त प्राणियों के साथ भ्रातत्व भाव का संबंध स्थापित करने का भी निर्देश है।[40]

जैन धर्म केवल शुष्क ज्ञान त्याग व तपस्या का ही धर्म नहीं है और न ही उसमें नैतिक सिद्धाँतों की कमी है। तथ्य यह है कि जितना यूनानी और अन्य दर्शन के आचार–विचारों को महत्व दिया गया एवं अन्य धर्मों के आचारों पर विवेचना की गई तदनुरूप जैन धर्म व दर्शन के नैतिक सिद्धाँतों को प्रकाश में नहीं लाया गया। जैन धर्म ही नहीं, अन्य भारतीय धर्म भी नैतिक सिद्धाँतों को अध्यात्म व धर्म के आधार पर ही मान्यता प्रदान करते हैं जिससे कि सिद्धाँतों के पालन करने के लिए उनमें निष्ठा बनी रहे। जैन धर्म के आचार व विचार यदि सार्वभौमिक सिद्धाँत का रूप

ले सके तो निश्चित तौर पर इस धर्म के नैतिक नियम विश्वबन्धुत्व की भावना का प्रचार करने की क्षमता रखते हैं।

जैन धर्म के योग विषयक विचार

वर्तमान विश्व में अनेक धर्म एवं जीवन पद्धतियाँ प्रचलित हैं। प्रायः सभी धर्मों ने योग को आत्मसात किया है। ईसाई धर्म में प्रार्थना, ईस्लाम में नवाज, वेदाँत में आत्मोपासना, साँख्य में यौगिक साधना, बौद्ध धर्म में विपश्यना, पतंजली ने अष्टाँग योग, एवं जैन धर्म में ध्यान के रूप में योग को स्वीकृति दी गई है। सिद्धाँत–भेद एवं मान्यता भेद के होने पर भी ध्यान को आत्म–कल्याण का प्रमुख अंग मानते हुए सभी धर्म निर्विवाद रूप से एक मत हैं।

श्रमण परम्परा अर्थात जैन धर्म व दर्शन में ध्यान का सर्वोपरि स्थान है। ध्यान, जैन धर्म के आधारभूत सिद्धांतों के अन्तर्गत है इसके अभाव में मोक्ष की प्राप्ति संभव नहीं है। जैन धर्म के उदय व अस्तित्व से ध्यान जुड़ा हुआ है। जैन संस्कृति में ध्यान के महत्व का सबसे महत्वपूर्ण प्रमाण यह है कि मौर्य काल से वर्तमान तक जो भी तीर्थंकर प्रतिमाएँ प्राप्त हुईं है वह ध्यान मुद्रा में ही प्राप्त हुई हैं जो पद्मासन एवं खडगासन मुद्रा में ही प्राप्त होती हैं। जैन ग्रन्थ समण सूक्त में ध्यान के महत्व के विषय में लिखा है कि मनुष्य के शरीर में जैसे सिर महत्वपूर्ण है, वृक्षों में जड़ महत्वपूर्ण है, वैसे ही साधु के समस्त धर्मों का मूल ध्यान है।[41]

जैन धर्म में ध्यान और योग

जैन धर्म में ध्यान को जिस सैद्धांतिक स्वरूप में प्रस्तुत किया गया है वैसा ही योग दर्शन में योग को परिभाषित किया गया है। पतंजली ने योग सूत्र में लिखा है–योगश्चित्तवृतिनिरोधः[42] अर्थात चित्त वृत्तियों का निरोध होना योग है। उसी तरह जैन दर्शन में ध्यान को स्पष्ट करते हुए देवसेनकृत भावसंग्रह में वर्णित है–चित्त–णिरोह झाणं अर्थात चित्त के निरोध का नाम ध्यान है। जैन सैद्धांतिक ग्रंथों में प्रतिष्ठित तत्वार्थ सूत्र

में सूक्त है– उत्तमसंहननस्यैकाग्रचिन्तानिरोधोध्यानमान्तर्मुहर्तात[43] अर्थात चिन्ता का निरोध हो जाना ही ध्यान है। चित्त अथवा मन की चंचलता समाप्त करना जैन साधना और योग साधना दोनों का लक्ष्य है। आदि पुराण के रचयिता जिनसेन कहते हैं–

''योगो ध्यानं समाधिष्च धीरोधः स्वान्त निग्रहः। अंतः संलीनता चेति तत्पर्यायाः स्मृता बुधे''।।[44]

''योग, समाधि, बुद्धि–निरोध, स्वान्तनिग्रह, अन्तः संलीनता ये ध्यान के पर्यायवाची हैं। योग अर्थात चित्त का निरोध, समाधि–चित्त की स्थिरता, धी निरोग– बुद्धि से चिन्तनरहित होना, स्वान्तःनिग्रह– अपने अन्तःकरण में सलीन होना ध्यान है अर्थात् मन, चित्त, बुद्धि और अहं का निरोध–निग्रह होना ध्यान है। इस तरह ध्यान और योग दर्शन का योग पर्यायवाची हो जाते हैं। जैन दर्शन में अभ्यंतर तप के पाँच प्रकार हैं– प्रायश्चित, विनय, वैयावृत्य, स्वाध्याय, व्युत्सर्ग या कायोत्सर्ग, और ध्यान।[45] इस तरह जैन धर्म में ध्यान तप के अन्तर्गत पाँचवा आँतरिक तप है, वहीं योग दर्शन में आठ अंगों में ध्यान का स्थान सातवाँ है। योग दर्शन के अनुसार ध्यान से ही समाधि की सिद्धि होती है, जैन दर्शन के अनुसार भी ध्यान मोक्ष या मुक्ति का कारण है। जैन दर्शन के अनुसार कर्मों की निर्जरा (क्षय होना) हो जाना मोक्ष है।[46]

निर्जरा का मुख्य हेतु ध्यान है।[47] आत्मा का परम प्रयोजन मोक्ष है और वह मोक्ष ध्यान साधना है इसलिए परम पुरूषार्थ (मोक्ष) की सिद्धि का उपाय ध्यान है।[48] दोनों ही दर्शन के ध्यान का लक्ष्य मोक्ष ही है।

जैन धर्म में ध्यान एवं योग विषयक साहित्य

जैन धर्म में ध्यान एवं योग विषयक अनेक ग्रन्थों की रचना प्राचीन काल से लेकर आधुनिक काल तक की गई हैं। योग पर स्वतंत्र रूप से ग्रंथों का सृजन भी किया गया है जो अपेक्षाकृत अल्प है। जैन ध्यान पर दिगम्बर एवं श्वेताम्बर दोनों ही आम्नायों के सभी सैद्धांतिक ग्रंथों में विवरण व विमर्श उपलब्ध है। मुख्य ग्रन्थों में आचारंग सूत्र, सूत्रकृताँग सूत्र, स्थानाँग सूत्र, तत्वार्थ सूत्र, पंचास्किाय, पाहुण, भावसंग्रह, तत्वार्थवार्तिक,

सर्वार्थसिद्धि, धवला, भगवती आराधना, उपासक दशांग, उत्तराध्ययन सूत्र, द्रव्य संग्रह, आवश्यक निर्युक्ति व आदिपुराण आदि हैं। जैन योग पर स्वतंत्र रूप से भी जैन आचार्यों ने ग्रंथों की रचना की। उनमें आचार्य हरिभद्रसूरि, आचार्य हेमचन्द्र, आचार्य शुभचंद्र, योगीन्दु, तथा यशोविजय आदि मुख्य हैं। हरिभद्र सूरि प्रथम मनीषी माने जाते हैं जिन्होने जैन योग को एक स्वतंत्र विषय के रूप में प्रस्तुत किया। उन्होने संस्कृत में योगदृष्टि समुच्चय, योगबिन्दु तथा प्राकृत में योग शतक और योगविंशिका नामक ग्रंथों की रचना की। आचार्य हेमचंद्र ने योगशास्त्र, योगीन्दु ने योगसार एवं जिनभद्र ने ध्यान शतक व ध्यानस्तव ग्रंथ की रचना की।

जैन धर्म और अष्टांग योग

योग दर्शन के अनुसार ध्यान से ही समाधि की सिद्धि होती है, जैन दर्शन के अनुसार भी ध्यान मोक्ष या मुक्ति का कारण है। योग एवं जैन दोनों ही दर्शनों के अनुसार ध्यान पर एकाएक नहीं पहुँचा जा सकता बल्कि इसकी पात्रता प्राप्त करने के लिए योग दर्शन में यम, नियम, आसन, आसन, प्राणयाम एवं प्रत्याहार, बौद्ध दर्शन में शील एवं जैन दर्शन में अणुव्रत, महाव्रत, तप, दस धर्म आदि का का आचरण अपेक्षित है। महर्षि पतंजली के योग दर्शन पर पर्याप्त शोध कार्य हुए हैं जैन एवं बौद्ध परम्परा में योग पर भी अनुसंधान किए जा रहे हैं। पतंजली के योग दर्शन या अष्टाँग योग के आलोक में जैन धर्म व दर्शन को यहाँ प्रस्तुत किया जा रहा हैः–

योग दर्शन चार पाद में विभाजित है–समाधिपाद, साधनपाद, विभूतिपाद एवं कैवल्यपाद

प्रथम पाद का मुख्य विषय चित्त (मन) की विभिन्न वृत्तियों का नियमन से समाधि के द्वारा आत्म साक्षात्कार करना है। जैन दर्शन में भी मन, वचन व काय की क्रियाओं के योग से कर्मों का आस्रव एवं उनका बंधन बताया गया जो दुखों का कारण है।[49] इसमें मन की प्रधानता होती है वचन एवं काय की क्रियाएँ मन पर ही आधारित्त होती है। जब मन पर नियंत्रण स्थापित हो जाता है तब वचन एवं कायिक क्रियाएँ स्वयमेव ही

नियंत्रित हो जाती हैं। आस्रव रूक जाता है, और नियम पालन व ध्यान से फिर आत्मा कर्म मुक्त हो जाती है, अर्थात समाधि पूर्ण हो जाती है। जैन ग्रंथ उत्तराध्ययन में मन को दुष्ट अश्व की संज्ञा दी गई है जिसको नियंत्रित करने के लिए श्रुत रूपी लगाम की आवश्यकता है। यदि अश्व पर नियंत्रण नहीं किया तो वह सवार को बीहड़ में पहुँचा देगा, लेकिन यदि लगाम से सही नियंत्रण स्थपित किया गया तो वह यथा समय एवं यथा गन्तव्य पहुँचा देगा। मन को सही दिशा या सम्यक मार्ग मिल जाये तो वह प्रचण्डतम उर्जा का संवाहक बन कर परमात्म–साक्षात्कार का माध्यम भी बन सकता है। मन को एक प्रशस्तम शक्ति के रूप में देखा जाए, उसे शत्रु नहीं परम प्रिय मित्र माना जाए तो वह मित्रवत ही कार्य करेगा, लेकिन वह चंचल है, उस पर नियंत्रण आवश्यक है। मन चंचल नहीं होता तो क्रोधी क्रोध पर, मानी मान पर आदि पर ही चिपक जाता, किन्तु ऐसा नहीं होता है। मन अपनी गति को रोकता नहीं है, उसे विश्रांति नहीं मिलती। इसका अर्थ यह नहीं है कि मन विश्रांति नहीं चाहता है। वह विश्रांति चाहता है किन्तु वह अपूर्ण में नहीं रूकना चाहता है। वह सदा परिपूर्णता की खोज में भटकता रहता है। वह पूर्णता में समाहित–अवगाहित होना चाहता है। वह अधूरी नहीं, पूर्ण समता चाहता है। वह एकात्मा से नहीं, समस्त चराचर या परमात्मा के साथ एकाकार होना चाहता है। मन को छोटी उपलब्धियों में नहीं परम अध्यात्म, परम आनंद की सरिता में गोता लगाने के लिए काषायिक वृत्ति से रहित यथावस्थित वस्तु का अवलोकन करते हुए अविनश्वर परम साध्य पर छोड़ दें, फिर वह अन्यत्र नहीं जा पायेगा। महावीर ने मन के अज्ञान एवं अविवेकपूर्वक दमन पर नहीं, संयमन पर जोर दिया है। संयमन का अर्थ है कि राग–द्वेष की वृत्ति से उपरत होना, उनसे विलग होकर चलना।[50]

योग दर्शन में चित्त या मन की पाँच अवस्थाएँ मानी गईं हैं तो जैन दर्शन में चार अवस्थाओं को मान्यता दी गई है। योग दर्शन में मन की पाँच अवस्थाएँ हैं– क्षिप्त, मूढ़, विक्षिप्त, एकाग्र एवं निरूद्ध। क्षिप्त अवस्था में चित्त पर रजो गुण का प्रभाव रहता है, इसमें स्थिरता नहीं होती है और वह एक से दूसरे विषय पर दौडता रहता है। मूड में तम का प्रभाव होता है जिससे निद्रा, आलस्य, अंधकार, आदि का उदय होता है। विक्षिप्तावस्था

में सत्व की प्रधानता रहती है किन्तु कभी–कभी रज भी क्रियाशील हो जाता है जिससे चित्त अधिक समय तक एक विषय पर स्थिर नहीं रह पाता है। ये तीनों ही अवस्थाएँ योग के अनुकूल नहीं हैं। एकाग्र अवस्था में चित्त देर तक किसी विषय पर टिका रहता है। इसमें पूर्णतया सत्व का प्रभाव होता है तथा रज एवं तम नियंत्रित हो जाते हैं। अंतिम तथा सर्वोच्च अवस्था निरूद्ध की है, जिसमें चित्त की सभी वृत्तियों का लोप हो जाता है तथा वह अपनी स्वाभाविक दशा को प्राप्त होता है। अंतिम दो अवस्थाएँ ही योग के अनुकूल हैं। जैन धर्म में मन की चार अवस्थाएँ मानी हैं– विक्षिप्त मन, यातायात मन, शिलिष्ट मन एवं सुलीन मन।[51] विक्षिप्त मन, मन की अस्थिर अवस्था है, इसमें चित्त चंचल होता है, बाह्य विषय इसके आलंबन होते हैं, इस अवस्था में मानसिक शाँति का अभाव होता है। मन पूर्ण रूप से बर्हिमुखी होता है। यातायात मन, कभी स्थिर अवस्था में होता है तो कभी भटकने लगता है। कुछ समय स्थिर रहकर पुनः बाह्य विषयों के संकल्प–विकल्प में उलझ जाता है। यह ध्यान लगाने या योग करने करने की प्रथम अवस्था है। श्लिष्ट मन, यह मन की स्थिर अवस्था है। इस अवस्था में चित्त की स्थिरता का आधार विषय होता है। इसमें जैसे–जैसे स्थिरता आती है, आनंद बढता जाता है। सुलीन मन, यह मन की वह अवस्था जिसमें संकल्प–विकल्प एवं मानसिक वृतियों का लय हो जाता है। इसको मन की निरूद्धावस्था भी कहा जा सकता है। यह परमानंद है, क्योंकि इसमें सभी वासनाओं का विलय हो जाता है। जैन दर्शन का विक्षिप्त मन, योग दर्शन के क्षिप्त और मूढ़ के समान अर्थों में है। इसी प्रकार जैन दर्शन का यातायात मन, योग दर्शन के विक्षिप्त चित्त के समानार्थक है। दोनों के अनुसार इस अवस्था में चित्त में अल्पकालिक स्थिरता आती है तथा वासनाओं के वेग में थोड़ी कमी अवश्य होती है। इसी प्रकार जैन दर्शन का शिलष्ट मन, योग दर्शन के एकाग्र चित्त के समान है। चित्त की अंतिम अवस्था जिसे जैन दर्शन अनुसार सुलीन मन एवं योग दर्शन में निरूद्ध चित्त कहा गया है समान अर्थ के द्योतक हैं। इसमें वासना, संस्कार एवं संकल्प–विकल्प का पूर्ण अभाव हो जाता है। ध्यान–साधना का लक्ष्य चित्त की इस वासना, संस्कार–विकल्प से रहित अवस्था को प्राप्त करना है।

जैनाचार्य हेमचन्द्र कहते हैं कि क्रम से अभ्यास बढ़ाते हुए अर्थात विक्षिप्त से यातायात चित्त का, यातायात से श्लिष्ट का और श्लिष्ट से सुलीन चित्त का अभ्यास करना चाहिए। इस तरह अभ्यास करने से निरालम्बन ध्यान होने लगता है। निरालम्बन ध्यान से समत्व प्राप्त करके परमानंद का अनुभव करना चाहिए। योगी को चाहिए कि वह बहिरात्मभाव का त्याग करके अन्तरात्मा के साथ सामीप्य स्थापित करे और परमात्ममय बनने के लिए निरंतर परमात्मा का ध्यान करे।[52] मन को इस तरह दिशा देने या आत्मशक्ति के केन्द्रीकरण एवं उसे सम्यक दिशा में नियोजित करने के लिए ध्यान–साधना आवश्यक है जिससे आत्मा, कर्म रूपी मल एवं आवरण से मुक्त होकर अपनी शुद्ध निर्विकार ज्ञाता–दृष्टा अवस्था को प्राप्त हो जाता है। ध्यान इसी समत्व या समाधि को प्राप्त करने की साधना है।

मन (चित्त) का नियंत्रण एवं अनुप्रेक्षाः– चंचल मन से उत्पन्न भले–बुरे विचारों से व्यक्ति को अनेक प्रकार के मानसिक कष्टों, आकुलताओं एवं व्यग्रता का सामना करना पड़ता है। इनके निवारण हेतु जैन दर्शन में बारह अनुप्रेक्षाओं या भावनाओं को प्रस्तुत किया गया है। इन बारह अनुप्रेक्षाओं के चिन्तन से आत्मा में तत्व ज्ञान की जागृति होती है एवं अपूर्व मानसिक शाँति प्राप्त होती है। बारम्बार चिन्तवन करने के कारण इन्हे अनुप्रेक्षा कहा गया है। अनित्य, अशरण, एकत्व, अन्यत्व, संसार, लोक, अशुचि, आस्रव, संवर, निर्जरा, धर्म एवं बोधिदुर्लभ।[53] अनित्य भावना– इस भौतिक संसार में कुछ भी नित्य नहीं है, सामग्री, इंन्द्रियाँ, रूप, बुद्धि, यौवन, जीवन, बल, तेज, घर, आनंद, सुख, धन–सम्पत्ति आदि सब अनित्य हैं ऐसा चिन्तवन करना अनित्य भावना है। अशरण भावना– जन्म जरा मरण आदि दुखों से सहित इस जगत में जरा और मरण रूप महाशत्रु का निवारण करने वाले ऐसे जिनशासन को छोड़कर अन्य कोई शरण नहीं है अन्य कोई रक्षक नहीं है। एकत्व भावना– अकेला ही जीव कर्म करता है एकाकी ही दीर्घ संसार में भ्रमण करता है, अकेला ही जन्म लेता है और अकेला ही मरता है। इस प्रकार का चिन्तवन करना। अन्यत्व भावना– जब यह शरीर भी आत्मा से भिन्न है तो क्या यह वाहन, द्रव्य, गृह आदि क्या भिन्न नहीं होगें? अर्थात वे प्रकट रूप से भिन्न

हैं इसलिए ज्ञान दर्शन रूप मेरी आत्मा ही है। संसार भावना– संसरण करना, परिवर्तन होना संसार है। संसार क्या है? किसके हैं और कहाँ है? कितने काल तक है और कितने प्रकार का है? इन छह अनुयोगों से चिन्तवन करना। विविध प्रकार के दुखों का स्थायी अवस्था रूप होना ही जिसका सार है ऐसे अनेक भेद रूप इस संसार को समझकर शीघ्र ही यह निःसार है, ऐसा चिन्तवन करना। लोक भावना– तीन लोक की रचना का चिन्तन करना और उसमें किस प्रकार जीव भ्रमण करता है इसका विचार करना। अशुचि भावना– यह शरीर हड्डी, माँसादि वस्तुओ का पिण्ड है यह कभी मोह या राग करने योग्य नहीं है। आस्रव भावना– मन, वचन व काय की क्रियाओं से कर्मो का आगमन होता है जो दुख देते हैं। संवर भावना– दुख के लिए उत्तरदायी कर्मो के आगमन को रोकने के प्रयास या नियमों का पालन संवर है– दस धर्म, बारह अनुप्रेक्षा, पाँच व्रत आदि। निर्जरा भावना– संवर का पालन करने से कर्मों का क्षय होने लगता है यह निर्जरा है। धर्म भावना– क्षमा, मार्दव, आर्जव, सत्य, शौच, संयम, तप, त्याग, आकिन्चन्य एवं ब्रह्मचर्य ये दस धर्म हैं। बोधिदुर्लभ भावना– जीवों के सम्यकदर्शन ज्ञान चारित्र रूप बोधि की प्राप्ति अत्यंत दुर्लभ है। बोधि से छह द्रव्य व नवतत्व आदि जाने जाते हैं। इस तरह हजारों गुणों से सहित बोधि का सदा ध्यान करना।[54] उल्लिखित द्वादशानुप्रेक्षा के चिन्तन से आत्मा में तत्व ज्ञान की जागृतिपूर्वक अपूर्व मानसिक शाँति प्राप्त होती है एवं संसार से वैराग्य की उत्पत्ति तथा उसमें दृढता की पुष्टि होकर कर्मो का संवर होता है। इनका चिन्तन अपने पुरूषार्थ की सिद्धि (मोक्ष) में परम सहायक बन जाता है। योग, मात्र शारारिक रूप से स्वस्थ ही नहीं करता बल्कि मानसिक एवं सामाजिक दृष्टि से भी मनुष्य को पूर्ण करता है। यदि व्यक्ति का मन ही संतुलित नहीं है तो आसनों का ज्यादा महत्व नहीं। मनोविकारों के बिना त्याग के काय, वाक् और मन में स्थैर्य नहीं आ सकता और न ही समता प्रस्फुटित हो सकती है। योग दर्शन के द्वितीय पाद में परमोच्च अवस्था को प्राप्त करने के पाँच बहिरंग साधन– यम, नियम, आसन, प्राणायाम, और प्रत्याहार बताए गए हैं। तृतीय पाद में अंतरंग तीन धराण, ध्यान व समाधि का वर्णन है। कैवल्यपाद मुक्ति की सर्वोच्च अवस्था है।

यम व जैन दर्शनः— योग दर्शन में यम से तात्पर्य निवृति से है। इसके पाँच अंग हैं—अहिंसा, सत्य, अस्तेय, ब्रह्मचर्य तथा अपरिग्रह। जैन दर्शन ये प्रख्यात पाँच व्रत हैं जिन्हे योग दर्शन ने प्रमुखता प्रदान कर आधारभूत प्रथम अंग में स्थान दिया है। किसी प्राणी मात्र को मन, वचन, काय से उसके शरीर या मन को कष्ट पहुँचाना हिंसा है।[55] हिंसा का त्याग ही अहिंसा है। यदि किसी प्राणी को मारने या सताने भाव भी कर लिया व वह मरा नहीं न ही सताया जा सका फिर भी भाव हिंसा होती है। बिना प्रमाद के अगर जीव मर जाता है तो हिंसा नहीं होती है। रागादि के द्वारा असत्य बोलने का त्याग करना और पर को ताप पैदा करने वाले वचनों का त्याग करना सत्य व्रत है।[56] जब भी बोले तब सावधानी से बोलना चाहिए कि मुख से कोई ऐसी बात न निकल जाए जो दूसरों को कष्टकर हो। प्रमाद के योग से बिना दी हुई किसी वस्तु के ग्रहण करने को चोरी कहते हैं। चोरी भी हिंसा का अंग है क्योंकि इसमें जिसकी वस्तु चुराई जाती है, उसको दुख होता है। चोरी के त्याग को अचौर्य कहते हैं।[57] बृद्धा, बाला एवं युवती के भेद से तीन प्रकार की स्त्रियों एवं उनके प्रतिरूप को माता, पुत्री, और बहिन के समान देखना एवं उनके प्रति काम का भाव नहीं लाना। स्त्री राग कथा—श्रवण त्याग, उनके सुन्दर अंगों को देखने का त्याग, अव्रती अवस्था में किए गए भोग—विषयों के स्मरण का त्याग, कामवर्द्धक रस का त्याग, अपने शरीर के कामोद्दीपक संस्कारों का त्याग करना आदि निवृति है, वह ब्रह्मचर्य महाव्रत है।[58] गृहस्थ के लिए अपनी विवाहिता स्त्री के सिवाय अन्य समस्त स्त्रियों के साथ काम भाव का त्याग ब्रह्मचर्य अणुव्रत है।[59]

नियम और जैन दर्शनः— योग दर्शन में नियम से तात्पर्य सदाचार के पालन से है। मनुष्य को कर्त्तव्य परायण बनाने एवं जीवन को सुव्यवस्थित करने हेतु नियमों का विधान किया गया है। इनमें निम्नलिखित आचरण हैं— शौच (पवित्रता), संतोष, तप, स्वाध्याय एवं ईश्वर की आराधना करना आदि। जैन धर्म में उक्त उद्देश्यों के अन्तर्गत आठ मूल गुण, बारह उत्तर गुण, छह कर्त्तव्य, एवं दस धर्मों का पालन का निर्देश है। श्रावकों (गृहस्थों) के लिए जैनाचार्यों ने आठ मूलगुण का निर्धारित किया। विभिन्न आचार्यों ने अलग—अलग आठ मूलगुण निश्चित किये। रत्नकरण्ड, श्रावकाचार में

मद्य, मांस, मधु, हिंसा, असत्य, चोरी, कुशील एवं परिगृह का त्याग ये आठ मूल गुण बताएं है।[60] उत्तरगुण बारह प्रकार के बतलाए हैं, पाँच अणुव्रत, तीन गुणव्रत और चार शिक्षाव्रत। हरिवंश पुराण में गृहस्थों को मद्य, मांस, मधु, जुआ, रात्रि भोजन, परस्त्रीगमन व वेश्यागमन से विरक्त होना नियम कहा है।[61] प्रशस्त कार्यों (दानपूजा व व्रतादि) में प्रवृत्ति करना और अप्रशस्त (निन्द्य) कार्यों (मिथ्यात्व) के त्याग करने को गृहस्थों का व्रत कहा गया है। सागरधर्मामृत में वर्णित है कि एक आदर्श गृहस्थ वही है है जो न्यायपूर्वक आजीविका उपार्जन करता है। हितकारी और सत्यवाणी बोलता है। धर्म, अर्थ और काम पुरूषार्थों का परस्पर अविरोध से सेवन करता है। इन पुरूषार्थो के योग्य स्त्री, भवन आदि को धारण करता है। लज्जाशील होता है, अनुकूल आहार विहार करने वाला होता है। सदाचार को अपने जीवन की विधि मानने वाले सत्यपुरूषों की सेवा में सदा तत्पर रहता है। हितहित विचार में दक्ष, जितेन्द्रिय और कृतज्ञ होता है। धर्म की विधि को सदा सुनता है उसका मन दया से द्रवीभूत रहता है तथा पाप भीरू होता है। उक्त चौदह विशेषताओं से भूषित व्यक्ति ही एक आदर्श गृहस्थ की श्रेणी में समाविष्ट होता है।[62] गृहस्थों के छह कर्तव्य भी निश्चित किए गए हैं, देवपूजन, गुरू की उपासना, स्वाध्याय, संयम, तप और दान ये गृहस्थों के छह धार्मिक कर्त्तव्य हैं।[63] उत्तम क्षमा, उत्तम मार्दव, उत्तम आर्जव, उत्तम शौच, उत्तम सत्य, उत्तम संयम, उत्तम तप, उत्तम त्याग, उत्तम आकिंचन्य एवं उत्तम ब्रह्मचर्य यह दस धर्म है।[64] (1) उत्तम क्षमा– क्रोध का कारण उपस्थित होने पर भी क्रोध नही करना उत्तम क्षमा है। क्षमा कायरता नहीं है। अपितु सच्ची वीरता है। मन में कलुषता न आने देना उत्तम क्षमा है। (2) उत्तम मार्दव–चित्त में मृदुता और व्यवहार में विनम्रता मार्दव है, जाति, कुल, रूप, ज्ञान, तप, वैभव, प्रभुत्व और ऐश्वर्य संबधी अभिमान मद कहलाता है। इन्हे विनश्वर समझकर मान कषाय को जीतना उत्तम मार्दव कहलाता है। (3) उत्तम आर्जवः आर्जव का अर्थ है ऋजुता या सरलता, मायाचार का त्याग, माया कषाय को जीतकर मन वचन और काय की क्रिया में एकरूपता लाना उत्तम आर्जव है। (4) उत्तम शौच– शौच का अर्थ होता है–पवित्रता या सफाई, मद, क्रोध आदि बढाने वाली इतनी दुर्भावनाएँ है उनमे लोभ सबसे प्रबल है इस लोभ पर

विजय पाना ही उत्तम शौच है। (5) उत्तम सर्त्य–यथार्थ बोलना सत्य है। दूसरों के मन में संताप उत्पन्न करने वाले, निष्ठुर और कर्कश, कठोर वचनों का त्याग कर, सबके हितकारी और प्रिय वचन बोलना उत्तम सत्य धर्म है। (6) उत्तम संयमः पाँचों इंद्रियों की प्रवृत्तियों पर अंकुश रखकर उनकी अनर्गल प्रवृत्तियों पर नियंत्रण रखना उत्तम संयम है। (7) उत्तम तप–इच्छा के निरोध को तप कहते हैं। तप धर्म का प्रमुख उद्देश्य चित्त की मलिन वृत्तियों का उन्मूलन है। (8) उत्तम त्याग–परिग्रह की निवृत्ति को त्याग कहते हैं। बिना किसी प्रत्युपकार की अपेक्षा के अपने पास होने वाली ज्ञान–धन आदि संपदा को दूसरों के हित व कल्याण के लिए लगाना उत्तम त्याग है। (9) उत्तम आकिंचन्य– ममत्व के परित्याग को आकिंचन्य कहते हैं लौकिकता में अनाशक्ति भाव उत्पन्न होना उत्तम होना आकिंचन्य धर्म है। (10) उत्तम ब्रह्मचर्य–ब्रह्म अर्थात आत्मा में रमण करना ब्रह्मचर्य है। रागोत्पादक साधनों के होने पर भी उन सबसे विरक्त होकर आत्मोन्मुखी बने रहना उत्तम ब्रह्मचर्य धर्म है। क्षमा, मार्दव, आर्जव, शौच ये आत्मा के भाव हैं, जो क्रमशः क्रोधामान–माया–लोभ विकारों के अभाव में प्रकट होते हैं। सत्य, संयम, तप और त्याग आत्म स्वभाव की प्राप्ति के उपाय है। आकिंचन्य और ब्रह्मचर्य धर्मो का सार है।

आसन एवं जैन दर्शनः– यह शरीर की क्रिया है जिसमें उसे एक निश्चित स्थिति में रखा जाता है। यह शारीरिक अनुशासन है। इसके कई प्रकार है– पद्मासन, शीर्षासन व कायोत्सर्ग आदि। जैन धर्म में सामायिक और प्रतिक्रमण एक ही स्थान पर बैठकर करने को कहा गया है। चारों दिशाओं मे तीन–तीन कुल बारह आवर्त और एक–एक चार प्रणाम कर अभ्यंतर और बाह्य परिग्रह रहित मुनि के समान खडगासन या पद्मासन अवस्था मे मन, वचन, काय, शुद्ध रख सुबह, दोपहर और सायं के समय सामायिक करने वाला व्यक्ति सामायिक प्रतिमावान कहलाता है। जैन धर्म में मुख्यतः उपरोक्त दो ही बताए गए हैं। ध्यान एवं प्रतिक्रमण इन दो ही आसनों में होता है। मौर्य काल से वर्तमान तक जो भी तीर्थंकर प्रतिमाएँ प्राप्त हुईं है वह ध्यान मुद्रा में ही प्राप्त हुई हैं जो पद्मासन एवं खडगासन मुद्रा में ही होती हैं।

प्राणायाम एवं जैन धर्मः— मन की चंचलता को रोकने व नाड़ी शोधन व जागरण के लिए श्वास और प्रश्वास का नियमन प्राणयाम है। आत्मा की अतल गहराइयों में जाने के लिए आचार्य महाप्रज्ञ ने प्राचीन जैन ग्रन्थों के आधार पर सार रूप में प्रेक्षा ध्यान को प्रस्तुत किया है। आचार्य ने प्रेक्षाध्यान के अन्तर्गत कई प्रयोग निर्दिष्ट किए हैं। 1. श्वास प्रेक्षा, 2. चैतन्य प्रेक्षा 3. शरीर प्रेक्षा 4. लेश्या ध्यान या रंगों का ध्यान 5. अनुप्रेक्षा स्वतः सूचना। प्रेक्षाध्यान के नियमित अभ्यास से प्रकृतिगत पद्धति सक्रिय बनती है और उसे स्वस्थ एवं प्रसन्न बनाती है। श्वास प्रेक्षा मन की एकाग्रता में वृद्धि करती है। यह मन को अधिक कार्य करने व अधिक उत्पादन बनाने में के लिए प्रशिक्षित करता है। श्वास प्रेक्षा से श्वसन सही होता है तथा मन अच्छे व बुरे के बीच विभेद व कारणों को सही सीखता है। शरीर स्वस्थ है तो मन स्वस्थ है। प्रेक्षा ध्यान हार्मोन्स को संयोजित करता है फलतः व्यक्तित्व उन्नत बनता है।

कायोत्सर्ग प्रेक्षाध्यान का एक चरण है जो शिथिलीकरण की विधिवत एवं उन्नतिकारक प्रक्रिया है। कायोत्सर्ग परानुकम्पीनाड़ी तंत्र को सक्रिय बनाता और तनाव के मूल कारण को बदल देता है। कायोत्सर्ग शरीर के अतिरिक्त दबाब को दूर करने में सक्षम है और इससे शरीर व मन को गहन शिथिल स्थिति में ले जाया सकता है। कायोत्सर्ग तनाव के दुष्प्रभावों से बचाता है। जैन ग्रन्थ मोक्षशास्त्र में ध्यान की परिभाषा में शारीरिक संगठन को प्रथम स्थान प्रदान करते हुए कहा है कि ध्यान के साधने के लिए व्यक्ति का दैहिक संहनन उत्तम कोटि का होना चाहिए।[65] इसका अर्थ यह नहीं कि सबल—प्रबल देह का धनी स्वाभवतः उच्च मनोबल का भी धनी होगा, पर इतना अवश्य है कि जिसका स्वास्थ्य समृद्ध है वह ध्यान साधना में सफल अपेक्षाकृत ज्यादा होगा। अस्वस्थ शरीर में मन की स्थिरता कम होती है। इस प्रकार उत्तम सहनन के लिए भी प्राणायाम महत्वपूर्ण है।

प्रत्याहार एवं जैन धर्मः— इन्द्रियों के विषयों से हटाने का नाम प्रत्याहार है अर्थात भौतिक सुखों का त्याग करना। जैन धर्म में गृहस्थ के लिए क्रमशः त्याग के लिए ग्यारह सोपानों का प्रावधान किया है जिससे

वह स्वयं को मुक्ति के मार्ग में स्थापित कर सके। दर्शन , व्रत सामायिक, प्रोषध, सचित्त, त्याग, रात्रि भोजन त्याग, ब्रह्मचर्य, आरंभ त्याग, परिग्रह त्याग, अनुमति त्याग और उद्दिष्ट त्याग ये श्रावक के ग्यारह श्रेणियाँ या प्रतिमाएँ कही है।[66] अपने–अपने दर्जे के गुण पहले–पहले दर्जे के गुणों सहित क्रम से बढते हुए रहते हैं अर्थात अगली प्रतिमा धारण करने वाले को पहले की प्रतिमाओं की क्रियाओं को भली प्रकार करना आवश्यक होता हैं। इन ग्यारह सोपानों से गृहस्थ अपने चारित्र का विकास करता है। एवं साधुओं दोनों के लिए अट्ठाईस मूल गुण निर्धारित किये गये है– पाँच महाव्रत, पाँच समिति, पाँच इन्द्रिय निरोध, केश का लौंच, षठ आवश्यक क्रियाएँ, दिगम्बर अवस्था, स्नान न करना, भूमि कर सोना, दातून नही करना, खडे होकर भोजन करना, दिन में एक बार भोजन करना। बारह तप और बाईस परीषह मिलाकर चौतीस उत्तर गुण होते हैं।[67] ध्यान की पात्रता प्राप्त करने के लिए उपरोक्त नियमों का पालन व विभिन्न त्याग की आवश्यकता होती है।

धारणा और जैन दर्शनः– चित्त को एक स्थान विशेष पर केन्द्रित करना धारणा है। धारणा–ध्यान परस्पर अन्तर्संबंधित हैं। ध्यान के अन्तर्गत ही धारणा एक प्रक्रिया है। ध्यान के आलम्बन के प्रशस्त विषयों में परमात्मा या ईश्वर का स्थान सर्वोपरि है। जैन दार्शनिकों ने भी ध्यान के आलम्बन के रूप में वीतराग परमात्मा को ध्येय के रूप में स्वीकार किया है। जैन दर्शन में आत्मा और परमात्मा भिन्न नहीं हैं। आत्मा की शुद्ध दशा ही परमात्मा है। इसलिए जैन दर्शन में ध्याता और ध्येय अभिन्न हैं। साधक आत्मा ध्यान साधना में अपने ही शुद्ध स्वरूप को ध्येय बनाता है। आत्मा, आत्मा के द्वारा आत्मा का ही ध्यान करता है। ध्यान वह कला है जिसमें ध्याता अपने को ही ध्येय बनाकर स्वयं उसका साक्षी बनता है। हमारी वृत्तियाँ ही हमारे ध्यान का आलम्बन होती हैं और उनके माध्यम से हम अपना ही दर्शन करते हैं।[68] आचार्य देवसेन ने सर्व इन्द्रिय व्यापार के निग्रह को महत्व देते हुए कहा ध्यान वह प्रक्रिया है जिसमें एक ही पदार्थ का चिन्तन होता है अन्य का नहीं। वही ध्यान नाना विकल्पों से युक्त होकर चतुर्विधरूप को प्राप्त करता है जिसे आचार्य ने पिण्डस्थ, रूपस्थ पदस्थ और रूपातीत कहा है। पिडस्थ ध्यान– इसमें यह ध्यान किया

जाता है कि आत्मा अत्यंत शुद्ध है उसमें से सफेद किरणें निकल रहीं हैं। रूपस्थ ध्यान– पिडस्थ ध्यान में स्वशरीर में स्थित अपने ही शुद्ध निर्मल आत्मा का ध्यान किया जाता है परन्तु रूपस्थ ध्यान में शरीर के बाहर स्वशुद्ध निर्मल अत्यंत देदीप्यमान और शुद्ध स्वभाव आत्मा का ध्यान करना रूपस्थ ध्यान है। पदस्थ ध्यान– समोवशरण में विराजमान अष्टप्रतिहार्य सहित अनन्त चतुष्टय सहित भगवान अरिहंत परमेष्ठी का ध्यान करना वह पदस्थ ध्यान है। एक पद मंत्र, एक अक्षर मंत्र, या अधिक अक्षरों के मंत्र का जप करना पदस्थ ध्यान है। जैनाचार्यो ने यह माना है कि इससे विभिन्न लब्धियाँ या अलौकिक शक्तियाँ प्राप्त होती है, किन्तु वे साधक को उनसे दूर रहने का रहने का ही निर्देश देते हैं, क्योंकि उनका लक्ष्य चित्त को एकाग्र करना है, न कि भौतिक उपलब्धिँ प्राप्त करना। यह कर्मों का नाश करने करने का साधन है। रूपातीत ध्यान– जहाँ न शरीर में स्थित शुद्ध आत्मा का चिन्तन होता और न शरीर के बाहर, न स्वगत आत्मा का ध्यान और न ही पंचपरमेष्ठी का ध्यान किन्तु आलम्बन के किसी पदार्थ का ध्यान होता है अपने चित्त को अन्य समस्त चिन्तनों से हटाकर किसी एक पदार्थ में लगता है वहाँ रूपातीत ध्यान होता है। रूपातीत ध्यान करने वाला योगी अपने आत्मा को अपने ही आत्मा में लीन कर लेता है। जहाँ ध्यान में इन्द्रियों के समस्त विकार नष्ट हो जाते हैं रागद्वेष का अभाव हो जाता है वहाँ रूपातीत ध्यान होता है।[69]

ध्यान–समाधि और जैन दर्शन

"ध्यैचिन्तायाम" धातु से ध्यान शब्द बनता है, जिसका अर्थ होता है चिन्तन/एक विषय में चिन्तन को स्थिर करना, त्यागो ध्यानम अर्थात ध्यान है। चित्तविक्षेपचित्त विक्षेप त्याग ध्यान है।[70] ध्यानं आत्मस्वरूप चिन्तनम अर्थात आत्मस्वरूप का चिन्तन ध्यान है। तत्वानुशासन में कहा गया है किसी भी सहायता से रहित आत्मा में जो चिन्ता का निरोध है वह ध्यान है अथवा जो चिन्ता के अभाव व स्वसंवेदन स्वरूप है वह ध्यान है। ध्यान वह स्थिति है जिसमें चित्त वृत्ति की चंचलता समाप्त हो जाती है और वह किसी एक विषय पर केन्द्रित हो जाती है। जब चिन्तन अन्यान्य विषयों से हटाकर किसी एक ही वस्तु में केन्द्रित कर दिया जाता है तो

वह ध्यान बन जाता है। विद्वानों के अनुसार व्यक्ति जिस समय जिस विचार भाव का चिंतन करता है उस समय वह उन्हीं विचारों में तन्मय हो जाता है जैसे वह यदि किसी देवता मंत्र या आत्मा पर अपने विचारों को केन्द्रित करता है, अन्य मानसिक क्रियाओं को दूर रखता है, उस एक विषय में ही अपने आपकों केन्द्रित कर लेता है, इच्छाओं को पूर्ण रूप से रोककर किसी एक विषय का आलंबन लेकर अन्य सभी से अपनी वृत्ति को हटा लेता है, वही ध्यान है।[71] वही योग सूत्र में ध्यान के विषय में कहा है कि – धारणा में जहाँ चित्त को धारण किया जाता है वहीं पर जो प्रत्यय की एकाग्रता है विसदृश परिणाम को छोड़कर जिसे धारणा में आलम्बनभूत किया गया है। उसी के आलम्बन रूप से जो निरंतर ज्ञान की उत्पत्ति होती है। उसे ध्यान कहते हैं।

ध्यान के प्रकारः– जैन आगम ग्रंथों में ध्यान के चार प्रकारों का प्रमुखता से वर्णन मिलता है। आर्त्त ध्यान, रौद्र ध्यान, धर्म ध्यान, एवं शुक्ल ध्यान।[72] आर्त और रौद्र ध्यान अशुभ रूप होने से अप्रशस्त ध्यान हैं, अप्रशस्त ध्यान संसार के कारण हैं और प्रशस्त ध्यान मोक्ष के कारण हैं। समस्त भोग सामग्री की प्राप्ति के लिए जो चिन्तन मनन होता है, उसी का नाम आर्त्त ध्यान है। हिंसा, झूठ, चोरी, स्त्री सेवन, एवं अन्य प्रकार कलुषित कर्मों से उत्पन्न परिणाम के कारण जो चिन्तन होता है वह रौद्र ध्यान है। धर्म ध्यान– स्त्री, पुत्र, धन–सम्पत्ति, तथा सभी प्रकार की भोग सामग्री के प्रति ममत्व भाव इस ध्यान में कम होता चला जाता है। धीरे–धीरे आत्मचिन्तन की ओर प्रवृति बढती चली जाती है। यह आत्म विकास का प्रथम चरण है। द्वादशाँग जिनवाणी, इन्द्रिय, गति, काम, योग, वेद, कषाय, संयम, ज्ञान, दर्शन , लेश्या, भव्याभव्य, सम्यक्त्व, सन्नी–असन्नी, आहारक, अनाहारक, इस प्रकार चौदह मार्गणा, चौदह गुण स्थान, बारह भावना, दस धर्म का चिन्तवन करना धर्म ध्यान है।[73] धर्म ध्यान के चार भेद हैं– आज्ञाविचय, अपाचविचय, विपाकविचय और संस्थानविचय।[74] आज्ञा, अपाय, विपाक और संस्थान ये ध्येय हैं। इन ध्येय विषयों पर चित्त एकाग्र किया जाता है। इनके चिन्तन से चित्त–निरोध के साथ उसकी शुद्धि होती है। सर्वज्ञ प्रभु के उपदेशों के अनुसार चिन्तन करना आज्ञाविचय है। आज्ञाविचय से वीतराग भाव की प्राप्ति होती है। दोषों और कारणों

का चिन्तन कर उनसे छुटकारा पाने पर विचार करना, अपायविचय है। अपायविचय से रागद्वेष और मोह और उनसे उत्पन्न होने वाले दुःखों से मुक्ति प्राप्त होती है। पूर्वकर्मों के विपाक के परिणम स्वरूप सुख–दुःख विभिन्न अनुभूतियों का वेदन करते हुए उनके कारणों का विश्लेषण करना विपाकविचय है। विवाकविचय से दुःख प्राप्ति का मूल कारण परिज्ञात होता है। शारीरिक गतिविधियों पर चित्तवृतियों को केन्द्रित करने को भी संस्थान विचय धर्म ध्यान कहा जाता है। संस्थानविचय से अनासक्तभावों की वृद्धि होती है और आसक्ति नष्ट होती है। धर्म ध्यान के चार लक्षण हैं– आज्ञारूचि, निसर्गरूचि, सूत्ररूचि, एवं अवगाढरूचि। धर्म ध्यान के चार आलम्बन हैं– वाचना, पृच्छना, परिवर्तना, और अनुप्रेक्षा।[75] अनुप्रेक्षा चार प्रकार की हैं– 1. एकत्व अनुप्रेक्षा– मैं अकेला हूँ ऐसा चिन्तन करना 2. अनित्य अनुप्रेक्षा– सब संयोग अनित्य हैं ऐसा चिन्तन 3. अशरण अनुप्रेक्षा– दूसरा कोई भी व्यक्ति त्राण नहीं 4. संसारनुप्रेक्षा– जीव संसार में परिभ्रमण कर रहा है, इस प्रकार चिन्तन करना। इस प्रकार धर्म ध्यान से चित्तविशुद्धि का अभ्यास किया जाता है।

शुक्ल ध्यानः– जिस ध्यान से आठ प्रकार के कर्मरज से आत्मा की शुद्धि होती है उसे शुक्ल ध्यान कहते हैं। शुक्ल ध्यान का शाब्दिक अर्थ है उज्जवल और स्वच्छ ध्यान। यह धर्म ध्यान के बाद की स्थिति है। शुक्ल ध्यान के द्वारा मन को शाँत और निष्कम्प किया जाता है। इसकी अंतिम परिणति, मन की समस्त प्रवृतियों का पूर्ण निरोध है। शुक्ल ध्यान चार प्रकार का है।[76] – 1. पृथकत्ववितर्कसविचार – इसमें विचार होते हैं लेकिन तर्क नहीं होते हैं। इसमें साधक मनोयोग, वचनयोग, और काययोग इन तीनों में से किसी एक योग का आलम्बन होता है। फिर उसे छोड़कर अन्य योगों का आलम्बन लेता है। वह कभी द्रव्य तो कभी पर्याय का चिन्तन करने लगता है लेकिन ध्येय द्रव्य एक ही रहता है। 2. एकत्व वितर्क अविचार– इसमें प्रथम ध्यान की तरह संक्रमण की स्थिति नहीं रहती है। इसमें उत्पाद, व्यय एवं ध्रौव्य में से किसी एक पर्याय का चिन्तवन होता है। 3. सूक्ष्मक्रिया अप्रतिपाती – जब मन और वाणी के योगों का पूर्ण रूप से निरोध नहीं होता है श्वासोच्छवास की सूक्ष्म क्रिया शेष रहती है। 4. समुच्छिन्नक्रियाअनिवृत्ति – ध्यान की इस अवस्था में

मन, वचन और काय की समस्त प्रवृतियों का निरोध हो जाता है और कोई भी सूक्ष्म क्रिया शेष नहीं रहती है। इस प्रकार साधक अंत में सिद्ध अवस्था को प्राप्त कर लेता है जो धर्म साधना और योग साधना का अंतिम लक्ष्य है। शुक्ल ध्यान के चार लक्षण हैं[77] – 1.अव्यथ– व्यथा से पीड़ित होने पर भी क्षोभ का अभाव 2. असंमोह– मूढता अभाव या मोहित नहीं होना 3. विवेक – शरीर और आत्मा के भेद का परिज्ञान 4. व्युत्सर्ग – शरीर और अन्य उपाधियों के प्रति ममत्व भाव का पूर्ण त्याग। शुक्ल ध्यान के चार आलम्बन हैं – क्षमा, मुक्ति (निर्लोभता), मार्दव–मृदुता एवं आर्जव–सरलता। शुक्ल ध्यान की चार अनुप्रेक्षाएँ हैं[78] – 1. अनन्तवृत्तिता अनुप्रेक्षा – संसार में परिभ्रमण की परम्परा पर चिंतन करना 2. विपरिणम अनुप्रेक्षा– वस्तुओं के विविध परिमाणों का विचार करना 3. अशुभानुप्रेक्षा– पदार्थों की अशुभता पर चिंतन 4. अपाय अनुप्रेक्षा– दोषों पर चिंतन। शुक्ल ध्यान के चार आलम्बन बताए गए हैं।

प्रारम्भ में मन का आलम्बन समूचा संसार होता है किन्तु शनैः शनैः अभ्यास होते होते वह एक परमाणु पर स्थिर हो जाता है। केवल ज्ञान प्राप्त होने पर मन का अस्तित्व ही समाप्त हो जाता है। योग परम्परा में भी समापत्ति के चार प्रकार बतलाए गए हैं जो कि जैन परम्परा के शुक्ल ध्यान के चारों प्रकारों के समान ही लगते हैं। समापत्ति के वे चार प्रकार निम्नानुसार हैं – 1. सवितर्का 2. निर्वितर्का 3. सविचारा और निर्विचारा।[79] शुक्ल ध्यान के पहले दो चरणों में शुक्ल लेश्या होती है। तीसरे चरण में परमशुक्ललेश्या होती है और चौथे चरण में लेश्या नहीं होती। शुक्ल ध्यान का अंतिम फल मोक्ष है।

जैन संस्कृति के समन्वयवादी विचार

जैन संस्कृति एवं वैदिक संस्कृति लगभग–लगभग साथ ही अस्तित्व में आयी एवं विकसित हुईं। जहाँ वैदिक संस्कृति अनेक धार्मिक विचारधाराओं तथा सम्प्रदायों में विभाजित हुई, वहीं जैन धर्म भी धीरे–धीरे शाखाओं में बँट गया। इसके अतिरिक्त छठी शती ई. पू. से छठी शताब्दी ईसवी तक अन्य अनेक धार्मिक सम्प्रदायों का उदय हुआ। इनमें से कुछ धर्म दूसरे

धर्मों के प्रभाव से या तो उन्ही में विलीन हो गए या समाप्त। जैन धर्म न तो किसी धर्म में विलीन हुआ और न ही समाप्त, वह आज भी अपनी विशिष्ट विशेषताओं के साथ प्रकाशमान है। जैन संस्कृति ने युगयुगीन सामाजिक और सांस्कृतिक वातावरण के प्रभाव का प्रतिकार न करते हुए अन्य भारतीय धर्म सम्प्रदायों की कुछ विशेषताओं, देवी–देवताओं, कला और संस्कृति के कुछ तत्वों के साथ समन्वय स्थापित किया। जैन धर्म, समन्वय की संस्कृति को साथ लेकर विकास करता गया। समन्वयवादी संस्कृति के दो कारण थे, एक तो जैन दर्शन के मूल में ही समता एवं अनेकान्तवाद है, दूसरा कारण तत्कालीन सांस्कृतिक आवश्यकता। जैन धर्म व दर्शन की मुख्य विषय वस्तु आत्मा है तदनुसार संबंधित ग्रंथों में तद्विषयक विवेचन किया गया है। लोकाचार के विषयों का प्रतिपादन प्रारम्भिक जैन ग्रंथों का उद्देश्य नहीं था, अतः तद्विषयक दिशा–निर्देशन सातवी–आठवी शती में रचित पुराण या चरित साहित्य में ही प्रसंगतः प्राप्त होने लगता है। प्राचीन काल में कोई धर्म सम्प्रदाय मात्र अपने दर्शन के आधार पर लम्बे समय तक अस्तित्व में नहीं रह सकता था जबकि बहुसंख्यक लोग अशिक्षित व रूढिवादी थे। किसी भी धार्मिक सम्प्रदाय के सामान्य अनुयायी के लिए रीति–रिवाज परम्पराएँ, पर्वों त्यौहार एवं सहायतार्थ तंत्र–मंत्र तथा उनके अधिष्ठाता देवी–देवता भी आवश्यक होते थे, इसके लिए शास्त्र विधान आवश्यक समझा गया, क्योंकि व्यक्ति व समाज शास्त्रों द्वारा संचालित होता था। इसी आवश्यकता को ध्यान पूर्ण करने के लिए जैन शास्त्रों में समन्वय स्थापित करते हुए लोक प्रचलित एवं अन्य सम्प्रदायों में मान्य रीतियों व विधानों के लिए मान्यता दे दी गई। जैन संस्कृति में जैनेतर रीतियों व विधानों को जैन सिद्धांतों के अनुसार व अनुकूल ही स्वीकार किया गया। समन्वय की प्रक्रिया में समाज व्यवस्था, कला, संस्कृति एवं कतिपय धार्मिक कर्मकाण्ड संबंधी क्षेत्र सम्मिलित थे। जैन संस्कृति में अपने दर्शन को छोड़कर अन्य अनेक क्षेत्रों में समन्वय की नीति अपनायी गयी।

सर्वप्रथम समाज व्यवस्था संबंधी नियमों में समन्वय का अध्ययन करें तो स्पष्ट होता है कि प्रारम्भिक जैन साहित्य में वर्ण व जाति तथा उसके आधार पर सामाजिक व्यवस्था को स्वीकार नहीं किया गया। जैन दर्शन

में जाति की जो परिभाषा दी गई उसके अनुसार तो पशु व मनुष्य में भी भेद नहीं है क्योंकि दोनों ही पंचेन्द्रिय जाति हैं तब मनुष्य–मनुष्य में भेद को स्वीकार करने का प्रश्न ही नहीं। जैन दर्शन के अनुसार कोई भी अपने प्रयासों से मोक्ष प्राप्त कर सकता है। जैन धर्म अपनाने के लिए निम्न वर्ग पर कोई प्रतिबंध नहीं था। रत्नकरण्ड श्रावकाचार में उल्लेख है कि जो सम्यकदर्शन से सम्पन्न है वह चण्डाल कुल में उत्पन्न होकर भी देव है।[80]

प्रारम्भिक तथा सैद्धांतिक ग्रथों में ब्राह्मण, क्षत्रिय, वैश्य एवं शूद्र ये भेद प्राचीन जैन साहित्य में उपलब्ध नहीं होते हैं, लेकिन सातवी–आठवी शती में एवं उसके बाद रचित पुराण या चरित साहित्य में यह भेद उल्लिखित हैं अर्थात लोकाचार की दृष्टि से उन्हे स्वीकार कर लिया गया। वर्णाश्रम व्यवस्था की वैदिक मान्यताओं का प्रभाव सामाजिक जीवन के रग–रग में इस प्रकार बैठ गया था कि इस व्यवस्था का घोर विरोध करने वाले जैन धर्म के अनुयायी भी इसके प्रभाव से बच नहीं सके और वैदिक व्यवस्था से समन्वय स्थापित करते हुए जैन संस्कृति के अनुकूल समाज धर्म को मान्यता दे दी।[81] दसवीं शती में रचित यशस्तिलक चम्पू में समाज धर्म या लौकिक धर्म का जैनीकरण न करके उसे वैदिक रूप में ही स्वीकार कर लिया गया, जबकि इसी काल के ग्रंथ वरांग चरित में कथन है कि इस लोक में कोई ब्राह्मण, क्षत्रिय, वैश्य एवं शूद्र नहीं है। स्पष्ट है कि समन्वय लोकाचार की दृष्टि से किया गया, धर्म व दर्शन की दृष्टि से नहीं। प्राचीन भारतीय समाज में जाति व्यवस्था के प्रभाव से कोई कैसे बच सकता था जब उसमें शासक भी रूचि लेते थे, जैन अनुयायी भी उसी समाज के अंग थे, अतः समन्वय कर लिया गया।

समाज व्यवस्था के साथ ही सामाजिक विधि विधानों के लिए भी समन्वय की नीति को अपनाया गया। वैदिक समाज व्यवस्था में व्यक्ति के वैयक्तिक व सामाजिक जीवन को व्यवस्थित, धार्मिक एवं संस्कारिक बनाने के लिए सौलह संस्कारों का विधान किया गया है। जैन आचार्यों ने अपने ग्रंथों में इन संस्कारों को क्रियाओं के नाम से अपनाने का प्रयास किया। साहित्य में वर्णित क्रियाएँ जैन सम्प्रदाय में हालाँकि व्यवहारिक रूप नहीं ले पायीं लेकिन वैदिक व्यवस्था के विकल्प के रूप में प्रस्तुत अवश्य किया

गया। महापुराण में गर्भान्वय, दीक्षान्वय और कर्त्तव्यन्वय क्रिया इन तीन क्रियाओं के अंतर्गत एक सौ आठ क्रियाओं का वर्णन किया है।[82] जैनाचार्य जिनसेन संस्कृति में समन्वय के पक्षधर थे, उनके समय में सामाजिक विशेषाधिकार वर्णाश्रम और संस्कार संस्था पर ही अवलम्बित थे अतः उन्होने दार्शनिक दृष्टि से उक्त संस्थाओं के निस्सार होने पर भी उनकी उपादेयता प्रतिपादित की। नेमिचन्द्र शास्त्री लिखते है कि उस समय संस्कारहीन व्यक्ति शूद्र समझा जाता था तथा जाति व वर्ण भी सामाजिक सम्मान के हेतु थे, अतएव जिनसेन ने जैन धमानुयायियों को अन्य सम्प्रदायों के बीच सामाजिक सम्मान दिलाने के लिए वर्णाश्रम व्यवस्था व संस्कार का प्रतिपादन किया। वे यह बतलाना चाहते थे कि जैन धर्म में भी व्यक्तित्व निर्माण व विकास व उत्थान के लिए ब्राह्मण धर्म के समान ही योग्यता व व्यवस्था वर्तमान है। जैन दर्शन में आत्मा के विकास व उत्थान के लिए तो गुणस्थान प्रणाली का प्रतिपादन था लेकिन देह शुद्धि और पात्रत्व विकास के लिए संस्कार अपेक्षित थे जिसे जिनसेन ने पूर्ण किया। वैदिक समाज व्यवस्था की आश्रम संस्था के अनुसार जिनसेन ने महापुराण में चार आश्रमों का उल्लेख किया है लेकिन वानप्रस्थ आश्रम को स्पष्ट ही नहीं किया गया। अन्य धर्मों में मोक्ष के लिए सन्यास या मुनि होना अनिवार्य नहीं है, लेकिन जैन दर्शन में यह अनिवार्य है। अपरिग्रह के सिद्धाँत में किंचित समन्वय करते हुए जैन पुराणों में कहा गया है कि लौकिक दृष्टि से आर्थिक समृद्धि अपेक्षित है लेकिन आध्यात्मिक दृष्टि से से धन से आसक्ति धर्म में बाधक है।

सामाजिक व साँस्कृतिक दृष्टि से जो समन्वय किया गया वह बहुत कुछ प्रभावी रहा। सैद्धांतिक दृष्टि से शूद्रों को धर्म के क्षेत्र में अधिकार थे लेकिन जिनसेन ने शूद्रों को जो प्रतिबंध लगाए जैसे मंदिर प्रवेश निषेध, दीक्षा निषेध, मुनि आहारदान निषेध, यज्ञोपवीत उपनयन निषेध, देवपूजा व छहकर्म निषेध आदि प्रतिबंध लगाए, वह आधुनिक काल तक जारी रहे। जैन अनुयायी यज्ञोपवीत धारण करने लगे, पर्व, त्यौहार, विवाह आदि ब्राह्मण पद्धति से होने लगा। जैन धर्म आडम्बर व कर्मकाण्ड का विरोधी था, लेकिन अब जैन धर्म में भी बड़े–बड़े भव्य धार्मिक आयोजन होने लगे, जैनियों के अधिकाँश गोत्र ब्राह्मणों के ही हैं।

प्राचीन भारत में वृक्ष, पर्वत, नदी एवं पशु पूजा प्रचलित थी, यह परम्परा हडप्पा सभ्यता व वैदिक सभ्यता से निरंतर प्रवाहमान है, जैन संस्कृति ने इससे समन्वय स्थापित करते हुए वृक्षों व पशुओं को तीर्थंकरों से संबंधित कर उनको महत्वपूर्ण स्थान दिया। जैसे ऋषभदेव, चिह्न बैल, चैत्यवृक्ष, न्यूग्रोथ इसी प्रकार क्रमशः अजितनाथ–गज–सप्तपर्ण, संभवनाथ–अश्व–शाल, अभिनंदननाथ–बंदर–सरल सुमतिनाथ–चकवा–प्रियंगु, पद्मप्रभु–पद्म–प्रियगु, सुपार्श्वनाथ–नद्यावर्त–शिरिष, चन्दप्रभ – अर्धचंद्र – नागवृक्ष, पुष्पदंत – मकंर – बहेडा, शीतल – स्वस्तिक – धूलि, श्रेयांसनाथ–गैडा–पलाश, वासुपूज्य–भैंसा–तेन्दू, विमलनाथ–शूकर–पाटल, अनंतनाथ–सेही–पीपल, धर्मनाथ–वज्र–दधिपर्ण, शांतिनाथ–हरिण–नंदी, कुंथुनाथ–छाग–तिलक, अरहनाथ–तगर–कुसुम–आम्र, मल्लिनाथ – कमल – कंकेली, मुनिसुव्रत– कूर्म – चम्पक, नमिनाथ – शंख – बकुल, नेमिनाथ–शँख–मेषश्रृंग, पार्श्वनाथ–सर्प–धव, महावीर–सिंह–शाल।[83] विभिन्न प्रतीक चिन्ह जैन एवं ब्राह्मण संस्कृति में समान रूप से मान्य है। जैन धर्म में अष्ट प्रतिहार्य, तीर्थंकर की माता के सोलह स्वप्न एवं भगवान के लक्षणों में जो चिन्ह व प्रतीक अपनाए गए थे, उनमें से बहुत कुछ प्रतीक ब्राह्मण संस्कृति में भी मान्य थे जैसे स्वस्तिक, शँख, अंकुश, तोरण, ध्वजा, सिंहासन, चक्र, दुन्दुभि, रत्न, सूर्य, चन्द्र, तोरे, सुमेर, विमान, आभामण्डन, अशोकवृक्ष, पुष्पवृष्टि, कल्पवृक्ष, नान्द्यावर्त, वर्धमान, भद्रासन, कलश, दर्पण, मत्स्य, पद्म, आदि अनेक प्रतीक व मंगल चिन्हों को प्रायः सभी धर्मों में पवित्र माना गया है। इन चिन्हों का उल्लेख मत्स्य पुराण, उपनिषद आदि प्राचीन भारतीय ग्रंथों में भी है साथ ही साँची के स्तूप में भी अंकन है।[84] यह माँगलिक प्रतीक चिन्ह प्राचीन भारतीय संस्कृति में परम्परागत रूप से प्रचलन में थे इनमें समन्वय स्थापित किया गया।

जैन धर्म ने धर्म के क्षेत्र में मानव मात्र को समान अधिकार दिए। जाति, कुल व शरीर के बंधन धर्म साधना में बाधक नहीं थे। जैन दर्शन ने अपने धर्म के ऐसे सिद्धाँतों का प्रतिपादन किया जिसमें साम्प्रदायिक आग्रह नहीं है, जो किसी धर्म के लिए आपत्तिजनक नहीं थे, इसे कोई भी व्यक्ति बिना अभिव्यक्ति के आत्मसात कर सकता था। जैन दर्शन में पाँच

व्रत व दस धर्म के पालन का निर्देश प्राप्त होता है। वास्तव में वही मूल व पूर्ण जैन धर्म है, उसमें किसी विशेष भगवान की भक्ति यज्ञ या कर्मकाण्ड का निर्देश नहीं है। यह जैन साम्प्रदायिक सिद्धांत नहीं बल्कि सार्वजनिक नैतिक सिद्धाँत ही है जो सभी सम्प्रदायों व समुदायों में समन्वय का मार्ग प्रशस्त करते हैं।

जैन दर्शन में कुदेवों की उपासना का खण्डन किया गया है लेकिन साँस्कृतिक व साम्प्रदायिक समन्वय करते हुए ब्राह्मण देवताओं को तिरेसठ शलाका महापुरूषों में शामिल कर आत्मीयता से जैनियों ने उन्हे अपना सम्मानीय बनाया। इन तिरेसठ श्लाका पुरुषों में चौबीस तीर्थंकर, बारह चक्रवर्ती, नौ नारायण, नौ बलभद्र और नौ प्रतिनारायण सम्मिलित हैं। उनके नाम इस प्रकार हैं–

चौबीस तीर्थंकर– ऋषभदेव, अजितनाथ, संभवनाथ, अभिनंदननाथ, सुमतिनाथ, पद्मप्रभु, सुपार्श्वनाथ, चंद्रप्रभु, पुष्पदंत, शीतलनाथ, श्रेयांसनाथ, वासुपूज्य, विमलनाथ, अनंतनाथ, धर्मनाथ, शांतिनाथ, कुंथुनाथ, अरहनाथ, मल्लिनाथ, मुनिसुव्रतनाथ, नमिनाथ, नेमिनाथ, पार्श्वनाथ एवं महावीर। बारह चक्रवर्ती– भरत, सगर, मधवा, सनत कुमार, शाँति, कुन्थु, अरह, सुषौम, पद्म, हरिसेन, जयसेन एवं ब्रह्मदत्त। नौ नारायण– त्रिपृष्ठ, द्विपृष्ठ, स्वयंभू, पुरुषोत्तम, पुरुषसिंह, पुरुष्पुण्डरीक, दत्त, लक्ष्मण एवं कृष्ण। नौ प्रतिनारायण– अश्वग्रीव, तारक, मेरक, मधु, निषंभ, बलि, प्रह्लाद, रावण एवं जरासंघ। नौ बलभद्र– अचल, विजय, भद्र, सप्रभ, सुदर्शन, आनंद, नंदन, राम और बलराम।[85] उपर्युक्त महापुरूषों के अतिरिक्त एकादश रूद्रों और नव नारदों का विवरण भी जैन ग्रंथों में मिलता है। भीमाबलि, जितशत्रु, रूद्र, विश्वानल, सुप्रतिष्ठ, अचल, पुण्डरीक, अजितंधर, अजितानामि, पीठ सात्याकीपुत्र ये ग्यारह रूद्र तथा भीम, महाभीम, रूद्र महारूद्र, काल, महाकाल, दुर्मुख, नरकमुख और अघोमुख ये नवनारद की कल्पना जैन साहित्य में मिलती है।[86] वैदिक देवताओं के लोकप्रिय शिव (रूद्र) एवं नारायण की लोकप्रियता से समन्वय स्थापित करते हुए अपने साहित्य नौ नारायण तथा एकादश रूद्रों को स्थान दिया। जैन धर्म में चार प्रकार के देव माने गए हैं जो भगवान (अरिहंत व सिद्ध) के श्रेणी में नहीं है, बल्कि ये

देवाधिदेव (तीर्थंकर या अरिहंत) की सेवा व भक्ति पूता करते हैं। उपरोक्त चार प्रकार के देव भवनवासी, व्यंतर, ज्योतिष्क और वैमानिक देव हैं। इन देवों में इन्द्र, अग्नि, विद्युत, वायु, नाग, इन्द्र, सूर्य, बुध, शुक्र, बृहस्पति, मंगल, शनि व ब्रह्म आदि देवता भी हैं जो ब्राह्मण देवकुल के सदस्य हैं जिन्हें जैनियों ने समन्वय करते हुए अपने देवकुल में स्थान दिया। भैरव पद्मावती कल्प में आठ प्रकार के नाग देवता बताए गए हैं जो वर्ण व्यवस्था अनुरूप चार वर्णों में विभाजित भी हैं। देवताओं के अतिरिक्त राक्षस, भूत, पिशाच, एवं किसी प्रकार के प्राणी देश के किन्ही वर्गों में इनकी कुछ न कुछ मान्यता थी जिसका आदर करते हुए जैनियों ने इन्हे एक जाति के देव स्वीकार किया।

पूर्व मध्यकाल में धर्म का अत्यंत सरलीकरण हो गया, सामंतवाद के तनावपूर्ण वातावरण में धर्म का सरल मार्ग तंत्र–मंत्र एवं देवताओं की स्तुति को माना गया। सामंतवाद से त्रस्त जनसामान्य अपने कष्ट निवारण हेतु अतीन्द्रिय शक्तियों से सहायता की अंतिम उम्मीद करने लगा। नए–नए देव व देवियों की कल्पना की गई। पुराने देवताओं को और भी अधिक शक्तिशाली रूप में प्रस्तुत किया गया। तंत्रवाद के प्रभाव में अलग–अलग कार्यो व सिद्धि के लिए अलग–अलग देवी–देवताओं की कल्पना की गई। बौद्ध धर्म में जहाँ बुद्ध व बौद्धिसत्वों के अनेक अवतार एवं देवी–देवताओं की कल्पना की गई, वहीं हिन्दू धर्म में भी अनेक देवता नए रूप में प्रस्तुत हुए। जैन धर्म में भी तत्कालीन वातावरण से समन्वय करते हुए नए स्वरूप तथा नए नामों से अनेक देवी–देवताओं को साहित्य व कला में प्रस्तुत किया।

जैन धर्म में यक्ष, विभिन्न व्यंतर, वैमानिक, ज्योतिष्क आदि सहायक देवी–देवताओं की मान्यता पूर्व से ही थी लेकिन पूर्वमध्यकाल में उन्हे शक्तिशाली स्वरूप में प्रस्तुत किया गया। प्रारम्भिक जैन साहित्य सूत्रकृतांग, औपपातिक सूत्र, पउमचरियं में विद्याओं से संबंधित अनेक उल्लेख हैं। पाँचवी शती के बाद वसुदेवहिण्डी, आवश्यक चूर्णी, आवश्यक निर्युक्ति, हरिवंश पुराण, एवं त्रिषष्टिशलाकापुरूषचरित ग्रंथों में भी विद्याओं का वर्णन है, उन्हे वाक्, ब्राह्मी, भारती, गौ, वाणी, भाषा, सरस्वती, श्रुतदेवी भी कहा

गया है। विद्यादेवियाँ वस्तुतः अपने नाम के अनुसार वाणी की विभिन्न प्रकृतियों के कल्पित रूप हैं। लगभग नवी शती ईसवी में सोलह विद्या देवियों की सूची तैयार हुई जिन्हे महाविद्या कहा गया है। इस सूची में अधिकाँश पूर्ववर्ती ग्रंथों में उल्लिखित विद्याएँ सम्मिलित की गईं हैं इनके नाम हैं– रोहिणी, प्रज्ञप्ति, वज्रश्रँखला, वज्रांकुशा, जाम्बूनदा, पुरूषदत्ता, काली, महाकाली, गौरी, गाँधारी, ज्वालामालिनी, मानवी, वैरोटी, अच्युता, मानसी एवं महामानसी।[87] जैन शिल्प में इन महाविद्याओं का भी महत्वपूर्ण स्थान है। इन महाविद्याओं के नामों से ही हिन्दू व बौद्ध धर्म से समन्वय स्पष्ट दृष्टिगोचर होता है।

महाविद्याओं की तरह ही यक्षों का उल्लेख प्रथम शताब्दी के ग्रंथ तत्वार्थ सूत्र में है इसमें मणिभद्र, पूर्णभद्र, सर्वतोभद्र आदि तेरह यक्षों के नाम हैं। इन यक्षों को 'जिन' के सेवक देव के रूप में प्रस्तुत किया गया है लेकिन इन्ही यक्षों के आधार पर प्रत्येक तीर्थंकर के अलग–अलग यक्ष–यक्षी, आठवीं–नवीं शती ईसवी तक निर्धारित हुए जो कालान्तर में विभिन्न लौकिक कार्यों को सिद्ध करने वाले शक्तिशाली शासन देवताओं के रूप में प्रस्तुत किए गए। इनकी सूचियाँ तिलोयपण्णत्ति, प्रतिष्ठासारसंग्रह, प्रतिष्ठासारोद्धार, प्रतिष्ठातिलक, प्रवचनसारोद्धार, अभिधानचिन्तामणी आदि ग्रंथों में अलग–अलग प्राप्त होती हैं। तिलोयपण्णत्ति के अनुसार यक्ष–यक्षी इस प्रकार हैं– गोवदन, महायक्ष, त्रिमुख, यक्षेश्वर, तुम्बुरव, मातंग, विजय, अजित, बह्म, ब्रह्मेश्वर, कुमार, षण्मुख, पाताल, किन्नर, किंपुरूष, गरूड, गन्धर्व, कुबेर, वरूण, भृकुटि, गोमेध, पार्श्व, मातंग, और गुह्मक। यक्षी– चक्रेश्वरी, रोहिणी, प्रज्ञप्ति, वज्रश्रँखला, वज्रांकुशा, अप्रतिचक्रेश्वरी, पुरूषदत्ता, मनोवेगा, काली, ज्वालामालिनी, महाकाली, गौरी, गाँधारी, वैरोटी, सोलसा, अनन्तमती, मानसी, महामानसी, जया, विजया, अपराजिता, बहुरूपणी, कूष्माणी, पद्मा और सिद्धायनी। श्वेताम्बर प्रतिमाशास्त्रीय ग्रंथों में यक्ष–यक्षियों की सूची इस प्रकार है– गोमुख, महायक्ष, त्रिमुख, ईश्वर, तुम्बरू, कुसुम, मातंग, विजय, अजित, ब्रह्म, मनुज, सुरकुमार, षण्मुख, पाताल, किन्नर, गरूड, गन्धर्व, यक्षेन्द्र, कूबर, वरूण, भृकुटि, गोमेध, वामन, और मातंग। यक्षियाँ– चक्रेश्वरी, अजिता, दुरितारी, काली, महाकाली, अच्युता, शाँता, ज्वाला, सुतारा, अशोका, श्रीवत्सा या मानवी, प्रवरा, चँडा,

विजया, अँकुशा, पन्नगा, निर्वाणी, अच्युता, धारणी, वैरोट्या, अच्युता, गाँधारी, अम्बा, पद्मावती एवं सिद्धायिका।[88] इन यक्ष–यक्षियों के नामों से भी हिन्दू व बौद्ध धर्म से समन्वय सिद्ध होता है। जैन संस्कृति में हिन्दू देवकुल के विष्णु, शिव, ब्रह्म, इन्द्र, स्कन्द, कार्तिकेय, काली, गौरी, सरस्वती, चामुण्डा, और वज्रयानी बौद्ध देवकुल की तारा, वज्रश्रँखला, वज्रतारा, एवं वज्रांकुशा के नामों तथा कतिपय लक्षणों को ग्रहण किया गया। गरूड, वरूण, महाकाली, अम्बिका एवं पद्मावती के नाम व लक्षण ब्राह्मण धर्म से साम्यता रखते हैं। विद्वानों ने ऐसी सम्भावना भी व्यक्त की है कि जैनों एवं ब्राह्मण दोनों ने ही पूर्व परम्परा के कुछ देवी–देवताओं को समान रूप से स्वीकार किया हो। जैन धर्म में ब्राह्मण धर्म की तरह लक्ष्मी एवं सरस्वती की पूजा की जाती है। जैन साहित्य भगवती सूत्र व पउमचरियं आदि में सरस्वती का उल्लेख है उनकी प्रतिमा 132 ईसवी की प्राप्त हुई है। इसी तरह लक्ष्मी का भी उल्लेख भगवती सूत्र में है इनकी भी प्रतिमाएँ देवगढ़ व खजुराहो में प्राप्त हुईं हैं। जैन साहित्य में इन्द्र को जिन का सेवक कहा गया है। राम, कृष्ण एवं बलराम का जैन संस्कृति में महत्वपूर्ण स्थान है। राम को मोक्षगामी बताया गया तथा वह सिद्ध परमेष्ठी में है अर्थात वह जिन अवस्था को प्राप्त हुए हैं। राम, कृष्ण एवं बलराम को केन्द्रीय भूमिका में रखकर जैन ग्रंथकारों ने हरिवंश पुराण आदि स्वतंत्र ग्रन्थों की रचना की गई। जैन शिल्प में भी इन देवताओं का अंकन खजुराहों व देवगढ़ आदि रूथलों में किया गया है। अष्ट मातृकाओं का वर्णन जैन ग्रंथों में वैसा ही प्राप्त होता है जैसा कि हिन्दू शिल्प ग्रंथों में। इसी प्रकार नवग्रह, दिक्पालों, गणपति एवं भैरव आदि को भी जैनियों ने अपने देवकुल में सम्मिलित किया। पूजा पद्धति में भी कुछ समानताएँ हैं जैसे अभिषेक, अक्षत, पुष्प, जल, फल, व नैवेद्य से पूजा करना, मंगल घट स्थापना आदि।

संस्कृति में समन्वय का मुख्य आधार रहा उसका अनेकान्तवादी दर्शन। जैन दर्शन की विचारधारा कभी कट्टर नहीं रही, उसने कभी अपनी विचारधारा अन्य समुदाय पर थोपने का प्रयास नहीं किया बल्कि अन्य समुदायों की विचारधारा पर विचार भी किया और जैन दर्शन के अनुकूल कुछ तत्वों को आत्मसात भी किया। इस विचारधारा का मुख्य

आधार अनेकान्तवाद है जिसके अनुसार वस्तु तत्व के पूर्ण सत्य को एक दृष्टि से नहीं देखा जा सकता है बल्कि उसे अनेक दृष्टिकोणों से देखा जा सकता है और प्रत्येक दृष्टि में कुछ सत्यांश होता है। जैन दर्शन किसी विचारधारा (दृष्टिकोण) को सीधे नकारता नहीं है, इसी कारण समन्वय होता गया।

समता दर्शनः— समता, सामान्य या समानता, मानव जीवन एवं मानव समाज का शाश्वत दर्शन है। आध्यात्मिक या धार्मिक क्षेत्र हो अथवा आर्थिक, राजनीतिक एवं सामाजिक सभी का लक्ष्य समता है, क्योंकि यह मानव मन के मूल में है। समता दर्शन का लक्ष्य है कि समता विचार में हो, दृष्टि व वाणी में हो तथा समता आचरण के प्रत्येक चरण में हो। समता मनुष्य के मन में होगी तो वह समाज के जीवन में भी होगी। यह तथ्य स्पष्ट है कि समता दर्शन का सुगठित एवं मूर्त विचार सबसे पहले भगवान पार्श्वनाथ एवं महावीर ने दिया। महावीर ने समता के मूल बिन्दु को सबसे पहले पहचाना उन्होने उद्घोष किया कि सभी आत्माएँ समान है अर्थात सभी आत्माओं में अपना सर्वोच्च विकास संपादित करने की समान शक्ति है। क्रांति का यह स्वर महावीर ने गुंजाया कि संसार की रचना ईश्वर नहीं करता और न ही ईश्वर अवतार लेता है। एक बार आत्मा ऊपर जाकर मुक्त हो जाती है। फिर नीचे आकर जन्म मरण के चक्र में नही फँसती। उन्होने ईश्वर को कर्ताधर्ता नहीं माना। सभी आत्माएँ परमात्मा बन सकती हैं। प्रत्येक आत्मा अपना अनन्त ज्ञान प्राप्त कर सकती हैं उसे अपौरुषेय ग्रंथ की आवश्यकता नहीं है। वस्तु या व्यक्ति पर किसी ईश्वर का कोई अधिकार नहीं है। प्रत्येक व्यक्ति स्वतंत्र रहते हुए समान हैं। उन्होने साधना के क्षेत्र में वर्ण जाति की निस्सारता बताई। सभी को समान अवसर प्रदान किए।

मनुष्य जाति नामकर्म के अनुसार सभी मनुष्यों को समान घोषित किया गया। धर्म का पालन सभी जाति के मनुष्य ही नही (मनधारी) सैनी पशु भी कर सकते हैं। संसार की रचना को उन्होने अनादि कर्म प्रकृति पर आधारित बनाकर आत्मीय समता की जो नींव रखी उस पर समता का प्रसाद खडा करना सरल हो गया। महावीर ने संदेश दिया कि सबसे पहले

समदृष्टि बनो, समदृष्टि का शाब्दिक अर्थ है, समान नजर रखना लेकिन इसका गूढार्थ बहुत गंभीर और विचारणीय है। सबसे पहले समदृष्टिपना आना वांछनीय है, क्योंकि समदृष्टि जो बन जाएगा वह स्वयं तो समता पथ पर आरूढ़ होगा ही अपने सम्यक संसर्ग से वह दूसरों को भी विषमता के चक्रव्यूह से बाहर निकालेगा। इसका प्रभाव जितना व्यापक होगा, उतना ही व्यक्ति एवं समाज का सभी क्षेत्रों में चलने वाला क्रम सही दिशा की ओर परिवर्तित होने लगेगा। महावीर ने इस समता दर्शन को व्यवहारिक बनाने के लिए जिस चतुर्विध संघ की स्थापना की, उसकी आधारशीला भी इसी पर रखी गई। इस संघ में साधु, साध्वी, श्रावक एवं श्राविका वर्ग का समावेश किया गया। साधना के स्तरों में अंतर होने पर भी दिशा एक होने से श्रावक एवं साधुवर्ग को एक साथ संघबद्ध किया गया। दूसरी और उन्होने लिंग भेद भी नहीं किया। साध्वी और श्राविका को साधु एवं श्रावक वर्ग की श्रेणी में ही रखा। जाति भेद के तो महावीर मूलतः विरोधी थे। इसी प्रकार महावीर के चतुर्विध संघ का मूलाधार समता है। भगवान के समवशरण की नव रचना की जाती है, तब उसमें सभी मनुष्य, जाति, पशु, पक्षी, देव एवं प्रत्येक प्राणी को उपदेश सुनने बैठने एवं प्रश्न पूछने का अधिकार रहता है। समता की दृष्टि से सभी प्राणियों को उनकी भाषाई संस्कृति में उपदेश एवं प्रश्नों का समाधान किया जाता है। दर्शन और व्यवहार के दोनो पक्षों में समता को मूर्त रूप देने का जितना श्रेय महावीर को है उतना संभवतः किसी अन्य को नही है। दृष्टि जब सम होती है अर्थात उसमें भेद नहीं होता और उपेक्षा नहीं होती तब उसकी नजर में जो आता है वह न तो राग या द्वेष से कलुषित होता है और न स्वार्थ भाव से दूषित, उसकी निरपेक्ष दृष्टि सम स्वभाव से देखती है। विचार और आचार में समता का यही अर्थ है। जब तक हम किसी समस्या पर सोचे अथवा किसी सिद्धांत का कार्यान्वयन करे तब उस समय समदृष्टि एवं समभाव रखे, किन्तु इसका अर्थ यह भी नही कि सभी विचारों की एक ही लीक को माने या एक ही लीक में भेड वृत्ति से चलें। व्यक्ति के चिन्तन या व्यक्तित्व स्वातन्त्रय का लोप नहीं होना चाहिए बल्कि ऐसी स्वतंत्रता तो सदा उन्मुख रखनी चाहिए। विचारों के संघर्ष के निवारण हेतु महावीर का सिद्धांत अनेकान्तवाद या सापेक्षतावाद है जिसका अर्थ है कि प्रत्येक

विचार में कुछ न कुछ सत्यांश अवश्य होता है और अपेक्षा से भी सत्यांश होता है तो फिर अंशो को जोडकर पूर्ण सत्य से साक्षात्कार करने का यत्न क्यों न किया जाए। यह विचार संघर्ष से हटाकर विचार समन्वय का मार्ग है ताकि हम प्रत्येक विचार की अच्छाई को ग्रहण कर सके। अनेकांत एवं स्याद्वाद के सिद्धांत दार्शनिक, धार्मिक सामाजिक, राजनैतिक एवं पारिवारिक जीवन के विरोधों के समन्वय की एक ऐसी विधायक दृष्टि प्रस्तुत करते हैं जिससे मानव जाति को संघर्षों के निराकरण में सहायता मिल सकती है इससे वैचारिक संघर्ष का निवारण व निराकरण किया जा सकता है, विपक्ष में निहित सत्य का दर्शन किया जा सकता है एवं एक व्यापक दृष्टि का निर्माण कर समता व समन्वय का मार्ग प्रशस्त किया जा सकता है। समता और समन्वय का इससे अच्छा उपाय अन्यत्र दुर्लभ है।

स्वास्थ्यः– जैन साहित्य में स्वास्थ्य विषयक महत्वपूर्ण एवं वैज्ञानिक तथ्य प्रस्तुत किए गए हैं। खानपान और स्वास्थ्य का अनन्य संबंध है। जैन धर्म में सात्विक आहार, आहार योग्य पदार्थों की शुद्धि एवं सात्विक–संयमित आहार से अच्छे स्वास्थ्य की प्राप्ति सम्बन्धी विस्तृत जानकारी मिलती है। जल को अमृत और विष दोनों कहा गया। उचित समय पर उचित मात्रा में पिया गया जल अमृत है। अनुचित समय में अव्यस्थित रूप से पिया गया विष।[89] स्वास्थोपयोगी कर्त्तव्यों में से यथेष्ट निद्रा, उसका परिणाम शौचादि क्रियाओं से निवृत होना और व्यायाम करना तथा यथाविधि स्नान करने का निर्देश आया है।[90] प्रकृति के अनुकूल यथेष्ट निद्रा लेने में खाया हुआ भोजन पच जाता है और समस्त इंद्रियाँ प्रसन्न हो जाती है। स्वास्थ्य के लिए पर्याप्त नींद लेना आवश्यक है। मल–मूत्रादि का विसर्जन करने से दीर्घायु होती है क्योंकि इससे पेट की अफरा और भारीपन आदि सब विकार दूर हो जाते हैं, इसलिए जिस प्रकार काम, क्रोध, भय व शोक आदि मानसिक विकार रोके जाते हैं उस प्रकार शारीरिक मल व मूत्रादि का वेग कदापि नहीं रोकना चाहिए अन्यथा अनेक बीमारियाँ उत्पन्न हो जाती है। यशस्तिलक में ही वर्णन है कि जो व्यक्ति अपने वीर्य, मल, मूत्र और वायु के वेग को बलाद् रोकता है उसे पथरी, भगन्दर, गुल्म (ट्यूमर) बवासीर आदि रोग उत्पन्न हो जाते हैं।[91] तेल मालिश के लिए प्राचीन शब्द अभ्यंग था। अभ्यंग, शक्ति का संचार करता है तथा शरीर को दृढ

(मजबूत) बनाता है। उबटन शरीर में कांति लाता है। चर्बी, कफ तथा आलस्य को दूर करता है।[92] व्यायाम करने से अनेकानेक लाभ बताए गए है। लेकिन दुर्बल मनुष्य, अजीर्णरोगी वृद्ध पुरुष, लकवा आदि वातरोग से पीडित और क्षयरोगी मनुष्यों को व्यायाम नहीं करना चाहिए।[93] धूप से पीडित पुरुष यदि तत्काल पानी पी लेता है तो उसकी दृष्टि मंद पड जाती है और मार्ग चलने से थका हुआ यदि तत्काल भोजन कर लेता है तो उसे वमन व ज्वर हो जाता है एवं मूत्रवेग को रोककर भोजन करने वाले को भगन्दर और मल के वेग को रोककर भोजन करने वाले को गुल्म रोग हो जाता है। यशस्तिलक में अनेक प्रकार की औषधियों के उल्लेख है। शिखरबण्डिताण्डत मंडन नामक वन के विस्तृत वर्णन में लगभग बीस औषधियों के नाम और उपयोग गिनाए गए हैं– मागधी (छोटी पीपल), अमृता (गुरुची), सोम, विजया, (हरठ)जम्बूक, सुदर्शना, मुरुद्रव, अर्जुन, अभीरु, लक्ष्मी, (मरण्डश्रंगी) व्रती तपस्विनी, चंद्रनेखा, कलि (विभीतक) अर्क, अरिभेद, शिवप्रिय, गायत्री, ग्रन्थिपर्ण, पारद रस।[94] भोजन के संबंध में अनेक महत्वपूर्ण जानकारियाँ प्राप्त होती हैं। जैन धर्म के अनुसार रात्रि में भोजन नही करना चाहिए। रात्रि में भोजन करने से हिंसा का दोष लगता है। इसका वैज्ञानिक कारण भी बताया गया है। दिन में सूर्यप्रकाश होने के कारण सूक्ष्म जीवों का सद्भाव नहीं पाया जाता है, इसका कारण सूर्य प्रकाश में पाई जाने वाली अल्ट्रावायलेट और इन्फ्रारेड नाम की अदृश्य किरणें हैं। सूर्य के प्रकाश में उक्त दोनों नाम वाली अदृश्य और गर्म किरणें निकलती रहती हैं उसके प्रभाव से सूक्ष्म जीव दिन में यहाँ–वहाँ छिप जाते है तथा नए जीवों की उत्पत्ति नहीं होती, रात्री होते ही वे निकलने लगते हैं और भोजन बनाते व, ग्रहण करते समय भोजन

सामग्री में गिरकर वे स्वयं आहार बन जाते है। रात्रि भोजन स्वास्थ्य की दृष्टि से भी हानिकारक है। चिकित्सा शास्त्रियों का अभिमत है कि कम से कम सोने के तीन घंटे पूर्व तक भोजन कर लेना चाहिए जो लोग रात्रि भोजन करते है वे भोजन के तुरंत बाद सो जाते हैं जिससे अनेक रोगों का जन्म होता है।[95] रात्रि में भोजन का निषेध करने वाले कुछ लोगों का कहना है कि सूर्य के चले जाने से हृदय कमल तथा नाभि कमल बंद हो जाते हैं इसलिए रात्रि में भोजन नही करना चाहिए।[96] विवेकी पुरुष

को अहिंसा धर्म व स्वास्थ्य रक्षार्थ रात्रि भोजन का त्याग कर दिन में भूख लगने पर प्रकृति व ऋतु के अनुकूल आहार करना चाहिए क्योंकि बिना भूख के खाया–पिया हुआ अमृत भी विष हो जाता है, जो मानव सदा आहार के आरंभ में जठराग्नि को वृजाग्नि जैसी प्रदीप्त करता है वह वज्र सरीखा शक्तिशाली हो जाता है। भूख का समय उल्लंघन करने से अन्न में अरूचि, शरीर में कमजोरी आती है।[97] भोजन करते समय उच्छिष्ट भोजी, दुष्ट प्रकृति, रोगी, भूखा तथा निन्दनीय व्यक्ति पास में नहीं होना चाहिए।[98] स्वास्थ्य रक्षा हेतु फिर से गर्म किया हुआ समस्त दाल भात आदि अन्न, अंकुरित धान्य और दस दिन तक कांसे के बर्तन में रखा गया घी नही खाना चाहिए।[99] भूख से अधिक एवं भूख से कम नही खाना चाहिए। पथ्य और अपथ्य दोनों खाना नहीं खाना चाहिए, अजीर्ण होने पा भोजन नहीं करना चाहिए, ऋतुओं के अनुसार मनुष्य की प्रकृति में भी परिवर्तन होता रहता है। जैन धर्मानुसार माह में चार उपवास या एकासन करना चाहिए जो स्वास्थ्य की दृष्टि से अत्यंत लाभप्रद है। अन्य महत्वपूर्ण स्वास्थ्य संबंधी जानकारियाँ जैन साहित्य में विपुलता के साथ उपलब्ध होती है।

जैन धर्म और विज्ञानः– भगवान महावीर की आचरांग में वाणी मुखरित हुई कि जे आदा से विन्नाया, जे विन्नाया से आदा। अर्थात जो आत्मा है वही विज्ञानवान है जो विज्ञानवान है वही आत्मा है। उन्होने आत्मा और विज्ञान दोनों के बीच अभेद संबंध प्रतिपादित किया है क्योंकि वर्तमान में जितना भी भौतिक विकास परिलक्षित है वह सब आत्मा के विज्ञान अर्थात विशेष ज्ञान पर ही आधारित है। अगर आत्मविज्ञान सक्रिय न हो तो नैतिकता से संबधित एक भी विकास चरण सामने नहीं आ सकता। आज जितना जो कुछ भी नजर पड रहा है उसके मूल में आत्म विज्ञान ही है, इसीलिए कहते हैं कि आत्मा और विज्ञान में अभेद संबंध है। जैन दर्शन के अधिकांश प्रमेय विज्ञान द्वारा सम्मत हैं। उसके तथ्यों की सिद्धि विज्ञान के आलोक में संपादित की जाती है। जैन दर्शन में इंद्रियों द्वारा ज्ञान की प्राप्ति की जो प्रक्रिया बताई गई है वह नितांत वैज्ञानिक है। अवग्रह (सेन्सेसन), ईहा (स्पेकूलेशन), अवाय (परसेप्सन) और धारण (रिटेशन) का विवेचन वैज्ञानिक पद्धति पर संपन्न हुआ। जैन दर्शन का उत्पाद, व्यय और ध्रौव्य रूप त्रिलक्षण परिणामवाद द्रव्य भाव संरक्षण

नियम के अन्तर्गत आता है। इस त्रिलक्षण परिणामवाद के उत्पाद व व्यय, परिवर्तनशील गुणों का निरूपित करते हैं और ध्रौव्यत्व वस्तु में विद्यमान द्रव्य की अविनाशिता को व्यक्त करता है। मूल द्रव्य का अविनाशत्य ही द्रव्यमान संरक्षण का नियम है। इस नियम में बताया गया है कि निरंतर परिवर्तनों के होने पर भी मूल द्रव्य के द्रव्यमान ऊर्जाओं में कोई परिवर्तन नहीं होता। जैन दर्शन की सहस्रों वर्षो पूर्व परमाणुवाद पर आधारित कुछ घोषणाएँ विज्ञान के परीक्षणों द्वारा सत्य साबित हो चुकी हैं। परमाणु के विभिन्न प्रकार के यौगिक विखंडन, संलयन, बंध, शक्ति, स्थिति, प्रभाव, स्वभाव संख्या आदि भेद–प्रभेदों का अतिसूक्ष्म विवेचन वैज्ञानिक रूप से विद्यमान है। पानी स्वतंत्र तत्व नहीं अपितु पुद्गल की ही स्कन्ध पर्याय है जो वैज्ञानिक निष्कर्ष भी है कि जल यौगिक है। शब्द आकाश का गुण नहीं अपितु भाषा वर्गणा रूप स्कन्धों का अवस्थान्तर है इसलिए यंत्रग्राह्य है। विश्व का प्रत्येक द्रव्य अथवा विश्व अनादि अनंत है। किसी के द्वारा निर्मित नहीं है क्योंकि सत् की उत्पत्ति या विनाश संभव नहीं है। सत् का लक्षण ही उत्पाद व्यय ध्रौव्य है जिसे लॉं ऑफ परमानेंसी कहते है। पुद्गल निर्मित विश्व मिथ्या एवं असत् नहीं, सत् स्वरूप है। प्रकाश अंधकार तथा छाया ये पुद्गल की ही पर्यायें हैं जो यंत्रग्राह्य हैं। उनके स्वरूप की सिद्धि आधुनिक सिनेमा, फोटोग्राफी, कैमरा आदि के द्वारा हो चुकी है। आताप एवं उद्योत भी परमाणु एवं स्कन्धों की ही पर्याये हैं, संग्रहणीय है। जीव एवं शक्ति अनन्त है उसे विकसित किया जा सकता है। जीव और पुद्गलों के एक क्षेत्र से दूसरे क्षेत्र तक आने जाने में सहकारी अचेतन अमूर्तिक धर्म नामक द्रव्य है। जो सर्वजगत में व्याप्त है। वैज्ञानिकों ने इसे ईथर नाम दिया है। जीव और पुद्गलों को गमन के उपरांत ठहरने में अधर्म द्रव्य सहकारी है जिसे अमूर्त, अचेतन एवं विश्वव्यापी बताया है। वैज्ञानिकों ने इसे गुरुत्वाकर्षण शाक्ति नाम दिया। आकाश एक स्वतंत्र द्रव्य है। जो समस्त द्रव्यों को अवकाश प्रदान करता है। विज्ञान की भाषा में इसे स्पेस कहते हैं। काल भी एक भिन्न स्वतंत्र द्रव्य है जिसे मिन्को ने फोर डाइमेंन्शनल थ्योरी के नाम से अभिहित करते हुए समय को काल द्रव्य की पर्याय माना है। (सन्मति संदेश, फरवरी,1967,पृ.24)। वनस्पति एकेन्द्रिय जीव है उससे स्पर्श संबंधी ज्ञान होता है। स्पर्श ज्ञान के कारण

ही लाजवंती नामक पौधा स्पर्श करते ही झुक जाता है। वनस्पति में प्राण सिद्धि करने वाले प्रसिद्ध वैज्ञानिक जगदीशचंद्र बसु है। वनस्पति शास्त्र चेतनत्व को प्रोटोप्लाज्म नाम देता है। जैन दर्शन ने अनेकांत स्वरूप वस्तु के विवेचन की पद्धति को स्यादवाद शैली नाम दिया। जिसे वैज्ञानिक आंइस्टीन ने सापेक्षता का सिद्धांत नाम से प्रसिद्ध किया है। जैन दर्शन एक लोकव्यापी महास्कन्ध के अस्तित्व को भी मानता है, जिसके निमित्त से तीर्थकरों के जन्म आदि की खबर जगत में सर्वत फैल जाती है। इस तथ्य को ही आज टेलीपैथी के रूप में विकसित किया जा रहा है। पुद्गल को शक्ति रूप में परिवर्तित किया जा सकता है। इंद्रिय, शरीर, भाषा आदि छह प्रकार की पर्याप्तियों का वर्णन जीवनशास्त्र में कोशिकाओं और तन्तुओं के रूप में प्राणी के विकास रूप में अध्ययन होता है। जीव विज्ञान तथा वनस्पति विज्ञान का जैन वर्गीकरण आधुनिक जीव शास्त्र तथा वनस्पति शास्त्र द्वारा स्वीकृत हो चुका है। तत्वार्थ सूत्र में वर्णित सूर्य, तारा, नक्षत्र आदि की आयु, प्रकार, अवस्थाओं आदि का सूक्ष्म वर्णन आधुनिक सौर जगत के अध्ययन से प्रमाणित होता है। दर्शन जहाँ मनुष्य की आंतरिक शक्ति के आधार पर तथ्यों तक पहुँचने का प्रयास करता है, वही विज्ञान प्रयोग शक्ति के आधार पर। प्रयोग प्राप्त शक्ति की तरह, चिन्तन प्राप्त सत्य स्थूल आकाश में सामने नहीं आता अतः साधारणतः जनता की श्रद्धा को अपनी और ध्यान आकृष्ट करना विज्ञान के लिए जितना सहज है दर्शन के लिए उतना नहीं। जैन दर्शन आत्म सुख दर्शन है जबकि विज्ञान इंद्रिय सुख दर्शन। विज्ञान और धर्म के सामंजस्य की सार्थकता को समझते हुए यदि व्यवहारिक जीवन में उसका संतुलित उपयोग किया जाना चाहिए।

संदर्भ

1. पंचास्तिकाय, गाथा 22
2. मूलाचार, गाथा 7/2
3. तत्वार्थ सूत्र 5/5
4. वही, 5/25
5. वही, 5/30

6. वही, 5/29
7. महेन्द्र जैन; जैन दर्शन, बनारस 1966, पृ 89
8. तत्वार्थ सूत्र; 5/20
9. वही, 5/19
10. वही, 5/24
11. मुनिश्री प्रमाणसागर, वही, पृ. 60
12. नेमिचन्द्र शास्त्री, भारतीय संस्कृति मे जैन वाड्मय का योगदान, 1982, पृ. 417
13. अखंड ज्योति; सितंबर, 1997, पृ. 14
14. समयसार; गाथा 86–87
15. प्रमाणसागर; जैन धर्म व दर्शन, पृ. 135
16. गोम्मटसार जीवकाण्ड, गाथा 593–94
17. महेन्द्र जैन; वही, पृ. 151
18. महापुराण, 24/52
19. महेन्द्र जैन; वही , पृ. 151–152
20. तत्वार्थ सूत्र 5/24
21. अखंड ज्योति पत्रिका, सितंबर 1997, पृ.15
22. पंचास्तिकाय, गाथा 22
23. वही, गाथा 110
24. अनगार धर्मामृत 4/22–23
25. अखंड ज्योति; सितंबर 1997, पृ. 14
26. तिलोयपण्णत्ति; 4/604–605, 4/916–918
27. महापुराण 33/107, 108
28. वही, 33/85
29. वही, 33/94
30. वही, 3/35, 100–115
31. भगवान महावीर और उनका तत्व दर्शन, पृ. 399
32. महापुराण 12/102–120
33. नेमिचंद शास्त्री; भारतीय संस्कृति में जैन वांगमय का योगदान, पृ. 419–420

34. प्रवचनसार; 3/7
35. तत्वार्थ सूत्र; 7/13
36. तत्वार्थ सूत्र; 6/28, पुरूषार्थसिद्धियुपाय; 55–56, 96, 98
37. तत्वार्थ सूत्र; 7/27
38. तत्वार्थ सूत्र; 7/28, रत्नकरण्ड श्रावकाचार, श्लोक 59
39. रत्नकरण्ड श्रावकाचार, श्लोक 60, तत्वार्थ सूत्र; 7/29
40. नेमिचंद शास्त्री; भारतीय संस्कृति में जैन वांगमय का योगदान, पृ. 463
41. समण सुत्तं; 1/4
42. योग सूत्र; 1/2
43. तत्वार्थ सूत्र; 9/27
44. आदि पुराण; 21–22
45. तत्वार्थ सूत्र; 9/20
46. प्रमाण सागर; जैन धर्म व दर्शन , जबलपुर, 1998, पृ. 189
47. पंचास्किाय; गाथा 144
48. पंचास्किाय; कुन्द–कुन्द प्रकाशन, जयपुर, 1984, पृ. 211
49. तत्वार्थ सूत्र; 6/1
50. तीर्थंकर पत्रिका; वर्ष 17, अंक 5, 1987, पृत्र 140
51. योगशास्त्र; 12/2
52. योगशास्त्र; 12/5–6, सागरमल जैन, जैन साधना और ध्यान, पृ.64, jainlibrary.org
53. मूलाचार; गाथा 694
54. मूलाचार; गाथा 695–712
55. तत्वार्थ सूत्र; 7/13
56. मूलाचार; गाथा 6
57. पुरूषार्थ सिद्धियुपाय; श्लोक 102
58. मूलाचार; गाथा 8
59. पुरूषार्थ सिद्धियुपाय; श्लोक 109–110
60. रत्नकरण्ड श्रावकाचार; श्लोक 66
61. हरिवंश पुराण; 58/157

62. सागर धर्मामृत; श्लोक 01
63. यशस्तितिलक; सोमदेव सूरि, बनारस, 1960, पृ. 47
64. तत्वार्थ सूत्र; 9/6
65. मोक्षशास्त्र; 9/27
66. कैलाशचंद शात्री; जैन धर्म, बनारस, पृ. 184
67. जिनेन्द्र जैन; प्राचीन जैन साहित्य और संस्कृति, इन्दौर, 2005, पृ. 182
68. सागरमल जैन; जैन साधना और ध्यान, पृ. 68, jainlibrary.org
69. ज्योति बाबू जैन; ध्यान का स्वरूप व परिणम, अर्हत वचन, अंक 22, 2010, पृ. 50–51
70. सर्वाथसिद्धि; 9/20
71. ज्योति बाबू जैन; ध्यान का स्वरूप व परिणम, अर्हत वचन, अंक 22, 2010, पृ. 48
72. सर्वाथसिद्धि; 9/28
73. शिवमुनि; आगम साहित्य में ध्यान का स्वरूप, पृ. 242, www.jainlibrary.org
74. स्थानांग; 4/65
75. स्थानांग; 4/68
76. स्थानांग; 4/69
77. स्थानांग; 4/70
78. स्थानांग; 4/72
79. सागरमल जैन; जैन साधना और ध्यान, पृ.76, jainlibrary.org
80. रत्नकरण्ड श्रावकाचार; श्लोक 28
81. फूलचन्द्र शास्त्री; वर्ण जाति और धर्म, वाराणसी, 1963, पृ. 100
82. महापुराण; 38/54–63, 38/64–67
83. जैन, हीरालाल; भारतीय संस्कृति में जैन धर्म का योगदान, भोपाल, 1960, पृ. 350
84. वाजपेयी, मधुलिका; मध्यप्रदेश में जैन धर्म का विकास, नई दिल्ली, 1989, पृ. 21
85. पउम चरियं; 5/145–157
86. जैन, बालचन्द जैन; जैन प्रतिमा विज्ञान, जबलपुर, 1974, पृ. 31

87. जैन, बालचन्द जैन; जैन प्रतिमा विज्ञान, जबलपुर, 1974, पृ. 55
88. तिलोयपण्णत्ति; 4/934–39, प्रवचनसारोद्धार; 375–378
89. यशस्तिलक 3/368
90. यशस्तिलक,पूर्वार्द्ध, महावीर ग्रन्थामाला बनारस, पृ. 340
91. वही, पृ. 341
92. जैन, गौकुलचन्द्र; यशस्तिलक का सांस्कृतिक अध्ययन, पृ. 113
93. यशस्तिलक, पूर्वार्द्ध पृ. 341–342
94. जैन, गौकुलचन्द्र; वही, पृ. 115
95. मुनि प्रमाणसागर; जैन धर्म व दर्शन, पृ, 260
96. यशास्तिलक, पू. पृ. 3/331 पृ. 345
97. वहि, 3/328, पृ. 344
98. वही, 3/336, पृ. 345
99. वही, 3/342, पृ. 346

अध्याय-5

जैन संस्कृति के सांस्कृतिक विचार

1. प्रतिमाशास्त्रीय विचार
2. ललित कला विषयक विचार
3. आर्थिक विचार एवं इतिहास

प्रतिमाशास्त्रीय विचार

जैन संस्कृति में प्रतिमा पूजा की संक्षिप्त ऐतिहासिक पृष्ठभूमिः—

देव पूजा जैन संस्कृति में प्रमुख रूप से समाहित है, देव से आशय तीर्थंकर, अर्हंत व सिद्ध परमेष्ठि से है जो जिन कहलाते हैं। जैन धर्म में पंचपरमेष्ठी की पूजा का विधान प्राचीन जैन ग्रंथों में प्राप्त होता है।[1] अरिहंत, सिद्ध, आचार्य, उपाध्याय एवं साधु को पंचपरमेष्ठी कहते हैं। स्वर्ग के देवता पूजा के पात्र नहीं हैं। जैन 'जिन' शब्द से बना है अर्थात जो 'जिन' के सिद्धाँतों का अनुसरण करे वह जैन है। जैन धर्म में जिन की पूजा की ही प्रधानता है। जिन असंख्यात हुए हैं उनमें से चौबीस जिनों ने जिनतीर्थ अर्थात जैन धर्म व दर्शन का प्रवर्तन किया उन्हें तीर्थंकर कहते हैं। इन तीर्थंकरों ने सिद्ध अवस्था प्राप्त करने के पूर्व अरिहंत अवस्था में जिन धर्म का प्रवर्तन किया। जैन धर्म में पूजा का उद्देश्य तीर्थंकरों द्वारा निर्दिष्ट मार्ग का अनुसरण कर स्वयं में सद्गुणों का विकास करना है न कि किसी शक्ति या देव को प्रसन्न कर उनकी अनुकम्पा प्राप्त करना।

प्रथम शताब्दी में समन्तभद्राचार्यकृत रत्नकरण्ड श्रावकाचार में देवपूजन, गुरू की उपासना, स्वाध्याय, संयम, तप और दान ये गृहस्थों के छह धार्मिक कर्त्तव्य निर्दिष्ट किए गए हैं।[2] प्राचीनकाल से ही जैन प्रतिमाओं की स्थापना की जाती रही है, इसकी पुष्टि पुरातत्वीय प्रमाणों एवं प्राचीन जैन साहित्य के उल्लेखों से होती है। हडप्पा सभ्यता से कायोत्सर्ग मुद्रा में प्राप्त नग्न धड़ एवं मुहरों पर अंकित आकृतियों को टी, एन. रामचन्द्रन व आर. पी. चन्दा आदि विद्वानों ने जैन प्रतिमाएँ माना है।[3] भगवान महावीर के समय चैत्यों के निर्माण का उल्लेख प्राप्त होते हैं जहाँ महावीर ने विश्राम भी किया था। चैत्य कदाचित आयतन या मंदिर ही थे जिनमें रूकने का विधान मुनियों के आचार शास्त्र में है।[4] छठी शती ईसा पूर्व से पहले भी मंदिर बनाये का उल्लेख साहित्य में मिलता है। भगवान महावीर से सौ वर्ष पूर्व मथुरा के कंकाली टीले पर किसी कुबेरा देवी ने पार्श्वनाथ का मंदिर बनवाया था।[5] प्राचीन जैन साहित्य के आधार पर कहा जाता है कि मगध के शासक शिशुनाग और नंद राजा जैनधर्म के अनुयायी थे, वह तीर्थंकर पार्श्वनाथ की पूजा करते थे।[6] प्रथम शताब्दी के खारवेल के हाथीगुम्फा अभिलेख में जिन प्रतिमा का उल्लेख है कि जिसे खारवेल मगध से वापिस लाया जिसको तीन सौ वर्ष पूर्व नंद राजा ले गया था।[7] इससे स्पष्ट होता है कि ईसा पूर्व चौथी शती में जिन प्रतिमाओं की प्रतिष्ठा की जाती थी। पुरातात्विक दृष्टि से सबसे प्राचीन जिन प्रतिमा पटना (लोहानीपुर) से प्राप्त हुई है। प्रतिमा का दिगम्बरत्व एवं कायोत्सर्ग मुद्रा स्पष्टतः उसे जिन प्रतिमा सिद्ध करते हैं, विद्वानों ने इसे मौर्यकालीन प्रतिमा माना है।[8]

उदयगिरि एवं खण्डगिरि की गुफाओं में ईसा पूर्व द्वितीय एवं प्रथम शती के जैन धर्म से संबंधित अवशेष प्राप्त हुए हैं। इसके अतिरिक्त बिहार प्रान्त के भोजपुर जनपद अन्तर्गत चौसा से भी शुँगकालीन प्रतिमाएँ प्राप्त हुईं हैं जो पटना के संग्रहालय में संग्रहीत हैं। कुषाण काल में मथुरा जैन प्रतिमाओं के निर्माण का प्रमुख केन्द्र बन चुका था। यहाँ से अनेक जैन तीर्थंकरों की प्रतिमाएँ प्राप्त हुईं हैं, कतिपय प्रतिमाओं की पीठ पर तीर्थंकरों तीर्थंकरों के नाम भी उत्कीर्ण हैं लेकिन लाँछनों का अंकन नहीं किया गया है। इसी काल में आयागपट भी निर्मित व स्थापित

किए गए, जिनमें जिन प्रतिमा के अतिरिक्त माँगलिक चिन्ह भी उत्कीर्ण किए गए। माँगलिक प्रतीक चिन्हों में पद्म, धर्मचक्र, स्वास्तिक, श्रीवत्स, त्रिरत्न, मत्स्ययुगल, वैजयन्ती, मंगलकलश, भद्रासन, रत्नपात्र आदि का अंकन है। कुषाण काल की प्रतिमाओं के परिकर में अष्टप्रतिहार्यों में से सिंहासन, भामण्डल, चैत्यबृक्ष, चामरधर, छत्र आदि का अंकन भी प्राप्त होता है। गुप्त काल में जैन प्रतिमाएँ मध्यप्रदेश, उत्तरप्रदेश, बिहार एवं गुजरात के विभिन्न स्थलों से प्राप्त हुईं हैं जिनमें राजगिर, विदिशा, मथुरा, वाराणसी, चौसा, अकोटा आदि मुख्य हैं। गुप्तकाल से प्रतिमाओं में लाँछनों एवं सभी अष्टप्रतिहार्यों का अंकन प्रारम्भ हुआ। राजगिर, बिहार से प्राप्त नेमिनाथ की प्रतिमा पर चन्द्रगुप्त द्वितीय का अभिलेख एवं लाँछन शँख का अंकन है। गुप्तकाल तक जो भी प्रतिमाएँ प्राप्त हुई हैं वह सभी दिगम्बर हैं श्वेताम्बर प्रतिमा प्राप्त नहीं हुईं हैं। पूर्व मध्यकाल से देश के अधिकाँश राज्यों के विभिन्न स्थलों में जैन प्रतिमाओं की प्रतिष्ठाओं में अत्याधिक वृद्धि हुई। इस काल से प्रतिमाओं की प्रतिष्ठाएँ स्वतंत्र रूप से व्यवसायी वर्ग करने लगा, प्रतिष्ठा ग्रन्थों का प्रणयन हुआ। पूर्व मध्यकाल में प्रतिमाशास्त्रीय देवकुल का विस्तार हुआ, एवं यक्ष–यक्षी व द्वारपाल आदि का अंकन किया जाने लगा।

प्रतिमाशास्त्रीय जैन ग्रंथः– प्राचीनतम जैन साहित्य में आगम ग्रन्थ प्राचीनतम ग्रंथ हैं, इनका प्रणयन महावीर के उपदेशों से हुआ। बारह अंग ग्रंथों का रचनाकाल ईसा पूर्व चौथी शती के अंत से ईसा पूर्व तीसरी शती माना जाता है। तीर्थंकर जैन प्रतिमा विधान के मुख्य विषय हैं। जैन धर्म के मूलाधार इन 24 तीर्थंकरों की सूची अंगसाहित्य के चौथे अंग समवायांग में प्राप्त होती है।[9] 24 तीर्थंकर के अतिरिक्त 12 चक्रवर्ती, 9 बलदेव, तथा 9 वासुदेव कुल 54 महापुरूषों का वर्णन है लेकिन इनमें से 24 तीर्थंकरों को ही पूजनीय माना गया है। अंग साहित्य में तीर्थंकरों से संबंधित विभिन्न घटनाओं का उल्लेख प्राप्त होता है लेकिन प्रतिमाशास्त्रीय वर्णन उपलब्ध नहीं है। पउमचरियं प्रथम शताब्दी का ग्रंथ हैं जिसमें जिन मूर्तियों से संबंधित उल्लेख सर्वप्रथम प्राप्त होता है।[10] इस ग्रंथ में 54 महापुरूषों में 9 प्रतिवासुदेव को मिलाकर कुल 63 महापुरूषों का भी वर्णन किया गया है। पउमचरियं में समवसरण, दिक्पाल, सरस्वती व विद्यादेवियों का

उल्लेख है। ईसा पूर्व तीसरी शती के ग्रंथ उत्तराध्ययनसूत्र के बाइसवें अध्याय में कृष्ण–बलराम एवं उनके चचरे भाई तीर्थंकर नेमिनाथ का वर्णन है। भगवतीसूत्र एवं तत्वार्थ सूत्र में यक्षों का वर्णन है।[11] समवायांग सूत्र एवं तत्वार्थ सूत्र में विभिन्न देवताओं का विवेचन है। प्राचीन जैन साहित्य में बृहद देवकुल का निर्धारण किया गया, जैन शिल्प की सामग्री भी इन्ही देवकुल से प्राप्त की गई, लेकिन उल्लेखनीय है कि जैन धर्म में पूजन योग्य मात्र 'जिन' प्रतिमा ही मानी गई है। गुप्तकाल में वराहमिहिरकृत बृहतसंहिता में सर्वप्रथम जिन प्रतिमाओं की लाक्षणिक विशेषताओं का निरूपण किया गया।

लगभग छठी शती में रचित मानसार में भी जिन प्रतिमाओं के लक्षणों का वर्णन किया गया है। छठी–सातवी शती में रचित निर्युक्ति, भाष्य, चूर्णी साहित्य में अंग साहित्य की श्वेताम्बर आम्नाय के परिप्रेक्ष्य से व्याख्या है, इसके बाद दिगम्बर एवं श्वेताम्बर दोनों ही आम्नाय के चरित व पुराण ग्रंथ पद्म पुराण (सातवी शती), हरिवंश पुराण (नवी शती), महापुराण (नवी शती), कहावली (आठवी शती), त्रिष्ठिश्लाकापुरूषचरित (बारहवी शती), शीलांकाचार्यकृत चउपनमहापुरूषचरित, आदि में तीर्थंकरों के जीवन चरित्र का वर्णन है।

सातवी शती ईसवी में जटासिंहनंदि ने वरांग चरित में जिन पूजा तथा अभिषेक का वर्णन किया है। श्वेताम्बर जिनप्रभसूरि के विविध तीर्थकल्प एवं हरिभद्रकृत पुचवास्तुप्रकरण से जैन मंदिरों और प्रतिमाओं के स्वरूप पर प्रकाश पड़ता है। जैन प्रतिमाशास्त्र के अध्ययन के लिए ठक्कर फेरू रचित वास्तुसार प्रकरण भी महत्वपूर्ण है। त्रिलोकसार, जम्बूद्वीप प्रज्ञप्ति, सूर्य प्रज्ञप्ति, चन्द्र प्रज्ञप्ति, जम्बूद्वीप समास, क्षेत्र समास, आदि से भी जैन प्रतिमा विज्ञान की जानकारी प्राप्त होती है।

आठवी शती ईसवी से तेरहवीं शती ईसवी तक दिगम्बर एवं श्वेताम्बर दोनों ही आम्नायों में जैन प्रतिमा–लाक्षणिक एवं प्रतिष्ठा ग्रन्थों की रचना की गई, जिसमें प्रतिमा लक्षणों एवं प्रतिष्ठा विधान का विवेचन किया गया है। इन ग्रंथों में मुख्य रूप से दिगम्बर आम्नाय में आशाधरकृत प्रतिष्ठासारोद्धार, यतिवृषभकृत तिलोयपण्णत्ति, (ग्यारहवी शती), वसुनंदिकृत

प्रतिष्ठासारसंग्रह, नेमिचन्द्रकृत त्रिलोकसार, जयसेनकृत प्रतिष्ठापाठ, हस्तिमल्लकृत प्रतिष्ठापाठ, एवं श्वेताम्बर में बप्पभट्टिसूरिकृत चतुर्विंशतिका (नवी शती), निर्वाणकलिका (ग्यारहवी शती), अभिधानचिन्तामणी, प्रवचनसारोद्धार (ग्यारहवी शती), आचार दिनकर (चौदहवी शती), आदि मुख्य हैं। इन ग्रंथों में जिन प्रतिमा लक्षण विद्यादेवियाँ, दिक्पाल एवं यक्ष–यक्षी के स्वरूप व प्रतिमा लक्षणों का विशद विवेचन प्राप्त होता है।

अनेक विद्वानों ने विभिन्न देवियों जैसे सरस्वती, अम्बिका, चक्रेश्वरी, पद्मावती, शारदा आदि के लिए स्तुति स्त्रोत की रचना की। इनमें आशाधरकृत सरस्वती स्तुति, जिनप्रभसूरिकृत शारदास्तवन, जिनदत्तसूरिकृत अम्बिका स्तुति आदि प्रमुख हैं। इन स्तुतियों में देवियों के वाहन, आयुध, रूप आदि का वर्णन है। नवी–दसवी शती में ताँत्रिक प्रभाव जैन धर्म पर भी पड़ा, अतः यंत्र, मंत्र, तंत्र, चक्र आदि इसमें भी समाहित हो गए। जैन धर्म तंत्रवाद को मान्यता नहीं देता फिर भी समय व समाज की माँग के अनुसार आचार्यो ने ताँत्रिक ग्रंथों और कल्पों की रचना की। हेलाचार्य द्वारा रचित ज्वालिनी कल्प, मल्लिषेणकृत भैरवपद्मावती कल्प, कामचाण्डालिनीकल्प, एवं यक्षिणीकल्प, सागरचन्द्रसूरिकृत मंत्राधिराजकल्प, शुभचन्द्रकृत अम्बिकाकल्प आदि तांत्रिक प्रभाव युक्त ग्रंथ हैं। इनमें देवियों के वर्ण, वाहन, आयुध, आदि का विवरण प्राप्त होता है, जो प्रतिमाशास्त्र की दृष्टि से उपयोगी है।

प्रतिमाशास्त्रीय जैन देवकुल

जैन धर्म में पंचपरमेष्ठि की पूजा का ही विधान किया गया है। पंच परमेष्ठि के अन्तर्गत अरिहन्त, सिद्ध, आचार्य, उपाध्याय एवं साधु को सम्मिलित किया गया है। सिद्ध वह अवस्था है जिसमें आत्मा मोक्ष को प्राप्त कर लेती है उन्हे ही 'जिन' कहा गया है, जो असंख्य हुए हैं। मोक्ष प्राप्ति की पूर्व अवस्था अरिहंत है जिसमें मोक्ष प्राप्ति निश्चित होता है, इस अवस्था में वह धर्मोपदेश या तीर्थ प्रवर्तन करते हैं। आचार्य, उपाध्याय एवं साधु तीनों ही मुनि अवस्था हैं। अरिहन्त एवं सिद्ध ही परमात्मा हैं अतः सामान्यतः उन्ही की प्रतिमा पूजा की जाती है। जिन प्रतिमा को भव्यता प्रदान करने के लिए शिल्प में शासन देवताओं अर्थात सहायक

देवी–देवताओं शिल्पांकित किया गया। कालान्तर में शासन देवी–देवताओं की पृथक प्रतिमा निर्मित व प्रतिष्ठित करायी जाने लगी। जैन प्रतिमाविज्ञान के अन्तर्गत विभिन्न देवी–देवताओं का संक्षिप्त वर्णन निम्नानुसार हैः–

तीर्थंकरः– अपनी इन्द्रियों पर विजय एवं कर्मों के क्षय से जो भव्यात्मा मोक्ष प्राप्ति से पूर्व तीर्थ का प्रवर्तन करते हैं उन्हे तीर्थंकर कहते हैं। तर धातु से तीर्थ बना है अर्थात जो भव सागर से तार दे या उद्धार कर दे, वह तीर्थ है। ज्ञान, धर्म, स्थान आदि तीर्थ हो सकते हैं। यहाँ तीर्थ से आशय धर्म व ज्ञान से है। संसार सागर से जो तार दे या पार लगा दे, ऐसे धर्म व ज्ञान तीर्थ का प्रवर्तन करने वाला तीर्थंकर है। श्वेताम्बर आम्नाय में जैन संघ को तीर्थ के अर्थ में लिया गया है, जो सभी साधु–साध्वियों एवं श्रावक–श्राविकाओं के संयुक्त संघ पथ प्रदर्शन करे वह तीर्थंकर है। जैन धर्म के मूलाधार इन 24 तीर्थंकरों की सूची अंगसाहित्य के चौथे अंग समवायांग में प्राप्त होती है। ऋषभदेव, अजितनाथ, संभवनाथ, अभिनंदननाथ, सुमतिनाथ, पद्मप्रभु, सुपार्श्वनाथ, चंद्रप्रभु, पुष्पदंत, शीतलनाथ, श्रेयांसनाथ, वासुपूज्य, विमलनाथ, अनंतनाथ, धर्मनाथ, शांतिनाथ, कुंथुनाथ, अरहनाथ, मल्लिनाथ, मुनिसुव्रतनाथ, नमिनाथ, नेमिनाथ, पार्श्वनाथ एवं महावीर। जैन परम्परा प्रथम तीर्थंकर ऋषभदेव को जैन धर्म का संस्थापक मानने में एकमत हैं। इस मान्यता में ऐतिहासिक सत्य की सम्भावना है। सर्वपल्ली राधाकृष्णनन के शब्दों में जैन धर्म वर्द्धमान और पार्श्वनाथ से भी पहले प्रचलित था। यर्जुवेद में ऋषभदेव, अजितनाथ और अरिष्टनेमि इन तीन तीर्थंकरों के नामों का उल्लेख है। भागवत पुराण भी इस बात का समर्थन करता है कि ऋषभदेव जैन धर्म के संस्थापक थे। यजुर्वेद के अध्याय 26 में "ऊँ नमोऽर्हतो ऋषभो" एवं "ऊँ रक्ष–रक्ष अरिष्टनेमि स्वाहा" सूक्त में प्रथम तीर्थंकर ऋषभदेव एवं तेईसवें तीर्थंकर नेमिनाथ को नमन किया गया है। तीसरे से इक्कीसवें तीर्थंकरों की ऐतिहासिकता सिद्ध नहीं है। 24 तीर्थंकर जैन प्रतिमा विधान के मुख्य विषय हैं।

सभी तीर्थंकर क्षत्रिय एवं राजसी वंश से संबंधित थे, उनमें से सोलहवें तीर्थंकर शाँतिनाथ, सत्तरहवें कुन्थुनाथ एवं अठारहवें अरनाथ चक्रवर्ती

सम्राट थे एवं वासुपूज्य, मल्लिनाथ, नेमिनाथ पार्श्वनाथ एवं महावीर ने राज्य सिंहासन स्वीकार नहीं करते हुए वैराग्य धारण किया। दिगम्बर अम्नाय के अनुसार चौबीस तीर्थंकरों में से उक्त पाँच तीर्थंकर पँचबालयति कहलाते हैं जो बालब्रह्मचारी थे अर्थात उन्होने कुमारावस्था में ही तप मार्ग अपना लिया था। श्बेताम्बर परम्परा अनुसार महावीर ने विवाह किया था।

यक्ष–यक्षीः– भारतीय संस्कृति में विभिन्न देवताओं को ही यक्ष कहा गया है। प्राचीन जैन धार्मिक साहित्य में भी यक्षों का उल्लेख है। प्रथम शताब्दी के ग्रंथ तत्वार्थ सूत्र में यक्षों की सूची दी गई है इसमें मणिभद्र, पूर्णभद्र, सर्वतोभद्र आदि 13 यक्षों के नाम हैं। इन यक्षों को 'जिन' के सेवक देव के रूप में प्रस्तुत किया गया है। इन्ही यक्षों के आधार पर प्रत्येक तीर्थंकर के अलग–अलग यक्ष–यक्षी आठवी–नवी शती ईसवी तक निर्धारित हो गए। यह यक्ष–यक्षी तीर्थंकरों के रक्षक या सेवक कहे गए हैं। शासन देवताओं की सूचियाँ तिलोयपण्णत्ति, प्रतिष्ठासारसंग्रह, प्रतिष्ठासारोद्धार, प्रतिष्ठातिलक, प्रवचनसारोद्धार, अभिधानचिन्तामणी आदि ग्रंथों में अलग–अलग प्राप्त होती हैं। तिलोयपण्णत्ति के अनुसार यक्ष–यक्षी इस प्रकार हैं– गोवदन, महायक्ष, त्रिमुख, यक्षेश्वर, तुम्बुरव, मातंग, विजय, अजित, बह्म, ब्रह्मेश्वर, कुमार, षण्मुख, पाताल, किन्नर, किंपुरूष, गरूड, गन्धर्व, कुबेर, वरूण, भृकुटि, गोमेध, पार्श्व, मातंग, और गुह्यक। यक्षी– चक्रेश्वरी, रोहिणी, प्रज्ञप्ति, वज्रश्रँखला, वज्रांकुशा, अप्रतिचक्रेश्वरी, पुरूषदत्ता, मनोवेगा, काली, ज्वालामालिनी, महाकाली, गौरी, गाँधारी, वैरोटी, सोलसा, अनन्तमती, मानसी, महामानसी, जया, विजया, अपराजिता, बहुरूपणी, कूष्माणी, पद्मा और सिद्धायनी।[12] श्वेताम्बर प्रतिमाशास्त्रीय ग्रंथ में यक्ष–यक्षियों की सूची इस प्रकार है– गोमुख, महायक्ष, त्रिमुख, ईश्वर, तुम्बरू, कुसुम, मातंग, विजय, अजित, ब्रह्म, मनुज, सुरकुमार, षण्मुख, पाताल, किन्नर, गरूड, गन्धर्व, यक्षेन्द्र, कूबर, वरूण, भृकुटि, गोमेध, वामन, और मातंग। यक्षियाँ– चक्रेश्वरी, अजिता, दुरितारी, काली, महाकाली, अच्युता, शाँता, ज्वाला, सुतारा, अशोका, श्रीवत्सा या मानवी, प्रवरा, चँडा, विजया, अँकुशा, पन्नगा, निर्वाणी, अच्युता, धारणी, वैरोट्या, अच्युता, गाँधारी, अम्बा, पद्मावती एवं सिद्धायिका।[13] दिगम्बर एवं श्वेताम्बर आम्नाय द्वारा प्रस्तुत यक्ष–यक्षियों की नामों की सूची में ही नहीं

बल्कि समान नाम के लक्षणों में अन्तर है। शिल्प में यक्ष–यक्षियों को जिन प्रतिमाओं के साथ या पृथक रूप से मूर्तित किया गया है। तीर्थंकरों के यक्ष–यक्षी के अतिरिक्त अन्य विशिष्ट यक्षों का वर्णन जैन ग्रंथों में किया गया है। इनमें दिगम्बर परम्परा से संबंधित अनावृत और सर्वाह्न यक्ष तथा श्वेताम्बरों के ब्रह्मशान्ति और तुम्बरू यक्ष प्रमुख हैं।

विद्यादेवियाँः– यक्ष–यक्षियों की तरह विद्यादेवियों का भी जैन प्रतिमा विज्ञान में महत्वपूर्ण स्थान है। यह विभिन्न देवियाँ ज्ञान एवं विद्या से संबंधित हैं। प्रारम्भिक जैन साहित्य सूत्रकृतांग, औपपातिक सूत्र, पउमचरियं में विद्याओं से संबंधित अनेक उल्लेख हैं।[14] पाँचवी शती के बाद वसुदेवहिण्डी, आवश्यक चूर्णी, आवश्यक निर्युक्ति, हरिवंश पुराण, एवं त्रिषष्टिश्लाकापुरूषचरित ग्रंथों में विद्याओं का वर्णन है। इन ग्रंथों में विद्यादेवियों की अलग–अलग सूची प्राप्त होती है। कालान्तर में इनकी संक्ष्या 48 हजार तक पहुँच गई।[15] अभिधानचिन्तामणी में विद्यादेवियों के नामों का उल्लेख करते हुए उन्हे वाक्, ब्राह्मी, भारती, गौ, वाणी, भाषा, सरस्वती, श्रुतदेवी भी कहा गया है। विद्यादेवियाँ वस्तुतः अपने नाम के अनुसार वाणी की विभिन्न प्रकृतियों के कल्पित रूप हैं। लगभग नवी शती ईसवी में सोलह विद्या देवियों की सूची तैयार हुई जिन्हे महाविद्या कहा गया है। इस सूची में अधिकाँश पूर्ववर्ती ग्रंथों में उल्लिखित विद्याएँ सम्मिलित की गईं हैं इनके नाम हैं– रोहिणी, प्रज्ञप्ति, वज्रश्रँखला, वज्रांकुशा, जाम्बूनदा, पुरूषदत्ता, काली, महाकाली, गौरी, गाँधारी, ज्वालामालिनी, मानवी, वैरोटी, अच्युता, मानसी एवं महामानसी। जैन शिल्प में इन महाविद्याओं का भी महत्वपूर्ण स्थान है।

सरस्वतीः– जैन धर्म में देव, शास्त्र एवं गुरू की पूजा गृहस्थ का प्रतिदिन का आवश्यक कर्तव्य है, यह जैन संस्कृति का अभिन्न अंग है। महावीर की शिक्षाओं का उनके गणधरों या शिष्यों के द्वारा बारह अंगों में जो संकलन किया गया उसे द्वादशांग आगम कहा जाता है। आगम, जिन या जिनेन्द्र की वाणी है अतः इसे उन्ही की तरह पूजनीय माना गया है। जिनवाणी के प्रतीक रूप में सरस्वती के मूर्त रूप की कल्पना की गई एवं शिल्पांकन किया गया।

दिक्पालः– जैन प्रतिमा विज्ञान में दस दिक्पालों का निरूपण किया गया है जो इस प्रकार हैं– इन्द्र, अग्नि, यम, नैऋत्य, वरूण, वायु, ईशान, चन्द्र एवं धरणेन्द्र। यह दश दिशाओं के स्वामी या रक्षक हैं। श्वेताम्बर आम्नाय की सूची में चन्द के स्थान पर ब्रह्मा का उल्लेख है। प्रारम्भिक विवरण प्रथम शती के ग्रंथ पउम चरियं में प्राप्त होता है।[16] शची, स्वाहा, छाया, निर्ऋति, वरूणानी, वायुवेगी, धनवेगी, पावती, रोहिणी, और पद्मावती दिक्पालों की पत्नियाँ हैं, इनका उल्लेख जैन साहित्य में किया गया है।

नवग्रहः– ग्रहों को सभी भारतीय धर्मों द्वारा किसी न किसी रूप में मान्यता प्रदान की गई है। जैन धर्म में ग्रहों को तीर्थंकर के सेवक देव या शासनवासी माना गया है। प्रारम्भिक जैन साहित्य तत्वार्थ सूत्र आदि में यह चार प्रकार के देवों में से ज्योतिष्क देव के अन्तर्गत वर्णित किए गए हैं। कालान्तर में यह प्रतिमाशास्त्र की विषयवस्तु के रूप में स्थान प्राप्त हैं।

अन्य देवताः– जैन प्रतिमा शास्त्र में मंदिरों के रक्षक क्षेत्रपाल का वर्णन आता है। पूर्वमध्यकाल में क्षेत्रपाल को विभिन्न स्थलों में शिल्पांकित किया गया। क्षेत्रपाल की सहायता के लिए 64 योगनियों का उल्लेख भी प्राप्त होता है। इन योगनियों के शिल्पांकन के उदाहरण उपलब्ध नहीं हैं। प्राचीन जैन साहित्य में लक्ष्मी का उल्लेख किया गया है इस देवी का शिल्पांकन भी पूर्वमध्यकाल में खजुराहों, देवगढ़ आदि विभिन्न स्थलों पर किया गया है। इनके साथ ही कृष्ण, बलराम, गणपति, जिनों के माता पिता, भरत, बाहुबली, एवं साधु आदि का उल्लेख जैन साहित्य में है साथ ही शिल्पांकन भी किया गया है। तीर्थंकर की माँ की सेवा करने वाली छप्पन दिक्कुमारियों का उल्लेख भी जैन ग्रंथों में प्राप्त होता है। जैन धर्म साहित्य में दस प्रकार के भवनवासी, आठ प्रकार के व्यंतर, पाँच समूहों में ज्योतिष्क एवं सोलह स्वर्ग के वैमानिक देवों का उल्लेख है, जो अधोलोक, मध्यलोक, उर्ध्वलोक में निवास करते हैं।

प्रतिमा निर्माण सामग्रीः– जैन प्रतिमा निर्माण के विशिष्ट नियम प्राचीन ग्रंथों में निर्दिष्ट हैं जिसमें प्रतिमा निर्माण सामग्री, रचना विन्यास, लक्षण, आसन, मुद्रा, यक्ष–यक्षी व अन्य सहायक देवी–देवताओं के वाहन, आयुध व अलंकरण आदि का विवेचन है। प्राचीन साहित्य में दो प्रकार

की प्रतिमाओं का उल्लेख है–चल एवं अचल। 'जिन' प्रतिमाओं को मणि, धातु, पाषाण, काष्ठ और मिट्टी से किए जाने का उल्लेख है। वसुनन्दि श्रावकाचार के अनुसार जिन प्रतिमाएँ मणि, रत्न, स्वर्ण, चाँदी व पत्थर आदि से बन सकती हैं।[17] काष्ठ, दन्त और लोहे की प्रतिमाओं के विषय में आचार्यों में मतभेद है। काष्ठ एवं लोहे की जिन प्रतिमाएँ निर्मित किए जाने की विचारधारा को जैन परम्परा में कभी मान्यता प्राप्त नहीं हो सकी। जीवन्तस्वामी की चन्दन काष्ठ की प्रतिमा को यदि तथ्य स्वीकार कर लिया जावे तब भी वह प्रतिमा जिन प्रतिमा नहीं मानी जा सकती, क्योकि वह प्रतिमा महावीर की राजकुमार अवस्था की है, तब वह जिन नहीं बने थे। जयसेनाचार्य ने मिट्टी काष्ठ और लेप से निर्मित प्रतिमाओं को पूज्य नहीं बताया गया है। जिस पाषाण से जिन प्रतिमा का निर्माण किया जाना है वह सभी प्रकार के दोषों से रहित होना चाहिए। प्राचीन ग्रंथों में श्वेत, लाल, काला एवं हरे रंग के पाषाण को प्रतिमा हेतु उपयुक्त बताया गया है। वसुनंदि ने प्रतिष्ठासारसंग्रह में श्वेत, रक्त, श्याम, मिश्र, कपोत, पद्म, मौजिष्ठ, और हरित वर्ण की शिलाओं को श्रेष्ठ बताया है। शिला कठिन, शीतल, स्निग्ध, सुगंधयुक्त, सुसवर और मनोज्ञ होना चाहिए। बिन्दु और रेखाओं वाली शिला प्रतिमा निर्माण कार्य के लिए वर्ज्य कही गईं है।[18]

खण्डित प्रतिमाएँः– शिल्प ग्रंथों में प्रतिमाओं के हीनाँग, वक्रांग एवं अधिकांग निर्माण का निषेध किया गया है ऐसी प्रतिमाओं के निर्माण होने पर उसे दोषपूर्ण माना गया है। बृहतसंहिता एवं रूपमण्डन आदि ग्रंथों में उल्लिखित है कि प्रतिमा निर्माण, प्रतिष्ठा और पूजन में यथेष्ठ विधि के अपालन के कारण प्रतिमा में विभिन्न विकृतियाँ उत्पन्न हो जाती हैं। किन्तु 'जिन' प्रतिमा में विकृति का कोई उल्लेख किसी भी जैन साहित्य में नहीं है।

जैन धर्म में ऐसी प्रतिमाओं को पूजा के योग्य नहीं माना गया है जो सदोष हो, खण्डित हों, जो अत्यंत जीर्णशीर्ण हो गई हो। मूलनायक की मूर्ति के मुख, नाक, नेत्र, नाभि और कटि के भंग हो जाने पर वह त्याज्य होती है। इस प्रकार की प्रतिमाओं की पूजा का निषेध करते हुए उन्हे सम्मान के साथ विसर्जित करने का निर्देश है। आचार दिनकर में निर्दिष्ट

है कि जो प्रतिमा 100 वर्ष से अधिक प्राचीन है अथवा जिनकी प्रतिष्ठा किसी महान व्यक्ति ने करायी हो, यदि वह खण्डित हो गई तो भी वह पूजनीय है।[19]

जैन संस्कृति में सामान्यतः घर में प्रतिमाओं को प्रतिष्ठित करने की परम्परा नहीं है लेकिन फिर भी घर में बारह अँगुल की धातु की प्रतिमा को प्रतिष्ठासारसंग्रह में पूजनीय माना गया है, वहीं वास्तुसार प्रकरण में ठक्कर मेरू ग्यारह अँगुल की प्रतिमा को पूज्य माना है।[20]

जिन प्रतिमा लक्षण

जैन प्रतिमा लक्षणों का विवेचन वराहमिहिर की बृहतसंहिता, मानसार, समरांगणसूत्रधार, अपराजितपृच्छा, देवतामूर्तिप्रकरण, रूपमण्डन एवं जैन प्रतिष्ठाग्रंथों यथा आशाधरकृत प्रतिष्ठासारोद्धार, यतिवृषभकृत तिलोयपण्णत्ति, (ग्यारहवी शती), वसुनंदिकृत प्रतिष्ठासारसंग्रह, नेमिचन्द्रकृत त्रिलोकसार, जयसेनकृत प्रतिष्ठापाठ, हस्तिमल्लकृत प्रतिष्ठापाठ, एवं श्वेताम्बर में बप्पभट्टिसूरिकृत चतुविंशतिका (नवी शती), निर्वाणकलिका (ग्यारहवी शती), अभिधानचिन्तामणी, प्रवचनसारोद्धार (ग्यारहवी शती), आचार दिनकर (चौदहवी शती), आदि में किया गया है। जैन प्रतिमाएँ दो ही आसनों में निर्मित एवं प्रतिष्ठित करायी जाती हैं– पद्मासन एवं कायोत्सर्ग मुद्रा। इन्ही दो मुद्राओं में जैन संस्कृति में ध्यान किया जाता है उसी ध्यानावस्था में मोक्ष की प्राप्ति होती है। प्रथम तीर्थंकर ऋषभनाथ, बाईसवें तीर्थंकर एवं महावीर को पद्मासन अवस्था एवं शेष इक्कीस तीर्थंकरों को कायोत्सर्ग अवस्था या मुद्रा में मोक्ष प्राप्त हुआ। अन्य असंख्यात जिन भी इन्ही दो अवस्थाओं में मोक्ष को प्राप्त हुए। इस कारण किसी भी तीर्थंकर या जिन की प्रतिमा उपरोक्त दोनों ही आसनों में निर्मित या प्रतिष्ठित की जाती है। जिन या तीर्थंकरों की प्रतिमाएँ पूर्ण रूप से मानव स्वरूप में ही निर्मित की जाती हैं, उनके अनेक सिर, भुजाएँ, आँख या पैर नहीं होते हैं। सर्वप्रथम जैनेतर वराहमिहिरकृत बृहतसंहिता में जैन प्रतिमाओं की विशेषताओं का निरूपण किया गया है – अजानुलम्बबाहुः श्रीवत्सांकः प्रशांतमूर्तिश्च, दिग्वासस्तरूणों रूपवांश्च कार्योऽर्हतां देवा। अर्थात अर्हतों

को तरूण, रूपवान, प्रशांत, व्यक्तित्व से सम्पन्न दिखाना चाहिए। उनके वक्षस्थल पर श्रीवत्स लाँछन हो। घुटनों तक लम्बे हाथों के साथ दिगम्बर अर्थात निर्वस्त्र रूप में दिखाया जाना चाहिए। छठी शती ईसवी के ग्रंथ मानसार के अनुसार प्रतिमा में दो हाथ और दो नेत्र हों, मुख पर श्मश्रु (दाड़ी व मुँछ) न हो, सिर के ऊपर जटाजूट दिखाया जाये साथ ही शरीर आर्कषक दिखाया जाना चाहिए, उनके शरीर पर किसी भी प्रकार के कोई आभूषण न हो, न ही वस्त्र, प्रतिमा ध्यानावस्था में हो एवं वक्ष स्थल पर श्रीवत्स लाँछन अंकित हो। इस ग्रंथ के अनुसार जिन प्रतिमा कायोत्सर्ग या पद्मासन मुद्रा में हों, समचतुरस्त हों, दोनों पैरों में समरूपता हो और दोनों हाँथ लम्बे हों व एक ही मुद्रा में हों। समूची प्रतिमा दृढता की मुद्रा में हो और परमात्म स्वरूप में तन्मयता की अभिव्यक्ति करती हो। पद्मासन की मुद्रा में दाँये और वाँयें हाँथों के करतल ऊपर की ओर हों। बाँयी हथेली पर दाँया करतल होना चाहिए। प्रतिमा पद्मासन या कायोत्सर्ग दोनों ही मुद्राओं में आसन पर दिखाया जाना चाहिए।[21] प्रतिष्ठापाठ में उल्लिखित है कि जिन बिम्ब शाँत, नासाग्रदृष्टि, प्रशस्तमानोन्मानयुक्त, ध्यानारूढ़ एवं किंचित नम्रग्रीव हो। कायोत्सर्ग मुदा में हाँथ लम्बायमान रहते हैं एवं पद्मासन प्रतिमा में वामहस्त की हथेली दक्षिण हस्त की हथेली पर रखी हुई होती है।[22]

वसुनन्दिकृत प्रतिष्ठासारसंग्रह एवं आशाधरकृत प्रतिष्ठासारोद्धार में भी उपर्युक्त लक्षणों के साथ ही वर्णित है कि जिन प्रतिमा दिगम्बर, श्रीवत्सयुक्त, नखकेशविहीन, परमशान्त, बाल्य व वृद्धत्व रहित, तरूण एवं वैराग्य गुण से भूषित होती है।[23] जिन प्रतिमाओं की भुजाएँ जाँघों तक लम्बी, सिर पर उष्णीष, सिर के ऊपर तीन छत्र होते हैं।

तीर्थंकर प्रतिमा की पहचान

प्रत्येक तीर्थंकर प्रतिमा अपने लाँछन से पहचानी जाती है जो उनकी पादपीठ पर उत्कीर्ण किया जाता है। इन लाँछन या प्रतीक चिन्हों का विधान जैन धर्म के दोनों आम्नायों में हैं, किन्तु कुषाण काल तक तीर्थंकर प्रतिमाओं के लाँछन अर्थात चिन्ह उत्कीर्ण नहीं किया जाते थे अतः उत्कीर्ण

लेख ही पहचान के आधार थे। कतिपय तीर्थकरों की अपनी विशिष्ठ लक्षण भी हैं जैसे प्रथम तीर्थंकर ऋषभनाथ की प्रतिमा में उनके बाल कंधों तक होते है या प्रतिमा जटाशेखर युक्त होती है। सातवें तीर्थकर सुपार्श्वनाथ के सिर पर सर्प के पाँच फण होते हैं वहीं तेईसवें तीर्थकर पार्श्वनाथ के सिर पर सात, नौ, ग्यारह या हजार सर्पफण होते हैं। गुप्तकाल से तीर्थंकरों की प्रतिमाओं की पादपीठ पर लाँछनों के उत्कीर्णन का प्रारम्भ हुआ। राजगृह के वैभार पर्वत में चन्द्रगुप्त विक्रमादित्य के समय की नेमिनाथ की एक खण्डित मूर्ति उल्लेखनीय है, उस पर तीर्थंकर का लाँछन शँख के साथ ही लेख भी उत्कीर्ण है। गुप्तोत्तर साहित्य में सभी 24 तीर्थंकरों के लाँछनों की सूची प्राप्त होती है, तिलोयपण्णत्ति की सूची के अनुसार चिन्ह इस प्रकार हैं– ऋषभदेव–वृषभ, अजितनाथ–गज, संभवनाथ–अश्व, अभिनंदन–कपि, सुमतिनाथ–क्रोंच, पद्मप्रभु–पद्म, सुपार्श्वनाथ–नद्यावर्त, चन्द्रप्रभ–अर्धचंद्र, पुष्पदंत–मकर, शीतलनाथ–स्वस्तिक, श्रेयांसनाथ–गैडा, वासुपूज्य–भैंसा, विमलनाथ–शूकर, अनंतनाथ–सेही, धर्मनाथ–वज्र, शांतिनाथ–हरिण, कुंथुनाथ–छाग ,अरहनाथ–मत्स्य, मल्लिनाथ–कमल, मुनिसुव्रत–कूर्म, नमिनाथ– शंख, पार्श्वनाथ–सर्प, महावीर–सिंह।[24] तिलोयपण्णत्ति में उल्लिखित सातवें तीर्थंकर का चिन्ह नंद्यावर्त एवं शीतलनाथ के स्वस्तिक चिन्ह के स्थान पर बाद के ग्रंथों जैसे प्रतिष्ठासारसंग्रह, प्रतिष्ठासारोद्धार एवं प्रतिष्ठापाठ आदि परवर्ती ग्रन्थों में सातवें तीर्थंकर का चिन्ह स्वस्तिक एवं दसवें तीर्थंकर का चिन्ह कल्पवृक्ष या श्रीवृक्ष प्राप्त होता है।

श्वेताम्बर ग्रंथ अभिधानचिन्तामणी में सातवें तीर्थंकर का चिन्ह दिगम्बर आम्नाय के समान स्वस्तिक, दसवें तीर्थंकर का चिन्ह श्रीवत्स, ग्यारहवें का गण्डक या खडगीश, चौदहवें तीर्थंकर का श्येन और अठारहवें तीर्थंकर का चिन्ह नंद्यावर्त कहा गया है।[25] तीर्थंकर प्रतिमा की पादपीठ पर उपरोक्त में से किसी एक लाँछन के अंकन से तीर्थंकर की पहचान की जाती है। यदि किसी प्रतिमा पर कोई लाँछन नहीं है एवं न ही कोई विशिष्ठ लक्षण है तब वह सामान्य जिन प्रतिमा है। जैन परम्परा में सभी तीर्थंकरों ने किसी न किसी वृक्ष के नीचे तपस्या करके कैवल्य ज्ञान प्राप्त किया अतः प्रत्येक तीर्थंकर के अपने विशिष्ठ वृक्षों का वर्णन जैन शास्त्रों में किया गया है, जो इस प्रकार हैं:– श्री ऋषभदेव चैत्यवृक्ष, न्यूग्रोथ इसी प्रकार

क्रमशः अजितनाथ–सप्तपर्ण, संभवनाथ–शाल, अभिनंदननाथ–सरल, सुमतिनाथ–प्रियंगु, पद्मप्रभु– प्रियंगु, सुपार्श्वनाथ–शिरिष, चन्द्रप्रभ–नाग, पुष्पदंत–बहेडा, शीतलनाथ– धूलि, श्रेयांसनाथ–पलाश, वासुपूज्य–तेन्दू, विमलनाथ–पाटल, अनंतनाथ–पीपल, धर्मनाथ–दधिपर्ण, शांतिनाथ–नंदी, कुंथुनाथ–तिलक, अरहनाथ–कुसुम–आम्र, मल्लिनाथ–कंकेली, मुनिसुव्रत–चम्पक, नमिनाथ–बकुल, नेमिनाथ–मेषश्रृंग, पार्श्वनाथ–धव, महावीर–शालसी।[26]

तीर्थकरों के लिए जिन वृक्षों के नीचे ज्ञान प्राप्त हुआ उन सभी को सामान्यतः अशोक वृक्ष कहा जाता है इसीलिए अष्टप्रतिहार्यों के अन्तर्गत तीर्थंकर प्रतिमाओं के साथ अशोक वृक्ष बनाने की परम्परा है। प्राचीन जैन साहित्य में तीर्थंकरों के स्वरूप के अन्तर्गत उनके वर्ण अर्थात रंग का विवेचन किया गया है जिसकी प्रारम्भिक जानकारी स्थानांग सूत्र में उपलब्ध है। तिलोयपण्णत्ति के अनुसार चन्द्रप्रभ और पुष्पदंत को श्वेत, सुपार्श्व एवं पार्श्व को हरित, मुनिसुव्रत व नेमिनाथ को नील, पद्मप्रभ और वासुपूज्य को कमल की भाँति लाल तथा शेष सौलह तीर्थंकर को स्वर्ण वर्ण का बताया गया है। अभिधानचिन्तामणी में पद्मप्रभ और वासुपूज्य रक्तवर्ण, चन्द्रप्रभ और पुष्पदन्त शुक्लवर्ण, मुनिसुव्रत और नेमि कृष्णवर्ण, मल्लि और पार्श्वनाथ नीलवर्ण तथा शेष सौलह तीर्थंकर को स्वर्ण वर्ण का बताया गया है।[27] अपराजितपृच्छा के अनुसार सुपार्श्वनाथ व पार्श्वनाथ को हरित वर्ण का, चन्द्रप्रभ और पुष्पदंत को श्वेत वर्ण का, नेमिनाथ को श्याम और मल्लिनाथ को नीले वर्ण का बताया गया है।[28] सैद्धांतिक रूप से प्रतिमाओं का निर्माण उसी वर्ण के पाषाण से किया जाना चाहिए जिस प्रकार का वर्ण तीर्थकर का निर्धारित है।

प्रतिमाओं का परिकर

शिल्पकला में प्रतिमा के चारों ओर उससे संबंधित विषयवस्तु का सुशोभनयुक्त अलंकरण को परिकर कहा जाता है। जैन शिल्पकला में तीर्थंकर के अतिशयों या अष्टप्रतिहार्यों का शिल्पांकन किया जाता है।

तीर्थंकर, सिद्ध अवस्था अर्थात मोक्ष प्राप्त करने के पूर्व अर्हंत अवस्था में समस्त जीव जगत के कल्याण हेतु उपदेश दिया करते हैं। उपदेश सभा या समवशरण सभा की व्यवस्था देवों द्वारा की जाती है। इस सभा के बारह कक्षों में देव, मनुष्य, पशु आदि सभी प्रकार के जीवों को स्थान दिया जाता है। इस सभा में तीर्थंकर आधार भूमि से दो अगुल ऊपर अर्थात अंतरिक्ष में विराजमान होते हैं एवं उनकी उपदेश वाणी सभी प्राणियों को उनकी ही भाषा में सुनाई देती है। तीर्थंकर का मुख चारों से दिखाई देता है, उनके सिर के ऊपर तीन छत्र होते हैं। इस अवस्था में तीर्थकर भगवान अनेक असाधारण व अलौकिक लक्षणों से संलग्न होते हैं, जिन्हे अतिशय कहा जाता है। प्रतिष्ठापाठ में चौदह अतिशय का वर्णन है इनमें मुख्य आठ को अष्टप्रतिहार्य कहते हैं।

अशोक वृक्ष, पुष्पवृष्टि, दिव्यघ्वनि, चामरधारी, सिंहासन, प्रभामण्डल, देवदुन्दुभि, और छत्र यह आठ प्रतिहार्य तीर्थंकर के साथ अर्हंत अवस्था में संलग्न होते हैं।[29] यदि तीर्थंकर की प्रतिमा अर्हंत अवस्था में निर्मित की जाती है तब उनके अष्टप्रतिहार्य प्रदर्शित किए जाते हैं। आचार दिनकर के अनुसार जिन प्रतिमा के सिंहासन पर गज, सिंह, कीचक, और दोनों पार्श्वो में चामरधारी सेवकों को दिखाया जाना चाहिए। जिन प्रतिमा के सिर के ऊपर छत्रत्रय तथा इसके दोनों ओर सूड़ में कलश लिए गज, झांझ बजाते पुरूष, मालाधारी गन्धर्व और शिखर पर शँख बजाते हुए देव दिखाया जाना चाहिए। सिंहासन के मध्य भाग में दो हरिणों के मध्य धर्म चक्र और धर्म चक्र के दोनों ओर ग्रहों की प्रतिमाएँ बनाने का कथन किया गया है।[30] परिकर में छोटी–छोटी जिन प्रतिमाएँ, सेवक देव, भक्त आदि का भी अंकन किया जाता है। तीर्थंकर प्रतिमाओं के परिकर में सिहासन के दाँयी ओर यक्ष एवं बाँयी ओर यक्षिणी की स्थापना किए जाने का विधान है।[31] जैन प्रतिमाओं में परिकर का प्रारम्भ गुप्त युग से हुआ। गुप्त काल की जैन प्रतिमाओं के परिकर में पीठ सिंह युक्त होती है मध्य में धर्मचक्र और मृगयुग्म होता है तथा ऊपर की ओर इन्द्र और प्रतिमा के मस्तक के दोनों ओर उड़ते गंधर्व विद्याधर होते हैं।[32]

अष्टप्रतिहार्यों के अतिरिक्त प्रतिष्ठाग्रथों में अष्ट मंगल द्रव्यों का उल्लेख है। प्रष्तिठासारसंग्रह में श्वेतछत्र, दर्पण, ध्वज, चामर,

तोरणमाला, तालवृन्त, नंद्यावर्त और प्रदीप ये अष्ट मंगलद्रव्यों का उल्लेख है। तिलोयपण्णत्ति में भृँगार, कलश, दर्पण, ध्वज, चामर, छत्र, बीजना और सुप्रतिष्ठ ये आठ माँगलिक द्रव्य वर्णित हैं।[33] श्वेताम्बर आगमग्रंथ औपपातिक सूत्र के अनुसार स्वस्तिक, श्रीवत्स, पुर्ण कुम्भ, वर्धमानक, भद्रासन, नंद्यावर्त, दर्पण एवं मत्स्ययुग्म आठ मांगलिक प्रतीक चिन्ह हैं। जिन पूजा में इनकी स्थापना की जाती है। मथुरा के आयागपट्टों पर इनकी प्रतिकृतियाँ उपलब्ध हुई हैं। जैन साहित्य में मांगलिक प्रतीकों का उल्लेख विभिन्न रूपों में प्राप्त होता है। त्रिषष्टिष्लाकापुरूषचरित में अष्टमंगल द्रव्य युक्त बलिपट्टों का उल्लेख किया गया है। इन पट्टों की पुष्टि मथुरा से प्राप्त आयागपट्टों से होती है। मथुरा से एक आयागपट्ट प्राप्त हुआ है जो भद्रनंदि की पत्नी अचला द्वारा स्थापित किया गया, इसमें ऊपरी पंक्ति में चार एवं निचली पंक्ति में आठ प्रतीक उत्कीर्ण हैं।[34] नीचे की पंक्ति में श्रीवत्स, स्वस्तिक, कमलकारिका, मत्स्य युगल, जल पात्र, रत्न राशि, भद्रासन, व त्रिरत्न हैं। एक अन्य आयागपट्ट पर ऊपरी पुक्ति में मत्स्य युगल, विमान, श्रीवत्स और वर्धमानक एवं नीचे की पंक्ति में त्रिरत्न, पूर्ण विकसित कमल, इन्द्रयष्टि या वैजयंती और मंगल कलश का अंकन हैं। प्रतीकों में छत्र दिव्यता एवं श्रेष्ठता का द्योतक है, प्रभामण्डल संबंधित की आभा का प्रतीक है, दर्पण आत्मा का यथार्थ दर्शन का प्रतीक माना गया है, भद्रासन से आशय भगवान द्वारा पवित्र किया गया, वर्धमानक कीर्ति व समृद्धि का द्योतक है, श्रीवत्स, केवल ज्ञान के उदय का प्रतीक है, स्वस्तिक, स्वस्ति तथा शान्ति का प्रतीक है, नवकोणीय रेखांकन नंद्यावर्त, नवनिधियों का प्रतीक है एवं मत्स्य, काम विजय का प्रतीक माना गया है।

सहायक जैन देवी–देवता

प्रतिमा शास्त्रीय दृष्टि से जैन धर्म में वीतरागी तीर्थंकर ही मुख्य व सर्वोच्च आराध्य देव हैं। तीर्थंकरों की सेवा व भक्ति में संलग्न अन्य सहायक देवी–देवताओं का उल्लेख एवं मूर्तन जैन संस्कृति में किया गया है। इन देवी–देवताओं में जिनवाणी या शास्त्रों की प्रतीक 'सरस्वती' को छोड़कर अन्य किसी की पूजा का प्रावधान नहीं है। परवर्ती साहित्य में इन सहायक देवी–दवताओं या शासन देवताओं की स्तुति अवश्य की गई

है। जैन संस्कृति में मान्य सहायक देवी–देवता इस प्रकार हैं– सरस्वती, सोलह विद्यादेवियाँ, तीर्थंकरों के यक्ष–यक्षी, नवग्रह, दस दिक्पाल, क्षेत्रपाल आदि।

सरस्वतीः– जिन अर्थात भगवान जिनेन्द्र के उपदेशों एवं शिक्षाओं को उनके शिष्यों द्वारा बारह अंगों में संकलित किया गया जिनको द्वादशांग वाणी या आगम कहा गया। जैन परम्परा में जिन वाणी को जिन की तरह ही पूज्य माना गया है। जिनवाणी या शास्त्रों की पूजन करने के अनुक्रम में कालान्तर में प्रतीक रूप में इसे सरस्वती नाम से मूर्त रूप दे दिया गया एवं इनका भारती, वाणी आदि अनेक नामों से भी उल्लेख किया गया है। प्राचीन भारतीय संस्कृति में सरस्वती को विद्या की देवी के रूप में मान्यता प्रदान की गई है। इनकी प्रतिमा भी ब्राह्मण व जैन संस्कृति में लगभग समान स्वरूप में हैं।

जैन ग्रंथ तिलोयपण्णत्ति में श्रुतदेवी अर्थात सरस्वती का उल्लेख अनेक स्थानों में हुआ है।[35] मल्लिषेण ने अपने भारतीकल्प में लिखा है कि सभी मत–मतान्तरों के लोग ज्ञान प्राप्त करने के लिए वाणी की आराधना करते हैं। इनका वर्ण श्वेत होता है और वह सरोजविष्टर पर आसीन होती है। सरस्वती के चार हाँथों में से एक हाथ अभय मुद्रा में होता है और दूसरा हाथ ज्ञान मुद्रा में, शेष दो हाँथों में अक्षमाला और पुस्तक होती है। निर्वाण कलिका के अनुसार श्रुतदेवता के दाँये हाँथों में से एक हाथ वरद मुद्रा में होता है और दूसरे हाँथ में कमल होता है। बाँये हाँथों के आयुध पुस्तक और अक्षमाला बताये गए हैं।[36] प्रतिष्ठासारोद्धार में इनका वाहन मयूर बताया गया गया है। आचार दिनकर में श्रुत देवी को श्वेतवर्णी, श्वेत वस्त्र धारिणी, हँस वाहना और चतुर्भुजा बताया गया है। जैन सरस्वती देवी की लाक्षणिक विशेषताएँ आठवी शती ईसवी के बाद रचित प्रतिमाशास्त्रीय साहित्य में वर्णित की गईं हैं किन्तु शिल्प में सरस्वती देवी की प्रतिमाओं का निर्माण कुषाण काल से प्रारम्भ हो गया था। मथुरा से एक लेखयुक्त सरस्वती की प्रतिमा प्राप्त हुई हैं। इस प्रतिमा में ब्राह्मी लिपि में एक लेख है जिससे पता चलता है कि इसको संवत् 72 (150 ईसवी) में प्रतिष्ठित किया गया था।[37] बाद में अनेक स्थनों से सरस्वती की प्रतिमाएँ प्राप्त हुई हैं।

विद्यादेवियाँः— जैन साहित्य में विद्यादेवियों का उल्लेख किया गया है जो वाणी, वाक्, भाषा, श्रुतदेवी एवं सरस्वती से भी अभिहित हैं। यह देवियाँ ज्ञान एवं वाणी की विभिन्न प्रकृतियों से संबंधित उनके प्रतीकात्मक मूर्त रूप हैं। विद्यादेवियों की अवधारणा जैन प्रतिमा विज्ञान में मौलिक हैं। अंग साहित्य के अन्तर्गत स्थानांग एवं सूत्रकृतांग में विद्याओं के उल्लेख प्राप्त होते हैं।[38] सूत्रकृतांग सूत्र में वैताली, अर्धवैताली, अवस्वपनी, वालु–ध्यादणी, श्वापाकी, सौपारी, कलिंगीं, गौरी, गांधारी, अवेदनी, उत्पनी एवं स्तम्भनी आदि विद्याओं के उल्लेख हुए हैं।

दिगम्बर एवं श्वेताम्बर दोनों ही आम्नाय में मान्य पउम चरियं में प्रज्ञप्ति, कौमारी, लधिमा, व्रजोदरी, वरूणी, विजया, जया, वराही, कौवरी, योगेश्वरी, चण्डाली, शंकरी, बहुरूपा, सर्वकामा आदि विद्याओं का उल्लेख किया गया है।[39] छठी शती ईसवी में रचित वसुदेवहिण्डी एवं सातवी शती में रचित पद्मपुराण में भी विद्यादेवियों का उल्लेख प्राप्त होता है। हरिवंश पुराण के बाईसवें अध्याय में पच्चीस से अधिक विद्यादेवियों का उल्लेख है। आठवी शती ईसवी में बप्पभट्टीसूरि कृत चतुर्विंशतिका में चौबीस तीर्थंकरों के साथ पन्द्रह महाविद्याओं एवं अन्य देवताओं को संबंधित किया गया है। नवी–दसवी शती ईसवी में रचित तिजयपहुत, संहितासार एवं शोभनमुनिकृत स्तुति चतुर्विशतिका ग्रंथों में विद्यादेवियों की संख्या सोलह सीमित कर सूचीबद्ध कर दिया गया जो महाविद्याओं के नाम से लोकप्रिय हुईं। दिगम्बर एवं श्वेताम्बर दोनों ही परम्पराओं में महाविद्याओं की संख्या सोलह ही है लेकिन कुछ नामों में भिन्नता है। इनके नाम इस प्रकार हैंः— 1. रोहिणी 2. प्रज्ञप्ति 3. वज्रश्रृखला 4. वज्रांकुशा 5. जाम्बूनदा (अप्रतिचक्रा या चक्रेश्वरी–श्वेताम्बर) 6. पुरूषदत्ता 7. काली 8. महाकाली 9. गौरी 10. गाँधारी 11. ज्वालामालिनी (ज्वाला–श्वेताम्बर) 12. मानवी 13. वैरोटी 14. अच्युता (अच्छुप्ता) 15. मानसी और 16. महामानसी। जैन शिल्प में महाविद्याओं का अंकन आठवी शती ईसवी में प्रारम्भ हुआ।

सर्वप्रथम राजस्थान स्थित ओसिया के महावीर मंदिर में इनका शिल्पांकन किया गया। गुजरात एवं राजस्थान के श्वेताम्बर मंदिरों में ही महाविद्याओं का अंकन अधिक लोकप्रिय था। दिगम्बर परम्परा के

अन्तर्गत खजुराहो स्थित आदिनाथ मंदिर के मण्डोवर पर विद्यादेवियों का अंकन किया गया है। दिगम्बर परम्परा में इन महाविद्याओं को तीर्थंकर की यक्षियों में भी सम्मिलित कर लिया गया लेकिन वर्ण, रूप व आयुधों में परिवर्तन कर दिया गया। महाविद्याओं का विस्तृत वर्णन दिगम्बर ग्रंथों यथा प्रतिष्ठासारसंग्रह, प्रतिष्ठासारोद्धार एवं श्वेताम्बर परम्परा के निर्वाणकलिका एवं आचारदिनकर में प्राप्त होता है। इन ग्रन्थों के आधार पर महाविद्याओं का वर्णन निम्नानुसार हैः–

रोहिणीः– रोहिणी विद्यादेवी चतुर्भुजा है। दिगम्बर मतानुसार इस देवी का रंग स्वर्ण के समान है एवं वह कमलासना है, देवी के हाँथों में कलश, शँख, कमल और बीजपूरक आयुधों का विधान है एवं श्वेताम्बर मतानुसार इनका रंग धवल वर्ण जैसा व गोवाहना है, देवी दाँये हाँथों में अक्षसूत्र और बाण एवं वाँये हाँथों में शँख और धनुष धारण करती हैं।

प्रज्ञप्तिः– प्रज्ञप्ति देवी भी चतुर्भुजा है। दिगम्बर ग्रंथों के अनुसार श्यामवर्णा प्रज्ञप्ति का वाहन अश्व है एवं हाँथों में चक्र, खडग, कमल और फल धारण करती हैं। श्वेताम्बर साहित्य के अनुसार उनका वाहन मयूर है। उनके दाँये हाँथों में से एक वरद मुद्रा में एवं दूसरे में शक्ति होती है, वाँये हाँथों में वह मातुलिंग और मातुलिंग धारण करती हैं।

वज्रश्रँखलाः– पीतवर्णा इस देवी को दिगम्बर आम्नाय में गजवाहना एवं श्वेताम्बर परम्परा में पद्मवाहना कहा गया है। दिगम्बर ग्रंथ प्रतिष्ठातिलक के अनुसार चतुर्भुजा देवी के हाथों में वज्रश्रँखला, शँख, कमल और बीजपूरक, आयुध होते हैं जबकि आचार दिनकर के अनुसार देवी अपने हाथों में श्रँखला और गदा धारण करती हैं।

वज्राँकुशाः– दिगम्बर ग्रंथों में इस चतुर्भुजा देवी का वाहन पुष्पयान जबकि श्वेताम्बर परम्परा वह गजवाहना बताई गईं हैं। दिगम्बर ग्रंथों के अनुसार देवी के वीणा, अंकुश, कमल एवं बीजपूरक ये चार आयुध होना चाहिए वहीं श्वेताम्बरों ने उनके खडग, वज्र, फलक (ढाल) और कुन्त (भाला) ये चार आयुध बताये हैं।

जाम्बूनदा/अप्रतिचक्रा या चक्रेश्वरी:— पाँचवी विद्यादेवी का नाम दिगम्बर परम्परा में जाम्बूनदा जबकि श्वेताम्बर ग्रंथों में इस विद्यादेवी का नाम अप्रतिचक्रा या चकेश्वरी प्राप्त होता है। जाम्बूनदा का वाहन मयूर एवं अप्रतिचक्रां का वाहन गरूड है। अप्रतिचक्रा के चारों हाँथों में चक्र होते हैं जबकि जम्बूनदा के आयुध खडग, कुन्त, कमल एवं बीजपूरक बताए गए हैं।

पुरूषदत्ता:— दिगम्बर मतानुसार छठी पुरुषदत्ता देवी श्वेतवर्णा है एवं वह कोकवाहना है, देवी के हाँथों में वज्र, शँख, कमल और बीजपूरक आयुधों का विधान है एवं श्वेताम्बर मतानुसार इनका रंग पीत वर्ण जैसा व महिषवाहना है, देवी दाँये हाँथों में से एक वरद मुद्रा में और दसरे में तलवार एवं वाँये हाँथों में मातुलिंग और खेटक धारण करती हैं।

काली:— यह सातवी विद्यादेवी चतुर्भुजा है जो दिगम्बर ग्रंथों के अनुसार हरिण वाहन पर सवार होती हैं जबकि श्वेताम्बर कमल पर आसीन कहते हैं। दिगम्बर प्रतिष्ठातिलक में इनके मुशल, तलवार, कमल और फल, ये चार आयुध वर्णित हैं जबकि निर्वाणकलिका में अक्षसूत्र, गदा, वज्र और अभय का विधान है। इनका रंग दिगम्बर ग्रंथों में पीत एवं श्वताम्बर ग्रंथों में कृष्ण बताया गया है।

महाकाली:— आठवी इस देवी को महापरा व कालिका भी कहा गया है। दिगम्बर परम्परा अनुसार इनका वाहन शरभ है एवं वर्ण श्याम होता है जबकि श्वेताम्बर परम्परा में महाकाली नरवाहना हैं एवं उनका वर्ण चन्दमणि के समान है। प्रतिष्ठातिलक आदि गंथों के अनुसार चतुर्भुजा देवी के हाँथों में खडग, फल, धनुष एवं बाण ये चार आयुध होते हैं। कुछ ग्रंथों में उनके हाँथों में अक्षसूत्र, घण्टिका और बताए गए हैं।

गौरी:— नौवी इस चतुर्भुजी को गोधा (श्वेताम्बर) व मृग (दिगम्बर) वाहना कहा गया है। इनका मुख्य आयुध कमल है। निर्वाणकलिका के अनुसार दाँये एक हाँथ में मूसल व दूसरा वरद मुद्रा में होता है, वाँये हाँथों में अक्षमाला व कुवलय (कमल) होते हैं। इनका वर्ण गौर (श्वेताम्बर) व पीत (दिगम्बर) कहा गया है।

गाँधारीः— दसवी विद्यादेवी गाँधारी कच्छपासीन (दिगम्बर) व कमलासीन (श्वेताम्बर) उल्लिखित हैं। इनका मुख्य आयुध मूसल व वज्र हैं। निर्वाणकलिका के अनुसार दाँये एक हाँथ में मूसल व दूसरे में मूसल है, वाँया एक हाँथ अभय मुद्रा में, दूसरे में वज्र होता है। दोनों ही आम्नाय में इनका वर्ण कृष्ण कहा गया है।

ज्वालामालिनी/ज्वालाः— इस देवी के वाहन के सन्दर्भ में ग्रन्थों में अलग—अलग उल्लेख हैं यथा निर्वाण कलिका में वराह, प्रतिष्ठासारोद्धार में महिष एवं प्रतिष्ठातिलक में लुलाय का उल्लेख है। दिगम्बर शास्त्र इनके अष्टभुजा होने का उल्लेख करते हैं। दाँये हाँथों में त्रिशूल, बाण, मत्स्य, और खडग, एवं वाम्ये हाँथों में चक्र, धनुष, पाश और ढाल धारण करती हैं। इनका वर्ण श्वेत होता है।

मानवीः— बारहवीं विद्यादेवी चतुर्भुजा है जो दिगम्बर ग्रंथों के अनुसार शूकर वाहन पर सवार होती हैं जबकि श्वेताम्बर नीलसरोज पर आसीन कहते हैं। दिगम्बर ग्रंथों में इनके आयुधों में मत्स्य, त्रिशूल और खडग का उल्लेख है, जबकि श्वेताम्बर ग्रन्थ वृक्ष, पाश व अक्षसूत्र का उल्लेख करते हैं।

वैरोटी/ वैरोट्याः— दिगम्बर मतानुसार बारहवी वैरोटी देवी नीलवर्णा है एवं वह सिंह वाहना है। श्वेताम्बर ग्रंथों के अनुसार वैरोट्या का रंग श्याम वर्ण जैसा व अजगर वाहना है। देवी चतुर्भुजा है जो सर्पहस्ता है। हाथों में खड्ग, खेटक व ढाल भी होते हैं।

अच्युता/अच्छुप्ताः— दिगम्बर आम्नाय अनुसार अच्युता एवं श्वेताम्बर ग्रंथों के अनुसार अच्छुप्ता चौदहवी विद्यादेवी है जो चतुर्भुजी व अश्ववाहना है। खड्ग इस देवी का मुख्य आयुध है। निर्वाण कलिका में इस देवी के दाँये हाँथों में खड्ग और बाण तथा बाँये हाँथों में खेटक व सर्प का उल्लेख है।

मानसीः— पन्द्रहवीं विद्यादेवी मानसी का वाहन के रूप में सर्प (दिगम्बर) व हँस (श्वेताम्बर) का उल्लेख किया है। दिगम्बर मतानुसार देवी नमस्कार मुद्रा में होती है। निर्वाणकलिका के अनुसार दाँये एक हाँथ में वज्र व

दूसरा वरद मुद्रा में होता है, वाँये हाँथों में अक्षवलय व अशनि होते हैं।

महामानसीः– सोलहवी महामानसी देवी चतुर्भुजा है। दिगम्बर परम्परा अनुसार इनका वाहन हँस है एवं रक्तवर्णी होती हैं जबकि श्वेताम्बर परम्परा में देवी मकरवाहना हैं एवं उनका वर्ण धवल है। दिगम्बर मतानुसार देवी प्रणाम मुद्रा में होती है किन्तु प्रतिष्ठातिलक में देवी के अक्षमाला, वरद, माला और अंकुश, आयुधों का उल्लेख है। निर्वाणकलिका के अनुसार दाँये एक हाँथ में तलवार व दूसरा वरद मुद्रा में होता है, वाँये हाँथों में कमण्डलु व ढाल होते हैं।

उक्त विद्यादेवियों का महत्व कालान्तर में बढता गया, जब तीर्थकरों की सेवा में संलग्न शासन देवताओं (यक्ष–यक्षी) की अवधारणा विकसित हुई तब इनको यक्षियों के रूप में स्थान दिया गया। यक्षियों के रूप में इनका कुछ स्वरूप अवश्य परिवर्तित कर दिया गया। दिगम्बर परम्परा में रोहिणी, प्रज्ञप्ति व वज्रश्रृँखला क्रमशः तीर्थंकर अजितनाथ, संभवनाथ एवं अभिनंदननाथ की यक्षी के रूप में स्थान प्राप्त हैं। चौथी विद्यादेवी वज्राकुँशा श्वेताम्बर परम्परानुसार चौदहवें तीर्थंकर अनंतनाथ की यक्षी हैं। पाँचवी अप्रतिचक्रा या चक्रेश्वरी विद्यादेवी प्रथम तीर्थंकर ऋषभनाथ की यक्षी हैं। अप्रतिचक्रा या चक्रेश्वरी देवी, दोनों ही परम्पराओं में प्रथम तीर्थंकर ऋषभनाथ की यक्षी हैं। पुरूषदत्ता विद्यादेवी, दिगम्बर परम्परा में सुमतिनाथ एवं श्वेताम्बर आम्नाय में मुनिसुब्रतनाथ की यक्षी, सातवीं विद्यादेवी काली, दिगम्बर परम्परा में सुपार्श्वनाथ एवं श्वेताम्बर आम्नाय में अभिनंदननाथ की यक्षी, महाकाली देवी, दिगम्बर आम्नाय में पुष्पदन्तनाथ, श्वेताम्बर में सुमतिनाथ की यक्षी के रूप में हैं। दिगम्बर आम्नाय में गौरी, गाँधारी व ज्वालामालिनी क्रमशः तीर्थंकर श्रेयाँसनाथ, वासूपुज्य व चन्द्रप्रभ की यक्षी हैं। बारहवीं विद्यादेवी मानवी, श्वेताम्बर परम्परा में तीर्थंकर श्रेयाँसनाथ की यक्षी हैं। वैरोटी या वैरोटया विद्यादेवी, दिगम्बर परम्परा में अनन्तनाथ एवं श्वेताम्बर परम्परा में मल्लिनाथ की यक्षी है। अच्युता देवी, श्वेताम्बर परम्परा में तीर्थंकर पद्मप्रभ की यक्षी है। मानसी एवं महामानसी विद्यादेवी क्रमशः तीर्थकर अनन्तनाथ व धर्मनाथ की यक्षी के रूप में प्रस्तुत की गईं।

शासन देवता (यक्षी–यक्षी)

प्राचीन जैन धार्मिक साहित्य में भी यक्षों का उल्लेख है। यक्ष भी विभिन्न देवताओं के रूप हैं जो मुख्य किसी देव के सेवक या आराधक होते हैं। यह यक्ष–यक्षी युगल जिन शासन या संबंधित तीर्थंकर के चतुर्विधसंघ के रक्षक देव भी हैं। जैन ग्रंथों के अनुसार समवशरण में जिनों के धर्मोपदेश के पश्चात इन्द्र ने प्रत्येक जिन के साथ सेवक–देवों के रूप में एक यक्ष और एक यक्षी को नियुक्त किया।[40] हरिवंश पुराण में उल्लिखित है कि इन देवताओं के प्रभाव से विघ्नकारी शक्तियाँ समाप्त हो जाती हैं।[41] जैन धर्म में इनकी पूजा या आराधना का विधान नहीं है लेकिन इनका उल्लेख अवश्य प्राप्त होता है। प्रथम शताब्दी के जैन ग्रंथ तत्वार्थ सूत्र में यक्षों की सूची दी गई है इसमें मणिभद्र, पूर्णभद्र, सर्वतोभद्र आदि 13 यक्षों के नाम हैं।

यक्षों को 'जिन' के सेवक देव के रूप में प्रस्तुत किया गया है। लगभग छठी शती ईसवी में तीर्थंकर के साथ यक्ष–यक्षी युगलों को सम्बद्ध करने की धारणा विकसित हुई। यक्ष–यक्षी से युक्त सबसे प्राचीन जिन प्रतिमा अकोटा, गुजरात से प्राप्त हुई है, जो लगभग छठी शती ईसवी की है।[42] ऋषभदेव की इस इस प्रतिमा में सर्वानुभूति (कुबेर) और अम्बिका, यक्ष–यक्षी का अंकन हुआ है। प्रारम्भ में इन्ही यक्ष–यक्षी का अंकन तीर्थकरों के साथ किया जाता था। अम्बिका द्विभुजी, सिंहवाहिनी हैं एवं आम्रलुम्बि व फल से युक्त हैं। सर्वानुभूति (कुबेर), समृद्धि के द्योतक है जो धन की थैली लिए रहते हैं। अकोटा से ही इसके बाद के काल की भी यक्ष–यक्षी से संयुक्त प्रतिमाएँ प्राप्त हुई हैं। आठवी–नवी शती ईसवी में रचित ग्रंथों में प्रत्येक तीर्थंकर के अलग–अलग यक्ष–यक्षी की सूची उपलब्ध होने लगती है। इन शताब्दियों में रचित हरिवंश व महापुराण आदि पुराणों में प्रसंगवश अम्बिका, अप्रतिचक्रा, चक्रेश्वरी, गौरी, सिद्धायिका आदि यक्षियों की आराधना की गई है।

प्रत्येक तीर्थंकर के दाँये ओर यक्ष एवं वाँयी ओर यक्षी की प्रतिमा का विधान है। यक्ष–यक्षियों की प्रतिमाएँ ललितासीन मुद्रा में मूर्तित की जाती हैं, उनके अंग–उपांग अलंकारों से सुसज्जित होते हैं, वह करण्ड मुकुट

और पत्रकुण्डल धारण किए किए रहते हैं। इन देवों की प्रतिमाओं को अपने–अपने वाहनों तथा आयुधों से युक्त निर्मित किए जाने का विधान हैं। अनेक जैन आचार्यो ने अपने ग्रन्थों में तीर्थंकर प्रतिमाओं के साथ यक्ष–यक्षियों की प्रतिमाओं के अंकन का विधान किया है। प्रतिष्ठासारसंग्रह में उल्लिखित है कि तीर्थकर प्रतिमा के दक्षिण में यक्ष और वाम पार्श्व में शासन देवता की स्थापना करें तथा पाद पीठ के नीचे तीर्थकर का जो लाँछन हो, वह उत्कीर्ण कराया जाए। यक्ष–यक्षियों को अलंकरणों से विभूषित एवं वाहनों व आयुधों से युक्त निर्मित की जाये।[43] यक्ष–यक्षियों की प्रतिमाएँ स्वतंत्र रूप से भी निर्मित व स्थापित की जाने लगी। स्वतंत्र प्रतिमाओं में यक्ष–यक्षियों के मस्तक पर छोटी जिन प्रतिमाएँ उत्कीर्ण की जाती है जो उन्हे जिनों और साथ ही जैन कुल के साथ संबंधित करती हैं। प्रत्येक तीर्थंकर के अलग–अलग यक्ष–यक्षी की प्रारम्भिक सूची आठवी–नवी शती ईसवी में रचित तिलोयपण्णत्ति (दिगम्बर) एवं कहावली व प्रवचनसारोद्धार, निर्वाणकलिका (श्वेताम्बर) में प्राप्त होती है जो अलग–अलग है। यक्ष–यक्षियों की लाक्षणिक या प्रतिमाशास्त्रीय विशेषताएँ ग्यारहवी–बारहवीं शती ईसवी में रचित ग्रंथों में प्राप्त होती हैं, लेकिन सूची में कुछ भिन्नता भी है। इन ग्रंथों में प्रतिष्ठासारसंग्रह (दिगम्बर) एवं प्रवचनसारोद्धार (श्वेताम्बर) मुख्य हैं। बारहवी शती ईसवी से 14 वीं शती ईसवी के ग्रन्थों में आशाधरकृत प्रतिष्ठासारोद्धार, नेमिचन्दविरचित प्रतिष्ठातिलक (दिगम्बर), आचार दिनकर व अभिधानचिन्तामणी (श्वेताम्बर) मुख्य हैं।

जैनेत्तर शिल्प ग्रंथों में रूपमण्डन, अपराजितपृच्छा एवं देवतामूर्तिप्रकरण महत्वपूर्ण हैं। तीर्थंकरों के चौबीस यक्ष–यक्षियों की सूचियों में एकरूपता नहीं है लेकिन उपर्युक्त ग्रंथों के आधार पर प्रचलित तीर्थंकरों के यक्ष–यक्षियों की सूची निम्नानुसार है[44]:–

तीर्थंकर ऋषभदेवः– यक्ष – गोमुख, यक्षी – चक्रेश्वरी

तीर्थंकर अजितनाथः– यक्ष – महायक्ष, यक्षी – रोहिणी (दिगम्बर) अजिता (श्वेताम्बर)

तीर्थंकर संभवनाथः– यक्ष – त्रिमुख, यक्षी – प्रज्ञप्ति (दिगम्बर) दुरितारी (श्वेताम्बर)

तीर्थंकर अभिनंदनः– यक्ष–यक्षेश्वर, ईश्वर (श्वेता.) यक्षी –वज्रश्रॅंखला (दिगम्बर), काली (श्वेता.)

तीर्थंकर सुमतिनाथः– यक्ष – तुम्बरू, यक्षी – पुरूषदत्ता (दिगम्बर), महाकाली (श्वेताम्बर)

तीर्थंकर पद्मप्रभः– यक्ष – पुष्प, कुसुम (श्वेता.) यक्षी – मनोवेगा, (दिगम्बर), अच्युता (श्वेता.)

तीर्थंकर सुपार्श्वः– यक्ष – मातंग यक्षी – काली, (दिगम्बर) शांता (श्वेताम्बर)

तीर्थंकर चन्द्रप्रभः– यक्ष – श्याम, विजय (श्वेता.) यक्षी – ज्वालामालिनी/ज्वाला

तीर्थंकर पुष्पदन्तः– यक्ष – अजित, यक्षी – महाकाली (दिगम्बर), सुतारा (श्वेताम्बर)

तीर्थंकर शीतलनाथः– यक्ष – ब्रह्मा, यक्षी – मानवी, (दिगम्बर) अशोका (श्वेताम्बर)

तीर्थंकर श्रेयाँसनाथः– यक्ष – ईश्वर, यक्षी – गौरी (दिगम्बर) मानवी (श्वेताम्बर)

तीर्थंकर वासूपूज्यः– यक्ष – कुमार, यक्षी – गाँधारी (दिगम्बर) चण्डा (श्वेताम्बर)

तीर्थंकर विमलनाथः– यक्ष – षण्मुख, चर्तुमुख (दिगम्बर) यक्षी – वैरोटी (दिग.), विदिता (श्वेता.)

तीर्थंकर अनंतनाथः– यक्ष – पाताल, यक्षी – अनंतमती (दिगम्बर) अंकुशा (श्वेताम्बर)

तीर्थंकर धर्मनाथः– यक्ष – किन्नर, यक्षी – मानसी (दिगम्बर) कन्दर्पा (श्वेताम्बर)

तीर्थंकर शांतिनाथः— यक्ष – गरूड, यक्षी – महामानसी (दिगम्बर) निर्वाणी (श्वेताम्बर)

तीर्थंकर कुन्थुनाथः— यक्ष – गन्धर्व, यक्षी – जया (दिगम्बर) बला (श्वेताम्बर)

तीर्थंकर अरनाथः— यक्ष – खेन्द्र, यक्षेन्द्र (श्वेताम्बर) यक्षी –तारावती (दिग.) धारिणी (श्वेता.)

तीर्थंकर मल्लिनाथः— यक्ष – कुबेर, यक्षी – अपराजिता (दिगम्बर) वैराट्या (श्वेताम्बर)

तीर्थंकर मुनिसुव्रतः— यक्ष – वरूण, यक्षी – बहुरूपणी (दिगम्बर) नरदत्ता (श्वेताम्बर)

तीर्थंकर नमिनाथः— यक्ष – भृकुटी, यक्षी – चामुण्डा (दिगम्बर) गांधारी (श्वेताम्बर)

तीर्थंकर नेमिनाथः— यक्ष – गोमेध, यक्षी – आम्रा (दिगम्बर) अम्बिका (श्वेताम्बर)

तीर्थंकर पार्श्वनाथः— यक्ष – धरण, वामन, पार्श्व (श्वेताम्बर), यक्षी – पद्मावती

तीर्थंकर महावीरः— यक्ष – मातंग, यक्षी – सिद्धायिका

यक्ष–यक्षियों के प्रतिमा लक्षण[45]

1. ऋषभदेव के यक्ष–यक्षी

गोमुख यक्षः— तीर्थंकर ऋषभदेव या आदिनाथ के जिन शासन के रक्षक देव या यक्ष गोमुख को स्वर्ण वर्ण का बताया गया है, दिगम्बर परम्परा अनुसार उनका वाहन वृष है। दिगम्बर मतानुसार उनके सिर पर धर्मचक्र होता है। चर्तुभुजी गोमुख ऊपरी हाथों में परशु व अक्षसूत्र एवं निचले हाँथों में बीजपूरक व वरद मुद्रा में होने का निर्देश है। इनका मुख वृषभ जैसा होता है। श्वेताम्बर आम्नाय में गोमुख को गजवाहना कहा

गया है। उनके दाँये एक हाँथ में अक्षमाला एवं दूसरा वरद मुद्रा में होता है जबकि बाँये हाँथों में मातुलिंग व पाश धारण करते हैं।

चक्रेश्वरी यक्षीः– आदिनाथ की यक्षी चक्रेश्वरी भी स्वर्ण वर्ण की है एवं गरूड वाहना या पद्म पर आसीन होती हैं, उनके चतुर्भुजा, अष्टभुजा और द्वादशभुजाधारी होने का उल्लेख है। प्रतिष्ठासारसंग्रह व प्रतिष्ठासारोद्धार के अनुसार पद्म पर आसीन देवी के दो हाँथों में वज्र, आठ हाँथों में चक्र, और शेष दो हाँथों में से एक हाँथ में फल व दूसरा वरद मुद्रा में होता है।

2. अजितनाथ के यक्ष–यक्षी

महायक्षः– दोनों ही आम्नायों के अनुसार द्वितीय तीर्थंकर के शासन देव महायक्ष चतुर्मुखी व अष्टभुजी हैं एवं इनका वाहन गज है। दिगम्बर मतानुसार इनके वाँये हाँथों में चक्र, त्रिशूल, कमल और अंकुश एवं दाँये हाँथों में खड्ग, दण्ड, परशु और वरद, आयुध होते हैं। श्वेताम्बर ग्रंथों में महायक्ष के वाँये हाँथों में अभय, मातुलिंग, अंकुश और शक्ति एवं दाँये हाँथों में मुद्गर, वरद, पाश और अक्षसूत्र, आयुधों का कथन है।

रोहिणी या अजिता यक्षीः– अजितनाथ की यक्षी को दिगम्बर परम्परा में रोहिणी कहा गया है जो विद्यादेवियों की सूची में भी हैं जबकि श्वेताम्बर ग्रंथों में अजितनाथ की यक्षी का नाम अजिता या अजितबला नाम से उल्लिखित है। यक्षी चर्तुभुजी हैं एवं लोहासना होती हैं, उनका वाहन गाय भी बताया गया है। अपाजितपृच्छा, प्रतिष्ठासारोद्धार आदि में अभय, वरद, शँख और चक्र आयुधों का विधान है। श्वेताम्बर आम्नाय की अजिता या अजितबला के दाँये हाँथों वरद, और पाश तथा वाँये हाँथों बीजपूरक और अंकुश होते हैं।

3. संभवनाथ के यक्ष–यक्षी

त्रिमुख यक्षः–दोनों ही आम्नायों में त्रिमुख, तीसरे तीर्थंकर संभवनाथ के यक्ष देवता है जिनके तीन मुख, नौ आँखें (नवाक्ष) एवं छह भुजाएँ होती हैं। इनका वर्ण श्याम है एवं वह मयूर की सवारी करते हैं। दोनों के

आयुधों में भिन्नता है, दिगम्बर ग्रंथों के अनुसार त्रिमुख के बाँये हाथों में चक्र, तलवार और अंकुश तथा हाँथों में दण्ड, त्रिशूल, और सितकर्तिका ये आयुध कहे गए हैं। श्वेताम्बर परम्परा में उनके बाँये हाथों में मातुलिंग, नाग, और अक्षसूत्र तथा दाँये हाँथों में नकुल, गदा और अभय बताया गया है।

प्रज्ञप्ति/ दुरितारी यक्षीः– दिगम्बर साहित्य में संभवनाथ की यक्षी प्रज्ञप्ति को बताया गया है जो सौलह महाविद्याओं के अंतर्गत भी हैं। गौरवर्णा व पक्षीवाहना देवी, षडभुजा हैं जिनके हाँथों में अर्द्धचन्द्र, परशु, फल, तलवार, कमण्डलु और वरद आयुध होते हैं। श्वेताम्बर ग्रंथों में संभवनाथ की यक्षी दुरितारी है जो चतुर्भुजा हैं। मेषवाहना देवी के दाँये हाथों में वरद और अक्षसूत्र तथा बाँये हाँथों में अभय और फल का विधान है।

4. अभिनंदननाथ के यक्ष–यक्षी

यक्षेश्वर/ ईश्वर यक्षः– दिगम्बर ग्रंथों में चतुर्थ तीर्थंकर अभिनंदननाथ के यक्ष का नाम यक्षेश्वर उल्लिखित है। चतुर्भुजा देव का वर्ण श्याम है एवं वह गजवाहना हैं। उनके दाँये हाँथों में बाण और तलवार तथा वाँये हाँथों में धनुष और ढाल आयुध होते हैं। श्वेताम्बर साहित्य में अभिनंदननाथ के यक्ष का नाम ईश्वर बताया गया है इनके दाँये हाथों में मातुलिंग और अक्षसूत्र तथा वाँये हाँथों में अंकुश और नकुल नामक आयुध होते हैं।

वज्रश्रँखला/ काली यक्षीः– दिगम्बर परम्परा में अभिनंदननाथ की यक्षी वज्रश्रँखला है जो हँसवाहना है। चतुर्भुजा देवी के नागपाश, अक्षसूत्र, फलक (ढाल), और वरद आयुध हैं। श्वेताम्बर ग्रंथों में चतुर्थ तीर्थंकर की यक्षी काली है जो पद्मासना है, उनके दाँये हाँथों में वरद और पाश तथा बाँये हाथों में नाग और अंकुश होते हैं।

5. सुमतिनाथ के यक्ष–यक्षी

तुम्बरू यक्षः– पाँचवें तीर्थकर सुमतिनाथ का शासन देव तुम्बरू है

जिनको गरूड पर आसीन बताया गया है। यह चतुर्भुजी तुम्बरू गले में सर्पयज्ञोपवीत धारण करते हैं। दिगम्बर साहित्य के अनुसार इनके दोनों ऊपरी हाँथों में सर्प एवं निचले एक हाँथ में बीजपूरक एवं दसरा वरदमुद्रा में होता है। श्वेताम्बर परम्परा के त्रिशष्टिश्लाकापुरूषचरित अनुसार यक्ष के दाँये हाँथों में वरद और शक्ति तथा वाँये हाँथों में गदा और पाश होते हैं।

पुरूषदत्ता/ महाकाली यक्षीः– दिगम्बर आम्नाय में सुमतिनाथ की यक्षी पुरुषदत्ता है जो गजवाहना है। स्वर्णवर्णा चतुर्भुजी देवी के दाँये हाँथों में चक्र और वरद तथा बाँये हाँथों में वज्र और फल होते हैं। सुमतिनाथ की यक्षी को निर्वाणकलिका व आचार दिनकर आदि श्वेताम्बर ग्रंथों में महाकाली कहा गया है जो पद्मासना है। महाकाली के आयुध पुरूषदत्ता से भिन्न हैं उनके दाँये हाँथों में वरद और पाश तथा बाँये हाँथों में मातुलिंग और अंकुश आयुधों का विधान है।

6. पद्मप्रभ के यक्ष–यक्षी

पुष्प/कुसुम यक्षः– छठे तीर्थंकर प्रद्मप्रभ के यक्ष को दिगम्बर ग्रंथों में पुष्प एवं श्वेताम्बर ग्रंथों में कुसुम कहा गया है। दिगम्बर आम्नाय के अनुसार मृगवाहना यह यक्ष चतुर्भुजी है जिनके दाँये हाँथों में कुन्त व वरद एवं बाँये हाँथों में खेट व अभय होते हैं। निर्वाणकलिका व आचार दिनकर आदि श्वेताम्बर परम्परा अनुसार फल और अभय दाँये, एवं नकुल और अक्षसूत्र बाँये हाँथों के आयुध हैं।

मनोवेगा/अचयुता यक्षीः– पद्मप्रभ की यक्षी का नाम दिगम्बर साहित्य में मनोवेगा है जो पीतवर्णा, अश्ववाहना एवं चतुर्भुजा है। इनके वज्र, चक्र, फल, और वरद ये चार आयुध हैं। श्वेताम्बर ग्रंथों में पद्मप्रभ की यक्षी का नाम अच्युता कहा गया है जो नरवाहना है। इनके दाँये हाँथों में वरद और बाण तथा बाँये हाँथों में धनुष और अभय हैं।

7. सुपार्श्वनाथ के यक्ष–यक्षी

मातंग यक्षः– सप्तम तीर्थंकर सुपार्श्वनाथ का यक्ष देव मातंग है जो

कृष्ण या नीलवर्णा है एवं मुँह वराह का होता है। दिगम्बर आम्नाय के अनुसार उनका वाहन सिंह है उनकी दो ही भुजाएँ होती हैं जिसमें दाँये हाँथ में शूल और बाँये हाँथ में दण्ड होता है। श्वेताम्बर ग्रंथ प्रवचनसारोद्धार के अनुसार गजवाहना मातंग चतुर्भुजी होते हैं जिनके दाँये हाँथों में बिल्व और पाश तथा बाँये हाथों में नकुल और अंकुश होते हैं।

काली/शाँता यक्षीः– दिगम्बर आचार्य, वसुनंदि व आशाधर के अनुसार सुपार्श्वनाथ की यक्षी काली है जो श्वेत वर्णा और वृषवाहना है। चतुर्भुजा इस देवी के दाँये हाँथों में शूल या त्रिशूल व वरद एवं बाँये हाँथों में घण्टा व फल होते हैं। श्वेताम्बर आम्नाय के अनुसार सुपार्श्वनाथ की यक्षी शाँता है जो चतुर्भुजा व गजवाहना है, इनके दाँये हाँथों में वरद और अक्षसूत्र तथा बाँये हाँथों में शूल और अभय आयुध होते हैं।

8. चन्द्रप्रभ के यक्ष–यक्षी

श्याम/विजय यक्षः– आठवें तीर्थंकर चन्द्रप्रभ का यक्ष देवता दिगम्बर ग्रंथों के अनुसार श्याम है जो त्रिनेत्रा, चतुर्भुजा एवं कपोतवाहना है। इनके हाँथों में फल, अक्षसूत्र, परशु और वरद आयुध होते हैं। श्वेताम्बर साहित्य के अनुसार चन्द्रप्रभ के यक्ष विजय हैं, जो त्रिनेत्रा, द्विभुजा एवं हँसवाहना हैं। इनके चक्र तथा मुद्गर आयुध होते हैं।

ज्वालामालिनी/भृकुटि यक्षीः– जैन यक्षियों में ज्वालामालिनी अत्यंत प्रतिष्ठा प्राप्त हैं जो दिगम्बर मतानुसार आठवें तीर्थकर चन्द्रप्रभ की यक्षी है। यह श्वेतवर्णा, महिषवाहिनी एवं अष्टभुजाधारी हैं, इनके दाँये हाथों में त्रिशूल, वाण, मत्स्य और तलवार तथा बाँयें हाँथों में चक्र, धनुष, पाश और ढाल आयुधों का विधान है। श्वेताम्बर आम्नाय के प्रवचनसारोद्धार में ज्वालामालिनी की ही मान्यता है लेकिन अन्य ग्रंथों में चन्द्रप्रभ की यक्षी भृकुटि को बताया गया है जो चतुर्भुजी व वराह या हँसवाहना है। इनके दाँये हाँथों में तलवार और मुदगर तथा बाँये हाँथों में ढाल और परशु आयुध होते हैं।

9. पुष्पदन्त के यक्ष–यक्षी

अजित यक्षः– नवें तीर्थंकर पुष्पदंत के यक्ष अजित कहे गये हैं जो श्वतवर्णा, कूर्मवाहना एवं चतुर्भुजा है। दिगम्बर ग्रंथों के अनुसार उनके दाँये हाँथों में अक्षमाला और वरद तथा बाँये हाँथों में शक्ति और फल होते हैं। श्वेताम्बर आम्नाय अनुसार अजित के दाँये हाँथों में मातुलिंग और अक्षसूत्र तथा बाँये हाँथों में नकुल और भाला या कुन्त आयुध होते हैं।

महाकाली/सुताराः– दिगम्बर जैन साहित्य के अनुसार पुष्पदंत की यक्षी महाकाली हैं जो कूर्म पर सवार होती है वह चतुर्भुजा हैं उनके वज्र, गदा, वरद और मातुलिंग आयुध होते हैं। श्वेताम्बर आम्नाय के अनुसार पुष्पदंत की यक्षी सुतारा है जो वृषभारूढ़ होती हैं, उनके दाँये हाँथों में वरद और अक्षसूत्र तथा बाँये हाँथों कलश और अंकुश धारण करती हैं।

10. शीतलनाथ के यक्ष–यक्षी

ब्रह्म यक्षः– दसवे तीर्थंकर शीतलनाथ के शासन देवता कमलासना ब्रह्म है जो चतुर्मुख हैं, जिनकी आठ भुजाएँ हैं। उनके दाँये हाँथों में शर, परशु, खड्ग, और वरद तथा बाँये हाँथों में धनुष, दण्ड, खेट और वज्र आयुध होते हैं। श्वेताम्बर ग्रंथों के अनुसार उनकी बारह आँखे होती हैं। उनके आठ हाँथों में से दाँये हाँथों में मातुलिंग, अभय, पाश और मुद्गर तथा बाँये हाँथों में गदा, अंकुश, नकुल और अक्षसूत्र आयुध धारण करते हैं।

मानवी /अशोका यक्षीः– शीतलनाथ की यक्षी दिगम्बर मतानुसार मानवी है जो चतुर्भुजा तथा कृष्णशूकरवाहना है। उनके दाँये हाँथों में माला और वरद तथा बाँये हाँथों में मत्स्य और फल आयुध धारण करती हैं। श्वेताम्बर परम्परानुसार शीतलनाथ की यक्षी अशोका हैं वह भी चतुर्भुजा हैं लेकिन पद्मवाहना है। उनके दाँये हाँथों में वरद और पाश तथा बाँये हाँथों फल व अंकुश होते हैं।

11. श्रेयाँसनाथ के यक्ष–यक्षी

ईश्वर यक्षः– ग्यारहवें तीर्थकर श्रेयाँसनाथ का यक्ष ईश्वर नाम से उल्लिखित है जो वृषभवाहना, चतुर्भुजा व त्रिनेत्रा हैं। दिगम्बर ग्रथों के अनुसार उनके दाँये हाँथों में अक्षसूत्र और फल तथा बाँये हाँथों त्रिशूल और दण्ड होते हैं। श्वेताम्बर आम्नाय के अनुसार इस देवता के दाँये हाँथों में मातुलिंग और गदा तथा बाँये हाँथों नकुल और अक्षसूत्र होते हैं।

गौरी / मानवी यक्षीः– दिगम्बर साहित्य के अनुसार तीर्थकर श्रेयाँसनाथ की यक्षी गौरी हैं जो पीतवर्णा, चतुर्भुजा व मृगवाहना हैं। उनके हाँथों में मुद्‌गर, कमल, अंकुश और वरद आयुध होते हैं। श्वेताम्बर ग्रंथों में श्रेयाँसनाथ की यक्षी गौरवर्णा मानवी है, वह सिंह पर आसीन होती है, उनके दाँये हाँथों में वरद और मुद्‌गर तथा बाँयें हाँथों में कलश और अंकुश धारण करती है।

12. वासुपूज्य के यक्ष–यक्षी

कुमार यक्षः– बारहवें तीर्थकर वासुपूज्य का यक्ष कुमार है जिसका वाहन हँस है। दिगम्बर मतानुसार वह छह भुजाधारी व त्रिमुखी हैं उनके दाँये हाँथों में बाण, गदा और वरद तथा बाँये हाँथों धनुष, नकुल और फल होते हैं। श्वेताम्बर आम्नाय के अनुसार इस देवता के चार हाँथ ही होते हैं जिसमें दाँये हाँथों में मातुलिंग और बाण तथा बाँये हाँथों नकुल और धनुष होते हैं।

गाँधारी / चण्डाः– दिगम्बर ग्रंथों के अनुसार वासुपूज्य की यक्षी गाँधारी है, वह हरितवर्णा, चतुर्भुजा एवं मकरवाहिनी है। उनके ऊपरी दाँये हाँथ में कमल, निचला वरद मुद्रा में, बाँये ऊपरी हाँथ में कमल और निचले हाँथ में मुद्‌गल का विधान है। श्वेताम्बर साहित्य में वासुपूज्य की यक्षी चण्डा है जो श्यामवर्णा, चतुर्भुजा एवं अश्ववाहिनी है। चण्डा के वरद, शक्ति, पुष्प और गदा आयुध का उल्लेख है।

13. विमलनाथ के यक्ष–यक्षी

षण्मुख यक्षः–तीर्थंकर विमलनाथ के यक्ष का नाम तिलोयपण्णत्ति (दिगम्बर) एवं त्रिषष्टिश्लाकामहापुरूषचरित, आचार दिनकर (श्वेताम्बर) में षडमुख उल्लिखित है जो मयूर की सवारी करते हैं । अपने नाम के अनुरूप इसके छह मुँह एवं बारह हाँथ होते हैं, उनके ऊपरी आठ हाँथों में परशु एवं निचले हाथों में तलवार, अक्षमाला, खेटक और दण्ड आयुधों का विधान है।

वैरोटी / विदिताः– दिगम्बर परम्परा के अनुसार तीर्थंकर विमलनाथ की यक्षी वैरोटी है जो अजगर पर सवार होती हैं, चतुर्भुजा देवी के दो हाँथों में सर्प एवं दो हाँथों में धनुष व बाण धारण किए रहती हैं। श्वेताम्बर ग्रंथों के अनुसार विमलनाथ की यक्षी विदिता हैं जो पद्मासीन बतायीं गईं हैं, उनके दाँये हाथों में बाण व पाश तथा बाँये हाँथों में धनुष और नाग का विधान है।

14. अनन्तनाथ के यक्ष–यक्षी

पाताल यक्षः– दिगम्बर ग्रंथों के अनुसार चौदहवें तीर्थंकर अनन्तनाथ के शासन देव पाताल है जो त्रिमुखी एवं मकरवाहना हैं। इनके मस्तक पर नाग का अंकन होता है। इनकी छह भुजाएँ है जिनमें से दाँये ओर की तीन भुजाओं में अंकुश, शूल और तथा बाँये ओर की भुजाओं में चाबुक, हल और फल ये आयुध होते हैं। श्वेताम्बर शास्त्रों के अनुसार दाँये हाथों में कमल, खड्ग और पाश तथा बाँये हाँथों में नकुल, ढाल और अक्षसूत्र आयुध होते हैं।

अनंतमती / अंकुशा यक्षीः– दिगम्बर ग्रंथों में अनंतनाथ की यक्षी हँसवाहना अनंतमती उल्लिखित हैं। चतुर्भुजा देवी के हाँथों में धनुष, बाण, फल और वरद आयुध होते हैं। श्वेताम्बर परम्परा में अनंतनाथ की यक्षी अंकुशा कहीं गईं हैं जो पद्म पर आसीन होती हैं। उनके दाँये हाँथों में पाश और तलवार तथा बाँये हाँथों में अंकुश और ढाल आयुधों का विधान है।

15. धर्मनाथ के यक्ष–यक्षी

किन्नर यक्षः– दिगम्बर जैन आम्नाय के अनुसार त्रिमुखी, षडभुजी एवं मीनवाहना किन्नर यक्ष, तीर्थंकर धर्मनाथ के यक्ष हैं। उनके दाँये ओर के हाँथों में मुद्गर, अक्षमाला और वरद तथा बाँये ओर के हाँथों में चक्र, वज्र और अंकुश आयुध होते हैं। श्वेताम्बर ग्रंथों में इस यक्ष का वाहन कूर्म है उनके दाँयी ओर के हाँथों में अभय, बीजपूरक, और गदा तथा बाँयी ओर के हाँथों में कमल, अक्षमाला और कमल आयुध का विधान है।

मानसी/कन्दर्पाः– पन्द्रहवें तीर्थंकर धर्मनाथ की यक्षी का नाम दिगम्बर ग्रंथों में मानसी उल्लिखित है जो व्याघ्र अथवा शार्दूल पर आरूढ होती हैं। षडभुजा देवी अपने हाँथों में कमल, धनुष, वरद, अंकुश, बाण, और कमल ये आयुध धारण करती हैं। श्वेताम्बरों के अनुसार धर्मनाथ की यक्षी कन्दर्पा या पन्नगा है जो मीनवाहना हैं लेकिन यह चतुर्भुजा हैं और अपने हाँथ में कमल, अंकुश, कमल तथा अभय से युक्त होते हैं।

16. शान्तिनाथ के यक्ष–यक्षी

गरूड यक्षः– शास्त्रों के अनुसार सोलहवें तीर्थंकर शान्तिनाथ का यक्ष चतुर्भुजी गरूड है वह वराह पर आसीन होते है तथा उनका मुख भी वराह जैसा है। दिगम्बर ग्रंथों के अनुसार यक्ष के दाँयें हाँथों में वज्र और चक्र तथा बाँये हाँथों में कमल और फल आयुध होते हैं, जबकि श्वेताम्बर आम्नाय के अनुसार वह दाँये हाँथों में बीजपूरक और कमल तथा बाँये हाँथों नकुल और अक्षसूत्र आयुध धारण करते हैं।

महामानसी/निर्वाणीः– तीर्थंकर शान्तिनाथ की यक्षी दिगम्बर ग्रंथों में महामानसी है जो चतुर्भुजा, पीतवर्णा एवं मयूरवाहना हैं। देवी के फल, चक्र, वरद और ईढि (तलवार) आयुध होते हैं। श्वेताम्बर साहित्य के अनुसार तीर्थंकर शान्तिनाथ की यक्षी निर्वाणी है जो चतुर्भुजा, गौरवर्णा एवं पद्मासना हैं। ये दाँये हाँथों में पुस्तक और उत्पल तथा बाँये हाँथों में कमण्डलु और कमल आयुध धारण करते हैं।

17. कुन्थुनाथ के यक्ष—यक्षी

गन्धर्व यक्षः— सत्रहवें तीर्थकर कुन्थुनाथ के शासन देव गन्धर्व यक्ष है दिगम्बर ग्रंथों के अनुसार वह श्यामवर्ण, पक्षीवाहना तथा चतुर्भुजी है। इनके ऊपरी दो हाँथों में नागपाश तथा निचले दो हाँथों में धनुष और बाण होते हैं। श्वेताम्बर साहित्य के अनुसार इनका वाहन हँस है, इनके दाँये हाँथों में पाश व वरद तथा बाँये हाँथों में मातुलिंग और अंकुश आयुध होते हैं।

जया / बला यक्षीः— तीर्थकर कुन्थुनाथ की यक्षी दिगम्बर ग्रंथों में जया नाम से लोकप्रिय हुई, वह पीतवर्णा, शूकरवाहना एवं चतुर्भुजा हैं। इनके हाँथों में शँख, चक्र, वरद और तलवार, आयुध होते हैं। श्वेताम्बर परम्परा में कुन्थुनाथ की यक्षी बला है जो मयूरवाहना है इनके बीजपूरक और शूल तथा मुषण्डी और कमल ये चार आयुध होते हैं।

18. अरनाथ के यक्ष—यक्षी

खेन्द्र / यक्षेन्द्रः— दिगम्बर ग्रंथों में अठारहवें तीर्थंकर अरनाथ का यक्ष खेन्द्र बताया गया है जो शँख पर आसीन होते है। श्याम वर्णा खेन्द्र के छह मुख होते हैं प्रत्येक मुख में तीन आँखों के साथ उनकी अठारह आँखें एवं बारह भुजाएँ हैं। खेन्द्र अपने दाँये हाँथों में बाण, कमल, फल, माला, अक्षसूत्र, और तथा बाँये हाँथों में धनुष, वज्र, पाश, मुद्गर, अंकुश, और वरद आयुध धारण करते हैं।

श्वेताम्बर आम्नाय में यक्षेन्द्र को तीर्थंकर अरनाथ का यक्ष कहा गया है जो उपर्युक्त शारीरिक अवयवों के साथ ही हैं किन्तु आयुध अलग हैं। यक्षेन्द्र के दाँये हाँथों में मातुलिंग, बाण, खड्ग, मुद्गर, पाश और, अभय तथा बाँये हाथों में नकुल, धनुष, ढाल, शूल, अंकुश और अक्षसूत्र होते हैं।

तारावती / धारिणीः— दिगम्बर परम्परा अनुसार तीर्थंकर अरनाथ की यक्षी तारावती है जो पीतवर्णा, चतुर्भुजा एवं हँसवाहना है। उनके दाँये हाँथों में वज्र और वरद तथा बाँये हाँथों में सर्प और मृग आयुध होते हैं। श्वेताम्बर ग्रंथों में अरनाथ की यक्षी पद्मासना धारिणी उल्लिखित है जो

श्यामवर्णा है उनके दाँये हाँथों में मातुलिंग और कमल तथा बाँये हाँथों में अक्षसूत्र और पाश धारण करती हैं।

19. मल्लिनाथ के यक्ष–यक्षी

कुबेर यक्षः– तीर्थंकर मल्लिनाथ का यक्ष कुबेर है जो चतुर्मुखी, अष्टभुजी तथा गजवाहना हैं। दिगम्बर शास्त्रों के अनुसार उनके दाँये चार हाँथों में खड्ग, बाण, पाश और वरद तथा बाँये चार हाँथों में ढाल, धनुष, दण्ड, और कमल आयुध होते हैं। श्वेताम्बर ग्रंथों में कुबेर अपने दाँये हाँथों में वरद, परशु, शूल और अभय तथा बाँये हाँथों में मुद्गर, अक्षसूत्र, बीजपूरक और शक्ति आयुध धारण करते हैं।

अपराजिता/वैरोट्या यक्षीः– मल्लिनाथ की यक्षी दिगम्बर परम्परा में अपराजिता या विजया है। चतुर्भुजा देवी के दाँये एक हाँथ में तलवार एवं दूसरा हाँथ वरद मुद्रा में होता है तथा बाँये हाँथों में खेट और फल धारण करती हैं। श्वेताम्बर ग्रंथों में मल्लिनाथ की यक्षी वैरोट्या है जो हँस पर आरूढ होती हैं उनके दाँये एक हाँथ में अक्षसूत्र एवं दूसरा वरद मुद्रा में होता है तथा बाँये हाँथों में शक्ति और बीजपूरक होता है।

20. मुनिसुव्रतनाथ के यक्ष–यक्षी

वरूण यक्षः– दिगम्बर एवं श्वेताम्बर दोनों ही आम्नायों में बीसवें तीर्थंकर मुनिसुव्रतनाथ का यक्ष वरूण को माना गया है। वरूण बृषभवाहना, जटाजूटधारी, त्रिनेत्रा, श्वेतवर्णा हैं। दिगम्बर ग्रंथों के अनुसार उनके आठ मुख तथा चार भुजा होती है, उनके खड्ग, खेट, वरद और बीजपूरक आयुध होते हैं। श्वेताम्बर परम्परा के अनुसार वरूण के चार मुख और अष्टभुजाधारी हैं, वह दाँये हाँथों में गदा, बाण, शक्ति और बीजपूरक तथा बाँये हाँथों धनुष, कमल, परशु और नकुल आयुध धारण करते हैं।

बहुरूपिणी/नरदत्ता यक्षीः– दिगम्बर ग्रंथों के अनुसार तीर्थंकर मुनिसुव्रतनाथ की यक्षी बहुरूपिणी हैं जो पीतवर्णा, नागवाहना और चतुर्भुजा है। इनके दाँये हाँथों में खड्ग और वरद तथा बाँयें हाँथों में खेटक और फल आयुध होते हैं। श्वेताम्बर आम्नाय के अनुसार तीर्थंकर

मुनिसुव्रतनाथ की यक्षी नरदत्ता है जो भद्रासीन होती है। देवी अपने दाँये हाँथों में वरद और अक्षसूत्र तथा बाँये हाँथों में मातुलिंग और शूल आयुध धारण करती हैं।

21. नमिनाथ के यक्ष–यक्षी

भृकुटि यक्षः– इक्कीसवें तीर्थंकर नमिनाथ के यक्ष का नाम जैन ग्रंथों में भृकुटि है वृषभारूढ चतुर्मुखी और अष्टभुजा है। दिगम्बर ग्रंथों के अनुसार भृकुटि के अंकुश, कमल, चक्र, वरद, खेट, असि, धनुष, और बाण आयुध होते हैं। श्वेताम्बरों के अनुसार भृकुटि के दाँये हाँथों में मातुलिंग, शक्ति, मुद्गर, और अभय तथा बाँये हाँथों में नकुल, परशु, वज्र और अक्षसूत्र होते हैं।

चामुण्डा / गाँधारीः– इक्कीसवें तीर्थंकर नमिनाथ की यक्षी का नाम दिगम्बर ग्रंथों में चामुण्डा प्राप्त होता है जो हरितवर्णा, चतुर्भुजा तथा मकरवाहना है। इनके दाँये हाँथों में अक्षसूत्र और तलवार तथा बाँये हाँथों में यष्टि और खेट आयुध होते हैं। श्वेताम्बर परम्परा में नमिनाथ की यक्षी गाँधारी है जो श्वेतवर्णा, चतुर्भुजा तथा हँसवाहना है। देवी के दाँये एक हाँथ में खड्ग एवं दूसरा वरद मुद्रा होता है, बाँये एक हाँथ में बीजपूरक और दूसरे में कुम्भ होते हैं।

22. नेमिनाथ के यक्ष–यक्षी

गोमेध या गोमेद यक्षः– बाईसवें तीर्थंकर नेमिनाथ के शासन देवता का नाम गोमेध या गोमेद यक्ष है। जैन कला व संस्कृति में गोमेध यक्ष और अम्बिका यक्षी अत्यंत लोकप्रिय हैं। यक्ष–यक्षियों की प्राप्त प्रतिमाओं में सबसे अधिक इन्ही की हैं। गोमेध श्यामवर्णा, त्रिमुखी, नरवाहना तथा षडभुजी देवता है। इनके दाँये हाँथों में फल, वज्र और वरद तथा बाँये हाँथों मुद्गर (द्रघण), कुठार और दण्ड आयुध होते हैं। श्वेताम्बर परम्परा के अनुसार यक्ष अपने दाँये हाँथों में मातुलिंग, परशु और चक्र तथा बाँये हाँथों में नकुल, शूल और शक्ति आयुध धारण करते हैं।

अम्बिका यक्षीः– तीर्थंकर नेमिनाथ की यक्षी अम्बिका या आम्रा है शास्त्रों में इनके अन्य नाम कूष्माण्डी, तारा व अंबिला आदि भी प्राप्त होते हैं। अम्बिका का वाहन सिंह है। दिगम्बर मतानुसार द्विभुजी देवी आम्रवृक्ष के नीचे स्थित होती है, उनकी वाँयी कटि या गोद में पुत्र प्रियंकर तथा दाँयी ओर पुत्र शुभंकर होता है। द्विभुजी की स्थिति में दाँया हाँथ वरद मुद्रा में और बाँये हाँथ में फल होता है। श्वेताम्बर ग्रंथों के अनुसार वह चतुर्भुजा होती है वह दाँये हाँथों में आम्रलुम्बि और पाश तथा बाँये हाँथों में चक्र और अंकुश धारण करती हैं। वह अपनी स्थिति के अनुसार जैसे पार्श्व, सिंहासन तथा पादमूल में क्रमशः द्विभुजा, चतुर्भुजा तथा अष्टभुजा होती हैं।

23. पार्श्वनाथ के यक्ष–यक्षी

धरणेन्द्र/पार्श्व यक्षः– तेइसवें तीर्थंकर पार्श्वनाथ के यक्ष को दिगम्बर जैन संस्कृति में धरणेन्द्र के नाम से लोकप्रिय प्राप्त है। वह श्यामवर्णा, सर्परूप, कूर्मवाहना तथा चतुर्भुजा है। देवता के ऊपरी हाँथों में सर्प तथा निचला एक हाँथ वरद मुद्रा में तथा दूसरे में नागपाश होता है। श्वेताम्बर परम्परा में पार्श्व नाम का यक्ष ही तीर्थंकर पार्श्वनाथ का यक्ष है, जो धरण से लगभग समान है लेकिन आयुधों में भिन्न है। वह बाँये हाथों में नकुल और सर्प तथा दाँये हाँथों में बीजपूरक और सर्प धारण करते हैं।

पद्मावती यक्षीः– दोनों ही जैन परम्पराओं में तेईसवें तीर्थंकर पार्श्वनाथ की यक्षी के रूप में पद्मावती को मान्यता प्राप्त है। पद्मावती की आराधना व स्तुति करते हुए दोनों आम्नायों के आचार्यों व विद्वानों द्वारा स्त्रोतों की रचना की गई। ग्रंथों में देवी को पद्मासना और कुर्कुट सर्प पर स्थित बताया गया है। दिगम्बर जैन साहित्य के अनुसार पद्मावती की चार, छह, आठ, चौबीस भुजाएँ हो सकती हैं जबकि श्वेताम्बर परम्परा में पद्मावती चतुर्भुजा ही होती है। दिगम्बर मतानुसार उनके दाँये एक हाँथ में अक्षमाला और दूसरा वरद मुद्रा तथा बाँये हाँथों में अँकुश तथा कमल होता है। श्वेताम्बर निर्वाण कलिका अनुसार दाँये हाँथों में पद्म और पाश तथा बाँये हाँथों में फल और अंकुश होते हैं।

24. महावीर के यक्ष–यक्षी

मातंग यक्षः– चौबीसवें और अंतिम तीर्थंकर महावीर के यक्ष का नाम मातंग है जो गज पर आसीन होते हैं। मातंग के मस्तक पर धर्मचक्र धारण किए रहते हैं। दिगम्बर साहित्य के अनुसार द्विभुजी यक्ष का दाँया हाँथ वरद मुद्रा में तथा बाँये हाँथ में मातुलिंग (फल) होते हैं। श्वेताम्बर ग्रंथों में उनके दाँये हाँथ में नकुल और बाँये हाँथ में बीजपूरक का उल्लेख है।

सिद्धायिका यक्षीः– दोनों ही जैन परम्पराओं में महावीर की यक्षी का नाम सिद्धायिका या सिद्धा प्राप्त होता है। दिगम्बर ग्रंथों में सिद्धायिका स्वर्णवर्णा, भद्रासना, तथा द्विभुजी है, उनका दाँया हाँथ वरद मुद्रा में तथा बाँये हाँथ में पुस्तक लिए रहती हैं। श्वेताम्बर ग्रंथों के अनुसार सिद्धायिका चतुर्भुजा होती है उनके दाँये एक हाँथ में पुस्तक और दूसरा अभय मुद्रा में होता है तथा बाँये हाँथों में पाश और कमल होते हैं।

बाहुबली

बाहुबली प्रथम तीर्थंकर ऋषभदेव के ज्येष्ठ पुत्र एवं चक्रवर्ती सम्राट भरत के अग्रज थे। भरत एवं बाहुबली अलग–अलग राज्य में शासन करते थे। बाहुबली के शरीर का आकार बहुत बड़ा था एवं वह बहुत बलशाली भी थे। चक्रवर्ती सम्राट भरत को अपने चक्रवर्तित्व के लिए दिग्विजय करना आवश्यक था जिसके लिए सभी राजाओं को पराजित करना या आत्मसमर्पण कराना अनिवार्य होता है, इसके उन्हे अपने भाई से भी युद्ध करना पड़ा। बाहुबली ने युद्ध किया लेकिन विजय के बाद उन्हे वैराग्य हो गया कि संसार व्यर्थ है जिसमें भाई से ही युद्ध करना पड़ रहा है। बाहुबली, युद्ध एवं अपना राजपद व शासन त्यागकर मुनि वेष धारण कर तपस्या करने चले गए। बाहुबली लम्बे समय तक एक स्थान पर खड़े होकर तपस्या करते रहे जिससे उनके पैरों के नीचे लताएँ उगकर पैरों में लिपट गई एवं सर्पों ने अपने आवास बना लिए थे। बाहुबली की प्रतिमा सम्पूर्ण देश में निर्मित एवं प्रतिष्ठित हुईं हैं। इनकी प्रतिमाओं में बाहुबली को स्थानक व समभंग मुद्रा में प्रदर्शित किया जाता है एवं उनके पैरों में लताएँ लिपटी हुई अंकित की जाती हैं।

नवग्रह

सभी भारतीय धर्मों में ग्रहों की मान्यता प्रदान की गई हैं। प्रारम्भिक जैन ग्रंथों में सूर्य, चन्द्र, तारे आदि ज्योतिष्क देवों के अन्तर्गत पूर्व में मान्यता प्राप्त थे, बाद में पूर्व मध्यकालीन प्रतिमाशास्त्रीय ग्रंथों में नवग्रहों को पृथक मान्यता प्रदान कर दी गई एवं उनके लक्षण निर्धारित कर दिए गए। यक्ष–यक्षियों के अतिरिक्त ग्रह देवताओं को भी कुछ तीर्थंकरों के शासन देवता या सेवक देव की संज्ञा दी गई। प्रतिष्ठा कल्प में सूर्य, चन्द्र, भौम, बुध, बृहस्पति, शुक्र, शनि, राहु और केतु क्रमशः पद्मप्रभ, चन्द्रप्रभ, वासुपूज्य, शान्तिनाथ, ऋषभनाथ, सुविधिनाथ, मुनिसुब्रतनाथ, नेमिनाथ और पार्श्वनाथ के शासन देवता बताए गए हैं। जैन संस्कृति में नवग्रह द्वारा किसी शुभ–अशुभ की मान्यता प्रारम्भिक ग्रंथों में प्राप्त नहीं होती है लेकिन पूर्वमध्यकालीन कुछ ग्रंथों में यह मान्यता दे दी गई। आचार दिनकर के अनुसार सूर्य की शान्ति के लिए पद्मप्रभ की, चन्द्र की शान्ति के लिए चन्द्रप्रभ की, भूमिपुत्र (मंगल) की शान्ति वासुपूज्य की, बुध की शान्ति के लिए अष्ट जिनेन्द्र विमलनाथ, अनंतनाथ, धर्मनाथ, शान्तिनाथ, कुन्थुनाथ, अरनाथ, नमिनाथ और वर्धमान की, बृहस्पति की शान्ति के लिए ऋषभनाथ, अजितनाथ, संभवनाथ, अभिनंदननाथ, सुमतिनाथ, सुपार्श्वनाथ, शीतलनाथ, और श्रेयांसनाथ की, शुक्र की शान्ति के लिए सुविधिनाथ की, शनि की शान्ति के लिए मुनिसुव्रतनाथ की, राहु की शान्ति के लिए नेमिनाथ की और केतु की शान्ति के लिए मल्लिनाथ ओर पार्श्वनाथ की पूजा करनी चाहिए।[46] आचार दिनकर व निर्वाण कलिका के अनुसार सूर्य पूर्व दिशा का स्वामी है द्विभुजी देव का वाहन सात अश्वों का रथ है। सूर्य का रंग स्फिटिक के समान एवं उनके वस्त्रों का रंग लाल होते हैं, उनके दोनों के हाथों में कमल होते हैं। चन्द्र, वायव्य दिशा का आधीश है, द्वि भुजी चन्द्रदेव का वाहन अश्व है उनके हाँथों में सुधाकुम्भ होते हैं। मंगल, दक्षिण दिशा का स्वामी है, द्विभुजी इस देव का वाहन भूमि है, वो हाँथों में कुदाल लिए होते हैं। बुध, उत्तर दिशा का स्वामी है इस देव के दोनों हाँथों में पुस्तक होती है इनका वाहन कालहँस है। गुरू को ईशान दिशा का स्वामी कहा गया है उनका वाहन हँस है। शुक्र को आग्नेय दिशा का आधीश कहा गया है, इनका वाहन अश्व है, द्विभुजी देव हाँथों में कुम्भ

लिए होते हैं। शनि, पश्चिम दिशा का स्वामी है इनका वाहन कमठ है इनका आयुध परशु है। राहु नैर्ऋत्य दिशा का स्वामी है वाहन सिंह एवं परशु धारण करते हैं।[47]

दिक्पाल

प्राचीन भारतीय साहित्य में विभिन्न दिशाओं के पालक या स्वामी देवों को दिक्पाल कहा गया है। कृष्ण यजुर्वेद में अग्नि, इन्द्र, वरूण, सोम, बृहस्पति एवं यम इन छह दिक्पालों का वर्णन किया गया है। कालान्तर में इनकी संख्या आठ हो गई, मनुस्मृति में आठ दिक्पालों का उल्लेख है – चन्द्र, सूर्य, वायु, अग्नि, यम, वरूण, इन्द्र एवं कुबेर। बौद्ध धर्म में चार दिक्पालों की मान्यता है।[48] जैनों की प्रारम्भिक सूची में भी चार लोकपालों या दिक्पालों का नाम मिलता है। तिलोयपण्णत्ति के तृतीय अध्याय में उल्लेख है कि भवनवासी देवों के इन्द्रों के सोम, यम, वरूण, और धनद (कुबेर) नाम के चार लोकपाल होते हैं। प्रतिमाशास्त्रीय व उसके निरूपण की दृष्टि से प्रारम्भिक विस्तृत उल्लेख निर्वाण कलिका और प्रतिष्ठासारसंग्रह में प्राप्त होता है। इनकी लाक्षणिक विशेषताएँ बहुत कुछ हिन्दू दिक्पालों से प्रभावित हैं। लगभग आठवी–नवी शती ईसवी में जैन देवकुल में दिक्पालों की धारणा विकसित हुई। जैन मंदिरों पर इनका अंकन नवी शती ईसवी में प्रारम्भ हो गया था जिसका एक उदाहरण ओसिया के महावीर मंदिर पर है। जैन परम्परा में दिक्पालों की संख्या दस बताई गई है। ऊर्ध्व और अधो दिशाओं के दिक्पालों की कल्पना जैनों की अपनी विशेषता है। जैन ग्रंथों में जिन लोकपालों अथवा दिक्पालों के नाम दिए गए हैं, वे बाद के हिन्दू ग्रंथों द्वारा स्वीकार किए गए हैं। उनके अनुसार कुबेर उत्तर दिशा के, ईशान उत्तर–पूर्व के, इन्द्र पूर्व के, अग्नि दक्षिण–पूर्व के, यम दक्षिण दिशा के, नैऋत्य दक्षिण–पश्चिम के, वरूण पश्चिम के, वायु उत्तर–पश्चिम के, ब्रह्मा ऊर्ध्व (आकाश) के एवं धरणेन्द्र या नाग अधोभाग के स्वामी हैं। दिगम्बर आम्नाय ब्रह्मा एवं नाग को नहीं मानता।[49] हिन्दू ग्रथ यथा विष्णुधर्मोत्तर पुराण, रूपमण्डन व अपराजितपृच्छा में लोकपालों के चतुर्भुज होने की मान्यता है लेकिन अग्नि पुराण, मानसोल्लास, बृहतसंहिता में द्विभुजी की मान्यता है। द्विभुजी

होने की मान्यता प्राचीन है। जैन परम्परा में भी दिक्पालों को द्विभुज माना गया है। दिक्पालों के वाहनों की मान्यता अग्निपुराण से लगभग साम्य रखती है। कुबेर के वाहन में भिन्नता है जैनों में कुबेर का वाहन दिगम्बर में पुष्पक विमान एवं श्वेताम्बरों में नरवाहना बताया गया है जबकि अग्नि पुराण में कुबेर का वाहन मेष बताया गया है। जैन परम्परा में दिक्पालों के वाहन, आयुध एवं उनकी पत्नियों का विवरण इस प्रकार है[50]—इन्द्र का वाहन गज है, वज्र उनका प्रमुख आयुध है, इनकी पत्नी शची है। वरूण का वाहन मकर है, पाश उनका प्रमुख आयुध है, इनकी पत्नी वरूणनी इनकी पत्नी है। यम का वाहन महिष है, दण्ड उनका प्रमुख आयुध है, छाया या घूमोर्णा इनकी पत्नी है। कुबेर का वाहन पुष्पक विमान है, गदा उनका प्रमुख आयुध है, वृद्धि या ऋद्धि इनकी पत्नी है। अग्नि का वाहन छाग या मेडा है, कमण्डलु और अक्षसूत्र इनके आयुध है, स्वाहा इनकी पत्नी है। वायु का वाहन मृग है, ध्वज इनका प्रमुख आयुध है, शिवा या वायुवेगी इनकी पत्नी है। नैऋृत्य का वाहन ऊँट है, मुद्‌गर इनका प्रमुख आयुध है, निऋति इनकी पत्नी है। ईशान का वाहन वृषभ है, त्रिशूल उनका प्रमुख आयुध है। चन्द्र या सोम के आयुध भाला और धनुष है, इनकी पत्नी रोहिणी है। ब्रह्मा के हाँथों में पुस्तक और कमल होते हैं। धरणेन्द्र अंकुश और पाश धारण करते हैं, इनकी पत्नी पद्मावती है। जैन परम्परा में अग्नि को रक्त वर्ण, यम, नैऋत्य और पवन को श्याम वर्ण, वरूण, ईशान, चन्द्र और धरणेन्द्र को श्वेत वर्ण तथा इन्द्र और कुबेर को स्वर्ण के समान पीत वर्ण माना है।

क्षेत्रपाल

क्षेत्रपाल की प्रतिमा की स्थापना मंदिरों में आवश्यक रूप से की जाती है। इनकी स्थापना जिन मंदिर क्षेत्र के अधिपति क्षेत्ररक्षक देव के रूप में की जाती है। इनका स्वरूप यद्यपि उग्र रहता है किन्तु पूजा के लिए उग्र स्वरूप के स्थान पर शांत रूप की प्रतिमा स्थापित की जाती है। दिगम्बर एवं श्वेताम्बर दोनों ही सम्प्रदायों में क्षेत्रपाल की मान्यता है। ये देव तत्कालिक रूप से फलदायक या मनोकामनाओं की पूर्ति करने में सहायक माने जाते हैं लेकिन इनका स्थान सेवक देव का ही है। यह

यक्ष श्रेणी के देव माने गये हैं इनका विजयभद्र, मणिभद्र, वीरभद्र, भैरव एवं अपराजित नाम भी हैं। क्षेत्रपाल की लाक्षणिक विशेषताएँ हिन्दू भैरव से प्रभावित हैं। हिन्दुओं में क्षेत्रपाल को शिव का रूप माना गया है। रूपमण्डन (5/74–75) के अनुसार क्षेत्रपाल नग्न एवं घण्टाभूषित होते हैं। उनकी जटाएँ सर्प और मुण्डमाला से ग्रंथित होती हैं। उनका यज्ञोपवीत भी मुण्डग्रथित होता है। उनके हाँथों के आयुध कर्तिका और डमरू तथा बाँये हाँथों के आयुध शूल और कपाल बताऐ गये हैं। आशाधर रचित प्रतिष्ठासारोद्धार के अनुसार क्षेत्रपाल के ऊपरी दो हाँथों में तलवार और ढाल, नीचे के दाँये हाँथ में काला कुत्ता ओर नीचे के ही बाँये हाँथ में गदा होती है।[51] आचार दिनकर में क्षेत्रपाल के रूप का वर्णन विस्तार से किया गया है जिसमें हिन्दू परम्परा के ग्रंथों से साम्य है। आचार दिनकर के अनुसार, क्षेत्रपाल की बीस भुजाएँ हैं। वे कृष्ण, गौर, कांचन, धूसर, और कपिल वर्ण के हैं। क्षेत्रपाल के अनेक नाम है जिनमें से एक प्रेतनाथ भी है। बर्बर केश, जटाजूट, वासुकि का जिनयज्ञोपवीत, तक्षक की मेखला, शेषनाग का हार, नाना–आयुध, सिंह चर्म का आवरण, प्रेत का आसन, कुक्करवाहन, त्रिलोचन, आनेद वैभव आदि अष्ट भैरवों से युक्त तथा चौसठ जोगनियों के बीच स्थिति, यह क्षेत्रपाल का रूप है। निर्वाणकलिका में वर्णित है कि क्षेत्र के अनुसार क्षेत्रपाल के भिन्न–भिन्न नाम हुआ करते हैं। उनके दाँये हाँथों में मुद्गर, पाश और डमरू तथा बाँये हाँथों में श्वान, अंकुश और गेडिका आयुष होते हैं। क्षेत्रपाल का स्थान जिनेन्द्र भगवान के दक्षिण पार्श्व में ईशान की ओर दक्षिण दिशामुख बताया गया है।[52]

जैन धर्म का अन्य सहायक देव वर्ग

जैन दर्शन के प्रतिष्ठित ग्रंथ तत्वार्थ सूत्र के चौथे अध्याय, तिलोयपण्णत्ति एवं प्रतिष्ठासारोद्धार के तीसरे अध्याय में चतुर्निकाय देवताओं को मुख्य रूप से चार वर्गों में विभाजित कर वर्णित किया गया है[53]–भवनपति, व्यंतर, ज्योतिष्क, एवं वैमानिक। भवनपति के दस, व्यंतर के दस, ज्योतिष्क के पाँच एवं वैमानिक के बारह भेद हैं।

भवनवासीदेव:– यह देव मध्यलोक के सुमेरू पर्वत के नीचे अधोलोक में निवास करते हैं, इनके दस भेद इस प्रकार हैं–असुरकुमार, नागकुमार,

विद्युतकुमार, सुपर्णकुमार, अग्निकुमार, वातकुमार, स्तनितकुमार, उदधिकुमार, द्वीपकुमार एवं दिक्कुमार। इन देवों को कुमार इसलिए कहा गया है क्योंकि ये मनोहर एवं सुकोमल होते हैं। असुरकुमार वर्ग के देवों का वर्ण कृष्ण एवं इनके मुकुट में चूड़ामणि का चिन्ह होता है। अग्निकुमार वर्ग के देवों का वर्ण कालश्यामल एवं मुकुट में सर्प का चिन्ह होता है। विद्युतकुमार वर्ग के देवों का वर्ण विद्युत एवं इनके मुकुट में वज्र का चिन्ह होता है। सुपर्णकुमार देवों का वर्ण श्यामल एवं मुकुट में गरूड़ का चिन्ह होता है।

अग्निकुमारों का वर्ण अग्नि ज्वाला जैसा बताया गया है एवं उनके मुकुट में कलश का चिन्ह अंकित होता है। वातकुमार देवों का वर्ण नीलकमल जैसा एवं मुकुट तुरग चिन्हित होता है। स्तनितकुमारों का वर्ण कालश्यामल एवं मुकुट में वर्धमान या स्वस्तिक का चिन्ह वर्णित है। उदधिकुमार का वर्ण भी कालश्यामल होता है लेकिन इनके मुकुट में मकर का चिन्ह होता है। द्वीपकुमारवर्ग के देवों का वर्ण श्यामल होता है एवं उनके मुकुट में हस्ती का चिन्ह होता है। दिक्कुमारों का वर्ण भी श्यामल होता है लेकिन उनके मुकुट में सिंह का चिन्ह होता है। प्रत्येक वर्ग के देवों के दो (उत्तर एवं दक्षिण) इन्द्र भी होते हैं। इन देवों के इन्द्र अणिमादिक ऋद्धियों से युक्त एवं मणिमय कुण्डलों से अलंकृत होते हैं। इन्द्रों का किरीटमुकुट और प्रतीन्द्रों का साधारण मुकुट होता है। भवनवासी देवों के इन्द्रों के नाम तिलोयपण्णत्ति में इस प्रकार हैं–असुरकुमारों के दक्षिण एवं उत्तर के क्रमशः चमर एवं वैरोचन इन्द्र हैं इनका वाहन लुलाय, मुकुट का चिन्ह चूडामड़ी एवं मुद्गर अस्त्र है। नागकुमारों के भूतानंद एवं धरणानंद इन्द्र हैं इनका वाहन कमठ, मुकुट का चिन्ह नागफण एवं नागपाश अस्त्र है। सुपर्णकुमारों के इन्द्रवेणु एवं वेणुधारक हैं इनका वाहन द्विरद, मुकुट का चिन्ह सुपर्ण एवं मुद्गर दण्ड है। द्वीपकुमारों के पूर्ण एवं वशिष्ट इन्द्रों का वाहन तुरंग, मुकुट का चिन्ह द्विप है। उदधिकुमारों के जलप्रभ एवं जलकान्त इन्द्र हैं इनका वाहन वारीभ, मुकुट का चिन्ह मकर एवं वडिदण्ड अस्त्र है। स्तनितकुमारों के घोष एवं महाघोष हैं इनका वाहन मृगेन्द्र, मुकुट का चिन्ह वज्र एवं खड्ग अस्त्र है। विद्युत्कुमारों के हरिषेण एवं हरिकान्त इन्द्र हैं इनका वाहन वराह, मुकुट का चिन्ह स्वस्तिक एवं

तडित अस्त्र है। दिक्कुमारों के अमितगति एवं अमिवाहन इन्द्र हैं इनका वाहन दिक्कुंजर, मुकुट का चिन्ह सिंह एवं परिघा अस्त्र है। अग्निकुमारों के अग्निशिखी एवं अग्नि वाहन इन्द्र हैं इनका वाहन महास्तम्भ, मुकुट का चिन्ह कुम्भ एवं उल्का अस्त्र हैं एवं वायुकुमार वर्ग के बेलम्ब एवं प्रभंजन इन्द्र होते हैं इनका वाहन तुरंग, मुकुट का चिन्ह तुरंग एवं वृक्ष अस्त्र हैं। भवनवासी देवताओं का कार्य है नारकी जीवों को आपस में लड़वाकर उन्हे कष्ट व सजा देना।

व्यंतरदेवः—व्यंतर देव ऊर्ध्वलोक, मध्यलोक एवं अधोलोक तीनों में निवास करते हैं। यह देव स्वेच्छा या दूसरों से प्रेरित हाक कहीं भी जाते रहते हैं। यह देवता मनुष्यों की सेवा भी करते हैं। विविध पर्वतों, गुफाओं तथा वनों के अंतरों में बसने के कारण उन्हे व्यंतर कहा जाता है। व्यंतरों के आठ भेद है—किन्नर, किंपुरूष, महोरग, गान्धर्व, यक्ष, राक्षस, भूत व पिशाच। किन्नर नामक व्यंतर देव दस प्रकार के हैं— किन्नर, किंपुरूष, किंपुरूषोत्तम, हृदयंगम, रूपशाली, अनिन्दित, मनोरम, रतिप्रिय और रतिश्रेष्ठ। किंपुरूष नामक व्यंतरदेव के दस प्रकार हैं— पुरूष, सत्पुरूष, महापुरूष, पुरूषवृषभ, पुरूषोत्तम, अतिपुरूष, मरूदेव, मरूत, मेरूप्रभ और यशस्वान। महोरग के दस प्रकार हैं— भुजग, भोगशाली, महाकाव्य, अतिकाय, स्कंधशाली, मनोरग, मनोरम, महावेग, महेष्वक्ष, मेरूकान्त, और भास्वान। गान्धर्व व्यंतर देव के बारह प्रकार के हैं— हाहा, हूहू, तुम्बुरब, नारद, ऋषिवादिक, भूतवादिक, कादम्ब, महाकादम्ब, रैवत, विश्वासवसु, गीतरति, और गीतयश। यक्ष तेरह प्रकार के हैं—पूर्णभद्र, मणिभद्र, श्वेतभद्र, हरिभद्र, सुमनोभद्र, व्यतिपातिकभद्र, सुभद्र, सर्वतोभद्र, मनुष्ययक्ष, वनाधिपति, वनाहार, रूपयक्ष और यक्षोत्तम। राक्षस के सात प्रकार है—भीम, महाभीम, विध्न, विनायक, जलराक्षस, राक्षस और ब्रह्मराक्षस। भूत नौ प्रकार के हैं— सुरूप, प्रतिरूप, अतिरूप, भूतोत्तम, स्कन्दिक, महास्कन्दिक, महावेग, प्रतिच्छन्न, और आकाशम। पिशाच पन्द्रह प्रकार के हैं—कुष्माण्ड, पटक, जोष, आह्वक, काल, महाकाल, चौक्ष, अचौक्ष, तालपिशाच, मुखरपिशाच, अधस्तारक, देह, महाविदेह, तूष्णीक और वनपिशाच।पूर्णभद्र, मणिभद्र, शालिभद्र, सुमनभद्र, लक्षरक्ष, पूर्णरक्ष, सवर्ण, आदि का यक्षों का उललेख भगवती सूत्र (3/7) में भी मिलता है। आठों प्रकार के व्यंतरों के चिन्ह

क्रमशः अशोक, चम्पक, नाग, तुम्बरू, वट, खटवांग, सुलस एवं कदम्बक। खटवांग को छोड़कर अन्य सभी वृक्ष हैं।

ज्योतिष्क देवः–ज्योतिष्क देव मनुष्य लोक एवं इसके ऊपर निवास करते हैं। इनके पाँच समूह हैं – चन्द्र, सूर्य, ग्रह, नक्षत्र, और प्रकीर्णक तारे। ज्योतिष्क (प्रकाशमान) विमान में रहने के कारण सूर्य आदि ज्योतिष्क कहलाते हैं। इनके मुकुट में अपने नाम के अनुरूप चिन्ह होता है। मनुष्यलोक चन्द्र इन्द्र है और सूर्य प्रतीन्द्र। प्रत्येक चन्द्र के अठासी ग्रह हैं, उनमें से प्रथम पाँच बुध, शुक्र, बृहस्पति, मंगल और शनि हैं। प्रत्येक चन्द्र के अट्ठाईस नक्षत्र हैं। मनुष्यलोक के ज्योतिष्क विमान सदा अपने–आप घूमते रहते हैं। मनुष्यलोक के ऊपर के ज्योतिष्क विमान स्थिर होते हैं यत्र तत्र भ्रमण नहीं करते हैं।

वैमानिक देवः–चतुर्थ निकाय के देव वैमानिक हैं। वैमानिक देवों के दो भेद है – कल्पोपपन्न और कल्पातीत। कल्प में रहने वाले कल्पोपन्न एवं कल्प के ऊपर रहने वाले कल्पातीत कहलाते हैं। तिलोयपण्णत्ति (8/115) में वर्णित है कि बारह कल्पों (स्वर्ग) या सोलह कल्पों (स्वर्ग) की मान्यता है। दिगम्बर मान्यता के अनुसार सौधर्म, ईशान, सनत्कुमार, माहेन्द्र, ब्रह्म, ब्रह्मोत्तर, लान्तव, कापिष्ठ, शुक्र, महाशुक्र, शतार, सहस्रार, आनत, प्राणत, आरण, और अच्युत, ये सोलह स्वर्ग हैं। यह कल्प एक ऊपर दूसरा है। कल्पों के ऊपर कल्पातीत पटल हैं – पुरूषाकृति लोक के ग्रीवास्थानीय भाग में होने से विमान ग्रेवेयक कहलाते हैं जो नौ हैं, नौ अनुदिश और इनसे ऊपर–ऊपर विजय, वैजयंत, जयंत, अपराजित और सर्वाथसिद्धि ये पाँच प्रकार के अनुत्तर विमान हैं। सबसे उत्तर (प्रधान) होने के कारण अनुत्तर विमान कहे जाते हैं।

बालचंद्र जैन (पृ. 51)के अनुसार जैन प्रतिमा शास्त्र में मुख्यतः सौधर्म और ईशान स्वर्ग के इन्द्रों का प्रसंग आता है। लौकान्तिक देव केवल तीर्थंकर के वैराग्य के समय पृथ्वी पर आते हैं। उनके नाम सारस्वत, आदित्य, वह्नि, अरूण, गर्दतोय, तुषित, अव्याबाध, और अरिष्ट हैं। तीर्थंकर के जन्मकल्याणक के समय सौधर्मेन्द्र भगवान को गोद में लेता है, ईशानेन्द्र छत्र धारण करता है, सनत्कुमार और माहेन्द्र स्वर्ग के

इन्द्र चँवर ढोरते हैं। शेष इन्द्र जय जय का उच्चारण करते हैं। सौधर्मेन्द्र और ईशानेन्द्र ही भगवान का अभिषेक करते हैं तथा धनपति को सेवार्थ नियुक्त करते हैं। आचार दिनकर में सौधर्मेन्द्र और ईशानेन्द्र का स्वरूप इस प्रकार वर्णित किया है – सौधर्मेन्द्र का वर्ण कंचनवर्ण है गजारूढ इस इन्द्र की चार भुजाएँ होती हैं। वह पंचवर्णवस्त्राभरण से युक्त इन्द्र के दो हाँथ अंजलीबद्ध मुद्रा एवं एक हाँथ अभयमुद्रा एवं एक हाँथ में वज्र धारण करते हैं। सौधर्मेन्द्र का वर्ण श्वेतवर्ण है वृषभारूढ इस इन्द्र की चार भुजाएँ होती हैं। वह नीललोहितवस्त्र से युक्त इन्द्र के दो हाँथ अंजलीबद्ध मुद्रा एवं एक हाँथ में शूल एवं एक हाँथ में चाप धारण करते हैं।

जम्बूद्वीपपण्णत्तिसंगहो (11/257, 313) में पद्मा, शिवा, सुलसं, शची, अंजु, कालिंदी, श्यामा, और भानु ये आठ सौधर्मेन्द्र की अग्रदेवियाँ और श्रीमति, सुसीमा, वसुमित्रा, वसुन्धरा, ध्रुवसेना, जयसेना, सुषेण ाा और प्रभावती ये आठ ईशानेन्द्र की अग्रदेवियाँ बतायी गयीं हैं। तिलोयपण्णत्ति (5/85–87) के अनुसार सोलह स्वर्गों के इन्द्रों के वाहन, आयुध और मौलिचिन्ह इस प्रकार है – सौधर्मेन्द्र का वाहन गज, आयुध–वज्र, चिन्ह–शूकर, ईशानेन्द्र का वाहन अश्व, आयुध–त्रिशूल, चिन्ह–मृग, सनत्कुमारेन्द्र का वाहन सिंह, आयुध–तलवार, चिन्ह–महिष, माहेन्द्रेन्द्र का वाहन अश्व, आयुध–परशु, चिन्ह–मत्स्य, ब्रह्मेन्द्र का वाहन हँस, आयुध–मणिदण्ड, चिन्ह–कूर्म, ब्रह्मोत्तरेन्द्र का वाहन क्रौच, आयुध–पाश, चिन्ह–दर्दुर, लान्तवेन्द्र का वाहन सारस, आयुध–धनुर्दण्ड, चिन्ह–तुरग, कापिष्ठेन्द्र का वाहन मकर, आयुध–कमल, चिन्ह–कुंजर, शुकेन्द्र का वाहन चक्रवाक, आयुध–पूगफलगुच्छ, चिन्ह–चन्द्र, महाशुक्रेन्द्र का वाहन तोता, आयुध–गदा, चिन्ह–सर्प, शतारेन्द्र का वाहन कोयल, आयुध–तोमर, चिन्ह–अज्ञात, सहस्रारेन्द्र का वाहन गरूड़, आयुध–हलमूसल, चिन्ह–गेंडा, आनतेन्द्र का वाहन गरूड़, आयुध–श्वेतपुष्पों की माला, चिन्ह–छगल, प्राणतेन्द्र का वाहन कमल, आयुध–कमलमाला, चिन्ह–बृषभ, आरणेन्द्र का वाहन कुमुद, आयुध–चम्पकमाला, चिन्ह–कल्पतरू, अच्युतेन्द्र का वाहन मयूर, आयुध–मुक्तामाला, चिन्ह–कल्पतरू।

प्रतीक विषयक विचार

जिस किसी भौतिक वस्तु या चिन्ह द्वारा किसी अमूर्त विचार या अवधारणा का प्रतिनिधित्व किया जाता है उसे प्रतीक कहा जाता है। प्रकर्षेण तीव्यते गम्यते यस्मात तत् प्रतीकम अर्थात प्रकष्ट अर्थ को प्रदान करने वाला तत्व ही प्रतीक कहा जा सकता है। भारतीय प्रतिमाओं से जुड़ी प्रत्येक चीज का प्रतीकात्मक अर्थ है – आसन, आभूषण, आयुध, हाव–भाव, वाहन संयुक्त गौण देवी–देवता आदि। प्रतीक शब्द का सर्वप्रथम उल्लेख ऋग्वेद में हुआ है।[54] विभिन्न प्रतीकों को सर्वप्रथम उपनिषदों व आरण्यकों में ही वर्णित किया गया है बाद में आगम साहित्य एवं पुराणों में इसे समझाया गया है। प्रतिमा भक्तिवाद में प्रमुख उपादान माना गया है। प्रतीकों की भाषा तब विकसित होती है जब किसी चीज का प्रतिनिधित्व करने का प्रयास किया जाता है जो मानव मन की सामान्य क्षमता से समझने या व्यक्त करने से परे होता है। जहाँ शब्द किसी अदृश्य व अस्पष्ट वस्तु या विचार को व्यक्त करने में असमर्थ या पर्याप्त होते है वहाँ प्रतीक उसका बोध कराने में समर्थ होते हैं। एक पारलौकिकता वास्तविकता प्रतीकों के रूप में ज्ञात समकक्षों के सन्दर्भ में व्यक्त की जाती है। सभी मानव सम्पर्क माध्यम के रूप में प्रतीकों का उपयोग करता है। किसी चीज की मात्रा का प्रतिनिधित्व करने के लिए हम संख्या का उपयोग करते हैं। विचारों को व्यक्त एवं सम्प्रेषित करने के लिए हम शब्दों के रूप ज्ञात प्रतीको का उपयोग करते हैं। प्रतीक पारम्परिक हो सकता है तो प्राकृतिक भी। ब्रह्माण्ड विज्ञान में प्रतीकवाद वास्तविकता की अभिव्यक्ति है। यह उन विशेष बिन्दुओं की अभिव्यक्ति है जहाँ दो लोकों का मिलन होता है – पदार्थ एवं पारलौकिक। अमूर्त, अदृश्य तथा अप्रस्तुत विषयों को मूर्त दृश्य तथा प्रस्तुत रूप में प्रकट करने के लिए प्रतीकों को माध्यम बनाया जाता है। सम्पूर्ण भारतीय प्रतिमाशास्त्र प्रतीकों के आधार पर सृजित की गई है जिसमें विचारों और रूपों के बीच प्राकृतिक संबंध है। प्रतीकों को हजारों वर्षों में तैयार किया गया है जिसकी उत्पत्ति सुदूर अतीत में खो गई। प्रतीक तर्कसंगत दिमाग से बात नहीं करते हैं और तर्क से पूरी तरह से समझा भी नहीं जा सकता है। ये आत्मसात करने, चिन्तन, आंतरिक अनुभव, आध्यत्मिक एहसास एवं पूजा के विषय

हैं। प्रतीक अचेतन मन की गूढ भाषा है। भारतीय संस्कृति में प्रतीकों का विशेष महत्व रहा है। हडप्पा सभ्यता की कला में प्रतीकों का प्रयोग बहुतायत में किया है। यहाँ से प्राप्त अधिकाँश मुहरों पर प्रतीकों का अंकन हुआ है। इन पर नंदी, वेदिका, स्वस्तिक, आदि का अंकन मिलता है।[55] वैदिक काल में सूर्य, स्वस्तिक, चन्द्र, वृषभ, ऐरावत, पूर्ण कुम्भ, वेदिका, पद्म, कल्पलता आदि मुख्य प्रतीक थे जिन्हे उस समय की कला में स्थान दिया गया। प्रतीकों का अंकन आहत मुद्राओं पर भी मिलता है। ये मुद्राएँ भारत के कई भागों से प्राप्त हुई हैं। इन मुद्राओं पर सूर्य, नंदी पद, मेरू पर्वत, चन्द्र, वेदिका, स्वस्तिक, पुष्प आदि प्रतीकों का अंकन प्राप्त होता है। धीरे–धीरे उपासना और धर्म का क्षेत्र जितना व्यापक और सर्वसुलभ होता गया, प्रतीकों का की आवश्यकता उसी अनुपात में बढती गई। प्रतीकों की संख्या में उत्तरोत्तर वृद्धि होती गई। हरिवंश पुराण में 108 प्रतीकों सूची की दी गई है।

जैन धर्म व संस्कृति में प्रतीकों की मान्यता प्राचीन काल से ही रही है। मथुरा से प्राप्त अयागपट्टों में प्रतीक एवं तीर्थंकर प्रतिमा दोनों का अंकन किया गया है अर्थात जैनियों में प्रतीक एवं तीर्थंकर प्रतिमा दोनों की पूजा की जाती थी। ऐसा माना जाता है कि जैन धर्म में प्रतिमा पूजा के पूर्व प्रतीकों की ही मान्यता थी। स्वस्तिक, धर्मचक्र, त्रिरत्न, चैत्य वृक्ष, श्रीवत्स, कलश, आदि अयागपट्ओं में अंकित चिन्ह, अष्ट प्रतिहार्य, अष्ट मांगलिक चिन्ह, चौबीस तीर्थंकरों के लाक्षणिक या पहचान चिन्ह, सोलह मंगल स्वप्न एवं भगवान के 108 लक्षण आदि प्रतीक चिन्ह हैं। जैन धर्म में प्रयुक्त होने वाले प्रतीकों को विभिन्न प्रकार से वर्गीकृत किया जा सकता हैः–

दार्शनिक एवं ज्यामितिक प्रतीकः–ये प्रतीक विविध रेखाओं से निर्मित हैं जो दार्शनिक अभिप्राय लिए हुए हैं। इस वर्ग के अंतर्गत धर्मचक्र, स्वस्तिक, त्रिरत्न, षडचक्र, अर्द्धचन्द्र के ऊपर वृत आदि का विवेचन किया जा सकता है।

पर्यावरणीय प्रतीकः– जैन धर्म में पर्यावरण से संबंद्ध अनेक तत्वों को सम्मिलित किया है। तीर्थंकरों ने अनेक वृक्षों के नीचे बैठकर अपनी

तपस्या की अतः उन वृक्षों को जैन संस्कृति में महत्वपूर्ण एवं सम्मानीय स्थान दिया गया है। तीर्थकरों की प्रतिमा अपने स्वरूप में एक समान ही निर्मित की जाती हैं अतः उनकी पहचान के लिए विभिन्न चिन्ह निर्धारित किये गए उन चिन्हों में अनेक चिन्ह पर्यावरण से संबंधित हैं जैसे विभिन्न पशु, जीव एवं पक्षी। जैन तीर्थंकरों के 108 लक्षण निर्दिष्ट हैं जिनमें से अनेक लाक्षणिक चिन्ह पर्यावरण से सम्बद्ध हैं।

दैवी प्रतीकः—इस वर्ग के अन्तर्गत देव वर्ग के अन्तर्गत देव वर्ग आता है, जिसमें विभिन्न शासन या सहायक देवी—देवताओं यथा विद्यादेवियों, यक्ष—यक्षी, क्षेत्रपाल का चित्रण किया जाता है।

मांगलिक प्रतीकः—जैन धर्म में आठ धार्मिक चिन्ह मुख्य माने गए हैं जिन्हे अष्टमांगलिक कहा जाता है। ये चिन्ह दिगम्बर एवं श्वेताम्बर दोनों परम्पराओं में अलग—अलग सूची में मान्यता प्राप्त हैं। आयागपट्टों में इन आठ मंगल चिन्हों का अंकन किया गया है।

परम्परागत एवं विविध प्रतीक :—जैन परम्परा में अनेक प्रतीक परम्परागत रूप से प्रचलित हैं जैसे तीर्थंकर की माता के सौलह स्वप्न, जैन तीर्थंकरों के 108 लक्षण, जैन तीर्थंकरों के लाक्षणिक चिन्ह आदि। इन चिन्हों में पर्यावरण के अतिरिक्त अन्य अनेक तत्व समाहित हैं।

धार्मिक प्रतीकः—अहिंसा व जैन परम्परा से संबंधित प्रतीक चिन्ह जैन संस्कृति में प्रचलित हैं ध्वज व उसमें अंकित प्रतीक जो इस धर्म की पहचान हैं। जैन धर्म में प्रचलित उन प्रतीकों का विवेचात्मक विवरण प्रस्तुत है जो कला एवं धर्म में विशेष हैं—

स्वस्तिकः—मानव द्वारा प्रयुक्त प्रतीकों में स्वस्तिक सबसे अधिक प्राचीन एवं श्रेष्ठ है। जीवन के स्वस्ति भाव (कल्याण—रूप) का प्रतीक ही स्वस्तिक है। वैदिक परम्परा में सूर्य का प्रतीक माना जाता है। सूर्य ही जीवन के सभी मंगलों का मुख्य स्रोत है। प्रागैतिहासिक काल में स्वस्तिक प्रतीक की मान्यता थी इसका प्राचीनतम रूप भारत में पचमढ़ी क्षेत्र की बनिया बेरी नामक गुफा के शैलाश्रयों में प्राप्त हुआ है।[56] हड़प्पा सभ्यता से प्राप्त अनेक मुहरों पर भी स्वस्तिक का अंकन है।[57] खारबेल के हाँथीगुफा

अभिलेख में भी स्वस्तिक चिन्ह अंकित है।[58] उक्त साक्ष्य स्वस्तिक की प्राचीनता को प्रमाणित करते हैं।

जैन धर्म में स्वस्तिक विविध मंगलदायक कार्यों में प्रयुक्त किया जाता रहा है। वीरचन्द गाँधी के अनुसार स्वस्तिक में एक –दूसरे को काटती हुई उर्ध्वमुखी तथा अधोमुखी रेखाएँ आत्मा एवं पुद्गल अर्थात जड़त्व का प्रतिनिधित्व करती हैं। दाँयी ओर मुड़ी चार छोटी रेखाएँ भौतिक जगत में आत्मा के अस्तित्व के चार वर्गों को दर्शाती हैं। पहली अवस्था स्थावर की है जो छोटे–छोटे जीव–जन्तु हैं दूसरी अवस्था तिर्यन्च अर्थात पशु जीवन की है, तृतीय अवस्था में आत्मा मानव जीवन को प्राप्त होता है, तत्पश्चात चौथी अवस्था में निर्वाण की प्राप्ति होती है। अभिप्रायों से अंकित अनेक शिलापट्ट प्राप्त हुए हैं जिन्हे उर्ध्वपट्ट कहा गया है। इन पर उत्कीर्ण अभिप्रायों के आधार पर इन शिलापट्टों के विशेष नाम रखे गए हैं यथा – पुण्णघटक पट्ट, कलम पट्ट, स्वस्तिक पट्ट, चक्र पट्ट आदि।[59] स्वस्तिक की चार रेखाएँ चार मंगल का भी प्रतीक है– अरिहंत, सिद्ध, साधु एवं धर्म।[60] स्वस्तिक की गणना अष्टमांगलिक चिन्हों में भी होती है। मथुरा व अन्य स्थलों से प्राप्त अवशेषों व अयागपट्टों पर स्वस्तिक के प्रयोग के साथ ही सम्पूर्ण देश से प्राप्त तीर्थकर सुपार्श्वनाथ की सभी प्रतिमाओं पर स्वस्तिक का अंकन उनके लाक्षणिक चिन्ह के रूप में किया गया है।

श्रीवत्सः–जैन धर्म के मंगल प्रतीकों में श्रीवत्स भी महत्वपूर्ण हैं। जैन प्रतिमाओं के वक्ष पर एक लाक्षणिक चिन्ह का अंकन पाया जाता है जिसे साहित्यिक साक्ष्य के आधार पर श्रीवत्स कहा गया है। तीर्थंकर प्रतिमाओं में इसे अंतःकरण में उत्पन्न सर्वोच्च ज्ञान का सूचक माना गया है इसलिए इसे तीर्थंकर के वक्ष पर सुशोभित करते हैं। कुषाण काल में सर्वप्रथम इस चिन्ह को जैन धर्म में अपनाया गया बाद में यह प्रतीक चिन्ह हिन्दू धर्म व बौद्ध धर्मों की कला में भी प्रदर्शित किया गया है। वृहतसंहिता एवं मानसार में जैन प्रतिमाओं की लाक्षणिक विशेषताओं के वर्णन में श्रीवत्स चिन्ह का उल्लेख किया गया है।[61] जैन उपांग औपपातिक सूत्र में अष्टमांगलिक चिन्हों में श्रीवत्स का भी उल्लेख मिलता है।[62] हाँथीगुफा अभिलेख एवं

रानीगुफा के प्रवेशद्वार पर श्रीवत्स प्रतीक चिन्ह का अंकन है। मथुरा से प्राप्त अयागपट्ट के केन्द्र में जिन प्रतिमा है और उसके ऊपर और नीचे की पंक्ति में आठ प्रतीक उत्कीर्ण हैं। ये प्रतीक मीन, मिथुन, भद्रासन, श्रीवत्स, नन्द्यावर्त, त्रिरत्न, चक्र, पुष्पमाल, पवित्र पुस्तक तथा भद्र कलश हैं। एक अन्य अयागपट्ट पर केन्द्र को चार बड़े त्रिरत्नों से सजाया गया है। इसके ऊपरी सिरे पर श्रीवत्स, स्वस्तिक या पद्म है। निचले किनारे पर स्वस्तिक, पुष्पपात्र, मीन, मिथुन, कमण्डलुरत्न, पात्र तथा पुस्तक प्रतीक प्रतिस्थापित किए गए हैं। यहाँ से प्राप्त कई पर श्रीवत्स का अंकन है।श्रीवत्स चिन्ह के अंकन युक्त अनेक मृणमुद्राएँ भी प्राप्त हुई हैं। लिपि के आधार पर ये कुषाण काल या प्रारंभिक गुप्त काल की हैं। ये मुद्राएँ भीटा, कौशाम्बी, झाँसी, इलाहाबाद तथा बसाढ से प्राप्त हुई हैं। कुछ मुद्राओं पर मात्र श्रीवत्स चिन्ह है तथा कुछ पर साथ में शँख, चक्र भी अंकित किए गए हैं।[63]

त्रिरत्न व अर्द्धचंद्र पर वृत :—यह प्रतीक जैन धर्म का दार्शनिक अभिव्यक्ति का प्रतीक है। मनुष्य द्वारा सम्यक्दर्शन, सम्यक्ज्ञान एवं सम्यक्चारित्र इन तीन रत्नों का अनुसरण करने से मोक्ष की प्राप्ति होती है। त्रिरत्न तीन वृतों द्वारा प्रदर्शित किए जाते हैं। त्रिरत्न के पालन से मानव आध्यात्मिक रूप से उत्थान करता है जिसके प्रतीक स्वरूप तीन वृतों के ऊपर अर्द्धचन्द्र की आकृति दर्शायी जाती है। अर्द्धचन्द्र के ऊपर व मध्य में एक अन्य वृत या बिन्दु दर्शाया जाता है जो परम अवस्था का द्योतक है। इस अवस्था में मनुष्य के कर्मों की निर्जरा हो जाती है अर्थात कर्मों से मुक्त होकर जन्म व मृत्यु से विमुक्त हो जाता है।

धर्मचक्र:—चक्र काल या सूर्य का प्रतीक है। जैन धर्म में धर्मचक्र चारों दिशाओं व कालों में धर्म की कीर्ति व प्रभावना फैलने का प्रतीक भी माना गया है। तीर्थंकर के केवलज्ञान प्राप्ति के समय जो 34 अतिशय या विस्मयकारी घटनाएँ होती है उनमें एक धर्मचक्र भी है।[64] मथुरा की जैन कला में चक्र प्रतीक अयागपट्टों पर प्राप्त हुए हैं। जैन प्रतिमाओं की पादपीठ पर दो सिहों के मध्य चक्र का अंकन प्राप्त होता है, कतिपय प्रतिमाओं में धर्मचक्र के दोनों ओर हिरन भी होते हैं। चक्र धर्म व संसार

सागर का प्रतीक माना जाता है। चारों दिशाओं व कालों में धर्म की कीर्ति व प्रभावना फैलने का प्रतीक भी माना गया है। चक्र का चिन्ह तीर्थंकर प्रतिमाओं की हथेली व तलुओं पर अंकन किया गया है।

कल्पवृक्षः—वैदिक धर्म की तरह जैन धर्म में भी कल्पवृक्ष वरदान दाता माना जाता है। कल्पवृक्ष का जन्म समुद्र मंथन से हुआ। यह इच्छाओं की पूर्ति करने वाला वृक्ष मन का प्रतीक है। कल्प का अर्थ चिन्तन, विचार या मन है। जैन धर्म में मान्यता है कि प्रथम तीर्थंकर ऋषभदेव से पहले भोगभूमि थी जिसमें मनुष्य को कुछ भी उद्यम या कार्य किए बिना ही समस्त इच्छाओं की पूर्ति कल्पवृक्ष के माध्यम से हो जाया करती थी। मनुष्य कल्पवृक्ष के सामने जो इच्छा व्यक्त करते थे वह पूर्ण हो जाया करती थी। कल्पवृक्ष न तो वनस्पति होते है और न कोई देव। वे पृथवीरूप होते हुए भी जीवों को उनके पुण्य का फल देते हैं। जैन ग्रंथों में दस प्रकार के कल्पवृक्ष वर्णित हैं– तेजांग, तूर्यांग, भूषणाँग, वस्त्रांग, भोजनाँग, आलयांग, दीपांग, भाजनांग, मालांग और तेजाँग।[65] कालान्तर में कल्पवृक्षों ने इच्छाओं की पूर्ति करना बंद कर दिया तब तीर्थंकर ऋषभदेव के पिता नाभिराय ने मनुष्यों को आजीविका के लिए विभिन्न उद्यम या कार्य करना सिखाया।

चैत्य वृक्ष :—प्राचीन जैन साहित्य में चैत्यवृक्षों का उल्लेख किया है यह चैत्य वृक्ष धार्मिक व दैवीय महत्व एवं देवताओं के निवास स्थान बताए गए हैं। तीर्थंकर के समवशरण में अशोक वृक्ष, सप्तच्छद, चम्पक और आम्र इन चार चैत्य वृक्षों का सृजन देवताओं द्वारा किया जाता है। प्रत्येक चैत्यवृक्ष के आश्रित चारों दिशाओं में आठ प्रतिहार्यों से युक्त चार–चार जिन प्रतिमाएँ होती हैं।[66] तीर्थंकरों की प्रतिमाओं के अंकन में सिर के पीछे चैत्यवृक्ष को प्रस्तुत किया जाता है। प्राचीन भारत के लोकधर्म में चैत्यवृक्ष की मान्यता सार्वभौमिक थी, इसी अवधारणा पर ही कालान्तर में बौद्ध कला का बोद्धिवृक्ष और जैन कला व संस्कृति में दीक्षा वृक्ष भी चैत्यवाद के प्रभाव में चैत्यवृक्षों की श्रेणी में सम्मिलित कर लिए गए।

दीक्षा वृक्षः— जिन वृक्षों के नीचे तीर्थंकरों ने दीक्षा ग्रहण की थी अथवा जिन वृक्षों के नीचे तपस्या करते हुए केवलज्ञान प्राप्त हुआ, वे

दीक्षा और केवल वृक्ष कहे जाते हैं। दीक्षा या केवल वृक्षों का विवरण निम्नानुसार है जिनके नीचे बैठकर तीर्थंकरों ने केवलज्ञान प्राप्त किया– श्री ऋषभदेव, चैत्यवृक्ष, न्यूग्रोथ इसी प्रकार क्रमशः अजितनाथ–सप्तपर्ण, संभवनाथ–शाल, अभिनंदननाथ–सरल सुमतिनाथ–प्रियंगु, पद्मप्रभ–प्रियगु, सुपार्श्वनाथ–शिरिष, चन्दप्रभ–नागवृक्ष, पुष्पदंत–बहेडा, शीतल–धूलि, श्रेयांसनाथ–पलाश, वासुपूज्य–तेन्दू, विमलनाथ–पाटल, अनंतनाथ–पीपल, धर्मनाथ्र–दधिपर्ण, शांतिनाथ–नंदी, कुंथुनाथ–तिलक, अरहनाथ–आम्र, मल्लिनाथ–कंकेली, मुनिसुव्रत–चम्पक, नमिनाथ–बकुल, नेमिनाथ–मेषश्रृँग, पार्श्वनाथ–धव, महावीर–शाल।[67]

अष्ट प्रातिहार्यः–प्रातिहार्य शब्द की व्युत्पत्ति "प्रतिहारा सुरपति नियुक्त देवास्तेषां कर्माणि कृव्याणि प्रतिहार्याणि" प्रातिहार्य की इस शाब्दिक संरचना के अनुसार देवेन्द्रों द्वारा नियुक्त सेवक का कार्य करने वाले देवता प्रातिहार्य कहे जाते हैं। यह प्रातिहार्य तीर्थंकरों के केवल ज्ञान के साथ उत्पन्न होते हैं और हमेशा साथ रहते हैं। अशोक वृक्ष, सुरपुष्पवृष्टि, दिव्य ध्वनि, चामर, सिंहासन, त्रिछत्र, देव दुन्दभि व प्रभामण्डल। इन प्रातिहार्यों में कुछ प्रातिहार्यों का अंकन कुषाण काल में प्रारम्भ हो गया था। गुप्तकालीन प्रतिमाओं में अष्टप्रातिहार्यों का अंकन प्राप्त होने लगता है किन्तु गुप्तोत्तर काल में उक्त प्रातिहार्यों का अंकन कलात्मक रूप से किया जाने लगा। अष्टप्रातिहार्यों से युक्त प्रतिमा अरिहंत प्रतिमा कहलाती है। इसे ही सपरिकर प्रतिमा कहते हैं।

अशोक वृक्षः–समवशरण के आगे की भूमि पर चार चैत्य वृक्षों में अशोक वृक्ष भी एक चैत्य वृक्ष है।[68] अशोक वृक्ष तीर्थंकर के समवसरण में देवताओं द्वारा सृजित वृक्ष है समवशरण में तीर्थंकर अशोक वृक्ष के नीचे पृथ्वी से कुछ ऊचाई पर आकाश में बैठे हुए होते हैं। जैन पुराण साहित्य अशोक वृक्ष का सविस्तार वर्णन करते हैं। अशोक वृक्ष सहिष्णुता का प्रतीक है जो सभी लोगों को बिना किसी भेदभाव के अपना योगदान देते हैं।

सुरपुष्पवृष्टिः–तीर्थंकर के समवसरण का जब आयोजन होता है तब देवतागण उनके ऊपर पुष्पों की वर्षा करते हैं। प्रतिमा शास्त्र में जैन

तीर्थंकरों की प्रतिमाओं के परिकर के वितान में देवताओं को उड़ते हुए प्रदर्शित किया जाता है। सुरपुष्पवृष्टि होना संबंधित के वैभव का प्रतीक है।

दिव्य ध्वनिः—समवशरण में बारह सभाएँ होती थी। जिन पर क्रमशः मुनि, कल्पवासिनी देवियाँ, आर्यिकायें, ज्योतिष देवों की देवांगनाएँ, व्यंतर देवों की स्त्रियाँ, भवनवासी देवों की नारियाँ, ज्योतिष देव, व्यंतर देव, भवनवासी देव, कल्पवासी देव, मनुष्य और तिर्यंच के स्थान होते थे। समवशरण में तीर्थंकर भगवान द्वारा उपदेश किया जाता है जिसमें ओंकार की ध्वनि गूँजती है जिसको उनके गणधर द्वारा अर्थ ग्रहण किया जाता है एवं उन्हे देवों द्वारा सम्प्रेषण कार्य किया जाता जिससे सभा में उपस्थित अलग–अलग भाषा के अनुयायियों को उनकी ही भाषा में उपदेश सुनाई देता है एवं समझ आता है।

चामरः— धर्म या केवलज्ञान की सर्वोच्चता का प्रतीक है। तीर्थंकर को जब केवलज्ञान की प्राप्ति होती है तब अन्य प्रातिहार्यों के साथ सेवक देव चामरधारी के रूप में सेवा में उपस्थित होते हैं। यह देव अरिहंत परमेष्ठी या तीर्थंकर को चमर ढुलाते रहते हैं। आमतौर पर माना जाता है कि चामर ढुलाने का उद्देश्य होता है कि उड़नशील छोटे–छोटे जीव संबंधित के समीप न जा पायें।

सिंहासनः— अष्टप्रातिहार्यों में से एक सिंहासन है इस पर तीर्थंकर विराजमान होते हैं। अरिहंत परमेष्ठी या तीर्थंकर जब समवशरण के जिस आसन में विराजमान होते हैं उस आसन से वह चार अंगुल आकाश में स्थिर होते हैं। प्रतिमा कला में आसन या सिंहासन को भव्य एवं अलंकृत रूप दिया जाता है। सिहासन में नीचे दो सिहों के मध्य चक्र का अंकन प्राप्त होता है, कतिपयप्रतिमाओं में धर्मचक्र के दोनों ओर हिरन भी होते हैं। सिंहासन सर्वोच्चता, भव्यता व सम्प्रभुता का प्रतीक है।

त्रिछत्रः— तीर्थंकर प्रतिमाओं के सिर पर तीन छत्र का प्रदर्शन किया जाता है, परिकर में सांकेतिक रूप से एक छत्र में तीनों को दर्शाया जाता है। छत्र दिव्यता एवं श्रेष्ठता का प्रतीक है। तीन छत्र तीन लोक के स्वामी

और तीन रत्न सम्यक्दर्शन, सम्यक्ज्ञान एवं सम्यक्चारित्र को धारण करने वाले होते हैं। वृहतसंहिता में छत्र के आकार, प्रकार एवं उसके निर्माण की विधि का उल्लेख है। प्रतिमाओं में गोल या चौकोर छत्र लगाने की परम्परा मथुरा आदि प्रारम्भिक केन्द्रों में ज्ञात है। छत्र त्रय और छत्रावली के चित्रण का प्रचलन पूर्वमध्यकाल में अधिक हुआ है।

देव–दुन्दुभिः– तीर्थंकर के समवशरण का आयोजन देवताओं द्वारा किया जाता है, जिसमें वह भगवान के आसन, चैत्यवृक्ष, पुष्पवर्षा करने के साथ ही वाद्य यंत्रों से वातावरण को संगीतमय बनाते हैं। देवों द्वारा तीर्थंकर की कर्म विजय व धर्मदान के उद्घोष एवं भव्यता का प्रतीक है।

प्रभामण्डलः– दिव्यता को प्रदर्शित करने के लिए प्राचीन भारतीय प्रतिमा कला में शिरश्चक्र का निर्माण किया जाता रहा, जिसे प्रभामण्डल या आभामण्डल कहते हैं। वातावरण का मनुष्य के प्रत्येक पक्ष पर प्रभाव पड़ता है एवं मनुष्य का प्रभाव वातावरण पर पड़ता है। इसीलिए जगत के महापुरूषों ने प्रत्येक भव्य को एक ही बात कही है कि अच्छा वातावरण बनाओ, मंगलमय भावों को चारों ओर बिखेरो। किसी प्रभावशाली योगी के अचिन्त्य प्रेम और अहिंसा की विश्वमैत्री रूप संजीवन धारा से आसपास की वनस्पतियों का असमय में पुष्पित हो जाना और जाति विरोध साँप–नेवला, गाय–सिंह आदि प्राणियों का अपना साधारण बैर भूलकर उनके अमृतमय वातावरण में परस्पर मैत्री के क्षणों का अनुभव करना कोई बहुत अनोखी बात नहीं है। यह तो प्रभाव की अचिन्त्य शक्ति का साधारण स्फुरण है। भगवान के समवशरण में उनके शरीर से ऐसी प्रभा व कांति का संचार होता है कि समस्त प्राणियों में सद्भावना व पुण्य का संचार हो जाता है।[69] भगवान के सिर पर आभामंडल भी मूर्तियों में बनाया जाता है जिसका उद्देश्य भी यही है। मनुष्य जिस प्रकार के विचार करता है, उसके चारों ओर एक आभामंडल बन जाता है जो अदृश्य होता है। वैज्ञानिकों के मत में इसे उच्च क्षमता वाले माइक्रोस्कोप से देखा जा सकता है। मनुष्य जैसा विचार करता है उसके समीप वैसा ही वातावरण निर्मित हो जाता है। इसे जैन दर्शन में 'लेश्या सिंद्धांत' से समझा जा सकता है। मथुरा की कुषाणकालीन कला में प्रारम्भिक प्रभामण्डल सादे हैं

एवं गुप्तकालीन प्रभामण्डल अलंकृत हैं।

मंगल स्वप्नः— तीर्थंकर, जिस सौभाग्यमती माता के गर्भ में अवतीर्ण होने वाले होते हैं वह माँ मंगल स्वप्न देखती है। स्वप्नदर्शन के पश्चात तीर्थंकर का जीव माता के गर्भ में प्रवेश करता है। दिगम्बर आम्नाय में सौलह स्वप्नों की मान्यता एवं श्वेताम्बर परम्परा में चौदह स्वप्नों का उल्लेख है। हरिवंश पुराण एवं आदिपुराण में प्रथम तीर्थंकर ऋषभदेव की माता के सौलह स्वप्नों का वर्णन उनके अर्थ सहित दिया गया है, हरिवंश पुराण के अनुसार विवरण इस प्रकार है[70] – 1. ऐरावत हाँथी, चक्रवर्ती राजा के समान वैभव का प्रतीक। 2. वृषभ, जिस प्रकार धर्म अपनी देशना से एकान्तवादियों को पराजित कर देता है उसी प्रकार वृषभ अपने प्रतिपक्षियों को पराजित कर देता है, जिस प्रकार धर्म शुभ अभ्युदय देता है उसी प्रकार बैल शुभ अभ्युदय देता है, बैल भी धर्म की तरह धीर व गम्भीर होता है। 3. सिंह, शक्ति का प्रतीक 4. गजलक्ष्मी, धन–धान्य से परिपूर्ण पृथ्वी का प्रतीक 5. मालायुग्म, सम्मान व सेवा का प्रतीक 6. चन्द्र, शीतलता का प्रतीक 7. सूर्य, उर्जा का प्रतीक 8. मीनयुग्म, नेत्रों की सुन्दरता का प्रतीक, 9. कलशयुग्म, परिपूर्णता का प्रतीक 10. सरोवर, सम्पूर्णता का प्रतीक 11. महासमुद्र, विशालता का प्रतीक, 12. सिंहासन, मजबूती, शक्ति एवं दृढता का प्रतीक 13. देवविमान, दिव्य सौन्दर्य का प्रतीक 14. नागेन्द्र भवन, अधोलोक का सौन्दर्य 15. रत्नराशि, सम्पन्नता का प्रकाश 16. निर्धूम अग्नि, भगवान ऋषभदेव ने बैल के रूप में मुख मार्ग से प्रवेश किया उल्लिखित है। कल्पसूत्र में तीर्थंकर महावीर की माता के चौदह स्वप्नों का उल्लेख है। 1. श्वेत गज 2. श्वेत वृषभ 3. श्वेत सिंह 4. चतुर्भुजी देवी 5. पुष्पों की माला 6. पूर्णचन्द्र 7. सूर्य 8. ध्वज 9. कुम्भ जो सौभाग्य का सदन हो 10. सरोवर 11. क्षीरसागर 12. देव विमान 13. रत्नों की राशि 14. निर्धूम अग्नि

दिगम्बर जैनों में इन सौलह स्वप्नों की प्रस्तुति अधिक लोकप्रिय रही है। इनका अंकन मंदिरों के द्वारों पर भी किया गया है। खजुराहो के शान्तिनाथ मंदिर में गर्भगृह के प्रवेश द्वार पर ही ऊपर माता के स्वप्नों का शिल्पांकन है।

अष्ट मांगलिक चिन्हः— जैन पूजा विधान में आठ मंगलद्रव्यों की स्थापना की मान्यता है। दिगम्बर आम्नाय के तिलोयपण्णति ग्रन्थ में आठ मंगल द्रव्यों के नाम इस प्रकार हैं — 1. श्रृँगार (एक प्रकार का घट), 2. कलश 3. दर्पण 4. चामर 5. ध्वज 6. व्यंजन 7. छत्र 8. सुप्रतिष्ठ।[71] प्रतिष्ठासारसंग्रह के अनुसार — 1. श्वेतछत्र 2. दर्पण 3. ध्वज 4. तोरणमाला 5. तालवृन्त (बीजना) 6. नंद्यावर्त और प्रदीप।[72] मथुरा से प्राप्त आयागपट्ट में इनकी प्रतिकृतियाँ प्राप्त हुईं हैं। श्वेताम्बर आगम ग्रंथ औपपातिक सूत्र के अनुसार इस प्रकार है — 1. स्वस्तिक 2. श्रीवत्स 3. पूर्ण कुम्भ 4. वर्धमानक 5. भद्रासन 6. नंद्यावर्त 7. दर्पण 8. मत्स्य युग्म। जैन साहित्य में अष्ट मंगलों की विभिन्न रूपों में प्रस्तुति के उल्लेख मिलते हैं, जिनका अंकन द्वार, स्तम्भों तोरणों आदि पर मिलता है।[73] अष्ट मंगलों की पूजा जैन कर्मकाण्ड के अन्तर्गत होती है। आचार दिनकर के अनुसार कलश की पूजा का कारण यह है कि तीर्थंकर अपने परिवार में कलश के समान होते हैं। दर्पण से तात्पर्य आत्मा के यथार्थ रूप का दर्शन होता है। भद्रासन की पूजा इसलिए की जाती है कि उसे पुण्यात्मा भगवान के चरणों ने पवित्र किया है। वर्धमानक संपत्ति, कीर्ति, गुण, आदि की समृद्धि का सूचक है। ग्रंथ के अनुसार तीर्थंकर के हृदय में केवल ज्ञान का उदय उनके वक्ष स्थल पर अंकित श्रीवत्स लाँछन द्वारा व्यक्त किया जाता है। इस ग्रंथ के अनुसार स्वस्तिक स्वस्ति अर्थात कल्याण तथा शाँति का प्रतीक है। नवकोणीय रेखांकन के रूप में प्रस्तुत नंद्यावर्त नव निधियों का प्रतीक है। कामदेव के ध्वज में अंकित होने वाला मत्स्य काम विजेता जिन की उपस्थिति का आभास कराता है। प्रतीकों की ये व्याख्याएँ जैन मान्यताओं से अनुप्रमाणित हैं।[74]

तीर्थंकरों के लाक्षणिक चिन्हः— तीर्थंकरों की प्रतिमा अपने स्वरूप में एक समान ही निर्मित की जाती हैं अतः उनकी पहचान के लिए विभिन्न चिन्ह निर्धारित किये गए हैं। गुप्तोत्तर साहित्य में सभी 24 तीर्थंकरों के लाँछनों की सूची प्राप्त होती है, जो इस प्रकार हैं—ऋषभदेव—वृषभ, अजितनाथ—गज, संभवनाथ—अश्व, अभिनंदन—कपि, सुमतिनाथ—क्रोंच, पद्मप्रभु—पद्म, सुपार्श्वनाथ—नद्यावर्त, चन्द्रप्रभ—अर्धचंद्र, पुष्पदंत—मकर, शीतलनाथ—स्वस्तिक, श्रेयांसनाथ—गैडा, वासुपूज्य—भैंसा,

विमलनाथ–शूकर, अनंतनाथ–सेही, धर्मनाथ–वज्र, शांतिनाथ–हरिण, कुंथुनाथ–छाग,अरहनाथ–मत्स्य, मल्लिनाथ–कमल, मुनिसुव्रत–कूर्म, नमिनाथ– शंख, पार्श्वनाथ–सर्प, महावीर–सिंह।[75] तिलोयपण्णत्ति में उल्लिखित सातवें तीर्थंकर का चिन्ह नंद्यावर्त एवं शीतलनाथ के स्वास्तिक चिन्ह के स्थान पर प्रतिष्ठासारसंग्रह, प्रतिष्ठासारोद्धार एवं प्रतिष्ठापाठ आदि परवर्ती ग्रन्थों में सातवें तीर्थंकर का चिन्ह स्वस्तिक एवं दसवें तीर्थंकर का चिन्ह कल्पवृक्ष या श्रीवृक्ष प्राप्त होता है। श्वेताम्बर ग्रंथ अभिधानचिन्तामणी में सातवें तीर्थंकर का चिन्ह दिगम्बर आम्नाय के समान स्वस्तिक, दसवें तीर्थंकर का चिन्ह श्रीवत्स, ग्यारहवें का गण्डक या खडगीश, चौदहवें तीर्थंकर का श्येन और अठारहवें तीर्थंकर का चिन्ह नंद्यावर्त कहा गया है।[76]

ललित कला विषयक विचार

समाज के साथ कलाओं का विशेष संबंध है। किसी भी समाज की बौद्धिक स्थिति इस बात पर निर्भर करती है कि उसमें साहित्य और ललित कलाओं का विकास किस रूप में हुआ। कलाएँ समाज के रहन–सहन, वेशभूषा और आचार विचार को परिष्कृत करती हैं। अनेक प्राचीन देशों को सभ्य बनाने में ललित कलाओं की प्रमुख भूमिका रही है। भारत, यूनान, ईरान, रोम आदि देशों के अनेक मनीषियों ने देश के उत्थान के लिए जिन बातों पर बल दिया उनमें स्वतंत्रता, अखंडता, आर्थिक निर्भरता और प्रशासनिक न्याय के साथ ज्ञान–विज्ञान की उन्नति सम्मिलित है। ललित कलाओं का यथोचित विकास ज्ञान बुद्धि का प्रमुख अंग था। राज्य और जनता दोनों का कर्त्तव्य था कि वे जीवन सौंदर्य, सौहार्द तथा शांति के लिए ललित कलाओं के विकास पर विशेष ध्यान दें। भारतीय कला के नमूने धार्मिक विचार से ओतप्रोत हैं। यदा–कदा मनुष्य सांसारिक विचारधारा को भी प्रकट करता है। मानव ऐसे कार्यों द्वारा अपने आंतरिक सुख अथवा आत्मगौरव का अनुभव कर जीवन दर्शन को साक्षात्कार करने की कल्पना भी कर बैठता है। भारतीय कला का इतिहास यह बतलाता है कि आध्यात्मिक या सांसारिक वैभव को व्यक्त

करने वाले कार्यों द्वारा मनुष्य के सदगुणों तथा भावनाओं का अभिव्यंजन होता है। सामाजिक प्राणी होने के नाते मनुष्य की भावनाओं तथा विचारों का प्रत्यक्षीकरण कला के द्वारा हो जाता है। प्रत्येक प्रकार की कलात्मक प्रक्रिया का ध्येय है–सौदर्य तथा आनंद की अभिव्यक्ति। कलाविदों ने ललित कलाएँ पाँच मानी है– काव्य, संगीत, चित्र, मूर्ति और वास्तुकला। महापुराण में धर्मशास्त्रों के अतिरिक्त कलाओं में निपुण एवं उसमें प्रतिष्ठित व्यक्तियों को विद्वानों का शिरोमणी कहा गया है।

संगीत कला

संगीत के अंतर्गत गीत वाद्य और नृत्य इन तीनों को ग्रहण किया जाता है। गीत वाद्य और नृत्य के लिए प्राचीन शब्द तौर्यत्रिक था। प्राचीन काल से संगीत कला का किसी न किसी रूप में मनुष्य के जीवन में महत्वपूर्ण स्थान रहा है। संगीत के माध्यम से मनुष्य अपने सुख दुख के भावों को भी प्रकट करता है, जिससे उसको एक प्रकार की मानसिक शांति उपलब्ध होती है एवं उसका मनोरंजन भी होता है। हरिवंश पुराण के अनुसार संगीत, नृत्य व वाद्य से मनुष्य अपना मनोरंजन कर स्फूर्ति का अनुभव करता है एवं संगीत से विशेष वातावरण निर्मित होता है।

गायनः– गीत के विषय में यशस्तिलक में वर्णन है कि यशोधर कहता है उसका गला इतना मधुर है कि उसके गाने से सूखे वृक्ष भी पल्लवित और पुष्पित हो जाते है। ललित कलाओं में गीत का विशेष महत्व है। गाने में निपुण मनुष्य यदि स्वभाव से क्रूर भी हो तो भी उसकी ओर व्यक्ति आकर्षित होता है। गायक यदि कुरुप भी हो तो भी वह, सुंदर व प्रियदर्शन होता है। कुशल गीतकार के द्वारा गाया गीत लोगों के मन में भी एक विचित्र सी स्थिति पैदा कर देता है। गायन के आठ गुण बताए गएँ हैं[77]–

पूर्णकला से गाना, राग के रज्जक बना के गाना, अन्य स्वर विशेषों से अलंकृत करके गाना, स्पष्ट गाना, मधुर स्वर युक्त गाना, रंग के स्वर से मिलाकर गाना, मूर्छताओं का ध्यान रखते हुए गायन करना। गायन एवं स्वर का मधुर संबंध है।

जैन साहित्य में सात स्वरों का उल्लेख हुआ है। षडल, ऋषभ,

गान्धार, मध्यम, पंचम, धैंवत और निषाद। हस्ति के बूदित जैसे स्वर को निषाद, बैल जैसे स्वर को ऋषभ, धनुष्टंकार जैसे स्वर को गंधार, मयूर जैसे स्वर को षडल, क्रौंच जैसे स्वर को मध्यम, घोडे के ह्रेषित जैसे स्वर को धैवत तथा कोयल के कूकने जैसे स्वर के पंचम स्वर कहते हैं। संगीत के लिए गान्धर्व की संज्ञा प्राप्त होती है।[78] हरिवंश पुराण में वर्णित है कि गान्धर्व की उत्पति में बीणा, वंश और गान ये तीन कारण है तथा स्वरगत, तालगत और पदगत के भेद से वह तीन प्रकार का माना गया हैं। वेण और शरीर के भेद से स्वर दो प्रकार के माने गए हैं। श्रुति, वृत्ति, स्वर, ग्राम, वर्ण, अलंकार, मूर्च्छना, धातु और साधारण आदि वेण स्वर हैं। जाति, वर्ण स्वर, ग्राम, स्थान, साधारण क्रिया और अलंकारविधि ये शरीर स्वर के भेद कहे गए हैं। दूसरी तरह से स्वर सात प्रकार के होते हैं।[79]

पुराणों में स्वरों में संचार करने वाली जातियों का वर्णन हुआ है। पद्मपुराण में आठ एवं दस जातियों का वर्णन हुआ है– धेवती, आर्षभी, षड्ज, उदीच्या, निषादिनी, गनधरी, षड्जकैलशी, पटजमध्यमा ये आठ जातियाँ है, अथवा गन्धोरोदीच्या, पंचमी, गंधारपंचमी, रक्तगंधरी, मध्यमा, आंधी, मठयमो, दीच्या कमरिवी, नंदिनी और कैचुकी ये दस जातियाँ हैं। स्थान स्वर संस्कार, विन्यास, काक, समुदाय विराम, सामान्यसहित समानर्षत्व और भाषा ये भी जातियाँ कही गई है।[80] हरिवंशपुराण में अठारह जातियों का उल्लेख है उनमें षड्ज ग्राम से संबंध रखने वाली षाडजी, आर्षभी, धैवती, निषादजा, सुषडूजा, उदीचयवा, षडजकैषिली और षडजमध्यमा, मध्यमग्राम से संबंध रखने वाली गंधरी, माध्यमा, गान्धारोदीच्यता, कर्मारवी, आन्ध्री, कौशिकी। इन जातियों में मध्यमा, षटजमध्यमा और पच्चमी ये तीन जातियाँ साधारण स्वरगत है। ये जातियाँ शुद्ध और विकृत के भेद से दो प्रकार की कही जाती है जो परस्पर में उत्पन्न नहीं हुई है तथा पृथक–पृथक लक्षणों से युक्त है वे शब्द कहलाती हैं और जो समान लक्षणों से युक्त है ये विकृत कहलाती है। विकृत जातियाँ दोनों ग्रामों की जातियों से मिलकर बनती है तथा दोनो के स्वरों से आप्लुत रहती हैं। इन जातियों में चार जातियाँ सात स्वरवाली, चार जातियाँ छह स्वर वाली, और शेष दस जातियाँ पाँच स्वर वाली हैं। मध्यमोदीच्यवा, षडज, कैशिकी, कर्मारवी और गान्धरपंचमी ये चार जातियाँ सात स्वर वाली, षडजा, आन्ध्री,

नंदयंती एवं गान्धारतोदीच्यवा जातियाँ छह स्वर वाली और अन्य दस जातियाँ पाँच स्वर वाली होती हैं। स्वरों के प्रयोग करने से वादी, संवादी विवादी और अनुवादी ये चार प्रकार है। माध्यम ग्राम में पंचम और ऋषभ स्वर का तथा षडज ग्राम में षडज तथा पंचम का संवाद होता हैं षड्ज ग्राम के षडज स्वर में चार, ऋषभ में तीन, गंधार में दो, मध्यम में चार, पंचम में चार धैवत में दो और निषाद में तीन श्रुतियाँ होती है। मध्यम ग्राम के मध्यम स्वर में चार, गंधार में दो, ऋषभ में तीन, षडज में चार, निषाद में दो, धैवत में तीन और पंचम में तीन श्रुतियाँ होती है। इस प्रकार षड्ज और मध्यम दोनों ग्रामों में प्रत्येक की बाईस श्रुतियाँ होती थी।

सात स्वरों का क्रमानुसार प्रयोग मूर्च्छना कहलाता है। षडज और मध्यम ग्रामों की चौदह मूर्च्छनाओं के षडज, औडव, साधरणीकृत तथा काकली के भेद से चार–चार स्वर होने से मूर्च्छनाओं के भेद छप्पन स्वर होते हैं। मूर्च्छनाओं को चार भागों में विभाजित करते हैं इनके विभाजन में दो मतों को मान्यता मिली है। एक मत के अनुसार मूर्च्छनाओं के भेद, पूर्णा, षाड्वा, औडूवित्ता एवं साधारण और दूसरे मतानुसार भी इसके चार भेद हैं। शुद्धा, अन्तरसहिता, काकलीसहिता तथा अन्तरकाकली सहिता है। इनमें से दूसरा मत अधिक प्रचलित है। इसका कारण है कि महर्षि भरत ने औडुवित और षाड्विक अवस्था को तान और संपूर्ण अवस्था को मूर्च्छना कहा है। मूर्च्छना का प्रधान लक्षण सप्तस्वरता है।[81]

वाद्यः–

आलोचित जैन साहित्य में चार प्रकार के वाद्यों का उल्लेख है– तत, अवनद्ध, धन और सुसिर।[82] जो तार से बजते हैं ऐसे वीणा आदि तत कहलाते हैं, जो चमडे से मढे जाते हैं ऐसे मृदंग आदि अवनद्ध कहलाते हैं। कासे से झांझ, मरीजा आदि धन कहलाते हैं और बाँसुरी आदि को सुषिर कहते हैं। इनमें तत नाम का कर्ण इन्द्रिय को तृप्त करने वाला होने से प्रायः प्राणियों के लिए अधिक प्रीति उपजाने वाला है तथा गन्धर्व शरीर के साथ संबद्ध होने से गान्धर्व नाम से प्रसिद्ध है गान्धर्व की उत्पत्ति में वीणा, वंश और गान ये तीन कारण हैं तथा स्वरगत, तालगत और पदगत

के भाव से वह तीन प्रकार का माना गया है। आलोचित साहित्य में विभिन्न अग्रलिखित वाद्ययंत्रो का उल्लेख है[83]– तुणव– यह सितार और तम्मूरा के रूप में प्रयुक्त होता था। वीणा– महापुराण में वीणा के स्वर को सर्वश्रेष्ठ स्वर कहा गया है। अलाबु–तुम्बी वाद्य के लिए अलाबु का प्रयोग आया है। अलाबु वाद्य से सातों प्रकार के शब्द निःसुत होते है। इसका गणना सुषित वाद्यों में है। मुरज– यह चर्मवाद्य है इसकी समता मृदंग से की गई है। पुष्कर वाद्य को पखावज कहा गया है, यह मुरज विशेष है। पणव– मृदंग के समान यह भी पुष्कर वाद्य की तरह है। पटह– पटह का अर्थ नगाडा और दुन्दुभि है परंतु संगीत की दृष्टि से पटह का तात्पर्य ढोलक से है। दुन्दभि–इसको नगाडा भी कह सकते हैं, यह तबले की भाँति दो नगों से निर्मित होता है। इसका प्रयोग युद्ध एंव शुभ अवसरों पर होता है। यदि यह शहनाई सहित बजती है तो इसे नौवत की संज्ञा से संबोधित करते हैं। आनक– इसकी समता नगाडे से की जा सकती है। भेरी– यह मृंदग जाती का वाद्य यंत्र है। सिंहनाद, घंटा, शंख, बाँसुरी, झांझ मंजीरा, कंसबादक, काहला, संगीत रत्नाकर में काहला को धतूरे के फल के समान मुँह वाला वाद्य कहा है। काहला तीन हाथ लंबा छिद्र युक्त तुरही जैसा सुषिर वाद्य है। यह सोना, चाँदी तथा पीतल का बनाया जाता था। तूर्य यह प्राचीन वाद्य है इसकी गणना सुषिर वाद्यों में है। वर्तमान में इसे तुरही कहते हैं। ताल– ताल का जोडा होता है यह सर्वप्रसिद्ध वाद्य है। पाणिध (तबला) अमलातक, गुन्जा, झरझर, भंभा, लम्बाक आदि अनेक वाद्य यंत्रो का उल्लेख पुराणों में प्राप्त है।[84]

नृत्यः

जैन साहित्य में नाट्यशास्त्र में निश्चित किए हुए नृत्य भाव मुद्राओं का उल्लेख है। महापुराण में नृत्य का रोचक वर्णन प्राप्त होता है उसके आधार पर नृत्य की अनेक मुद्राएँ प्रतिपादित की गई हैं। भौह को खीचकर बारम्बार कटाक्ष करते हुए नृत्य करना, मुस्कुराते हुए मधुर गानपूर्वक नृत्य करना, नाना प्रकार की गतियों द्वारा नृत्य करना, विभिन्न प्रकार के गायनों की तालध्वनि के आधार पर नृत्य करना, विभिन्न शारीरिक चेष्टाओं का प्रदर्शन करते हुए फिरकी लेना, विभिन्न प्रकार के घट सिर पर रखकर

नृत्य करना, रसान्वित नृत्य करना, छत्रवंध आदि का प्रदर्शन करते हुए विभिन्न रूपों में नृत्य करना। हरिवंशपुराण के अनुसार उत्तम नृत्य में तीन प्रकृतियों उत्तम, मध्यम एवं जघन्य का होना अनिवार्य हैं और व्यवधान रहित गायन, वादन और नर्तन का प्रदर्शन होना चाहिए। पद्मपुराण में वर्णित है कि नर्तकों को समवेत स्वर में गाना चाहिए। दर्शक की संतुष्टि से ही प्रदर्शन सार्थक होगा इसीलिए दर्शकों को संतुष्ट करने के लिए उनके नेत्र का रूप लावण्य से, श्रवण का मधुर स्वर से एवं मन को छवि तथा स्वर से आवद्ध करना चाहिए। महापुराण के वर्णनानुसार नृत्य के समय विभिन्न देश ग्रहण करना चाहिए। पद्मपुराण में वर्णित है कि नुपूर धारण कर नृत्य करने से नृत्य ही की वृद्धि हो जाती है। जैन पुराणों के अनुसार नृत्य के समय भाव का प्रदर्शन कटाक्ष कपोलो, पैरों, हाथी, मुख, नेत्र, अंबराज, नाभि कटिप्रदेश तथा मेखलाओं द्वारा किया जाता था। नृत्य के विभिन्न प्रकार वर्णित है[85]– नीलांजना नृत्य, तांडव नृत्य, अलात चक्र नृत्य, इंद्रजाल नृत्य, चक्रनृत्य, निष्क्रमण कटाक्ष नृत्य, अगुष्ठनृत्य, पुतलीनृत्य, बहुरूपिणी नृत्य, बांसुनृत्य, सूचीनृत्य, लास्यनृत्य आदि।

चित्रकलाः– जैन साहित्य में चित्रकला का पर्याप्त उल्लेख हुआ है। चित्र निर्माण के उपकरण, चित्रों के प्रकार, उनकी विशेषताएँ, भित्तिचित्र, चित्रशाला, चित्रपट, पत्ररचना आदि का उल्लेख हुआ है। ऋषभदेव ने अपने पुत्र अनंतविजय को चित्रकला की शिक्षा प्रदान की थी।[86] मंदिरों की दीवारों पर चन्द्र, सूर्य, उड़ते हुए पक्षी, हरिण–हरिणियों के चित्र बनाऐ जाते थे। जिनालय में एक चित्रशाला होने तथा रथों को चित्रित करने का उल्लेख वरांगचरित्र में भी मिलता है। ऋषभदेव स्वयं चित्र बनाने की कला को सीखने का प्रयास करते थे। महापुराण के सातवें अध्याय में चित्रकला एवं चित्रगोष्ठियों के आयोजन का उल्लेख है। चित्र निर्माण में तालिका, पटु तथा रंग का निर्माण किए जाने का उल्लेख है। चित्रकार अपनी तूलिका या लेखनी से रेखांकन के पश्चात् ही रंग भरता है तथा नवरस संबंधी भावों को वह अपनी चित्रकला में साकार रूप प्रदान करता है। आधार की दृष्टि से भित्ति, काष्ठ कट, पट एवं वृक्षों के पल्लव या वल्कल प्रधान उपकरण हैं। भित्ति चित्रों के निर्माण के समय कलाकार सर्वप्रथम भित्ति को स्निग्ध और समतल बनाने का प्रयास करता है, पश्चात् अपनी

तूलिका का व्यवहार कर मनोगत भावों को मूर्तिमान रूप प्रदान करता है। पद्मपुराण के एक संदर्भ में बताया गया है कि जिस प्रकार प्रत्याहार शास्त्र, व्याकरण शास्त्र में सूत्र, वर्ण और धातुओं के अनुबंध का क्रम स्पष्ट है उसी प्रकार चित्र में रेखाओं, रंगों और अनुकूल भावों का क्रम अत्यंत स्पष्ट दिखाई देना चाहिए, जहाँ जो रेखा चाहिए वहाँ रंग भरा जाना चाहिए, जहाँ जैसा भाव दिखना चाहिए वहाँ वैसा ही भाव दिखाना चाहिए।

जैन चित्रकला के अंतर्गत जो चित्र लकड़ी, कपड़े तथा पत्थर पर अनेक रंगों के संयोग से उकेरे जाते थे, उन चित्रों का सामूहिक नामकरण, लेपकम्प है। उस समय मिट्टी, पत्थर तथा हाथी दाँत पर चित्र निर्मित किए जाते थे। चावलों के चूर्ण से भी चित्र का निर्माण करते थे। जैन ग्रंथों से हमें 'अल्पना चित्रों की परम्परा का भी ज्ञान होता है, जो लोककला के उन्नत स्वरूप का परिचायक है। हरिवंश पुराण में केशर के रस से नाना प्रकार के चित्रों के निर्माण का उल्लेख हुआ है। इससे चित्रकला की समृद्धि का आभास होता है। पद्मपुराण में स्वर्ण से चित्रित आसन निर्मित करने का उल्लेख उपलब्ध होता है।[87] महापुराण के एक संदर्भ में एक चित्र का वर्णन किया गया है। एक पात्र कहता है कि इस चित्रपट पर जो यह चित्र चित्रित किया गया है इसको देखकर ऐसा मालूम होता है कि मानो इस चित्रपट में लिखा हुआ चरित्र मेरा पहले का जाना हुआ है। यह चित्र लंबाई, चौड़ाई, ऊँचाई आदि के ठीक–ठीक प्रमाण से सहित है तथा इसमें ऊँचे–नीचे सभी प्रदेशों का विभाग ठीक–ठीक दिखलाया गया है, यह रस और भावों से सहित है, मनोहर है तथा रेखाओं की मधुरता से संयत है इस चित्र में कितने ही गूढ़, विषय दर्शाए गए है, इसमें कल्पवृक्षों की पंक्ति है, फूले हुए कमलों से शोभायमान सरोवर है यह मनोहर ढोला गृह है, सुन्दर कृत्रिम पर्वत है, तट भाग पर लगे हुए मणियों की फैलती हुई प्रभारूपी परदा से तिरोहित मेरूपर्वत के तट पर हम दोनों की मनोहर क्रीड़ा दिखलाई गई है। चित्रशाला में कई चित्रपटों पर अनेक मनोरम दृश्यों का चित्रण किया गया है।[88] आदिपुराण के अध्ययन से चित्रशाला की निम्नलिखित विषेषताएँ अवगत होती हैं। चित्रशाला बहुत ही मनोज्ञ, स्वच्छ और सुन्दर होती है। चित्रशाला की भित्तियाँ चित्रित उल्लिखित है। वर्णित है कि चित्रशाला में धर्मनायकों, पुराणपुरूषों, ऐतिहासिक व्यक्तियों

एवं शलाकापुरूषों के चित्र लगे हुए हैं। चित्रशाला में दर्शकों को आने जाने की पूर्ण स्वतंत्रता है। चित्रकला में विनोदार्थ चित्रों का अंकन भी होते है। प्रतीक चित्रों और व्यक्ति चित्रों का भी आलेखन किया गया है। चित्रकला चित्रकारों के मिलने का एक केन्द्र स्थान वर्णित है। जहाँ चित्रप्रेमी मिलकर चित्रकला संबंधी चर्चा, वार्ताएँ करते हैं। चित्रशाला में चित्रपट, काष्ठचित्र, पाषाण चित्र आदि रसमय चित्रों के साथ धूलिचित्र भी उपलब्ध होते हैं।[89] यशस्तिलक में चित्रकला के उल्लेख मिलते हैं। यशस्तिलक में जिन भित्तिचित्रों का उल्लेख किया है वो दो प्रकार के हैं: व्यक्तिचित्र एवं प्रतीक चित्र। व्यक्ति चित्रों में बाहुबलि, प्रद्युम्न, सुपार्श्व, अशोक, रोहणी तथा यक्ष मिथुन का उल्लेख है। प्रतीक चित्रों में तीर्थकरों की माता के द्वारा देखे जाने वाले सोलह सपनों का विवरण है। जैन साहित्य में ऐसे उल्लेख आते हैं कि तीर्थंकरों के गर्भ में आने के पहले उनकी माता सोलह स्वप्न देखती हैं। सोमदेव ने जिस मंदिर का उल्लेख किया है उसमें सोलह स्वप्न भित्ति पर चित्रित किये गये थे। ऐरावत हाथी, वृषभ, सिंह, लक्ष्मी, लटकती पुष्पमालाएँ, चन्द्र, सूर्य, मत्स्य युगल, पुर्णकुम्भ, पद्मसरोवर, सिंहासन, समुद्र, फणयुक्त सर्प, प्रज्वलित अग्नि, रत्नों का ढेर, देवविमान। रंगावलि या धूलिचित्रों का यशस्तिलक में छह बार उल्लेख हुआ है राज्याभिषेक के बाद महाराज यशोधर राजभवन को लौट रहे थे। उस समय अनेक लोग मंगल सामग्री जुटाने में लगे थे। किसी कुलवृद्धा ने किसी सेविका कन्या को डपटते हुए कहा तत्काल रंगावलि बनाने में जुट जाओ।

जैन साहित्य में चित्रकला को पर्याप्त महत्त्व प्रदान किया गया। इस प्रकार जैन धर्म के विषय, शैली एवं साहित्य के आधार से जैन चित्रकला का विकास हुआ स्मिथ और व्यूलर ने जैन चित्रकला की प्रशंसा करते हुए उल्लेख किया है कि जैन चित्रों में नैसर्गिक अन्तः प्रवाह गति दोलन एवं भाव निदर्शन विद्यमान है। जैन चित्रों की निर्मलता, स्फूर्ति एवं गतिशीलता से मुग्ध होकर डॉ. आनंदकुमार स्वामी ने कहा है कि जैन चित्रों की पंरपरा का अनुकरण अजन्ता, एलोरा, बाघ, सित्तन्नवासल के भित्ति चित्रो में है।[90] जैन साहित्य में अन्यत्र भी ऐसे उल्लेख आए है।

वास्तुकला

नगर, राजपथ, राजप्रसाद, भवन, सौध, हर्म्य, तोरण, अलिन्द, अट्ट, तल्प, वातायन, आँगन, स्नानागार, सौपान, स्तभ, वन, उद्यान, दीर्घिका, वापी, कूप, निर्झर, क्रीडास्थल, देवालय, गुफाएँ, उटज आदि का विवेचन वास्तुकला के अन्तर्गत ग्रहण किया गया हैं। वास्तुकला लालित्य की दृष्टि से जितना आकर्षित करती है उससे कही अधिक उपयोगिता की दृष्टि से है। भवन दीर्घिकाएँ और क्रीडा स्थल जीवन को सुखी सानंद बनाने के लिए ही निर्मित होते हैं। महापुराण में अभियंता (इंजीनियर) के लिए स्थिपति शब्द व्यवहृत हुआ है।[91]

(अ) नगर विन्यास

पुराणों में नगर को नियोजित ढंग से बनाए जाने का वर्णन हुआ है। पद्मपुराण के अनुसार नगर के चारों और विशाल कोट का निर्माण किया जाता था। कोट के चारों और परिखा खोदी जाती थी जो अत्यधिक गहरी होती थी। महापुराण में वर्णित है कि अयोध्या नगर के मध्य भाग में राजभवन था। नगरी के चारों और धूलिकोट, प्राकार चार मुख्य दरवाजों के सहित पत्थर के बने सुदृढ कोट और परिखा सुशोभित थी अतः स्पष्ट है कि राजधानी नगरी के चारों ओर प्राकार और परिखा का रहना आवश्यक था। नगर में एक मुख्य सडक होती थी। यह सडक चौडी एवं विशाल होती थी। नगर के मध्य चौराहा होता था चौराहा से निकलने वाली सडकें प्रमुख स्थानों को जोडती थी। नगर में प्रतौली और रथ्याएँ भी रहती थी। आदिपुराण में रथ्या से कुछ चौडी गली बताई गई है। प्रतौली नगर के प्रमुख बाजारों एवं मोहल्लो की और जाती थी लेकिन रथ्या का संगत मोहल्ला के साथ रहता था। रथ्या पतली और छोटी ऐसी गली को कहा जाता था, जो किसी खास मोहल्ले की और जाती थी। महापुराण में 50 सुंदर नगरों का वर्णन हुआ है। पुराणों के नगर निर्माण के सिद्धांतों का अध्ययन करने से ज्ञात होता है कि पुर और नगर में भी थोडा सा अंतर था। पुर के सात अवयव है– वप्र, प्राकार, परिखा, अटारी, द्वार गली एवं मार्ग।[92]

परिखाः नगर के चारों और गहरी खाई खोद दी जाती थी। पद्मपुराण के अनुसार राजगृह नगर की परिखा उसे समुद्र के समान घेरे हुई थी। नगरों को तीन–तीन परिखाओं से घिरा बतलाया गया हैं। इन तीनों परिखाओं का अंतर एक–एक दण्ड अर्थात चार–चार हाथ है। प्रथम परिखा चौदह दण्ड अर्थात छप्पन हाथ चौडी, दूसरी अड़तालीस हाथ और तीसरी चालीस हाथ चौडी रहती है। परिखाओं की गहराई क्रमशः बयालीस हाथ, चौबीस हाथ और तेरह हाथ रहती है। ये सभी परीखाएँ नीचे से लेकर ऊपर तक एक सी चौडी रहती है। परीखाएँ ईट एवं पाषाण की बनाई जाती हैं। परिखा के जल में कभी–कभी भंयकर जल–जीव, घडयाल, नक्र और मगर आदि छोडे जाते थे, जिससे शत्रु परिखा को पार न कर सके। परिखा की सुंदरता के लिए जल में कमल, कुमुद आदि जल पुष्प और हंस कारण्डव आदि पक्षियों का उल्लेख मिलता है। कभी–कभी परिखाओं में नालों (परिवाहो) की गंदगी गिराई जाती थी।[93]

वप्र (कोट): परिखाओं से सोलह हाथ की दूरी पर कोट रहता है। यह कोट पाषाण से निर्मित होता है। चौबीस हाथ ऊँचा और अड़तालीस हाथ चौडा बताया गया है। कोट के ऊपरी भाग में अनेक कंगूरे निर्मित किए जाते थे, जो गाय की खुर के समान गोल तथा घड़े के उदर के समान बाहर की और उभरे हुए आकार के वर्णित हैं।[94]

प्राकारः प्राकार (परकोटे) का निर्माण वप्रों के ऊपर होता था। प्राकार तीन प्रकार के होते थे, 1. प्रांसु प्राकार या मृद–दुर्ग (धूलकोट) 2. इष्टका प्राकार (ऐष्टक प्राकार) 3. प्रस्तर प्राकार। प्राकार को व्रत के ऊपर बनाया जाता था। कोट के ऊपरी भाग पर अनेक कंगूरे लगे रहते थे। इस कोट को धूलिकोट कहा जाता था। धूलिकोट इसलिए कहा जाता था। कि जिन पाषाणों से इस कोट का निर्माण होता है वे पाषाण स्वर्ण की धूलि के बनाए जाते थे। नेमिचन्द शास्त्री ने लिखा है कि यह स्वर्ण धूलि सीमेंट जैसा कोई पदार्थ होता था जिस प्रकार वर्तमान में सीमेंट लोहा एवं संगमरमर के टुकडों को मिलाकर सुंदर पाषाण शिलाएँ निर्मित की जाती है। उसी प्रकार प्राचीन समय में स्वर्ण के समान चमकती हुई पाषाण धूलि से इस कोट की शिलाएँ बनाई जाती थी, इसी कारण यह धूलिकोट

कहलाता था।[95] धूलिकोट के आगे एक भव्य परकोटा होता था जो कि चौडाई से दूना ऊँचा बताया गया है। इसकी चौडाई मूल भाग के ऊपर तक अडतालीस हाथ और ऊँचाई छयानवे हाथ होती थी। इस परकोटा का अग्र भाग मृदंगा और बंदर के सिर के आकार का कंगूरों से बना हुआ होता था। यह परकोटा चारों ओर से अनेक प्रकार की स्वर्णमयी ईटों से व्याप्त था और कहीं–कहीं पर रत्नमयी शिलाओं से भी युक्त रहता था। पद्मपुराण में वर्णित है कि लंका बहुत भारी प्राकार और गोपरों से सुशोभित थी। अपनी लाल कान्ति के द्वारा संध्या के समान आकाश को लिप्त कर रही थी, कुन्द के समान सफेद, ऊँचे पताकाओं से सुशोभित कोट और मंदिरों से मंडित थी। पद्मपुराण में ही वर्णित है कि प्राकार पर चढकर शत्रु एवं नगर के बाहर की देखरेख की जाती थी। उस समय मायामय परकोटे बनते थे जो दुष्प्रवेश्य एवं दुर्गम्य थे। उनके समीप पहुँचकर मनुष्य वापस नहीं लौट पाता था। प्राकार (कोट) की ऊँचाई अत्यधिक होती थी वे गोपुर दरवाजों से युक्त दुर्निरीक्ष्य, विस्तीर्ण एवं हिंसामय होती थी।[96]

अट्टालकः भवन के परकोटा पर अट्टालिकाओं की पंक्तियाँ बनी होती थी जो परकोटा की चौडाई के समान चौडी होती थी। पंद्रह धनुष लंबी और उससे दूनी अर्थात तीस धनुष ऊँची थी। ये अट्टालिकाएँ तीस–तीस धनुष के अंतर से बनी हुई थी। स्वर्ण और मणियों से चित्र विचित्र हो रही थी। उनकी ऊँचाई के अनुसार के लिए सीढियाँ बनी हुई थी और ये सभी अपनी ऊँचाई से आकाश छू रही थी।[97]

बुर्जः गोपुर और अट्टालिका के मध्य में तीन–तीन धनुष विस्तार वाले बुर्ज निर्मित होते थे। बुर्ज किबाड सहित झरोखो से युक्त होते थे। बुर्जो के बीच में अतिशय स्वच्छ देव बने हुए थे जो कि तीन हाथ चौडे और बारह हाथ लंबे थे। प्रत्येक दिशा में नगर प्राकार में बुर्ज बनाने जाते थे। उनके मध्य की दूरी अधिक होती थी। ये संख्या में अधिक निर्मित किए जाते थे। बुर्ज की चोटी पर सैनिक नियुक्त किए जाते थे। दुर्ग पर आक्रमण के समय ये सैनिक उसकी रक्षा करते थे।[98]

गोपुरः जैन पुराणों में वर्णित है कि कोट के चारों दिशा में एक–एक गोपुर होता था। दो–दो अट्टालिकाओं के बीच में एक–एक गोपुर बना

होता था। उस पर रत्नों के तोरण लगे होते थे। ये गोपुर पचास धनुष ऊँचे और पच्चीस धनुष चौडे होते थे। महापुराण के अनुसार प्रत्येक गोपर द्वार पर पंखा, छत, चामर, ध्वजा, दर्पण, सुप्रतिष्ठक (ठौना), भृंगार एवं कलश ये आठ मंगल द्रव्य रखे जाते थे। गोपुर के दरवाजे पर पहरेदार पहरा देते थे।[99]

प्रतौलीः महापुराण में वर्णित है कि प्राकार में चार प्रधान द्वारों के अतिरिक्त गौण द्वार भी होते थे। इन्हे प्रतौली संज्ञा से अभिहित किया गया है। प्रधान नगर द्वार (गोपुर) की चौडाई प्रतौनी की छह गुनी होती थी। नगर द्वार के ऊपर एक बुर्ज निर्मित किया जाता था। जो आकाश में घडियाल के मुख के सदृश्य होता था। महापुराण में प्रतौली को रथ्या से चौडी गली के रूप में अभिहित किया गया है। प्रतौलिया अर्गलाओं से मजबूत की जाती थी। राजमार्ग के समान प्रतौली से निकलने की शालाएँ बनाई जाती थी। ये प्रतोलिया आयत अर्थात चौकोर होती थी। आवागमन करने वाले से सदा व्याप्त रहती थी। प्रतौलियों में दरवाजे भी आमने–सामने रह सकते थे। प्रत्येक विशाल नगर में एक हजार चतुष्क चौक ओर बारह हजार बेदिया एवं छोटे बडे सब मिलाकर एक हजार दरवाजे होते थे। इन दरवाजों में पाँच सौ दरवाजे किबाड सहित और शेष किबाड रहित रहते थे। बड़े–बड़े नगरों की चौडाई पूर्व से पश्चिम तक नवयोजन और लंबाई उत्तर से दक्षिण तक बारह योजन रहती थी। इन सभी नगरियों का मुख पूर्व दिशा की और बताया गया है। नगरियों का राजा अपनी राजधानी वही स्थापित कर निवास करता था।[100] तात्कालीन नगर निर्माण कला बहुत ही समृद्ध थी। नगर निर्माण में सुरक्षा का तो ध्यान रखा ही जाता था साथ ही आवागमन की सुविधा का भी उचित प्रबंध किया गया।

(ब) भवन निर्माणः पुराणों में विशाल भवनों का उल्लेख मिलता है। भवन एक बहुत बडे अहाते में बनाया जाता था। सामान्य घर छोटे–छोटे होते थे जो अधिकांशतः सफेद रंग के होते थे। राजाओं के भवन भव्य होते थे। राजभवन में राजा के समस्त कार्यालयों हेतु छोटे–छोटे भवन बनाए जाते थे। पद्मपुराण में वर्णित है कि राजा के भवन में अनेक

द्वार, उच्च गोपुर, रानी का शयनकक्ष, खजाने, सभाभवन, शाला, प्रसाद, कूट, प्रेक्षाग्रह अनेक कार्यालय, रानियों के महल आदि होते थे। राजभवन ऊँचे बनाए जाते थे। भवन के निर्माण में ऊँचे– ऊँचे शिखरों का निर्माण किया जाता था। भवन का फर्श पक्का होता था जिसके चारों और बगीचे बनाए जाते थे। भवनों के द्वार अत्यधिक सुंदर बनाए जाते थे जो बहुत विशाल हुआ करते थे। लकडी के बनाए गए द्वार को रत्नों स्वर्णों आदि से सजाया जाता था। यशस्तिलक का त्रिभुवन प्रासाद श्वेत पाषाण अर्थात संगमरमर का बनाया गया था। शिखर पर स्वर्ण कलश लगाए गए थे। पूरे प्रासाद पर चूने से सफेदी की गई थी। रत्नमयी खंभो वाले ऊँचे– ऊँचे तोरणों के कारण राजभवन कुबेरपुरी की तरह लगता था। राजभवन स्तंभों के आधार पर बनाया जाता था।

स्तंभ भवन का प्रमुख अंग होता था जो मंदिरों तथा पक्के भवनों के संदर्भ में निर्मित किया जाता था। राजभवन में अनेक छोटे–छोटे भवन एवं मंडपों का उल्लेख मिलता है। यशस्तिलक में त्रिभुवन प्रसाद के वर्णन में सोमदेव ने अनेक महत्वपूर्ण सूचनाएँ दी है उनमें पुरंदरागार, चित्रभानुभवन, धर्मधाम, पुण्यजनावास, प्रचेतः पस्त्य, वातोदवसित, धनदधिष्णय, व्रहनसौध, चंद्रमंदिर, हरिगेह, नागेशनिवास, तण्डुभवन, इत्यादि की जानकारी विशेष महत्व की है। सूर्य मंदिर, अग्नि मंदिर आदि की परंपरा प्राचीन काल से थी। पद्म पुराण में उल्लखित भवनों के नाम निम्नवत है– गृह, गेह, आगाह, मंदिर, प्रसाद, आलय, सद्म, वैश्य, निलय, चैत्य, कूट, विमान, जिनेन्द्रालय, शाला, पुष्करावर्त, गृहकटक, वैजयंतभवन, गिरिकूटक, सर्वतोभद्र, प्रमदवन, धारागृह, जीमूतस्नागार, सभावनि, राजभवन के समीप या उसके अंग रूप में ही अनेक भवन बने रहते थे।[101] सभावनि वह सार्वभूमि थी जहाँ बैठकर राजा राज्य कार्य करता था। यशस्तिलक में वर्णित है कि दैनिक कृत्यों से निवृत्त होकर यशोधर ने आस्थान मंडप की ओर प्रमाण किया। सभास्थान को ही आस्थान मंडप कहा गया हैं। इसे मुगल काल में दरबारे आम कहा गया है। सबसे पहले गजशाला या हाथी खाना मिला। राजभवन के निकट ही गज तथा अश्वशाला बनाने की परंपरा प्राचीन थी। इसका मुख्य कारण यह था कि प्रातः काल गज व अश्वदर्शन राजा के लिए मांगलिक माना जाता था। राजभवन के निकट गज और अश्वशाला फतेहपुर सीकरी के

प्राचीन महलों में आज भी देखी जाती है। राजभवन के निकट ही विद्वानों के विचार–विमर्श हेतु भवन बनाया जाता था एवं इतिहास पर अभिनय के लिए नाट्यशाला भी बनाई जाती थी। राजभवन का एक भाग आस्थायिका था जिसे राजसभा भी कहा गया हैं आस्थायिका में राजा रानियों सहित बैठकर संगीत, नृत्य एवं अभिनय का आस्वादन करता था। अन्तःपुर या रनिवास को सोमदेव ने मनसिजविलाससहंसनिवासतायरस नाम दिया। यह वासभवन सतखण्डा महल का सबसे ऊपरी भाग था। इससे ज्ञात होता है कि दसवी शताब्दी में इतने ऊँचे–ऊँचे प्रसादों की रचना होने लगी थी। ग्वालियर जिले के चंदेरी नामक स्थान के खंडित कुषक महल की पहचान सात खंड के प्रासाद से की जाती है।[102] महापुराण का हर्म्य राजा या धनिक वर्गों के लिए जिन भव्य भवनों का निर्माण किया जाता था। उसे हर्म्स संज्ञा प्रदान किया गया है। यह सात मंजिला तक होते थे। कारागार भी एक प्रकार के भवन है। प्रमदबन का वर्णन महापुराण में आया है। प्रमदवन राजप्रसाद का एक महत्पूर्ण अंग होता था। यह प्रासाद से सटा हुआ होता था। इसमें क्रीडा विनोद के पर्याप्त साधन एकत्र रहते थे। पुष्करावर्त उस भवन को कहा गया है जो ईटों द्वारा निर्मित होता था और जिस पर चूने का पलस्तर लगाया जाता था। कुवेराकन्त भन्डारगृह[103], यह भंडारगृह पाषाण और पाषाण चूर्ण द्वारा निर्मित होता था। इसकी दीवाले चौडी और मजबूत होती थी। कभी खाली न रहने के कारण इसकी कुबेरकान्त संज्ञा थी। चक्रवर्ती सम्राट का स्नानागार अनुमानतः सौ फुट लंबा और अस्सी फुट चौडा होता था। चक्रवर्ती ग्रीष्मजन्य कष्ट को दूर करने के लिए अपने भवन के भीतर गृहकूटक भवन में धाराग्रहों का निर्माण कराता था। धाराग्रह प्राचीन भारत में ऐसा जलाशय होता था जिसमें कई स्थानों पर फव्वारों के रूप की धाराएँ निकलती थी। यह आयाताकार बनाया जाता था और कई स्थानों पर धारायंत्र लगे रहते थे। गिरने वाली जल की धारा कही गजमुख से गिरती थी। कही हंसमुख से गिरती थी और कहीं व्यालमुख से गिरती थी, दीपिका एक लंबी नहर होती थी जिससे राजप्रसाद में पानी की व्यवस्था होती थी। चक्रवर्ती का एक सर्वतोभद्र भवन था इस भवन के नामकरण का कारण सर्वभोमक नामक गोपुर है। भवन के चारों और से क्षितिसार नाम का कोट वैष्टित

किए हुए था और इसमें देदीप्यमान रत्नों से तोरण मंडित थे। सामंत एवं श्रेष्ठियों के भवन भी श्रेष्ठ स्तर के होते थे। जिन्हें सौध कहा जाता था। भवनों का प्रांगण भाग उत्तम कोटि के पाषाणों से खचित कर बनाया जाता था। इसमें वातायन एवं गवाक्षों की व्यवस्था रहती थी। सामान्य घरों का विवरण भी पुराणों में प्राप्त है, जिन्हें गृह या गेह कहा जाता था। गृह की एक प्रमुख विशेषता यह थी कि उसके वातायन सडक के दोनों और खुले रहते थे। छत पर आलिन्द झरोखे भी होते थे। तोरण भवन का सबसे पहला द्वार होता था। तोरणों का निर्देश सर्वत्र हुआ है, तोरणों पर देव, मुनि, पशु, पक्षी, पुष्पलता एवं पल्लवों की आकृतियाँ अंकित थी। आगार, वैरम, सध, यह भी भवनों के प्रकार है। समस्त ऋतुओं में सुखदायक भवन को वैजयन्त भवन कहा गया है यह भवन चारो और से खुला रहने पर भी अंदर से आच्छादित रहता था। गिरिकुटक भवन के शिखर उन्नत रहते थे जिनमें यह ग्रीष्मऋतु में गरम एवं शरद ऋतु में ठंडा नहीं होता था।

(स) समवशरण वास्तु

समवसरण का शाब्दिक अर्थ है उत्तम रीति से बैठते का स्थान। समवशरण की रचना के अंतर्गत प्रायः समस्त वास्तुकला के अंग, उपांग, समाविष्ट हो जाते हैं। धातिया कर्मों पर विजय पाने से आत्मा परम आत्मा की और उन्मुख होती है तब केवल ज्ञान की प्राप्ति होती है। उसी स्थिति में भूत, भविष्य एवं वर्तमान तथा तीनों लोक एक दृष्टि में दिखते हैं। तीन लोक के समस्त जीवों को उपदेश के लिए समवशरण की रचना की जाती है। इसमें समस्त जीव दिव्यध्वनि से अपनी–अपनी भाषा में समझकर गणधरों के माध्यम से अपनी जिज्ञासा शाँत करते हैं। तीर्थंकर के प्रस्थान करते ही समवशरण विघटित हो जाता था और अन्य स्थान पर उसकी रचना पुनः की जाती है। सूर्यमंडल की भाँति वर्तुलाकार यह रचना एक ऐसी वास्तु कृति के सदृष्य है जिसे विषाल सौद्यान प्रेक्षागृह या पार्क क्रम आडिटोरियम कह सकते है, समवशरण का विवरण अनेक जैन ग्रंथों में मिलता है।[104] समवशरण की दिव्यभूमि स्वाभाविक भूमि से एक हाथ ऊँची रहती है और उससे एक हाथ ऊपर कल्पभूमि होती है। समवशरण के ऊपरी भाग में धूलिसाल कोट रहता है और उसकी आकृति वलयाकार

धर्म के लिए महत्वपूर्ण है बिना अर्थ के धर्म नहीं हो सकता है। हरिवंश पुराण में वर्णित है कि धर्म का साधन शरीर है और शरीर प्राणों का आधार होने से प्राणों पर निर्भर है। प्राणी, प्राणों से अधिष्ठित है अर्थात् प्राणों के द्वारा जीवित है और प्राण अन्न से अधिष्ठित है इसलिए अन्न भी धर्म का साधन है। अर्थ से धन, प्रभावना आदि कार्य संपादित होते हैं।[109] पद्मपुराण ने भी धन को महत्व दिया है एवं वर्णित है कि लोग निरंतर धनवान मनुष्य का ही सम्मान करते है और यथार्थ में लोग धन की ही पूजा करते है, धनवान की नहीं। जिसके पास धन है उसके मित्र हैं, जिसके पास धन हैं उसके बान्धव है, लोक में वह पुरुष महत्वपूर्ण है, वह पंडित है। जब मनुष्य धनरहित हो जाता है तब उसका न कोई मित्र रहता है न कोई भाई, पर वही मनुष्य तब धनसहित हो जाता है तो अन्य लोग भी उसके आत्मीय हो जाते हैं। धन वही है जो धर्म से सहित है। पुण्यरूपी धन का उपार्जन करने पर अधिक महत्व दिया गया है। धन को ईधन के समान तृष्णा रूपी अग्नि कहा गया है। धन से ईर्ष्या व अभिमान करना व्यर्थ है। धन से अधिक यश को महत्व प्रदान किया गया है। अमरता यश से प्राप्त होती है, धन से नहीं। यह लक्ष्मी स्वयं एक प्रकार का बंधन है अथवा कर्म बंध का कारण है इसलिए सज्जन पुरुष इसे कभी नहीं चाहते। वह धन को यश व धर्म में खर्च करते हैं।[110] जैन साहित्य के अनुसार लौकिक दृष्टि से आर्थिक समृद्धि अपेक्षित है लेकिन आध्यात्मिक दृष्टि से धन से आसक्ति, धर्म के लिए बाधक है।

समृद्धि को सकलजन उपभोग्य बनाने के लिए अपरिग्रह एवं संयम के सिद्धांत का प्रतिपादन किया गया है। जैन दर्शन के अनुसार आर्थिक असमानता और आवश्यक वस्तुओं का अनुचित संग्रह समाज के जीवन को अस्त–व्यस्त करने वाला है। इनके लिए एक मनुष्य दूसरे मनुष्य का शोषण करता है। मनुष्य की इस लोभवृत्ति के कारण समाज अनेक कष्टों का अनुभव करता है। इसलिए भगवान महावीर ने कहा है कि आर्थिक असमानता को मिटाने का अचूक उपाय है–अपरिग्रह। परिग्रह के सब साधन सामाजिक जीवन में कटुता, घृणा और शोषण को जन्म देते हैं। अपने पास उतना ही रखना चाहिए जितना आवश्यक है बाकी सब समाज को अर्पित कर देना अपरिग्रह पद्धति है।

धन की सीमा वस्तुओं की सीमा ये सब स्वस्थ समाज के निर्माण के लिए जरूरी है। धन हमारी सामाजिक व्यवस्था का आधार होता है और कुछ हाथों में एकत्र हो जाना समाज के एक बहुत बडे भाग को विकसित होने से रोकता है। संपत्ति पर निरपेक्षता अथवा निरंकुशता स्वीकार्य नहीं होना चाहिए। जिस प्रकार अर्थ का अभाव अनेकानेक दुराचारों, अपराधों को जन्म देता है उसी प्रकार अर्थ का आधिक्य भी दुराचार पैदा करता है। जीवनोपयोगी वस्तुओं का संग्रह समाज में अभाव की स्थिति पैदा करता है ऐसे परिग्रह के विरोध हेतु गृहस्थों के लिए जैन धर्म में परिग्रह परिमाण व्रत सिद्धांत का प्रतिपादन किया है। धन–धान्यादि बाह्य वस्तुओं के प्रति ममत्व, मूर्छा ही परिग्रह है। बाह्य परिग्रहों में जो मूर्छा भाव है वह भी हिंसा है।[111] कोई भी व्यक्ति बिना ममत्व भाव के या राग भाव के बाह्य वस्तुओं का संग्रह नहीं करता। बाह्य परिग्रह रागद्वेष उत्पन्न होने में कारण है। बाह्य वस्तुओं का आश्रय लेकर ही राग–द्वेष, क्रोध, मान, माया, लोभ आदि उत्पन्न होते हैं जो हिंसा के निमित्त कारण हैं। यद्यपि मनुष्य की आवश्यकताएँ बहुत सीमित हैं, उन आवश्यकताओं की पूर्ति थोडे से प्रयत्न से की जा सकती हैं, किन्तु आकांक्षाओं के अनन्त होने के कारण मनुष्य में अधिक जोडने की भावना बनी रहती है। इच्छा तो आकाश की तरह अनन्त है। उसकी कभी पूर्ति हो ही नहीं सकती। वस्तु के प्रति ममत्व से लोभ उत्पन्न होता है। लोभ, उत्पादन में अधिक परिश्रम और कौशल के अर्जन का सहायक बन जाता है, और वह अधिक संग्रह करता है। मनुष्य की सामाजिक स्थिति, सहज न्याय बुद्धि, ज्ञान की व्यक्त प्रेरणा सभी उसके स्वार्थानुसंधान को क्रमशः रूपान्तरित करते हैं। जब कोई व्यक्ति स्वार्थ की प्रेरणा से कार्य करता है तो वह एक लक्ष्यभूत विषय के लिए प्रयत्न करता है और उनका यह विषयाभिमुख अर्थोन्मुख होता है। निंरतर अर्थोन्मुख होने से वह बेचैनी का अनुभव भी करता है और उसके कार्यों के परिणाम वे ही नहीं होते जो वह चाहता है। तृष्णा की आग में यथार्थ सुख जाता रहता है एवं अव्यक्त दुःख महसूस करता है। आर्थिक सिद्धांतों के अनुसार धर्म आर्थिक प्रगति में बाधक माना गया है। संतोषी व्यक्ति आर्थिक समृद्धि को किस प्रकार प्राप्त कर सकेगा वह चिन्तनीय है। आध्यात्मिक प्रेमी उत्पादन कार्यों से जब विमुख रहेगा तो किस प्रकार

अर्थ की समृद्धि कर सकेगा, इसके लिए जैन धर्म में श्रेष्ठ समाधान प्रस्तुत किया है। धर्म का अर्जन धर्म संगत हो, धर्म का रक्षण, उसका उपयोग न्यायानुसार हो, धन के प्रति ममत्व नहीं रहेगा तब उसे प्राप्त करने या रक्षण में अनुचित एवं पापयुक्त साधनों का उपयोग नहीं करेगा, यह व्यक्ति एवं समाज के लिए हितकर है। उपयोगिता के आधार पर ही वस्तुओं का संग्रह या उपयोग सीमित मात्रा में होना चाहिए। अगर उपयोगिता नहीं है तो रत्न को पाषाण समझना ही उचित है। अर्थ संघर्ष के इस युग में जैन दर्शन के आर्थिक विचार विश्व समाज के लिए महान देन है जिनका अनुपालन कर विश्व समुदाय परम शान्ति को प्राप्त कर सकता है।

जैन पुराणों में ग्राम समुदाय की अवधारणाः– अर्थव्यवस्था का वर्णन विशेषकर पुराण साहित्य एवं चरित्र साहित्य में मिलता हैं। विवेच्य जैन पुराणों का रचनाकाल आठवी से दसवी शती ईसवी है एवं रचना क्षेत्र दक्षिण भारत। इस काल तक सामंतवाद लगभग सम्पूर्ण भारत में राजकीय तंत्र का अभिन्न अंग हो चुका था। सामंतों एवं जमीदारों में परस्पर युद्ध होना सामान्य था, ग्रामीणों का आवागमन के साधन पहले से ही कम थे, सामंतवाद के कारण क्रियाशीलता अवरूद्ध हो गई। सामंतवाद के कारण नगरों का पतन हुआ एवं कृषि के लिए गाँवों की ओर पलायन का दौर शुरू हुआ। कृषि आधारित ग्राम अर्थव्यवस्था के प्रमुख आधार हो गए।

इन परिस्थितियों में आत्मनिर्भर ग्राम समुदाय अर्थव्यवस्था अस्तित्व में आयी। ग्राम समुदाय में ग्रामीणों की लगभग सभी आवश्यकताओं की पूर्ति ग्राम ही हो जाया करती थी। गाँव की अपनी प्रशासनिक, साँस्कृतिक, न्यायिक, सामाजिक एवं आर्थिक व्यवस्थाएँ प्राचीन काल से ही थी लेकिन पूर्वमध्यकाल में चरम पर पहुँच गई। ग्राम समुदाय की अवधारणा को प्रकाश में लाने का श्रेय ईस्ट इण्िया के राजस्व प्रशासकों है। उन्होने इंग्लैण्ड में अपनी रिपोर्ट में कहा कि भारत के गाँव आत्म निर्भर हैं। बाद में राष्ट्रवादियों तथा प्राचीन भारत के इतिहासकारों ने ब्रिटिश लेखकों से अपनी सहमत व्यक्त की।[112] जैन पुराणों के अनुशीलन से यह स्पष्ट होता है कि भारत के गाँव आत्मनिर्भर थे। जैन पुराणों में पूर्वमध्यकालीन ग्राम समुदाय अर्थव्यवस्था का चित्रण प्रस्तुत किया गया है। पुराणों के भारत

का आर्थिक संगठन ग्रामों पर निर्भर था जिसमें बाड़े से घिरे हुए घर हो, जिनमें अधिकतर शूद्र और किसान रहते हो तथा जो बगीचा और तालाबों से सहित हो उन्हें ग्राम कहते हैं। जिसमें सौ घर हो उसे छोटा गाँव कहते है तथा जिसमें पाँच सौ घर हो और जिसके किसान धन संपन्न हो उसे बडा गाँव कहते हैं। छोटे गाँवों की सीमा एक कोस की और बड़े गाँवो की सीमा दो कोस की होती है। इन गाँवों के धान के खेत सदा संपन्न रहते हैं, और इनमें घास तथा जल की अधिकता रहती है। नदी, पहाड, गुफा, क्षीरबृक्ष अर्थात थुवर आदि के वृक्ष, बबूल, आदि के वृक्ष वन और पुल ये सब उन गाँवो की सीमा के चिह्न कहलाते हैं अर्थात नदी आदि से गाँवो की सीमा का विभाग किया जाता है। जो परिखा, गौफर, अटारी, कोट और प्राकार से सुशोभित हो जिसमें अनेक भवन बने हुए हो जो बगीचे ओर तालाबों से सहित हो जो उत्तम रीति से अच्छे स्थान पर बसा हुआ हो जो प्रधान पुरुषों के रहने के योग्य हो वह प्रशंसनीय पुर अथवा नगर कहलाता है। जो नगर नदी ओर पर्वत से घिरा हुआ हो उसे बद्धि मान पुरुष खेट कहते हैं, और केवल पर्वत से घिरा हुआ हो तो उसे खर्वट कहते हैं जो 400 गाँवों से घिरा हो उसे मडम्ब कहते हैं और जो समुद्र के किनारे हो तथा जहाँ लोग जल मार्ग से आते हो उसे पत्तन कहते हैं जो नदी के किनारे हो उसे द्रोणमुख कहते हैं। इसी पुराण में वर्णित है कि गाँवों में लौहार, नाई, दर्जी, धोबी, बढई, राजगीर, चर्मकार, वैद्य, पंडित, क्षत्रिय आदि व्यवसाय एवं वर्ण के सभी व्यक्ति निवास करते थे। ये विविध व्यावसायिक व्यक्ति की पूर्ति करते थे एवं गाँवो को स्वावलंबी बनाते थे। महापुराण में ग्राम व्यवस्था के संबंध में योग क्षेमनुचिन्तनम् पद आया है। इस पद का आशय यह है कि उपभोग योग्य समस्त वस्तुएँ गाँवों में उपलब्ध हो जाती थी अतः आदि पुराण का ग्राम्य जीवन अधिक आत्मनिर्भर, सहयोगी और जनतंत्रीय था। उस समय के गाँवो की आत्मनिर्भरता का एक प्रमुख कारण यह था कि उस काल में आवागमन के साधन अत्यधिक सीमित थे। ग्रामीण समस्याओं एवं कार्यो का प्रबंध ग्राम के प्रधान के द्वारा होता था।[113] महापुराण के छब्बीसवें पर्व में ग्रामीण अर्थव्यवस्था अर्थात आर्थिक जीवन का बहुत ही सुंदर चित्रण निम्नानुसार है। गौचर भूमि में गायों सहित अन्य सभी पालतू पशुओं के लिए बहुत सुन्दर वातावरण

का चित्रण है। धानों की समुन्नत खेती एवं प्रसन्न व व्यस्त कृषक वर्ग दिखाए गए हैं। कृषकों की आर्थिक समृद्धि का विस्तार से वर्णन है। ग्राम के निकटवर्ती मार्ग कीचड युक्त होने के कारण मवेशियों के चरण चिन्हो का अंकन, गाँवों में सुशोभित वाटिकाएँ, सभी प्रकार के पक्षी, झोपडियाँ, घरों, बावडियों आदि का सुन्दर वर्णन है। ग्रामवासियों के यहाँ घृत, दधी, दुग्ध, गुड, फल आदि पदार्थो की कमी नहीं थी। उपर्युक्त ग्राम चित्रण से वहाँ की आर्थिक समृद्धि का सांगोपांग विवरण उपलब्ध होता है। ग्रामों की समृद्धि पशु धन पर निर्भर थी, क्योंकि पशुओं के बिना कृषि संभव नही हैं। गाय की उपयोगिता दूध देने, कृषि हेतु बछडे उत्पन्न करने की दृष्टि से है। पशुपालन की प्रथा रहने से दूध, दही, आदि पदार्थ तो उपलब्ध होते ही थे, पर ऊन की प्राप्ति भी होती थी। जिससे ऊनी कपडे, कम्बल आदि गाँवों में तैयार किए जाते थे। कपास की खेती प्रायः प्रत्येक गाँव में होती थी जिससे वस्त्र संबंधी आत्मनिर्भरता भी गाँवों में विद्यमान थी। समृद्ध ग्राम अपनी आवश्यकताओं की समस्त वस्तुएँ स्वयं उत्पन्न करते थे। इसी कारण उन्हे आत्मनिर्भर कहा गया। बाजार गाँवों के भीतर ही रहते थे। बाहरी बाजार पर गाँव निर्भर नहीं थे। कृषि के प्रसंग में आए हुए संदर्भों से भी यह सिद्ध होता है कि भारत के ग्राम अपनी सामान्य आवश्यकताओं की सभी वस्तुएँ स्वयं उत्पन्न करते थे, उन्हे उपयोगिता की वस्तुएँ प्राप्त करने के लिए नगरों की शरण नहीं लेनी पडती थी। झोपडी बनाने के लिए नगरों की शरण नहीं लेनी पडती थी। झोपडी बनाने के लिए बाँस, घास एवं अन्य उपयोगी सामग्रियाँ वहीं उत्पन्न होती थी। अतः आवास की व्यवस्था संबंधी उपकरणों को खरीदने के लिए ग्रामीणों को अन्यत्र नहीं जाना पडता था। लोहार फाल, हसुए, खुरपी आदि तैयार करता था और बढई हल जुआ एवं चारपाई आदि उपयोग की सामग्रियाँ बनाता था। गाँव का धोबी, कपडे धोता था। रंगरेज उन्हें रंगता था अवं जुलाहा कपडा बुनता था। सूचिकार (दर्जी) कपडे सिलकर देते थे। उत्तरीय और अधोवस्त्र को सीने की आवश्यकता नहीं होती थी। पद्मपुराण में ग्रामों का अत्यंत मनोरम चित्रण प्रस्तुत किया गया है।[114] पुराणों में वर्णित है कि ग्रामीण आर्थिक जीवन समृद्ध था। समृद्धि गाँव ही समृद्ध देश का आधार होते हैं। प्राचीन भारत निःसंदेह समृद्ध ग्रामीण अर्थव्यवस्था के कारण ही

उन्नत था। भारतवर्ष के गाँवों की अर्थव्यवस्था मुख्यतया गाँवों में रहने वाले खेत के मालिक किसानों पर ही निर्भर रही है। प्राचीन भारत के ग्राम समुदाय के सन्दर्भ में इतिहासकार राधाकृष्ण चौधरी ने भी लिखा है कि ग्राम समुदाय प्राचीन भारत के सामाजिक–सह–आर्थिक ढाँचे के लिए महत्वपूर्ण अंग था। गाँव केवल भौमिक इकाई नहीं बल्कि मूलतः मानवीय इकाई परस्पर निकट सम्पर्क–सूत्र में बँधे मनुष्यों का समवाय होता था। आर्थिक एवं सामाजिक आवश्यकताएँ इन्हें एकजुट किए रहती थी। इसके केन्द्र बिन्दु तो किसान होते थे, पर उनके साथ–साथ कुम्हार, लुहार, बढई, मोची, धोबी, भंगी, ग्वाला, नाई आदि विभिन्न व्यवसाय के लोग रहते थे। साथ ही भू–स्वामी, काश्तकार, कर्मकार एवं अन्य सभी वर्ग बसते थे। जिनकी जरूरते परस्पर पूर्ण होती थी। अपनी पारस्परिक रक्षा भी एकजुट होकर किया करते थे। हर गाँव की सीमा निर्धारित थी। इस प्रकार ग्राम आत्मनिर्भर इकाई बन चुके थे। इसमें शिल्प कर्म एवं कृषि के संयोजन से ग्राम समुदाय के सदस्यों के बीच सेवा विनिमय की परिपाटी उदित हुई। अपने आंतरिक मामलों में ग्राम समुदाय स्वतंत्र था।[115]

आजीविका के साधनः– महापुराण में आजीविका के प्रमुख छह साधनों का निर्देश किया गया है। असि, मषि, कृषि, विद्या, वाणिज्य और शिल्प में छह कार्य प्रजा की आजीविका के कारण है। भगवान ऋषभदेव द्वारा प्रजा के लिए इन्ही छह कर्मों द्वारा वृत्ति करने संबंधी व्यवस्था के उपदेश का उल्लेख है। इन सांसारिक कार्यो का उपदेश भगवान ने सरागी (गृहस्थ) अवस्था में दिया, वीतरागी अवस्था में नहीं।[116]

असिकर्मः तलवार आदि शस्त्र धारण कर सेवा करना असि कर्म कहलाता है। असिकर्म का अभिप्राय सैनिक वृत्ति है।

इसके अंतर्गत सैनिक, पुलिस, रक्षक आदि होते हैं। असिवृत्ति का कार्य उस क्षेत्र तक ग्राह्य है जिस क्षेत्र में समाज, धर्म, देश राष्ट्र की रक्षा का संबंध रहता है। ये देश, समाज एवं व्यक्ति को शत्रुओं तथा असामाजिक तत्वों से सुरक्षा प्रदान करते हैं। समाज से उत्पन्न एवं प्रतिष्ठित व्यक्तियों के पास रथ, हाथी, घोडे और पैदल सिपाही रहते थे। आदि पुराण में क्षत्रियाः शस्त्र जीवित्वम् का उल्लेख आया हैं जिससे यह स्पष्ट होता है

कि शस्त्र धारण कर क्षत्रिय जाति के व्यक्ति आजीविका संपन्न करते थे। शस्त्र धारित व्यक्तियों का समाज में वही स्थान था, जो शास्त्र जीवियों का है। रक्षा व्यवस्था क्षत्रियों के हाथ में थी, अतएव अस्त्र–शस्त्र के व्यवहार द्वारा अपनी आर्थिक आवश्यकताओं की पूर्ति करना असिकर्म है।[117]

मसिकर्मः महापुराण अनुसार लिखकर आजीविका करना मसिकर्म कहलाता है। ये लोग राजाओं के यहाँ सरकारी लिखा–पढी का कार्य संपन्न करते हैं, जो व्यक्ति प्रशासन के किसी भी कार्य में योगदान के लिए लिपिक या गणक का काम करता है वह मसिकर्म या मसिवृत्ति कहलाता है।

कौटिलीय अर्थशास्त्र में इसी को लेखक कहा गया जिसके अनुसार लेखक को अमात्य की योग्यताओं वाला, आचार विचार का ज्ञाता, शीघ्र ही सुंदर वाक्य योजना में निपुण, सुलेखक और भिन्न लिपियों को लिखने पढने वाला होना चाहिए। कौटिल्य ने लिपिकों की योग्यता, गुण एवं कत्तव्यों का विस्तारशः विवेचन किया है।[118] मसिजीवी व्यक्ति राज्य शासन में सहायता देने के लिए लेखक का कार्य संपादित करता है। लेखक, गणक, पढाना और शिल्पकार का वेतन निर्धारित करते हुए लिखा है कि इस श्रेणी के कर्मचारियों को पाँच सौ पण प्रतिवर्ष देना चाहिए। कौटिल्य और आदिपुराण दोनों के अध्ययन से यह स्पष्ट ज्ञात होता है कि लेखक प्रशासन का एक बहुत बडा अंग था।

कृषि कर्मः पुराणों में कथन है कि जब प्रजा अपनी जीविका के लिए भगवान ऋषभदेव के पास गई तब ऋषभदेव ने प्रजा के एक वर्ग को कृषि कर्म के लिए कहा। वर्तमान की भाँति प्राचीन काल में भी भारत की अर्थव्यवस्था का मूलाधार कृषि थी। कृषि कार्य के लिए सहायता प्रदान करना उसे प्रोत्साहन देना राजा का कर्त्तव्य था। महापुराण में लिखा है राजा को आलस्य रहित होकर अपने अधीन ग्रामों में बीज देना आदि साधन उपलब्ध करवाकर किसानों से खेती कराना चाहिए। राजा को चाहिए कि वह अपने शासित देश में किसानों द्वारा भली भाँति खेती कराए और धान्य का संग्रह करने के लिए उनसे न्यायपूर्ण उचित अंश लेवे। ऐसा करने से राजा के भंडार में संपत्ति इकट्ठा हो जाएगी और उसका

बल बढ जाएगा तथा धान्यों से ही देश पुष्ट तथा समृद्धिशाली होता है। कृषि जीवी श्रमिक स्वयं की खेती करने के अनन्तर दूसरों के कृषि कर्म में भी सहायता प्रदान करते थे। उनके पास हल, बैल और कृषि के औजार रहते थे ओर बुलाए जाने पर दूसरों के खेत को जोत–वो देते थे। कृषि विद्या के विशारदों की बडी ही प्रतिष्ठा थी। वे समाज में आदर की दृष्टि से देखे जाते थे। खेती करने में विशेषज्ञ क्षेत्रज्ञ कहलाता था।[119] पद्मपुराण में कृषक को कर्षक एवं हलधारक को कीनाश कहा गया है। इसमें कृषक को भोले–भाले, धर्मात्मा, वीतदोष तथा क्षुधा तृषा आदि क्लेषों के सहिष्णु तथा तपस्वियों से बढकर कहा गया है।[120]

जैन पुराणों में वर्णित है कि कृषक हल बैल और कृषि के अन्य ओजारों के माध्यम से खेती करते थे। खेत की उत्तम बुवाई में उत्तम बीज एवं खाद का प्रयोग करते थे। खेत में बीज डालने को बात कहा जाता था। पके खेत को काटने के लिए लवन थे तथा काटी गई धान्य की दोनी करने को विगादना कहा गया है। अनुपजाऊ जमीन ऊसर कहलाती थी। उस समय साधनों की अनुपलब्धता के कारण कहा गया है कि जैसे मूर्खों को तत्व का उपदेश देना व्यर्थ है, उसी प्रकार ऊसर जमीन को जोतना, बोना और उसमें पानी देना व्यर्थ माना गया है।[121] सिंचाई की दृष्टि से तीन प्रकार के क्षेत्रों का उल्लेख हुआ है। अदेवभावृक ऐसा क्षेत्र है जिसमें नदी नहरों आदि से सिंचाई होती थी। दैवभावृत वह क्षेत्र कहलाते थे जिसमें वर्षा के जल से ही सिंचाई होती थी। जिस क्षेत्र में दोनों प्रकार से सिंचाई होती थी वह साधारण क्षेत्र थे। जैन आगमों में सिंचाई के उपायों की चर्चा की गई है। सिंन्धु देश में नदी से, द्रविड देश में तालाब से, उत्तरापथ में कुओं से खेतों की सिंचाई की जाती थी। कहीं किसान नाली (सारणी) के द्वारा अपने खेतों को सींचते थे। खेती के लिए वर्षा का होना आवश्यक था। उद्‌घात (काली भूमि) और अनुद्‌घात (पथरीली) नाम की भूमि बताई गई है।[122] रहट को घटी यंत्र कहा गया है।[123] इसमें दो बैलों के द्वारा चमडे में पात्र या अन्य पात्र से कुआँ या तालाब से पानी को निकाला जाता था एवं सीधे बहाकर सिंचाई करते थे, जिसमें श्रमिक छोटी नाली बनाकर खेतों में कृषक सफल हो जाता था। घटी यंत्र के अतिरिक्त कूप वापी और सरोवरों से सिंचाई की जाती थी।

वर्षा भी समयानुसार पर्याप्त रूप में होती थी। यथेष्ट रूप में वर्षा के होने से खेती अच्छे रूप में उत्पन्न होती थी। नहरों के द्वारा सिंचाई का उल्लेख हुआ है। कृषक सिंचाई के कृत्रिम साधनों का प्रयोग बहुतायत में करते थे। खेती हल के द्वारा होती थी। गाय, हाथी के समान हल भी प्रतिष्ठा के द्योतक थे। भरत के पास एक करोड हल थे। वह चक्रवर्ती सम्राट था जैन सूत्रो में, कुलीय और नंगल नाम के हलों का उल्लेख मिलता है। प्राचीनकाल में हल देवता के सम्मान में सीतायज्ञ नाम का उत्सव मनाया जाता था। एक हल के द्वारा सौ निवर्तन (नियंत्रण 40000 वर्ग हाथ) भूमि जोती जा सकती थी।[124] उस समय न तो अधिक वृष्टि होती थी और न कम, किन्तु मध्यम दर्जे की होती थी इसलिए सब धान्यों की खेती बिना किसी विध्न बाधा के होती थी। खरपतवार भी एक समस्या थी। पकी फसल को काटने कृषक अपने पत्नी बच्चे आदि कुटुम्ब सहित खेत पर जाने का उल्लेख है। उसको खलिहान में एकत्रित किया जाए फिर बैलों से दाय देवरी चलाकर मडाई की जाती थी। मडाई के उपरांत अनाज और भूसे को पृथक करने के लिए औसाई की जाती थी। अनाज में से पलाल कुलाल, विडाल, आदि निकाल दिया जाता था। तदन्तर धान्य की ढेर या राशि लगाई जाती थी। जैन पुराणों में निम्नलिखित अनाजों का उल्लेख मिलता हैं। साढी, चावल, कलम आदि ब्रीहि, जौ, गेहू, कांगनी, सामा, कोदो, नीवर, बयने, तिल, अलसी, मसूर, सरसो, धनिया, जीरा, मूँग, उडद, अरहर, रौजा, मोट, चना, कुलथी, तैवरा कुलित्थ (कुलथी), कुमुम्भ, कपास, पुण्ड (पौडो), इक्षु (ईख) शरक।[125]

जैन साहित्य के अध्ययन से यह स्पष्ट नहीं होता है कि प्राचीन काल में भूमि पर कृषकों का व्यक्तिगत अधिकार नहीं था जैसा कि रामशरण शर्मा जैसे उच्चकोटि के विद्वान ने लिखा है। प्राचीन भारत में भू–स्वामित्व के सन्दर्भ में तीन प्रकार के मत हैं– राजा का भू–स्वामित्व, व्यक्गित स्वामित्व एवं सामुदायिक स्वामित्व। प्राचीन काल के साहित्य गौतम, आपस्तम्ब धर्मसूत्र, कौटिल्य, मनुस्मृति, याज्ञवल्क्य समृति, त्रिपिटक, जातक, बाद में पूर्व मीमांसा, मेघातिथि एवं जैमिनि ने भूमि पर राजा का भू–स्वामित्व एवं व्यक्गित स्वामित्व दोनों सिद्धांतों का विवेचन किया है। भूमि पर गाँव के सामुदायिक स्वामित्व होने संबंधी मत भी अनेक विद्वानों

ने दिए हैं लेकिन सामुदायिक स्वामित्व यूनानी लेखकों की कल्पना है। भू–स्वामित्व एवं व्यक्गित स्वामित्व दोनों विचारधाराओं का विवेचन करने पर निष्कर्षतः कहा जा सकता है कि सैद्धांतिक दृष्टि से तो भूमि पर राजा का अधिकार था किन्तु व्यवहारिक रूप में भूमि देश के भिन्न–भिन्न व्यक्तियों व कृषकों के ही हाँथ में थी।[126] जैन साहित्य में व्यक्तिगत अधिकार सिद्ध होता है क्योंकि जैसा कि ऊपर लिखा है कि राजा उचित व न्यायसंगत अंश ही लेवें। स्वयं सम्राट भरत के पास उसकी अपनी भूमि का उल्लेख है।

पशु पालनः कृषि कर्म के अतिरिक्त तात्कालीन समय का प्रमुख उद्योग पशुपालन था। दूध उनके भोजन का प्रमुख अंग था। पालतू पशुओं में गाय, भैस, घोडा, हाथी, बकरे प्रमुख रूप में थे। हाथी, घोडा तो प्रतिष्ठा के द्योतक थे। पशुपालन विशेषकर ग्वाला किस प्रकार गाय आदि का पालन करता है, उसकी श्रेष्ठ तकनीकों का वर्णन किए गया है। चरागाहों की पहचान, पशुचिकित्सा, एवं पशुओं क्रय–विक्रय के नियमों पर प्रकाश डाला गया है। जैन सूत्रों में गाय, बैल, भैस और भेडे सम्पत्ति मानी गई है। प्रज्ञापना सूत्र में अश्व, अश्वतर, घोटक, गर्दभ, उष्ट्र, गाय, नील गाय, भैंस, मृग, सांभर, शरभ आदि पशुओं का उल्लेख मिलता है। श्वेताम्बर चूर्णी साहित्य में जो छठी–सातवी शताब्दी की रचनाएँ है, पशुओं के उपयोग पर प्रकाश डाला गया है।[127] घी–दूध पर्याप्त मात्रा में उपलब्ध होता था। बाडों में गायों का दोहन किया जाता था। प्रायः महिलाएँ ही दूध दुहने का कार्य करती थीं। दही, छाछ, मक्खन और घी को गौरस कहते थे और गौरस अत्यंत पुष्टिकारक भोजन समझा जाता था। पशुओं के चमडे, हड्डियाँ, हाथी दाँत और बालों का उपयोग किया जाता था। ऊन के कम्बल बनाए जाते थे। उपर्युक्त तथ्यों से स्पष्ट है कि जैन पुराण काल में पशुपालन उन्नत दशा में था एवं आजीविका का एक साधन था।

विद्याकर्मः शास्त्र अथवा पढाकर या नृत्य–गायन आदि के द्वारा आजीविका करना विद्या कर्म हैं। विद्या द्वारा आजीविका किये जाने से यह ध्वनित होता है कि कुछ व्यक्ति पठन–पठन द्वारा आजीविका सम्पन्न करते थे। विद्या कर्म का सामान्यतः अर्थ उपाध्याय कर्म से है। शिक्षा देना एवं

आवश्यक क्रियाकांडों का सम्पादन करना आजीविका का एक साधन था। आदिपुराण के एक संदर्भ में बताया गया है कि राजा को अपने राज्य में विद्या व्यसनी द्वारा आजीविका सम्पन्न करने वाले व्यक्तियों की आजीविका का ध्यान रखना चाहिए। जो राजा सेवकों को उचित आजीविका नहीं दे सकता है उस राजा का राज्य कीट–खादन से नष्ट हुए काष्ठ के समान निःसार हो जाता है। आगम में इस वर्ग में आचार्य, चिकित्सक (वैद्य), वास्तु पाठक, लक्षण पाठक नैमित्तिक (निमित्त शास्त्र के वेत्ता), कथक (कथावाचक), आख्यायक (शुभ–अशुभ बखान करने वाले) आदि इस वर्ग में माने गए।

कलाकार वर्गः– गांधार्विक नट, नर्तक, जल्ल (रस्सी), मल्ल (मल्ल युद्ध करने वाले), मौष्टिक (मुष्टि युद्ध करने वाले), विडंवक (विदूषक), प्लवक (तैराक), लासक (रास गाने वाले), लंख (बांस पर चढकर खेल दिखाने वाले), मंख (चित्रपट लेकर भिक्षा माँगने वाले), तूणइल्ल (तूणा बजाने वाले), तुंववीणिक (वीणा वादक) तालाचार (ताल देने वाले), भुजंग (सपेरे), मागध (गाने वाले), हास्यकार (हँसी–मजाक करने वाले) डमरकर (मसखरे), चाटुकार, दर्पकार तथा कौत्कुच्य (काय से कुचेष्टा करने वाले), छत्रग्राही, सिंहासनग्रही, पादपीठग्राही, पादुकाग्राही, यष्टिग्राही, कुंतग्राही, चापग्राही, चमरग्राही, पाषकाग्राही, पुस्तकाग्राही, फलकग्राही, पीठग्राही, वीणाग्राही, कुतुपग्राही, छडप्फ (धनुष) ग्राही, दीपिका (मशाल) ग्राही आदि का उल्लेख आगम साहित्य में है।

शिल्प वर्गः हस्तकौशल को शिल्प कर्म कहा गया हैं। इस वर्ग में चटाई बनाने वाले (कटादिकार), मुजंपादुका निर्माता (मुंजपादुकाकार) रस्सी बटने वाले (बरूड) ताड के पत्रों से पंखे बनाने वाले (लालवृंतकार) बांस की खपच्चियों से छाते बनाने वाले, चमडे के सामान बनाने वाले (चर्मकार) माला बनाने वाले (मालाकार) तेल बनाने एवं बेचने वाले (गंधी) और लाक्षारस आदि से रंग बनाने वाले यंत्र निर्माता कुम्भकार, चित्रकार, लोहार (कर्मकार), नापित (काश्यप), वस्त्रकार आदि शिल्प द्वारा जीविकोपार्जन करने वाले प्रमुख थे।[128] आगम साहित्य में शिल्पकारों का वर्णन आता हैं। कर्मार का व्यवसाय उन्नति पर था। वे लोग खेतीबाडी के लिए हल, कुल्हाडी आदि तथा लकडी काटने के लिए फरसा, बसूला

आदि बनाकर बेचते थे। लोहे की कीले, डंडे और बेडियाँ बनाई जाती थी। लोहे, त्रपुस, ताम्र, जस्ते, सीसे, कांसे, चाँदी, सोने, मणि, दंत, सींग, चर्म, वस्त्र शंख और वस्त्र आदि से बहुमूल्य पात्र तैयार किये जाते थे। कंसेरे कांसे के बर्तन बनाते थे। उनकी गिनती नौ कारुओं में की गई है। आदिवासी, पुलिन्द जाति, हाथी–दाँत का काम करने वाले को शिल्प आर्यों में गिना जाता था। बंदरों की हड्डियों से लोग मालाएँ तैयार करते थे और उन्हे बच्चों के गले में पहनाते थे। हाथी के दाँत एवं हड्डी से सिंहासन बनाने का उल्लेख हरिवंश पुराण में भी हुआ है।[129] वास्तुकार और तक्षक मिलकर मकान, भवन, प्रसाद, नगर, तालाब, मंदिर, मूर्तियाँ, जलाशय आदि का निर्माण करते थे। समाज में उनका महत्वपूर्ण स्थान था। ये जल के भीतर खंभे निर्मित कर पुल का निर्माण करते थे। पुल के द्वारा आवागमन में सुविधा तथा विकास की गति द्रुत होती है। चर्मकार, कारीगर, कर्मकार आदि इसी श्रेणी के लोग बताए गए हैं।

एक बहुत बडा वर्ग वस्त्र उद्योग में कार्यरत था। वस्त्र हेतु सूत कातना, रंगना, सुगंधित करना, सूती एवं रेशमी धागों से कढाई करना आदि कार्यों में हस्तकला का प्रयोग होता था। वस्त्र निर्माण के साथ ही आभूषण बनाने का कार्य कुछ लोग करते थे। महापुराण में नुपुर, बाजूबंद, रुचिका, अंगद (अनंत, करधनी, हार एवं मुकुट आदि) आभूषणों का उल्लेख है।[130] जैन पुराणों में विभिन्न प्रकार की मणियों का वर्णन उपलब्ध है जो निम्नवत है। चंद्रकांत मणि, सूर्यकांत मणि, हीरा, वैदूर्यमणि, कौस्तुभमणि, मोती, वज्र, इन्द्रमणि, महाइन्द्र मणि, इन्द्रनीलमणि, प्रवाल, गौमुखमणि, मुक्ता, स्फटिक मणि, मरकट मणि, पद्मराग मणि, जात्यंजय (कृष्णमणि), पद्मराग (कालमणि), हैम (पीतमणि), मुक्ता (वेत मणि) आदि। आभूषण निर्माण में उक्त मणियों का प्रयोग होता था।[131] इनमें से अधिकांश मणियाँ यहीं उपलब्ध होती थीं परंतु कुछ मणियाँ आयातित होती थीं। अन्य उद्योग धंधो में रंग बनाने एवं बर्तनों पर पाँलिश करने का कार्य करते थे। गृह निर्माण विद्या में पारंगत शिल्पी, राजा एवं सामान्य जन को कच्चे एवं पक्के मकानों एवं भवनों का निर्माण करते थे। इस तरह हस्तकौशल में निपुण एक बहुत बडा वर्ग अपनी इस आजीविका का निर्वाह करता था।

एक बहुत बडा वर्ग खनिज उद्योग में व्यस्त था। खनिज पदार्थो की भरमार थी। इसलिए प्राचीन काल में खानों का उद्योग महत्वपूर्ण माना जाता था। खानों में से लोहा, तांबा, जस्ता, सीसा, चाँदी, सोना, मणि, रत्न, लवण, उस, गेरु, हरताल, हिगुलक, मणसिल,सासग (पारा), सोडियम (सफेद मिट्टी) उपलब्ध होते थे।

व्यापार–वाणिज्यः–जैन साहित्य में व्यापार–वाणिज्य का उल्लेख पुराणों में हुआ है। केसर, कस्तूरी आदि सुगंधित वस्तुएँ जिस बाजार में बिकती थी वह सुंगधियों का बाजार कहलाता था। मालाकारों के बाजार में पुष्पहार मिलते थे। वास्तव में यह बाजार का एक मध्य भाग होता था इसलिए इसे निर्माण कहते थे। सुगंधित द्रव्य बेचने वाले व्यापारियों की दुकानो में केसर, चंदन, कुमकुम, अगरू आदि वस्तुओं का क्रय–विक्रय होता था। जिन बाजारों में माली पुष्पहार बेचते थे, उसे सोमदव ने सग–जीवियों का आपण कहा हैं। सगजीवी मालाएँ हाथो में लटकाकर ग्राहकों को अपनी ओर आकृष्ट करते थे। बाजार प्रायः आम रास्तों पर ही होते थे। सोमदेव ने यशस्तिलक में लिखा है कि सायंकाल होते ही राजमार्ग खचाख्पुराणों के रचनाकाल में व्यापार–वाणिज्य की स्थिति उन्नत थी। वाणिज्य की व्यवस्था दो प्रकार की होती थी– स्थानीय तथा जहाँ दूर–दूर तक के व्यापारी जाकर धंधा करे। स्थानीय व्यापार सडकों पर होता था। नगर और गाँव परस्पर मार्गों द्वारा जुडे हुए थे। अरबयात्रियों ने इन नगरों की एक–दूसरे से दूरी का उल्लेख किया है। सडकों पर छायादार वृक्ष थे तथा दूरी दर्शन के लिए पाषाण लगे हुए थे। यात्रियों की सुविधा के लिए जगह–जगह सरायें भी बनी हुई थी। माल एक स्थान से दूसरे स्थान को गाडी व जानवरों की पीठ पर लादकर ले जाया जाता था। वर्षा में सड़कों पर चलना कठिन हो जाता था। नदियों को नाव एवं जहाज से पार किया जाता था। स्थानीय व्यापार के लिए हर वस्तु का प्रायः अपना–अपना बाजार होता था। लोगों की दैनिक आवश्यकता की वस्तुएँ जैसे मसाले, नमक, अन्न तथा वस्त्र विभिन्न स्थानों को पहुँचाने का कार्य वैश्य करते थे। इस खरीद में एक प्रतिभू जमीदार भी होता था जिसकी जमानत पर मवेशी को खरीदा जाता था। व्यापार स्थल एवं नदी मार्गों से किया जाता था। पद्मपुराण में गाड़ियों से व्यापार का उल्लेख हैं

जबकि हरिवंश पुराण में नदी मार्ग से व्यापार का उल्लेख है।[132] समराइच्च कथासरित्सागर तथा कुवलयमाला कथा में अनेक विवरण मिलते हैं जिनसे पता चलता है कि व्यापारी किस प्रकार एक स्थान से दूसरे स्थान को व्यापार के लिए वस्तुओं का आदान–प्रदान करते थे।

राजस्थान में उदयपुर के अहाड के 953 ईस्वी के अभिलेख से ज्ञात होता है कि कर्णाट, मध्यप्रदेश और टक्क प्रदेशों के वणिक अपनी व्यापारिक वस्तुओं की बिक्री के लिए वहाँ पहुँचे। पंजाब में करनाल के पास पेहोआ के 882–883 ईस्वी के अभिलेख से पता चलता है कि विभिन्न स्थानों के घोडे व्यापारियों ने पारस्परिक समझौता किया।[133] यहाँ उर्वर भूमि, उपयुक्त जलवायु एवं प्राकृतिक साधनों के कारण बहुत अधिक पैदावार होती थी तथा खनिज पदार्थो की भी कमी नहीं थी। बडे परिश्रमों एवं हस्तकला में भी निपुण थे जिन्होने अनेक व्यवसाय और उद्योग प्रारंभ किये। व्यापारियों द्वारा उत्पादों पर अपनी मुद्रा छापी जाती थी। महापुराण में उल्लेख आया है कि व्यापारी दूसरों द्वारा निर्मित माल में कुछ परिवर्तन कर अपनी मुद्रा अंकित कर बिक्री करते थे। नकली व्यापारियों के संबंध में उल्लेखित है कि दूसरों से थोडी सी वस्तु लेकर उसमें कुछ परिवर्वन कर व्यापारी बन जाते थे जबकि उनमें व्यापारी बनने की योग्यता नहीं होती थी। एक व्यापारी के लिए पर्याप्त योग्यता की आवश्यकता होती थी।[134] हरिवंश पुराण में वर्णन आया है कि व्यापारी एक स्थान से कम कीमत पर माल खरीदकर एवं वही माल दूसरे स्थान या दूसरे देश में अधिक कीमत पर बेचकर लाखों रुपयों की बचत करता है। यशस्तिलक के सातवें अध्याय में चोरी में आसक्त श्रीभूति पुरोहित की कला के संदर्भ में मंडियों का एक उल्लेख हुआ जिसे डॉ. गोकलचंद ने निम्न प्रकार से लिखा है– व्यापार की बडी–बडी मंडियाँ पैठास्थान कहलाती थी। पैठास्थानों में व्यापारियो को सब प्रकार की सुविधाओं का प्रबंध रहता था। यहाँ दूर–दूर तक के व्यापारी आकर अपना धंधा करते थे। सोमदेव ने पैठास्थान का सुंदर वर्णन किया। उस पैठास्थान में अलग–अलग अनेक दुकानें बनाई गई थी। सामान की सुरक्षा के लिए बडी–बडी खोडियाँ या स्टोर हाउस थे। पोखरों के किनारे पशु धन की व्यावस्था थी। पानी, अन्न, ईधन या यातायात के साधन सरलता से उपलब्ध हो जाते थे। सारा पैठास्थान चार

मील के घेरे में फेला था। चारों और सुरक्षा के लिए अहाता और खाई थे, आने–जाने के लिए निश्चित दरवाजे और मुख्य द्वारा की व्यवस्था थी। सैनिक सुरक्षा का समुचित प्रबंध था। हर गली में प्याऊ, भोजनालय, सभा भवन पर्याप्त थे। शुल्क भी यथोचित लिया जाता था। नाना देशों के व्यापारी वहाँ व्यापार करने आते थे। सोमदेव ने नीति वाक्यामृत में लिखा है कि न्यायपूर्वक रक्षित पिष्ठा या पैठास्थान राजाओं के लिए कामधेनु के समान है। व्यापारियों से शुल्क अधिक नहीं लेना चाहिए और यदि पिष्ठा से किसी व्यापारी का कोई माल चोरी चला जाए तो उसे राजकोश से भरना चाहिए। सोमदेव ने पिष्ठा को पण्यपुटभेदिनी कहा है। टीकाकार ने इसका अर्थ वणिकों की कुमकुम, हिंगु, वस्त्र आदि वस्तुओं को संग्रह करने का स्थान माना है। यशस्तिलक के विवरण से ज्ञात होता है कि पैठास्थान व्यापार के बहुत बडे साधन थे और व्यापारिक समृद्धि में इनका सबका महत्वपूर्ण योगदान था।[135] तिलक मंजरी, भविष्यत कथा तथा त्रिषष्टिश्लाका पुरुष–चरित में वर्णन मिलता है– वणिक मिलकर सब प्रकार की तैयारी करके व्यापार के लिए रवाना होते थे। इस समय केंद्र में शक्तिशाली शासन न होने से मार्गो में सुरक्षा नहीं थी। चोर और डकैत लूट–खसोट करते थे। सामंतों के पारस्परिक युद्धों से भी व्यापार को बडा नुकसान पहुँचता था। वे स्वयं व्यापारियो को लूट लेते थे।[136] व्यापारियों ने अपनी सुरक्षा एवं हितों के लिए अपने संगठन बनाए। एक ही तरह के व्यवसाय व व्यापार करने वाले अपना संघ बनाकर काम करते थे। इन्हे श्रेणी, नैगम, शिल्पसंघ, श्रेष्ठी आदि कहा जाता था। इन श्रेणियों का मुख्य कार्य अपने उद्योग और व्यवसाय को भली–भाँति संगठित कर उन्नतिशील बनाना था। इसके लिए उनके अपने नियम व संविधान थे। आवश्यकता पडने पर वे दूसरे संघों व राज्य तक को सहायता देते थे। उनकी सामूहिक चल–अचल सम्पत्ति थी। वह धार्मिक, सैनिक, न्यायिक, जन कल्याण, वैधानिक एवं बैंकों का कार्य भी करती थी। व्यापारियों को प्रशिक्षण दिया जाता था। पद्मपुराण के उल्लेखानुसार उस समय वाणिज्य विद्या का प्रचलन पर्याप्त मात्रा में था तथा वाणिज्य विद्या का अध्ययन करने के उपरांत वे धनोपार्जन को जाया करते थे। यशस्तिलक में सार्थवाह के लिए सार्थ, सार्थपार्थिक तथा सार्थनीक शब्द आए हैं। समान

या सहयुक्त अर्थ (पूँजी) वाले व्यापारी जो बाहरी मंडियों से व्यापार करने के लिए टांडा बाँधकर चलते थे, सार्थ कहलाते थे, उनका ज्येष्ठ व्यापारी सार्थवाह कहलाता था। सार्थवाह का कर्तव्य होता था कि वह सार्थ की सुरक्षा करते हुए उसे गंतव्य स्थान तक पहुँचाए। सार्थवाह कुशल व्यापारी होने के साथ–साथ अच्छा पथ–प्रदर्शक भी होता था। प्राचीन काल में कोई एक उत्साही व्यापारी सार्थ बनकर व्यापार के लिए उठता था, उसके सार्थ में अन्य लोग सम्मिलित हो जाते थे, इसके निश्चित नियम थे। सार्थ का उठना व्यापारिक क्षेत्र की बडी घटना होती थी। धार्मिक यात्रा के लिए जिस प्रकार संघ निकलते थे और उनका नेता संघपति होता था, वैसे ही व्यापारिक क्षेत्र में सार्थवाह की स्थिति थी।[137] प्राचीन काल में यात्रा करना उतना निरापद नहीं था जितना अब हो गया है। हरिवंश पुराण से स्पष्ट है कि उस समय राजपथ द्वारा व्यापार होता था, जिस पर दस्युओं का घोर आतंक रहता था। कारवाँ की सूचना पाते ही वे उन्हें लूट लेते थे। व्यापारियों ने इस कठिनाई से पार पाने के लिए एक साथ यात्रा का निश्चय किया और इस तरह सुदूर भूत में सार्थ की नींव पडी। बाद में तो यह दूर के व्यापार का एक साधन बन गया। सार्थ का उल्लेख पूर्वमध्यकालीन साहित्य से पूर्व के साहित्य में भी बहुतायत में प्राप्त होता है। मूर्धन्य विद्वान मोतीचन्द्र ने सार्थवाह शीर्षक से ही ग्रंथ की रचना की है जिसे प्राचीन भारत की पथ पद्धति भी कहा गया है। इस ग्रंथ में प्राचीन भारत में छठवी शती तक के व्यापार–वाणिज्य एवं व्यापारिक की स्थिति पर विशद विवेचन किया गया है। श्वेताम्बर जैन ग्रंथ बृहतकल्पसूत्र भाष्य में पाँच प्रकार के सार्थ का उल्लेख है –मंडी सार्थ (माल ढोने वाले सार्थ), बहलिका (इस सार्थ में ऊँट, खच्चर बैल इत्यादि होते थे), भारवह (स्वयं अपना माल ढोने वाले), औदारिका (मजदूरों का सार्थ) एवं कार्पटिक सार्थ (इसमें भिक्षु एवं साधु भी होते थे)। सार्थ द्वारा ले जाने माल को विधान कहते थे। माल चार प्रकार का होता था –गणिम (गणना योग्य), धरिम (तौल योग्य), मेय (माप योग्य) एवं परिच्छेय (जिसे देखकर जाँच कर सकते थे)। जैन साहित्य में कुछ ऐसी परिभाषाएँ व व्याख्याएँ आयीं हैं जो दूसरे साहित्य में नहीं मिलती हैं। बिक्री के बाजार कौन से थे, प्राचीन भारत में माल खरीदने–बेचने एवं लाने–लेजाने के बाजार कौन से थे।

जलपट्टन, समुद्री बन्दरगाह था तो स्थलपट्टन वह बाजार होता था जहाँ बैलगाड़ी से सामान उतारा जाता था। द्रोणमुख ऐसे बाजारों को कहते थे जहाँ जल व थल दोनों से माल उतरता था जैसे ताम्रलिप्ति एवं भरूकच्छ। निगम उस बस्ती को कहा गया है जहाँ लेन–देन और ब्याज वट्टे का काम करने वाले व्यापारी रहते थे। निवेश, सार्थ की बस्तियों को कहा गया है। सार्थों के पड़ाव को भी निवेश कहते थे। पुटभेदन उस बाजार को कहा जाता था जहाँ चारों ओर आए हुए माल की गाँठें खोली जाती थीं। शाकल इसी तरह का पुट्टभेदन था।[138]

व्यापारिक मार्गों का उल्लेख विवेच्य साहित्य में बहुत अधिक प्राप्त नहीं होता है। अहिच्छत्र (रामनगर, बरेली) को एक मार्ग था। उज्जैन और पम्पा के मध्य कौशाम्बी तथा बनारस होकर एक मार्ग था। इसी मार्ग पर धनवसु नामक सार्थवाह के लुटने का उल्लेख है। स्थल मार्ग से व्यापारी ईरान (पारसद्वीप) तक की यात्रा करने का उल्लेख हैं। आवश्यक चूर्णि में वर्णित है कि मदूरा से सौराष्ट्र को जहाज चलते थे। चम्पा से ताम्रलिप्ति होते हुए स्वर्णद्वीप एवं कालियद्वीप (जंजीबार) के लिए समुद्री व्यापारिक मार्ग था।[139] जैन धर्म व्यापारियों का धर्म था और आज भी है अतः जैन साहित्य में व्यापार व वाणिज्य का वर्णन स्वभाविक रूप से प्राप्त होता है।

अंतरराष्ट्रीय व्यापारः– जैन पुराणों में विदेशों से व्यापार का उल्लेख प्राप्त होता है। यशस्तिलक में स्वर्णद्वीप और ताम्रलिप्ति के व्यापार का उल्लेख है। पद्मिनी खेटपट्टन का निवासी भद्रमित्र अपने समान धन और चारित्र वाले वणिक पुत्रों क साथ स्वर्णद्वीप गया, उसने बहुत धन कमाया और मनोवांछित सामग्री लेकर लौट पडा। रास्ते में दुर्दैव से असमय ही तूफान आ गया और उसका जहाज डूब गया।[140] हरिवंश पुराण में वर्णन आया है कि एक व्यापारी स्त्री के आभूषण हाथ में लेकर व्यापार के नित्तित उशीरवर्त देश आया। वहाँ से कपास खरीदकर उसे बेचने के लिए समुद्र मार्ग से ताम्रलिप्ति गया। इसी पुराण में वर्णित है कि इस काल में थल और जल मार्गो से व्यापार होता था। व्यापार कपास आदि वस्तुओं के अलावा अन्य बहुमूल्य रत्नों के होने का भी उल्लेख प्राप्त होते हैं। स्वर्ण आभूषणों का भी क्रय–विक्रय होता था।[141] महापुराण के एक संदर्भ

में आया है कि भवदेव नामक व्यक्ति धनोपार्जन कर रतिवेगा के साथ विवाह करना चाहता है। अतएव वह विवाह हेतु विदेश गया और वहाँ पर नाना प्रकार की वस्तुओं का क्रय–विक्रय करता रहा। श्रीपाल की जल यात्राएँ भी व्यवसाइयों के जल व्यापार को सूचित करती हैं। अध्ययन से यह ज्ञात होता है कि व्यवसाय में श्रम, पूँजी के अतिरिक्त साहस की भी आवश्यकता थी। जल मार्ग से जाते समय जलपोतों का भग्न होना एवं आँधी–तूफानों के द्वारा जलपोतों का बीच जलमार्ग में फँस जाना आदि तथ्य जलयात्रा की कठिनाइयों को सूचित करते हैं। जिस तरह भारतीय सार्थ विदेशी व्यापार के लिए जाते थे, उसी तरह विदेशी सार्थ भारत में भी व्यापार करने के लिए आते थे। यशस्तिलक में अंतरराष्ट्रीय बाजार का उल्लेख पैठास्थान के नाम से आया है जहाँ पर अनेक देशों के व्यापारी व्यापार के लिए आते थे। पद्मपुराण में अंतरराष्ट्रीय व्यापार के प्रोत्साहनार्थ यह उल्लेख आया है कि धनोपार्जन, विद्याग्रहण एवं धन संचय ये तीनों कार्य यद्यपि मनुष्य के अधीन हैं, तथापि अधिकांशतः इनकी श्रेष्ठ उपलब्धि विदेशों में ही होती है। महापुराण में उल्लिखित है कि रत्नों का व्यापार समीपवर्ती देशों के साथ होता था। जैन पुराणों के अनुशीलन से ज्ञात होता है कि उस समय भारत में विदेशों से सामान का आयात–निर्यात दोनों ही होता था। यूनान, कश्मीर, बाहलीक से भारत घोडों का आयात करता था। भारत से निर्यातित वस्तुओं में हाथी दाँत, रेशम, सूत, हीरा, नीलम, चंदन, केसर, मूँगे आदि थे।[142] विदेशी लेखक जैसे खुर्दादव, सुलेमान, मार्कोपोलो, अल इद्रिसी आदि ने यहाँ के बंदरगाहों तथा विदेशों को निर्यात की जाने वाली वस्तुओं का उल्लेख किया है। इस काल में लिखित कुछ साहित्यिक ग्रंथ जैसे अभिधान रत्नमाला और उपमिति भव प्रपंच कथा में भी कही–कही विदेशी व्यापार का वर्णन है। उपर्युक्त विवरणों से स्पष्ट होता है कि सातवी से दसवी शती ईसवी के कालखण्ड़ में आंतरिक एवं बाह्य व्यापार उन्नति पर था। इस देश से हाँथी दाँत, सुगन्धित द्रव्य, कपड़े, रत्न, खिलोने, मसाले आदि का निर्यात किया जाता था। इस देश से सूती कपड़े निर्यात किए जाते थे जबकि चीन रेशमी एवं मध्य एशिया समुर एवं पश्मीने कपड़े आयात किए जाते थे। अनंतगतदशाओं से स्पष्ट होता है कि यूनान, सोमानीलैण्ड़, वक्षुप्रदेश, सिंहल, फरगना, बल्ख एवं

फारस से दासियाँ आती थी जो भाषा ज्ञान के अभाव में इशारों में बात करती थीं। जैन साहित्य से यह भी स्पष्ट होता है कि घोड़ों का व्यापार भी बड़े स्तर पर किया जाता था। सीमा प्रान्त के व्यापारी देश के कोने कोने में पहुँचकर घोड़ों को बेचा करते थे।[143] दिगम्बर जैन साहित्य में अधिकांशतः विशेषकर धार्मिक आख्यानों का वर्णन है, किसी संदर्भ या प्रसंगवश आर्थिक पक्ष का वर्णन किया गया है। उपर्युक्त तथ्यों से स्पष्ट है कि जैन साहित्य में असि, मसि, कृषि, विद्या, शिल्प एवं व्यापार का वर्णन आर्थिक पक्ष के संदर्भ में किया गया है। धर्म के अनुकूल ही अर्थार्जन पर बल दिया गया।

दिगम्बर जैन साहित्य तत्कालीन अर्थव्यवस्था की महत्वपूर्ण जानकारी प्रस्तुत करता है। जैन धर्म के अर्थ विषयक विचार वर्तमान समय में प्रासंगिक हैं। जैन धर्मानुसार जीवनोपयोगी वस्तुओं का संग्रह समाज में अभाव की स्थिति पैदा करता है। धन हमारी सामाजिक व्यवस्था का आधार होता है और कुछ हाथों में एकत्र हो जाना समाज के एक बहुत बडे भाग को विकसित होने से रोकता है। संपत्ति पर निरपेक्षता अथवा निरंकुशता स्वीकार्य नहीं होना चाहिए। इस साहित्य से स्पष्ट होता है कि सातवीं शती ईसवी से दसवीं शती ईसवी का समय ठहराव का समय नहीं था बल्कि कृषि उन्नत अवस्था में थी, विभिन्न प्रकार की तकनीक, विभिन्न खाद्यान्नों एवं रोजगारों का उल्लेख प्राप्त होता है। भू स्वामित्व व्यक्तिगत होता था। व्यवसायिक व व्यापारिक गतिविधियाँ भी प्रगतिशील थीं। निगम, संघ व श्रेणियाँ व्यापक स्तर पर कार्यशील थीं। अन्तर्राष्ट्रीय व्यापार को पैठास्थान के रूप में जैन साहित्य में वर्णित किया गया है। पूर्व मध्यकालीन आर्थिक इतिहास लेखन में दिगम्बर जैन पुराण एवं चरित साहित्य महत्वपूर्ण स्रोत हैं।

उपसंहार

उपरोक्त पाँच अध्यायों के अन्तर्गत दिगम्बर जैन साहित्य का जो तथ्यमूलक व व्याख्यापरक अध्ययन प्रस्तुत किया गया। उसमे निष्कर्षतः कहा जा सकता है कि प्रारभिक दिगम्बर जैन साहित्य मूलतः आध्यात्मिक

ग्रंथ है। उन ग्रंथों का उद्देश्य समाज व्यवस्था का प्रतिपादन करना नहीं था। लेकिन उन ग्रंथो में भी समाज के बारे मे न्यूनाधिक जानकारी प्राप्त हो जाती है। पुराण व चरित्र साहित्य में समाज व्यवस्था का वर्णन किया गया हैं। दिगम्बर जैन साहित्य के अनुसार सृष्टि और समाज की उत्पत्ति ईश्वर ने नहीं की, बल्कि यह प्रकृति की अपनी रचना है। समाज के गठन में कुलकरों ने मार्गदर्शन अवश्य प्रदान किया है। समाज को समग्रता के रूप मे लिया गया है। जिसका गठन विशिष्ट उपादानों के द्वारा होता है। समाज का भौतिक स्वरूप संबंधग्राही भावनाप्रेरित मनुष्यों के द्वारा निर्मित होता है। इसका आध्यात्मिक रूप, विज्ञान, कला, धर्म दर्शन आदि के द्वारा संपादित किया जाता है। अतः समाज एक ऐसी क्रियाशील समग्रता है जिसके पीछे आध्यात्मिक रहना आवश्यक है। नैतिक भावना और संकल्पनात्मक कृतियों के संश्लेष से समाज का देशकाल व्यापी रूप संपन्न होता है। वर्णित आधारभूत सिद्धांत इतने सार्वजनीन और उपयोगी है कि उनका व्यवहार करने से समाज नए रूप से सुगठित हो सकता है। मूलतः सैद्धांतिक रूप से जैन धर्म मे वर्ण या जाति व्यवस्था स्वीकार्य नहीं थी लेकिन तात्कालिक कट्टर एवं कठोर, रीति–रिवाजों एवं जाति व्यवस्था से जैन समुदाय एवं रचनाकार स्वयं को पृथक नहीं रख सके एवं वैदिक विचारधारा व शासक वर्ग के प्रभाव से वर्ण व्यवस्था को जैन रूप मे स्वीकृति प्रदान कर दी गई। प्राचीन भारत में जाति व वर्ण सामाजिक सम्मान के हेतु थे। वर्ण व्यवस्था के समान ही संस्कार संस्था को जैन मनीषियों ने स्वीकृति प्रदान की। उस समय संस्कार हीन व्यक्ति शूद्र समझा जाता था। महापुराणकार जिनसेन संस्कृति समन्वयवादी थे। उनके समय में सामाजिक विशेषाधिकार वर्णाश्रम और संस्कार संस्था पर ही अवलंबित थे अतः उन्होने दार्शनिक दृष्टि से उक्त संस्थाओं के निस्सार होने पर भी सामाजिक दृष्टि से उनकी उपादेयता प्रतिपादित की। वे यह बतालाना चाहते है कि जैन धर्म मे भी व्यक्तित्व निर्माण और विकास के लिए ब्राह्मण धर्म के समान ही नहीं बल्कि उससे भी अधिक योग्यता वर्तमान है। विवाह संस्था में प्रकार वर्णित नहीं है केवल परिवार द्वारा स्वीकृत व आयोजित विवाह को मान्यता दी गई है। वर–वधु की स्वीकृति को पर्याप्त महत्व प्रदान किया गया है। विवाह का उद्देश्य धर्म

एवं संतान की सन्तति बढाना, परिवार में उत्पन्न होने वाली संतान की रक्षा करना एवं गृहस्थ जीवन से अनेक सामाजिक एवं धार्मिक कार्य प्रतिपादित करना है। विवाह धर्म का उद्देश्य दान, देवपूजा एवं मुनि धर्म के संचालन में सहयोग करना निर्धारित किया गया है। जैन साहित्य में आश्रम व्यवस्था का समावेश पुराण साहित्य में किया गया है। प्राचीन जैन साहित्य में श्रावक व मुनि धर्म का ही वर्णन किया गया है। गृहस्थ आश्रम के बाद ही कोई सन्यास धारण करेगा इस प्रकार का जैन धर्म में नियम नहीं है। महापुराण आदि साहित्य में चार आश्रमों का उल्लेख अवश्य है लेकिन यह व्यवस्था महत्व प्राप्त नहीं कर सकी। समाज को धर्म से अलग करके विवेचित व विश्लेषित नहीं किया जा सकता है। समाज, धर्म व अध्यात्म से अनुप्रणाणित होता है। संपूर्ण जैन साहित्य धर्म पर आधारित है। जैनचार्यों ने अहिंसामूलक धर्म को जनसामान्य तक पहुँचाने का प्रयास किया है। धर्म एवं दर्शन ही उनकी मुख्य विषय वस्तु रहे हैं। आत्मा जो इस दुखमय संसार में भ्रमण कर रही है उसकी मुक्ति का उपाय अर्थात मोक्ष की प्राप्ति ही जैन धर्म व दर्शन का लक्ष्य एवं विषय वस्तु है। जैन साहित्य मे वर्णित समाज के धार्मिक जीवन का केंद्र बिन्दु आत्मधर्म है। जैनाचार्यों ने अपने धर्म के प्रतिपादन एवं उसे जनसामान्य तक पहुँचाने के लिए यज्ञ, क्रियाकांड , कर्मकांड एवं विधि विधानों का सहारा न लेकर दर्शन को आधार बनाया। धर्म के आचार शास्त्रीय नियम व सिद्धांत पूर्णतः दर्शन पर आधारित है। जिन्हे तर्क व बुद्धि की कसौटी पर वैज्ञानिक आधार पर परखा जा सकता है। विचार के आधार पर ही आचार नियमों का सृजन किया गया है न कि परंपरा, रीति–रिवाज व अवैज्ञानिक विधि विधानों पर। अशुद्ध दशा का नाम संसार है और शुद्ध दशा का नाम मोक्ष है। संसारी जीव को विशुद्ध आत्मा के स्वरूप से अवगत कराने के उद्देश्य से षटद्रव्य, पंचस्तिकाय, सप्त तत्व, नव पदार्थ, आत्मत्रय तथा द्विविध चारित्र का निरूपण किया गया है। नौ प्रकार से आत्मा का निरूपण किया गया है। विशुद्ध आत्मा प्राप्त करने के लिए व्यवहार मोक्ष मार्ग हेतु विभिन्न धार्मिक नियमों का वर्णन किया गया है। धार्मिक नियम नैतिक सिद्धांतों के रूप मे प्रतिपादित किए गए है। जैन दर्शन का साध्य केवल विचार नहीं आचार है, वाक विलास नही, आत्मशुद्धि है, कोरा ज्ञान नही, सद्ज्ञान सह

चारित्र है। कुन्दकुन्दाचार्य ने लिखा है कि चारित्र ही धर्म है। जैन धर्म के पाँच व्रत, दस धर्म, बारह भावना, गुप्ति समिति आदि दर्शन पर आधारित नैतिक सिद्धांत ही है। जैन धर्म केवल शुष्क ज्ञान, त्याग व तपस्या का ही धर्म नहीं है बल्कि उसमें नैतिकता सर्वाधिक महत्वपूर्ण है। इन आचारों का संबंध मनुष्य की आध्यात्मिक उन्नति से है। यह नैतिक सिद्धांत मानव सभ्यता के मेरुदण्ड है। उनके पालन से मनुष्य का सर्वागीण विकास होता है। अगर धार्मिक संकीर्णता बाधक न बने तो निश्चित तौर पर जैन धर्म के नैतिक नियम विश्व बंधुत्व की भावना का प्रचार करने की क्षमता रखते है।

अर्थाभाव के कारण मानव जीवन अभिशाप बन जाता है। ऐसी स्थिति मे निवृत्ति मूलक जैन धर्म के प्रतिपादक मनीषियों एवं चिन्तकों ने बल देते हुए कहा है कि सद्कार्यार्थ मनुष्य का अर्थार्जन करना कर्त्तव्य है। आलोचित जैन साहित्य के परिशीलन से अर्थ की महत्ता, इसके उपार्जन के साधन, इसकी सुरक्षा एवं संवर्धन तथा समुचित भोगोपभोग पर प्रकाश पडता है। आलोच्य जैन पुराणों की समीक्षा से यह स्पष्ट हो जाता है कि जैनाचार्यों ने प्रवृत्तिमूलक इन द्वैधी परस्पर विषम विचारधाराओं के मध्य सामंजस्य स्थापित करने का प्रयास किया है। जैन दर्शन मुख्यतः निवृत्ति मूलक है किन्तु व्यवहारिक जगत मे जैन चिन्तकों एवं मनीषियों ने प्रवृत्ति मार्ग को निरूत्साहित नही किया है। जैन धर्म मे प्राणीमात्र का पर्यावरण से अभिन्न तादात्म्य स्थापित किया गया है। सृष्टि का प्रत्येक सत् छह द्रव्यों की परिधि में है। सृष्टि का कार्य व्यापार भी छह द्रव्यों के परस्पर सहयोग से संभव होता है। जैन धर्म के पाँच व्रत संतुलन, संरक्षण एवं संवर्द्धन के संदर्भ मे अत्यंत उपयोगी सिद्ध हुए है। जैविक पर्यावरण के अन्तर्गत वनस्पति व पशु पक्षी आदि की मात्र अहिंसा की दृष्टि से उनकी रक्षा को ही महत्व नहीं दिया गया है, बल्कि उनको परमात्मा से संबंधित मानकर महत्वपूर्ण स्थान दिया गया है। कुछ वर्ष पूर्व विकसित हुई विज्ञान की आधुनिकतम शाखा डीप इकालाजी नैतिकता एवं मर्यादा की सीमा रेखा खींचते हुए ऐसा जीवन जीने का आग्रह करती है जिससे सृष्टि के किसी जीव का शोषण व संहार न हो सके और प्राकृतिक संतुलन बना रहे। यह अहिंसामयी व समतामूलक विचारधारा से ही संभव है। इस तरह की विचारधारा के लिए जैन धर्म मे पर्याप्त व्यवस्था दर्शाई गई

है। अनेकांतवाद, स्यादवाद पाँच व्रतों का अतिचार रहित पालन करना, दस धर्मो का पालन करना, दिग्व्रत, देशव्रत, अनर्थदंडव्रत, गुप्ति, समिति आदि के द्वारा सामाजिक पर्यावरण के लक्ष्य प्राप्त किए जा सकते हैं। कलाएँ जीवन के प्रति सामाजिक दृष्टिकोण को प्रतिबिम्बित करती हैं। सामाजिक प्राणी होने के नाते मनुष्य की भावनाओं तथा विचारों का प्रत्यक्षीकरण कला के द्वारा हो जाता है। जैन साहित्य में इसी उद्देश्य से संगीत, (गीत, वाद्य, नृत्य) व चित्रकला आदि का वर्णन किया गया है। कला आध्यात्मिक व सांसारिक वैभव को व्यक्त करने का भी माध्यम है, इसके द्वारा मनुष्य के सद्गुणों तथा भावनाओं का अभिव्यंजन होता है। मनुष्य ऐसे कार्यो द्वारा अपने आन्तरिक सुख अथवा आत्मगौरव का अनुभव करता है। जैन कला के नमूने धार्मिक विचारों से ओतप्रोत हैं। इसमें मंदिरों मूर्तियों व भवनों का सुंदर वर्णन किया गया है। समवशरण वास्तु का अद्वितीय वर्णन जैन साहित्य में ही उपलब्ध होता है। जैन साहित्य अथाह सागर है जिसमें अनन्त मोती बिखरे पडे हैं। जैन धर्म की इन विविध और विपुल उपलब्धियों को जाने समझे बिना भारतीय संस्कृति का ज्ञान अपूर्ण है। भारतीय संस्कृति के लिए जैन धर्म का अमूल्य योगदान है। अहिंसा, अपरिग्रह, अनेकांतवाद, स्यादवाद और कर्मणा वर्ण व्यवस्था जैन दर्शन की मौलिक अवधारणा है। जैन धर्म ने राष्ट्रीय ही नहीं अपितु विश्व शांति, मैत्री और आत्मीय समन्वयक की पुरुषार्थ मूलक भूमिका का पथ प्रशस्त किया है। साहित्य, वैज्ञानिक धर्म व दर्शन, नैतिक मानदंड, विज्ञान, स्वास्थ्य पर्यावरणीय तत्व, व्यापक पदार्थ मीमांसा, जीव स्वातन्त्रय, समन्वयवाद, ईश्वर संबंधी विशिष्ट धारणाएँ अवतारवाद की अनुपयोगिता, स्वनिर्मित सृष्टि की उत्पत्ति का सिद्धांत, निवृत्ति की प्रधानता साधना के क्षेत्र मे जाति वर्ण आदि की निस्सारता, बाह्य क्रियाकाण्ड के प्रति अनास्था, मुक्ति संबंधी विशिष्ट मान्यता आदि के क्षेत्र मे जैन धर्म का अमूल्य व अनूठा योगदान है जिसका तटस्थ अध्ययन समस्याग्रस्त विश्व के लिए अमृततुल्य उपयोगी हो सकता है।

संदर्भ

1. वसुनंदी श्रावकाचार; श्लोक 380

2. रत्नकरण्ड श्रावकाचार; श्लोक
3. तिवारी, मारूतीनंदन; जैन प्रतिमा विज्ञान, बनारस, 1981, पृ. 45
4. गोपीलाल अमर; जैन कला एवं स्थापत्य, खण्ड 3, नई दिल्ली, 1975, पृ. 516
5. जैन, भागचन्द्र; देवगढ की जैन कलाः एक सॉंस्कृतिक अध्ययन, पृ. 49
6. मुनि कान्तिसागर; खण्डहरों का वैभव, भारतीय ज्ञानपीठ, काशी, 1959, पृ. 50
7. सरकार, डी. सी.; सेलेक्टेड इन्स्क्रिपशन्स, खण्ड 1, कलकत्ता, 1965, पृ. 215
8. जायसवाल, के. पी.; जैन इमेज ऑफ मौर्य पिरियड, जर्नल ऑफ बिहार, खण्ड 23/1 पृ. 130
9. समवायांग; /157/
10. पउमचरियं; 11/2–3, 28/38–39
11. भगवती सूत्र; 3/7/ 168
12. तिलोयपण्णत्ति; 4/934–39
13. प्रवचनसारोद्धार; 375–378
14. स्थनॉंग सूत्र; 8/3/611
15. शाह, यू. पी.; आइकानोग्राफी ऑफ सिक्सटीन जैन महाविद्याज, जर्नल ऑफ द इण्डियन सोसाइटी ऑफ ओरियण्टं, खंड 15, 1947, पृ. 114–77
16. पउम चरियं; 7/22, 7/47
17. वसुनंदि श्रावकाचार; श्लोक 390
18. प्रतिष्ठासारसंग्रह; 1/49, 3/77–79
19. आचार दिनकर; /33/
20. प्रतिष्ठासारसंग्रह; 5/77, वास्तुसार प्रकरण; 2/43
21. मानसार; 55/71–95
22. प्रतिष्ठापाठ; /70/
23. प्रतिष्ठासारसंग्रह; 4/1–4, प्रतिष्ठासारोद्धार; 1/63
24. तिलोयपण्णत्ती; 4/604–605
25. अभिधानचिन्तामणी; 1/47–48
26. तिलोयपण्णत्ती; 4/604–605
27. अभिधान चिन्तामणी; 1/49
28. अपराजितपृच्छा; 221/5–6

29. जैन, बालचन्द्र; जैन प्रतिमा विज्ञान, पृ. 41–44
30. आचार दिनकर; /33/
31. प्रतिष्ठासारसंग्रह; 5/12
32. सोमपुरा, प्रभाशंकर ओ; भारतीय शिल्प संहिता, अध्याय 12 पृ. 48
33. तिलोयपण्णत्ती; 3/49
34. शाह, यू.पी; स्टडीज इन जैन आर्ट, पृ. 82
35. तिलोयपण्णत्ती; 4/1881
36. जैन, बालचन्द्र; जैन प्रतिमा विज्ञान, पृ. 53–54
37. बाजपेयी, मधुलिका; मध्यप्रदेश में जैन धर्म का विकास, पृ, 195
38. स्थानांग सूत्र; 8/3/611, सूत्रकृतांग; 2/2/15
39. शाह, यू. पी; आइकानोग्राफी ऑफ सिक्सटीन जैन महाविद्याज, पृ. 117
40. भट्टाचार्य, बी. सी.; जैन आइकोनोग्राफी, लाहौर, 1939, पृ. 92
41. हरिवंश पुराण; 66/45
42. शाह, यू.पी.; अकोटा ब्रोन्जेज, मुम्बई, 1959 पृ, 28–29
43. प्रतिष्ठासारसंग्रह; 5/12
44. तिलोयपण्णत्ती; 4/934–939, प्रवचनसोद्धार; 375–76
45. जैन, बालचन्द्र; जैन प्रतिमा विज्ञान, पृ. 65–19, प्रतिष्ठासारोद्धार; 3/129–155; प्रतिष्ठासार संग्रह; 5/15–66, निर्वाण कलिकाः 18/1–24
46. जैन, बालचन्द्र; जैन प्रतिभा विज्ञान, पृ. 122
47. वही; पृ. 123
48. मिश्र, इन्दुमति; प्रतिमा विज्ञान, भापाल, 2009, पृ. 296
49. भट्टाचार्य, बी.सी.; जैन आइकोनोग्राफी, लाहौर, 1939, पृ. 145–146
50. जैन, बालचन्द्र; वही, पृ. 119–120
51. प्रतिष्ठासारोद्धार; 6/55
52. जैन, बालचन्द्र; वही, पृ. 114
53. तत्वार्थसूत्र ; 4/1, 12–20, तिलोयपण्णत्ति; 3/8–150, बालचन्द्रजैन; वही, पृ. 45–52, प्रतिष्ठासारोद्धार; 3/86–92 तत्वार्थ सूत्र; सम्पादक मोहनलाल मेहता एवं जमनालाल, वनारस, पृ. 99–103
54. ऋग्वेद; 7,36.1

55. अग्रवाल, वासुदेव; भारतीय कला, पृ. 42–43
56. गुप्त, जगदीश; प्रागैतिहासिक भारतीय चित्रकला, दिल्ली, 1967, पृ. 418
57. अग्रवाल, वासुदेव; भारतीय कला, वाराणसी, 1966, पृ. 42
58. सरकार, दिनेशचन्द्र; सेलेक्टेड इंन्सक्रिप्सन्स, कलकत्ता, 1983, पृ. 214
59. वाजपेयी, मधुलिका; म. प्र. में जैन धर्म का विकास, नई दिल्ली, 1989, पृ. 217
60. जैन, रामजीत; स्वस्तिक प्रतीकात्मक अभिव्यक्ति, अर्हत वचन, अंक–4, पृ. 36
61. वृहतसंहिता; 58/45
62. औपपातिक सूत्र /31/
63. थप्पयाल, किरणकुमार; स्टडीज इन ऐन्शियन्ट इण्डियन सील्स, लखनऊ, 1972, पृ. 99
64. हरिवंश पुराण; 3/10–40
65. तिलोयपण्णति; 4/342, 354
66. आदि पुराण; 22/92–102, जैन, हीरालाल; वही, 297
67. तिलोयपण्णति; 4/916–918
68. हीरालाल जैन, वही, पृ.297
69. महापुराण, 24/52
70. हरिवंश पुराण; 8/58–75
71. तिलोयपण्णति 3/49, 4/738
72. प्रतिष्ठासारसंग्रह; 6/35–36
73. आदि पुराण; 22/143
74. वाजपेयी, मधुलिका, म. प्र. में जैन धर्म का विकास, पृ. 229
75. तिलोयपण्णत्ती; 4/604–605
76. अमिधानचिन्तमणी; 1/47–48
77. नेमिचन्द्र शास्त्री; आदि पुराण में प्रतिपादित भारत, पृ. 321
78. हरिवंश पुराण; 19/153, पद्म पुराण; 17/277
79. हरिवंश पुराण; 19/145–156
80. पद्म पुराण; 24/12–28
81. देवी प्रसाद मिश्र; जैन पुराणों का सॉंस्कृतिक अध्ययन, पृष्ठ 288, हरिवंश पुराण; 19/154–189

82. हरिवंश पुराण; 19/171–173
83. हरिवंश पुराण; 19/149, 7/84, पद्म पुराण; 24/28, 17/274
84. महा. पु. 15/147, 12/203–209, 13/7–13, 177, 23/62–63, 22/13, 14/116, 12/13, हरि. पु. 8/141, 22/12, पद्म पुराण; 17/275, 44/72, देवीप्रसाद मिश्र; वही, पृ. 297, नेमिचंद्र षा. पृ. 318
85. महापुराण; 14/ 128–150, हरिवंश पु. 21/46, पद्म पुराण; 3/262–274
86. महापुराण; 16/121
87. देवीप्रसाद मिश्र; वही, 388
88. महापुराण; 7/117–138
89. नेमिचन्द्र शास्त्री; आदि पुराण में प्रतिपादित भारत, पृ. 312
90. देवीप्रसाद मिश्र; वही, 310
91. महापुराण; 32/34
92. महापुराण; 19/31–73, 26/3, 12/74–76
93. महापुराण; 19/52–57, 4/14–66, 108
94. महापुराण; 19/58–60
95. नेमिचन्द्र शास्त्री; आदि पुराण में प्रतिपादित भारत, पृ. 194
96. पद्म पुराण; 4/316, 5/175–177, 52/7–14, 46/215
97. महापुराण; 19/62–63
98. महापुराण; 19/64–67
99. पद्म पुराण; 19/64, 22/275–276, देवीप्रासाद मिश्र; वही, 261
100. देवीप्रसाद मिश्र; वही, 261, 19/68–70
101. गोकुलचन्द जैन; यशस्तिलक का साँस्कृतिक अध्ययन, पृ. 250
102. पद्म पुराण; 2/39–40, 3/37, 5/103, 6/124–130, 8/28, 37/146–152, 32/112, 34/112, 47/9, 53/203, 83/41, 80/63
103. गोकुलचंद जैन; यशस्तिलक का साँस्कृतिक अध्ययन, 252–254
104. तिलोयपण्णति 4/710–932, महापुराण 22/1–315, हरिवंश पुराण 57/1–161, पद्मपुराण 2/135–154, नेमिचन्द्र शास्त्री; वही, 295, देवीप्रसाद मिश्र; वही, 274–76
105. देवीप्रसाद मिश्रः जैन पुराणों का सांस्कृतिक अध्ययन; पृ. 315

106. महापुराण; ज्ञानपीठ प्रकाशन, 42/13
107. नेमिचंद्र शास्त्री; आदिपुराण में प्रतिपादित भारत, पृ. 327
108. हरिवंश पुराण 9/138–139
109. पद्मपुराण 35/159–163
110. महापुराण 30/125, 34/116,122–123, 35/130, 36/97, 38/140
111. पुरुषार्थसिद्धियुपाय; श्लोक 111–112
112. हरिश्चन्द्र वर्मा; मध्यकालीन भारत, पृ. 375
113. महापुराण 16/164–173, नेमिचन्द्र शास्त्री; वही. पृ.331
114. पद्म 2/3–40
115. चौधरी, राधाकृष्ण; प्राचीन भारत का आर्थिक इतिहास, पटना, 1986, पृ. 42–43
116. महापुराण 16/179–181
117. नेमिचन्द्र शास्त्री; आदिपुराण में प्रतिपादित भारत, पृ.338
118. कौटिलीय अर्थशास्त्र, चौखम्भा प्रकाशन, बनारस, पृ.143–145
119. महापुराण 42–175–177–42/178, यशस्तिलक पूर्वार्द्ध, पृ. 9
120. पद्म 6/208, महापुराण 34/60
121. गोकुलचंद्र जैन; यशस्तिलक का सांस्कृतिक अध्ययन, पृ. 190
122. जगदीचंद्र जैन, जैन आगम साहित्य में भारतीय समाज, पृ.120
123. महापुराण 17/24 पद्य 9/82
124. जगदीशचंद्र जैन; वही, पृ. 120–121
125. महापुराण 3/186–188, पद्म 2/3–8, हरिवंश पु. 14/161–163, 19/18
126. चौधरी, राधकृष्ण; पूर्वोक्त, पृ. 49–51
127. हरि. पु. 3/27–28, 4/62–66, पद्म 16/181 जग.चंद्र वही पृ.131–134
128. महापु. 15/182, 16/182,32/29, हरिवंश 27/71, 38/68, 56/57
129. हरिवंश पुराण 27/71
130. महापुराण 9/41, 61/124
131. देवीप्रसाद मिश्र; वही, पृ 152
132. पद्मपुराण 33/46, हरिवंश पुराण 8/134
133. कैलाशचंद्र जैन; प्राचीन भा. सामाजिक एवं आर्थिक संस्थाएँ, भोपाल, पृ. 220

134. महापुराण 1/66–69
135. गोकुलचंद्र जैन; यशस्तिलक का सांस्कृतिक अध्ययन, पृ 192
136. कैलाशचंद्र जैन; वही. 221
137. गोकुलचंद्र जैन; वही, पृ. 193
138. मोतीचंद्र; सार्थवाह, बिहार राष्ट्र भाषा परिषद, पटना, 1953, पृ. 163, 166
139. मोतीचंद्र; सार्थवाह, बिहार राष्ट्र भाषा परिषद, पटना, 1953, पृ. 170
140. यशस्तिलक उत्तर भाग, पृ. 328
141. हरिवंश पुराण 21/75–78, 50/1, 21/75–76
142. देवीप्रसाद मिश्र; वही, पृ. 33, नेमिचंद्र शास्त्री; वही, पृ. 345
143. मोतीचंद्र; सार्थवाह, बिहार राष्ट्र भाषा परिषद, पटना, 1953, पृ. 172–173

सन्दर्भ-ग्रन्थ सूची

मूल जैन–ग्रन्थ

अमित गति श्रावकाचार	:	आचार्य अमितगति, दिगम्बर जैन पुस्तकालय, सूरत वि.सं. 2015
अष्ट पाहुड	:	आचार्य कुन्द–कुन्द, अनेकान्त जैन विद्वत परिषद, सोनागिर वि. सं. 1995
आचरंग	:	संपादक नथभल, लाडनूँ जोधपुर, वि.सं. 2031
आचार सार	:	आचार्च वीरनन्दि, दिगम्बर जैन समाज, अशोकनगर, 1992
आत्ममीमांसा	:	आचार्य समन्तभद्र, भा, जै.सि. प्रकाशिनी संस्था, काशी 1914
उत्तराध्ययन	:	एक परिशीलन, सुदर्शन लाल जैन, अमृतसर, 1970
उपासकाध्ययन	:	सोमदेव सूरि, भारतीय ज्ञानपीठ, 1964
कषाय पाहुड	:	आचार्य गुणधर, दिगम्बर जैन संघ, मथुरा, वि.सं. 2000
गोम्मटसार जीवकाण्ड	:	नेमिचन्द्र सिद्धांत चक्रवर्ती, श्रीमद्राजचन्द्र आश्रम, आगास, 1985
गोम्मटसार कर्मकाण्ड	:	नेमिचन्द्र सिद्धांत चक्रवर्ती, श्रीमद्राजचन्द्र आश्रमल आगास, 1985
चरित्र पाहुड	:	आचार्य कुन्द–कुन्द, निर्णय सागर प्रेस, मुंबई वि. सं. 1977
चरित्र सार	:	चामुण्डाराय, दिगम्बर जैन ग्रन्थमाला, मुंबई, 1974
जसहर चरित्र	:	पुष्पदन्त, सम्पादक हीरालाल जैन, दिल्ली 1972

जीवन्धर चम्पू : हरिशचन्द्र, सम्पादक पन्नालाल जैन, दिल्ली, 1958

जैनधर्मामृत : हीरालाल, काशी, 11960

तिलोयपण्णत्ति : यतिवृषभ, सम्पादक ए.एन. उपाध्ये तथा हीरालाल शौलापुर, 1943

तत्वार्थ सूत्र : आचार्य उमास्वामी, सम्पादक मोहनलाल शास्त्री, जबलपुर, 1953

त्रिषष्टिश्लाकापुरुषचरित : आचार्य हेमचन्द्र, अनु.एच.एस जानसन. गायकवाड भाग (1,2,3) ओरियंटल संस्कृत सीरिज, बडौदा, 1931–1954

दर्शन पाहुड : बंबई, वि.स. 1977

दर्शनसार : देवसेन सूरि, सम्पादक, नाथूराम प्रेमी, मुंबई, 1935 वि.सं. 1974

द्रव्यसंग्रह : नेमिचन्द्र सिद्धांत देव, संम्पादक–मोहनलाल शास्त्री, जबलपुर

नियमसार : कुन्द–कुन्द,अनुवाद मगनलाल जैन, दिगम्बर जैन स्वाध्याय मंदिर ट्रस्ट, 1943

नागकुमार चरित : आचार्य पुष्पदन्त, सम्पादक हीरालाल जैन, कारंजा 1932

न्याय कुमुदचन्द्र : प्रभाचन्द्राचार्य, माणिकचन्द्र दिगम्बर जैन ग्रन्थमाला हीराबाग, मुंबई

पंचास्तिकाय : आचार्य कुन्द–कुन्द, अमृतचन्द्राचार्यकृत टीका, हिन्दी अनुवाद मगनलाल, श्री कुन्द–कुन्द कहान साहित्य प्रकाशन, जयपुर, 1984

पुरुषार्थसिद्धियुपाय : अमृतचन्द्र, सम्पादक, नाथूराम डोगरीय, इन्दौर, 1986

परमात्मप्रकाश : योगीन्द्राचार्य, श्री मद्‌राजचन्द्र आश्रम, आगास

पद्‌मपुराण (भाग 1,2,3) : आचार्य रविषेण, भारतीय ज्ञानपीठ, 1997

पउमचरिउ : स्वयम्भूदेव, सम्पादक एव सी. भायाणी, अनुवाद,देवेन्द्र कुमार जैन, भाग 1 से 5 दिल्ली, 1958–1970

पाण्डव पुराण : शुभचन्द्र, सम्पादक, ए.एन उपाध्ये तथा हीरालाल जैन, जीवराज गोतमचन्द्र जोशी, शोलापुर, 1954

प्रतिष्ठासार संग्रह (वसुनंदिकृत)	:	भारतीय संस्कृति मंदिर, अहमदाबाद
प्रतिष्ठापाठ (जयसेनकृत)	:	शोलापुर, 1925 (अनुवाद–हीराचन्द नेमिचंद दोषी)
प्रतिष्ठासारोद्धार (आशाधर)	:	सम्पादक मनोहर शास्त्री, मुम्बई 1917
प्रवचन सारोद्धार (नेमिचंद)	:	अनुवाद हीरालाल हंसराज, मुम्बई 1928
पार्श्वनाथ चरित्र	:	बादिराज सूरि, सम्पादक, मनोहरलाल, मुंबई. 1916
परिशिष्ट पर्वान	:	हेमचन्द्र, सम्पादक गुलामचन्द जैन, काशी, 1954–1955 (भाग 1,2)
प्रवचनसार	:	आचार्य कुन्द–कुन्द, परमश्रुत प्रभावक मण्डल, आगास
भगवती आराधना	:	सम्पादक, शिवकोटि सखाराम दोशी, शोलापुर,1935
भविसयत्त कहा	:	धनपाल, सम्पादक याकोवी, गायकंवाड ओरियंटल संस्कृत सीरिज, बडौदा, 1923
महापुराण	:	आचार्य जिनसेन, सम्पादक, पन्नालाल जैन, (भाग 1,2) भारतीय ज्ञानपीठ, बनारस, 1996
महापुराण	:	गुणभद्र, सम्पादक, पन्नलाल जैन (भाग उत्तर) भारतीय ज्ञानपीठ, 1996
मूलाचार	:	आचार्य वट्‌टेकर, सम्पादन, ज्ञानमतिजी, भारतीय ज्ञानपीठ (पूर्वार्द्ध व उत्तरार्द्ध)
मोक्षापाहुड	:	बम्बई,वि.सं. 1977
योगसार	:	आचार्य योगीन्दुदेव, टोडरमल स्मारक ट्रस्ट, जयपुर 1995
यशस्तिलक चम्पू	:	सोमदेवसूरि, सम्पादक, सुंदरलाल शास्त्री, महावीर जैन (पूर्वार्द्ध) ग्रंथमाला, बनारस, 1960
यशस्तिलक (उत्तरार्द्ध)	:	सोमदेव सूरि, महावीर जैन ग्रंथमाला, बनारस, 1979
रत्नकरण्ड श्रावकाचार	:	समन्तभद्राचार्य, सम्पा. मोहन शास्त्री, जबलपुर, 1953
वसुनंदि श्रावकाचार	:	आचार्य वसुनंदि, भारतीय ज्ञानपीठ, 1992
बारस अणुवेख्या	:	आचार्य कुन्द–कुन्द, काशी, 1952
वरांग चरित	:	जटासिंह नंदि, सम्पादक, ए.एन. उपाध्ये, मुंबई 1938

वीरवर्द्धमान चरितम : सकलकीर्ति, सम्पादक, हीरालाल जैन कारंजा 1994

हरिवंश पुराण : आचार्य जिनसेन, भारतीय ज्ञानपीठ 1996

समयसार : आचार्य कुन्द–कुन्द, टीका अमृतचन्द्र, श्री पं. परमेष्ठीदासजी श्री दिगम्बर जैन स्वाध्याय मंदिर ट्रस्ट

स्वामी कार्तिकेयानुप्रेक्षा : स्वामीकुमार, परमश्रुत प्रभावकमंडल, आगास, गीता प्रेस, गोरखपुर

सागर धर्मामृत : पं. आशाधर, भारतीय दिगम्बर जैन ग्रन्थमाला, मुंबई

स्याद्वाद मंजरी : आचार्य मल्लिसेन, परमश्रुत प्रभावक मंडल, आगास

स्वयंभू स्त्रोत : आचार्य समन्तभद्र

षटखंडागम : आचार्य पुष्पदंत, जैन संस्कृति संरक्षक संघ, सोलापुर

सर्वार्थसिद्धि : आचार्य पूज्यवाद, भारतीय ज्ञानपीठ, बनारस

सहायक ग्रन्थः

अग्रवाल, वासुदेव शरण : भारतीय कला, वाराणसी, 1966

अग्रवाल, वासुदेव शरण : कला और संस्कृति, इलाहाबाद, 1958

उपाध्याय, कृष्णदेव : हिन्दू विवाह की उत्पत्ति और विकास, वाराणसी, 1974

उपाध्याय, वासुदेव : प्राचीन भारतीय स्तूप गुहा एवं मंदिर पटना, 1972 प्राचीन भारतीय मूर्ति विज्ञान, वाराणसी 1970

कैलाशचन्द्र : जैन साहित्य का इतिहास (भाग 1–2) वाराणसी वी. वि.सं. 2502 जैन साहित्य का इतिहास (पूर्व पीठिका) वाराणसी वी. वि. सं. 2489

कौछल, हरिवंश : अपभ्रंश साहित्य, दिल्ली विश्वविद्यालय प्रकाशन

कपूरचन्द्र : प्राकृत एवं जैन विद्या शोध संदर्भ कैलासचन्द्र स्मृति न्यास, खतौली

गेलोरा, वाचस्पति : संस्कृत साहित्य का इतिहास, चौखम्भा प्रकाशन, बनारस

गुरल जगदीश : प्रागैतिहासिक चित्रकला, दिल्ली, 1967

गांग सुषमा : आचार्य कुन्द–कुन्द की प्रमुख कृतियों मे दार्शनिक दृष्टि, दिल्ली, 1978

घोष, अमलानंद : आर्ट एंड आर्किटेक्चर (अनु. लक्ष्मीचंद्र जैन कला और स्थापत्य) नई दिल्ली, 1947

चौधरी, राधकृष्ण;	:	प्राचीन भारत का आर्थिक इतिहास, जानकी प्रकाशन, अशोक राजपथ, पटना, 1986
चौधरी, गुलाबचन्द्र	:	जैन साहित्य का वृहद इतिहास, भाग 6, वाराणसी, 1973
जैन, कैलाशचन्द्र	:	प्राचीन भारतीय सामाजिक और आर्थिक संस्थाएँ, भोपाल, 1979
जैन, कोमलचन्द्र		:जैन और बौद्ध आगमो मे नारी जीवन, अमृतसर, 1967
जैन, गोकुलचन्द्र	:	यशस्तिलक का सांस्कृतिक अध्ययन, अमृतसर, 1967
जैन, जगदीशचन्द्र	:	जैन आगम मे भारतीय समाज, बनारस, 1965
	:	प्राकृत साहित्य का इतिहास, बनारस, 1969
जैन, बलभद्र	:	जैन धर्म का इतिहास भाग 1–2 दिल्ली वी.नि. सं. 2500
जैन, बालचन्द्र	:	जैन प्रतिमा विज्ञान, जबलपुर, 1974
जैन योगेशचन्द्र	:	जैन श्रमण, स्वरूप और समीक्षा, मुक्ति प्रकाशन, अलीगंज
जैन, हीरालाल	:	भारतीय संस्कृति मे जैन धर्म का योगदान, भोपाल जैन शिलालेख, संग्रह, मुंबई
जोशी, प्रदीप	:	प्राचीन भारतीय शास्त्रो मे वर्णित गार्हस्थ आश्रम, दिल्ली
थपलियाल, किरण	:	वैदिक संस्कृति, इलाहाबाद, 1998
देशभूषण	:	भगवान महावीर और उनका तत्व दर्शन (सम्पादित) अ. भारतवर्षीय दिगम्बर जैन विद्वत परिषद, 1974
नाथूराम प्रेमी,	:	जैन साहित्य और इतिहास, मुंबई, 1956
नेमिचन्द्र शास्त्री	:	आदिपुराण मे प्रतिपादित भारत, वाराणसी 1968
नेमिचन्द्र शास्त्री	:	भारतीय संस्कृति के विकास मे जैन वांगमय का अवदान अखिल भारतीय विद्वत परिषद, 1982
पांडेय, गोविन्दचन्द्र	:	इतिहास स्वरूप एवं सिद्धांत, इलाहाबाद
पाटनी, चेतनप्रकाश	:	वर्ण व्यवस्था (सम्पादित) आचार्य शिवसागर दिगम्बर जैन ग्रन्थमाला, श्री महावीरजी, वी.नि.सं. 2040

पंत, सुरेशचन्द्र	:	हिन्दू राज्यशास्त्र एवं शासन, लखनऊ
पांडेय, राजबली	:	हिन्दू संस्कार बनारस
पांडेय, जयनारायण	:	पुरातत्व विमर्श, इलाहाबाद, 1995
पांडेय, राकेशप्रकाश	:	भारतीय पुरात्व, भोपाल, 1989
प्रमाणसागर	:	जैन धर्म एवं दर्शन, जबलपुर, 1998
फूलचन्द्र	:	वर्ण जाति एवं धर्म, काशी, 1963
मिश्र, जयशंकर	:	प्राचीन भारत का सामाजिक इतिहास, दिल्ली, 1992
तिवारी, भारूतीनंदन	:	जैन प्रतिमा विज्ञान, बनारस, 1981
महाचार्य, बी.सी.	:	जैन आइकोनोग्राफी, लाहोर, 1939
मिश्र शिवशेखर	:	सोमेश्वर कृत, मानसोल्लासः एक सांस्कृतिक अध्ययन, वाराणसी, 1966
मिश्र, देवीप्रसाद	:	जैन पुराणो का सांस्कृतिक अध्ययन, इलाहाबाद, 1988
मोतीचंद्र;	:	सार्थवाह, बिहार राष्ट्र भाषा परिषद, पटना, 1953
मेहता, मोहनलाल	:	जैन दर्शन आगरा, 1959
:	:	जैन कल्चर, वाराणसी, 1969
	:	जैन धर्म दर्शन, वाराणसी, 1973
	:	जैन आचार, वाराणसी, 1966
मुख्तार, जुगलकिशोर	:	जैन साहित्य और इतिहास पर विशद प्रकाश कलकत्ता, 1956
राधाकृष्णन, एस.	:	धर्म एवं समाज, दिल्ली, 1972
राय, मन्मथ	:	प्राचीन भारतीय मनोरंजन, इलाहाबाद, सं. 2013
वाजपेयी, कृष्णदत्त	:	भारतीय कला, भोपाल, 1984
वाजपेयी, मधुलिका	:	म. प्र. में जैन धर्म का विकास, नई दिल्ली, 1989
शर्मा, आर. एस	:	आर्य संस्कृति की खोज, सारांश प्रकाशन नई दिल्ली, 1996
:	:	भारतीय सामंतवाद दिल्ली 1973
	:	शूद्रो का इतिहास वाराणसी 1958
	:	प्राचीन नगरों का पतन राजकमल प्रकाशन नई दिल्ली 1996

श्यामराव टी एस : कन्नड साहित्य का इतिहास, वाणी प्रकाशन नई दिल्ली 1982

शास्त्री, कैलाशचन्द्र : जैन सिद्धांत भारतीय ज्ञानपीठ बनारस

शास्त्री, परमानंद : जैन धर्म का बृहद प्राचीन इतिहास, दिल्ली, भाग–2

सोधिया, दरयावसिंह : श्रावक धर्म संहिता दिल्ली 1975 वर्मा, हरिश्चन्द्र; मध्यकालीन भारत, दिल्ली विश्वविद्यालय प्रकाशन, 1998

सरकार, दिनेशचन्द्र : सेलेक्टेडा इन्सकिपशन, कलकत्ता, 1983

शोध प्रबंधः

आत्ते, एस.वी. : महावीर दर्शन का आलोचनात्मक अध्ययन, पूना 1983

कोठिया, दरबारीलाल : जैन तर्कशास्त्र में अनुमान विचार, वाराणसी, 1268

गर्ग श्रीमती विजय : जैन आचर्या गुणभद्रकृत उत्तर पुराण संस्कृत एवं तुलसीकृत रामचरित मानस का तुलनात्मक अध्ययन, मेरठ

जैन, प्रेमचंद : हरिवंश पुराण का सांस्कृतिक अध्ययन जयपुर

जैन, लक्ष्मी : हरिवंश पुराण का सांस्कृतिक, अध्ययन सागर

जैन, उदयचंद्र : आदिपुराण में प्रतिपादित तत्वमीमांसा, इंदौर

जैन, कोमलचंद्र : जैन और बौद्ध आगमों में नारील, वाराणसी,

जैन, जगदीश : लाईफ इन इन्शियेन्ट इंडिया इज डिपेक्टेड इन जैन कैनन, मुंबई

जैन, हरिभूषण : जैन आगम के अनुसार मानव व्यक्तित्व का विकास सागर

जैन, प्रद्युग्न : जैन एवं हिन्दू तर्कशास्त्र, वाराणसी

जैन, मन्जू : जैन माइथोलॉजी इज डेपिक्टेड इन दिगम्बर लिटरेचर, दिल्ली

जैन, महीपाल : जैन दर्शन में कर्मवाद, एक तुलनात्मक तथा समीक्षात्मक अध्ययन,

जैन, रतनचन्द्र : जैन दर्शन में निश्चत औ व्यवहार नय, भोपाल

जैन, बालचन्द्र : जैन दर्शन में आत्माविचारः तुलनात्मक और समीक्षात्मक अध्ययन, वाराणसी

जैन, अशोक कुमार : जैन दर्शन में अनेकान्तवाद, एक परिशीलन मढवाल

जैन, प्रतिभा : हिन्दू और जैन नैतिक आदर्शों का समालोचनात्मक अध्ययन, राँची

जैन, फूलचन्द्र : मूलाचार का समीक्षात्मक अध्ययन, वाराणसी

जैन, सनतकुमार : जैन श्रावकाचार का समालोचनात्मक अध्ययन, वाराण सी

जैन, कोकिला : तीर्थंकर आदिनाथ और उनका मानवीय संस्कृति के उन्नयन में योगदान, राजस्थान वि.वि.

जैन, भास्कर भागचन्द : श्रामणिक साहित्य दर्शन और संस्कृति का इतिहास, नागपुर

जैन, सागरमल : जैन, बौद्ध तथा गीता के आचार दर्शन का तुलनात्मक एवं समालोचनात्मक अध्ययन ग्वालियर 1979

जैन, गुलाबचन्द्र : पद्मपुराण एक अध्ययन, राजस्थान

मिश्र, देवीप्रसाद : जैन पुराणों का सांस्कृतिक अध्ययन इलाहाबाद

मिश्र, सुदर्शन : महाकवि पुष्पदन्त और उनका महापुराण एक अध्ययन, विहार,

मृदुला, मंजुला : शांतिपुराण का समीक्षात्मक अध्ययन, वाराणसी

मलैया, आशा जैन : पुराणों में नारी, सागर

पत्र–पत्रिकाएँ

आत्मधर्म : सम्पादक, डॉ हुकुमचन्द्र भारिल्ल, जयपुर

अमरभारती (मासिक) : सन्मति ज्ञानपीठ आगरा

अर्हत वचन : कुन्द–कुन्द ज्ञानपीठ, इन्दौर

अखण्ड ज्योति : शांतिकुंज हरिद्वार

अणुव्रत : अखिल भाारतीय अणुव्रत समिति दिल्ली

अनेकान्त : वीरसेवा मंदिर सरसावा

इण्डियन एन्टिक्वेरी

जैन दर्शन और संस्कृति : इंदौर विश्वविद्यालय प्रकाश, 1976

जिनवाणी : जयपुर

ऋषभ सौरभ : ऋषभदेव प्रतिष्ठान नई दिल्ली

श्रमण	:	पार्श्वनाथ विद्या आश्रम शोध संस्थान वाराणसी
सन्मति संदेश	:	प्रकाश हितैषी शास्त्री दिल्ली
सन्मति वाणी	:	दिगम्बर जैन मंदिर मालवा हुकुमचन्द्र मार्ग इंदौर